JN272509

人物埴輪の文化史的研究

塚田良道 著

雄山閣

目　次

序　章　人物埴輪研究の課題 …… 1
- 第1節　研究略史 …… 1
- 第2節　人物埴輪研究の理論と方法 …… 10

第1章　人物埴輪の構造 …… 25
- 第1節　視点と方法 …… 25
- 第2節　人物埴輪の分類 …… 30
- 第3節　人物埴輪の構造分析 …… 47

第2章　人物埴輪の編年 …… 63
- 第1節　型式編年の方法 …… 63
- 第2節　群馬・埼玉における編年 …… 64
- 第3節　東日本の人物埴輪 …… 69
- 第4節　西日本の人物埴輪 …… 81
- 第5節　人物埴輪の変遷 …… 91

第3章　古墳時代における坐の系譜 …… 97
- 第1節　古墳時代における坐り方と坐具 …… 97
- 第2節　東アジアにおける坐り方と坐具 …… 105
- 第3節　日本古代における坐の特質と系譜 …… 110

第4章　権威の装備―麈尾と鈴鏡― …… 117
- 第1節　麈尾について …… 117
- 第2節　女子埴輪の鈴鏡 …… 123

第5章　女子埴輪と釆女 …… 137
- 第1節　袈裟状衣の再検討 …… 137
- 第2節　袈裟状衣の考古学的分析 …… 141
- 第3節　袈裟状衣の考証 …… 144

第6章　男子立像の職掌と階層 …… 153
- 第1節　「鷹匠」と「馬飼」 …… 153
- 第2節　武装人物埴輪の階層差 …… 159

目　次

第7章　埴輪の軍楽隊 ……………………………………………… 167
第1節　角笛と太鼓を持つ人物埴輪 ……………………………… 167
第2節　軍楽器としての角笛と太鼓 ……………………………… 170
第3節　古代日本における軍楽器の導入 ………………………… 178

第8章　人物埴輪の意味 …………………………………………… 183
第1節　人物埴輪の構造と意味 …………………………………… 183
第2節　これまでの仮説の再検討 ………………………………… 185
第3節　俑との関係 ………………………………………………… 190

第9章　人物埴輪の歴史的考察 …………………………………… 195
第1節　人物埴輪の成立過程 ……………………………………… 195
第2節　人物埴輪の衰退と変容 …………………………………… 204
第3節　関東地方における盛行の背景 …………………………… 208

終章　結　論 ……………………………………………………… 221

遺跡文献一覧 ………………………………………………………… 227

図出典一覧 …………………………………………………………… 245

あとがき ……………………………………………………………… 255

索引 …………………………………………………………………… 258

図　表　目　次

図

第 1 図　水野正好による保渡田八幡塚古墳の埴輪配置復元 ……………………………………… 7
第 2 図　人物埴輪における宗教思想の物質的転化の流れ ……………………………………… 12
第 3 図　ルロワ＝グーランによる洞窟壁画における動物の配置関係模式図 ……………………………………… 15
第 4 図　形式・型式・様式の概念 ……………………………………… 27
第 5 図　上中条出土の人物埴輪 ……………………………………… 29
第 6 図　男女の髪形 ……………………………………… 31
第 7 図　女子の全身像と半身像（1） ……………………………………… 32
第 8 図　酒巻14号墳における人物埴輪と地表面との関係 ……………………………………… 33
第 9 図　女子の全身像と半身像（2） ……………………………………… 33
第 10 図　男子の全身像と半身像 ……………………………………… 34
第 11 図　坐る形 ……………………………………… 35
第 12 図　半身像の立・坐表現 ……………………………………… 36
第 13 図　女子の服装 ……………………………………… 37
第 14 図　男子の服装 ……………………………………… 38
第 15 図　女子の全身坐像・全身立像・半身坐像 ……………………………………… 40
第 16 図　女子の半身立像 ……………………………………… 41
第 17 図　男子の全身坐像 ……………………………………… 44
第 18 図　男子の全身立像 ……………………………………… 45
第 19 図　男子の半身坐像・半身立像 ……………………………………… 46
第 20 図　女子埴輪の主要な種類が占める割合 ……………………………………… 49
第 21 図　男子埴輪の主要な種類が占める割合 ……………………………………… 51
第 22 図　前方後円墳における種類別配置（1） ……………………………………… 52
第 23 図　男子半身立像Ｖｅ1の出土位置 ……………………………………… 54
第 24 図　前方後円墳における種類別配置（2） ……………………………………… 54
第 25 図　人物埴輪形式の配置関係模式図 ……………………………………… 56
第 26 図　帆立貝式前方後円墳および円墳における種類別配置 ……………………………………… 57
第 27 図　円墳における変則的な配置 ……………………………………… 57
第 28 図　耳の形態 ……………………………………… 64
第 29 図　全身立像の台部形態 ……………………………………… 66
第 30 図　男子半身立像の裾部形態 ……………………………………… 67
第 31 図　東日本の人物埴輪 ……………………………………… 71
第 32 図　頭部成形技法 ……………………………………… 72
第 33 図　腕の製作技法 ……………………………………… 73
第 34 図　全身立像の特異な造形 ……………………………………… 74
第 35 図　無所作の女子埴輪 ……………………………………… 76
第 36 図　無所作の馬を曳く男子埴輪 ……………………………………… 76
第 37 図　神保下條2号墳の人物埴輪配置復元図 ……………………………………… 78

目　次

第38図	近畿地方の人物埴輪	82
第39図	西日本の人物埴輪	85
第40図	西日本における時期的特徴	87
第41図	諸特徴の分布	88
第42図	倚坐の人物埴輪	98
第43図	胡坐の人物埴輪	98
第44図	倚坐の土偶	100
第45図	倚坐の坐具	102
第46図	胡坐の坐具	103
第47図	古墳時代の坐具	104
第48図	中国古代の坐り方	107
第49図	中国古代の坐具	108
第50図	高句麗の坐り方と坐具	110
第51図	人物埴輪の麈尾	119
第52図	正倉院の柿柄麈尾	121
第53図	孫機による麈尾の分類	121
第54図	中国・高句麗の麈尾	122
第55図	天王山古墳出土の女子埴輪	125
第56図	鈴鏡を装着する女子埴輪	126
第57図	刀子を装着して埋葬された女性	128
第58図	化粧道具としての鏡	129
第59図	鈴付きの装身具を着ける男子埴輪	130
第60図	女子埴輪の袈裟状衣	139
第61図	袈裟状衣の復元	140
第62図	タスキを肩にかける男子埴輪	149
第63図	「鷹匠」埴輪と服装・装備の類例	155
第64図	「馬飼」埴輪と服装・装備の類例	157
第65図	武装人物埴輪の大きさ	160
第66図	盾に添えられた右手	161
第67図	口を開ける盾を持つ男子半身立像	163
第68図	角笛および太鼓を持つ人物埴輪片	168
第69図	剛志天神山古墳の人物埴輪出土状況	169
第70図	軍楽隊の俑	171
第71図	軍楽隊の壁画	173
第72図	安岳3号墳の軍楽隊の壁画	174
第73図	高句麗古墳壁画の軍楽隊	175
第74図	高句麗古墳壁画における舞楽と狩猟の楽器	176
第75図	甲冑形式ごとの地域別出土点数	179
第76図	人物埴輪の形式とその役割	183
第77図	若狭徹による保渡田八幡塚古墳の人物埴輪群構成	188
第78図	北魏の俑	192

第79図	墳頂部における方形区画と形象埴輪	196
第80図	墳丘裾における造り出しと形象埴輪	197
第81図	冑形埴輪を装着する盾形埴輪	200
第82図	冑を被る盾を持つ人物埴輪	200
第83図	天王壇古墳における甲冑形埴輪の出土位置	202
第84図	近畿地方の大形前方後円墳の変遷	203
第85図	群馬県における大形前方後円墳の形態比較	209
第86図	埼玉県における大形前方後円墳の形態比較	211
第87図	富士見塚古墳と大仙古墳の形態比較	212
第88図	将軍山古墳と古塚古墳の形態比較	212
第89図	吾妻岩屋古墳	213
第90図	関東地方における大形前方後円墳の形態系譜	214

表

第1表	人物埴輪出土遺跡数	29
第2表	女子埴輪分類別個体数	49
第3表	女子埴輪の地域別服装個体数	49
第4表	男子埴輪分類別個体数	51
第5表	女子埴輪の編年	65
第6表	男子全身立像の編年	66
第7表	男子半身立像の編年	67
第8表	群馬・埼玉の人物埴輪編年	68
第9表	東日本の人物埴輪の所属時期	69
第10表	関東地方における女子埴輪の服装	75
第11表	服装の時期別個体数	75
第12表	所作の時期別個体数	76
第13表	女子埴輪の所作の組み合わせ関係（1）	79
第14表	女子埴輪の所作の組み合わせ関係（2）	80
第15表	東日本における人物埴輪様式の消長	81
第16表	西日本における女子埴輪の服装と所作	83
第17表	西日本の人物埴輪の所属時期	84
第18表	鈴鏡を装着する人物埴輪	127
第19表	鏡と考えられる円盤を装着する人物埴輪	127
第20表	刀子を装着する女子埴輪	127

序　章

人物埴輪研究の課題

第1節　研究略史

　埴輪は古墳の墳丘や周囲に樹立された土製の焼き物である。前方後円墳の成立後、はじめに壺、円筒、鶏、そして家の埴輪が成立し、そこに盾、蓋などの器財、水鳥や馬などの動物、さらに人物を象った埴輪が加わり、前方後円墳のほぼ終焉まで古墳の景観を荘厳に演出した。とりわけ最後に登場した人物埴輪は、他の埴輪に比べて多種多様であり、これまで様々な研究がおこなわれてきた。本論ではこの人物埴輪をとりあげる。

　人物埴輪の研究は江戸時代に始まっていたことが知られるが[1]、現在の研究に直接影響を与えているのは、おもに明治時代以後の研究である。そこで、はじめに明治から現在までの研究の流れを概観しておきたい[2]。主要な研究に着目してその流れをまとめ、各段階の理論と方法、並びにその到達点、そしてそこに生じた問題点を叙述し、筆者の考える今日における人物埴輪研究の課題とは何かを論じることとする。

　最初に筆者の時期区分を示すと、次のようになる。

　　第1期　明治時代　1888年～1912年
　　第2期　大正～昭和時代戦前
　　　　　　前半　1913～1928年
　　　　　　後半　1929～1943年
　　第3期　昭和時代戦前～昭和40年代前半　1944～1970年
　　第4期　昭和時代40年代後半～平成5年　1971～1993年
　　第5期　平成6年～現在　1994年～現在

以下、この時期区分にしたがって述べていきたい。

1　第1期　概要の把握と諸問題の認識

　明治時代の学術雑誌である『東京人類學會雜誌』に埴輪の報告が登場してくるのは明治の中頃1880年代以後である。この時期の研究は各地の資料紹介が中心であったが、その中で人物埴輪研究の方向性をいち早く示したのは、人類学會の発起人の1人であり、東京帝国大学理学部人類学教室を地盤に活躍した坪井正五郎である[3]。ここでは明治時代の研究を第1期とする。

　1888年、坪井は「埴輪土偶に基づいて古代の風俗を演ぶ」[4]において、それまで発見されて

いた人物埴輪の略図と出土地を示し、頭髪、衣服など風俗的特徴の類別をおこなった。そして1901年に『はにわ考』[5]を著わし、古墳外部の発見物に厚い赤焼きの土器があり、このうち土管のような円筒形のものは規則正しく埋まって発見されること、また人や動物など様々な形象もあることを述べ、これを『日本書紀』垂仁紀に記載のある「埴輪」とし、その種類と変遷をまとめた。坪井は、円筒埴輪は古墳の土留めから玉垣となったものであり[6]、形象埴輪は円筒の上部を様々な形に変形することで成立したと理解し、さらに埴輪の衰退は大化薄葬令に埴輪の文字がないことから、欽明もしくは推古朝における仏教の伝来と普及によってやんだものであろうと述べている。その上で人物埴輪について『はにわ考』全体の半数以上の頁をさき、風俗全般の特徴を述べたほか、出土地が関東地方に偏ること、さらに地方ごとの造形差も詳しく分析している。

『はにわ考』でとくに注目されるのは、今後の調査項目を整理している点であり、坪井は、埴輪の埋まり方、孔の方向、人物や馬などの向き、彩色、埴輪相互の関係、墳丘に対する埴輪の位置、一基の古墳に属する埴輪の数、各種の配置、一カ所で発見された種類をあげている。これらの項目は出土状態の観察をとくに喚起したものであり、たとえば各種の配置について「何れは何所と自ら置かれた場所に定まりが有るか」と配置法則追求の必要性を述べ、また一カ所で発見された種類については、出土した破片をすべて集めて復元しないと原形がわからないため破片を選択せず全部採集すべき点を強調しており、その視点は今日でも意味を持つ。

しかし、その研究は基本的には概要把握であって、今後検討すべき諸問題を提示するに留まり、これは発掘のみならず資料そのものの少なかった当時においては不可避であった。

また、人物埴輪の起源を『日本書紀』にしたがい垂仁朝とした坪井の見解に対しては、喜田貞吉によって厳しい批判がなされた[7]。喜田は、『日本書紀』の記述は埴輪の廃れた後にその形から推測された想像説であって、垂仁が殉死を禁止し埴輪が製作されるようになったという説は信じるにたらないと述べ、文献の無批判な援用を厳しく批判している。その後人物埴輪の起源については、明治44年に濱田耕作が、文献にはよらず、中国大陸の石人・石馬の風習が九州を経由して伝来した可能性を説いている[8]。

2　第2期　服飾考証から人物埴輪の意味へ

続く大正から昭和の戦前までの時代は、第1期の資料の蓄積を踏まえ、人物埴輪から古墳時代の風俗を把握しようとする研究が花開いた時期であり、これを第2期とする。活躍した研究者とその内容から、前半（1913〜1928年）と後半（1929〜1943年）に二分して述べたい。

（1）　前半

前半を代表するのは高橋健自である。高橋は1904年より東京帝室博物館に席を置き、精力的に人物埴輪研究を進めた[9]。彼は1913年、概説書『考古学』[10]を著わし、その中で人物埴輪から古代の風俗を紹介した。人物埴輪を資料として古代の風俗を探ろうとする視点は第1期の坪井の研究に萌芽があるが、高橋はそれを発展させ、以後『古墳と上代文化』[11]や『埴輪及装身具』[12]など、古墳時代の風俗を論じる著作を次々と発表していった。

高橋の研究で第一にあげられるのは、『埴輪及装身具』において自ら人物埴輪研究の「最重要なる点は当時の服飾文化考察の対象としての価値」[13]であり「自ら本篇の主要なる部分」[14]と述べる如く、服飾文化の研究である。とりわけ高橋の研究の意義は単なる服飾の分類に留まらず、女子埴輪の裟状衣に着目し、それを南方起源の原始衣としたことや、男子埴輪の「衣褌」を中国北方起源の「短衣大袴」にあると指摘するなど、その系譜にまで考察を進めた点にある[15]。
　第二に動物、器財、家形埴輪も分類し、今日我々がみることのできる形象埴輪のほぼ全容を示したほか、埴輪の種類、埋没状態を検討し、人物を含めた埴輪全体の大まかな意義づけをおこなった点もあげられる[16]。高橋は、円筒は柵の如く境界を画するための装置、人物以下の形象埴輪は円筒列の内側にあることから柵以外に加えられた装飾であると位置づけ、「要するに埴輪は墳丘擁護の垣が墳墓制の整備に伴い発達進化したもので、人畜器什の類を模して之に加えるに至ったのは、更にその装飾美を発揮し、一は以て死者の霊を慰め、一は以て衆人をしてその墳墓の壮観を仰がしめたであろうと解せられるのである」[17]と結論づけた[18]。

（2）　後半

　このような高橋健自の成果を批判的に受け継いだのが、同じく東京帝室博物館に席を置いた後藤守一であり、後半を代表する研究者とすることができる。
　後藤守一は高橋同様、人物の服飾をはじめとする風俗文化の研究を進展させたが、彼の場合、人物埴輪を単なる服飾文化や生活文化をうかがうための材料としてではなく、さらに一歩踏み込み、それぞれの人物埴輪がどのような意味をもって古墳に立てられたのかという具体的な意味まで追求した点が特筆される[19]。後藤の埴輪研究は1929年の群馬県伊勢崎市赤堀茶臼山古墳の発掘調査[20]にはじまり、1942年の「上古時代の楯」[21]まで、ほぼ10年あまりの間に集中しているが、その業績は多岐にわたり、『日本古代文化研究』[22]や、一般向けの書物ではあるが『埴輪』[23]にまとめられ、今日の研究にも大きな影響を遺している。
　後藤は1931年の「埴輪の意義」[24]において、服飾や所作といった特徴によって人物埴輪を分類し、それぞれの性格を考察した。とくに群馬県伊勢崎市剛志天神山古墳から出土した琴を弾く男子坐像の存在に着目し、同古墳に太鼓を叩く人物もあることから、音楽を奏する一群があることを指摘する。そしてこれに対応する埴輪として、埼玉県熊谷市野原古墳群から出土した2体の片腕を掲げる半身立像をあげ、その所作に着目して「踊る男女」と名づけた。このように後藤は特徴的な造形から人物埴輪それぞれの職掌を類推し、鷹匠、馬子、農夫というように、まず基本的な分類を示した。
　さらに各人物の服飾について、文献を渉猟し、有職故実研究を踏まえて、綿密な考証をおこなっている。高橋が原始衣とした女子埴輪の裟状衣を再検討し、これを『延喜式』などの文献に記載のある巫女の「意須比」に比定し、女子埴輪の基本的性格を巫女とした研究が、その代表にあげられる[25]。彼は出土品を網羅的に類別した上で文献と対比する方法で考証を進めており、冠帽や衣服、冑についても同様な方法によって検討を加えている[26]。
　こうした文献研究を踏まえた考証は、後藤の研究を特徴づけるものであり、それは人物だけでなく、それまで消火器形と呼ばれていた埴輪が大刀を模していることを実証する[27]など、器財

や家形など他の形象埴輪にも及んだ。とくに器財埴輪が伊勢神宮の神宝と共通している点に着目し、これらの器財埴輪が実用具ではなく、古墳時代における送葬具を表わしていると理解したこと[28]は、人物埴輪の意味の解釈にも深く関わることになる。

後藤は「形象埴輪の殆んど全部は葬列、葬儀の関係のものであり、人物動物は葬列に従うもの、蓋・翳・帷帳は行葬具であり、他の器財は威儀の具」[29]と述べ、「人物・動物及び器財の類は死んだ豪族を彼世へと送る葬列を象わしたものとするのが最も穏当な考えであろう」[30]と、人物埴輪が何を表わしているかの具体的解釈を初めて公にしたのである。

（3） 発掘調査を踏まえた研究の萌芽

このように高橋健自と後藤守一によって第2期の人物埴輪研究は大きな進展をみる。しかし、必ずしも第1期に坪井正五郎が掲げた諸問題を発掘調査によって解明する方向に向かったわけではない。目的をもった発掘調査はまだ少なく、各地の収集家によって集められた資料や偶発的に発見された資料を用いた遺物学の色合いが濃かったことは否めない。

ただしこの時期、発掘調査によって埴輪の出土状態を把握しようとする動きは各地ではじまっていた。代表的なものでは、調査成果が公になったのは遅いものの1916年に奈良市佐紀陵山古墳後円部の調査がなされ、器財をはじめとする埴輪の出土が知られていたし[31]、1929年にはさきにあげた後藤守一の赤堀茶臼山古墳のほか、梅原末治による京都府与謝野町蛭子山古墳[32]、福島武雄・岩沢正作・相川龍雄らによる群馬県箕輪町上芝古墳と同高崎市保渡田八幡塚古墳[33]、また翌々年の1931年には末永雅雄による奈良県三宅町石見遺跡[34]が発掘調査され、埴輪の出土状態が次々とあきらかになっていった。これらの成果によって第2期後半には島田貞彦[35]や谷木光之助[36]による配列研究もおこなわれ、家形埴輪はおもに墳頂中心部に位置するのに対し、人物・動物・器財埴輪は円筒列の内側もしくは円筒列の区画内から出土するというように、配置位置のちがいが指摘されるようになった。埴輪を生産した窯跡やその焼成技術に関する研究も森本六爾によっておこなわれ[37]、このような高橋、後藤とは別の研究が、第3期以降の研究を生み出すもととなっている。

また、第2期前半には和辻哲郎が哲学者の立場から古代の造形の考察をおこない、古墳時代に高度の彫刻芸術の存在したことが、以後における古代芸術開花の遠因であったと評価している[38]。

なお、第二次世界大戦と重なる第2期の末期には、人物埴輪が戦争へ向けての国威発揚の材料に利用されたことにも触れておかねばならない。人物埴輪がわが国固有の文化遺産であることから、国粋主義と軍国主義を扇動する材料に利用されたのであるが、その中心的役割を果たしたのも、第2期の研究を主導した後藤守一だった[39]。研究が社会、そして政治とどう関係するべきかについて、深く考えさせられる学史のひとこまである。

3 第3期 形象埴輪相互の配置からの評価

続く第3期は、第2期の遺物中心の研究から脱し、発掘調査で確認された形象埴輪の配置関係から人物埴輪の意味を探ろうとした時代であり、おもに昭和時代の戦後に展開するのであるが、

すでに戦前においてその動きは認められる。

1944年に発表された小林行雄の「埴輪論」[40]は、第2期の到達点ともいうべき後藤守一の葬列説を批判する。小林の批判は、蓋・翳といった器財埴輪は貴人の身辺にさしかけるものであって必ずしも行列具ではなく、跪坐、弾琴、両手に壺を持つ人物の姿にしても積極的に行列を示す姿ではないことに一つの論拠がある。しかし、それ以上に小林が重視したのは、家形埴輪は埋葬施設のある墳頂部、また蓋・盾などの器財埴輪も、佐紀陵山古墳例を引き、墳頂部に置かれるのに対し、人物埴輪はそれらとは異なり、前方部や外堤、墳丘中腹に置かれ、古墳におけるそれぞれの配置位置が異なる点である。

このことから小林は、家形埴輪は新たなる霊のよりどころであり、盾や甲冑などの器財埴輪はこの神霊のために備えられたものと述べる。そして人物埴輪については、横穴式石室では棺の周りに数々の副葬品が配置され、石室内で儀礼的行為がおこなわれているのに対して、それ以前の竪穴式系統の内部主体では、遺骸の傍らに儀礼のための空間を持っていないことに着目し、竪穴式系統の内部主体の時代、前方部や外堤で死者のためにおこなわれたであろう儀礼の場に、現実の人の行為の代理者として置いたものが人物埴輪である、と後藤とは別の見解を示したのである。小林は畿内においては横穴式石室が導入されると埴輪がほとんど姿を消すことも指摘し、儀礼の場が変わったために埴輪の意義が忘れられていったと述べている。

このように古墳における形象埴輪相互の配置関係から人物埴輪の意味を考える方法が、以後研究の主流となる。ここでは1944年から1970年までを第3期とする。

第3期以降になると各地で数多くの研究者が登場する。

末永雅雄も戦後まもなく著わした『埴輪』[41]の中で埴輪の配置状態に着目している。とくに末永は畿内およびそれ以西の地方の古墳においては、墳頂の埴輪方形列の中に家形埴輪を配置し浄域を界するのに対し、関東地方では人物埴輪が発達し「浄域化を超えて、多様なる供献的配列」[42]になると、各種の形象埴輪が古墳における配置位置だけでなく、地域を異にして展開する傾向を指摘した。

このような末永の指摘を裏書きするように、その後三重県上野市石山古墳[43]や奈良県桜井市茶臼山古墳[44]の発掘調査で、造り出しや墳頂部において器財や壺形の埴輪配列が判明するとともに、千葉県横芝光町姫塚、殿塚古墳[45]の発掘調査で、墳丘中段において人物埴輪が配列された状態で検出された。これを受け三木文雄は、古墳時代を前中後と3期に分け、前期と中期においては近畿地方を中心に家形や器財埴輪が発達し、それらは墳頂を中心に配置されるとともに、造形も大きく堂々と権威の表示と考えられるのに対し、後期になると関東地方を中心に人物埴輪が発達し、それらは前方部や括れ部などに配置され、その造形も形式ばらない気安さを持つと述べ、時代による形象埴輪の変遷をまとめている[46]。

このように戦後の発掘成果が加わり、配置位置のちがい、地域差、時代差が判明するにしたがい、形象埴輪の意味は分けて考えられるようになった。滝口宏は、墳頂の一部を埴輪列によって限ることは聖域の区画、墳頂の家形埴輪は鎮魂、器財埴輪は除魔・警護、そのほかほとんどの形象埴輪が持つ基本的な性格として供献・荘厳・権力の誇示をあげ、人物埴輪については後藤守一

序　章　人物埴輪研究の課題

の見解や姫塚、殿塚の配列状況を受けて、葬祭の場の表現、葬祭の行列の表現と種類ごとの意味を述べている(47)。

　第3期ではこのほか、人物埴輪の顔面や彩色などの造形表現から、同一の製作者による人物埴輪の存在を指摘した小林行雄の研究(48)も、新しい視点として注目される。また、1967年に近藤義郎と春成秀爾の「埴輪の起源」(49)が発表され、弥生時代後期に吉備地方で墓上供献用に成立した特殊器台と特殊壺が、前方後円墳の成立とともに近畿地方にもたらされ、それをもとにして埴輪が成立したことがあきらかにされ、埴輪研究全体に大きな刺激を与えている。

4　第4期　人物埴輪の意味をめぐる議論

　さて、各種の形象埴輪は配置位置を異にし、その持つ意味も異なることが指摘されると、より細かく人物埴輪相互の配置関係に視点が向けられるようになる(50)。その中で、人物相互の配置関係からその意味を論じた代表的な研究としてあげられるのが、1971年水野正好によって発表された「埴輪芸能論」(51)である。水野の「埴輪芸能論」が後に与えた影響はきわめて大きく、これを嚆矢として以後人物埴輪の意味をめぐる論文が各研究者によって多数発表されていく。水野正好の「埴輪芸能論」から1993年までを第4期とする(52)。

（1）　埴輪芸能論

「埴輪芸能論」を要約すれば、ほぼ三つの段階を踏んで議論が進められている。

　第一に人物埴輪を造形、服飾、装備から群に分け、第二に各群の古墳における配置関係を検討し、そこに一つの政治機構が反映されていると指摘する。その上で第三に各人物の姿態の意味を推理し、人物埴輪の表現している内容を論ずるのである。

　第1段階では、まず馬を曳く馬子たち、鍬を肩に担いだ農夫、猪を腰にさげる人物などを順次あげていき、「このようにあげてきた一群の人物埴輪群は、ひとつの特色をもっている」(53)と述べる。すなわち、これらは豪族の職業集団であり、部の一部に相当する性質が認められるというのである。水野の分類は「いずれも持ち物なり被り物、あるいはセットの関係で明確にその性格が指摘できるもの」(54)という規準によって、男子埴輪を職業集団、軍事集団、文人系職業集団の三つの群に、また女子埴輪を職業集団、内廷集団、礼装の女子、意須比着用女子の四つの群に分類する。そしてこれらの各群の構成が「豪族の政治機構の構造を基調」(55)としていると指摘する。

　続く第2段階では、群馬県保渡田八幡塚古墳の発掘調査成果にもとづき各群の配置位置を復原する（第1図）。水野は全体を8区画に分け、第1区は鷹飼と猪飼、第2区は馬飼と飾馬、第3区は裸馬、第4区は鳥（飼）で、これらは職業集団の場であり、これに対し第5区は文人系集団、第6区は軍事集団、第7区は内膳（内廷）集団の場とする。そして中央の第8区は、腰掛に坐る堂々たる男子像に腰掛に坐る意須比着用女子が酒盞を捧げている場面であり、ここに坐る男子こそが群像の頂点に位置する首長そのものの姿であると述べ、古墳における人物埴輪の配置関係は豪族の政治的な集団構造を顕現していると説いた。

　さらに加えて第3段階では、各人物の姿態がそれぞれの職掌にもとづく舞なり歌なりの芸能を

第1節 研究略史

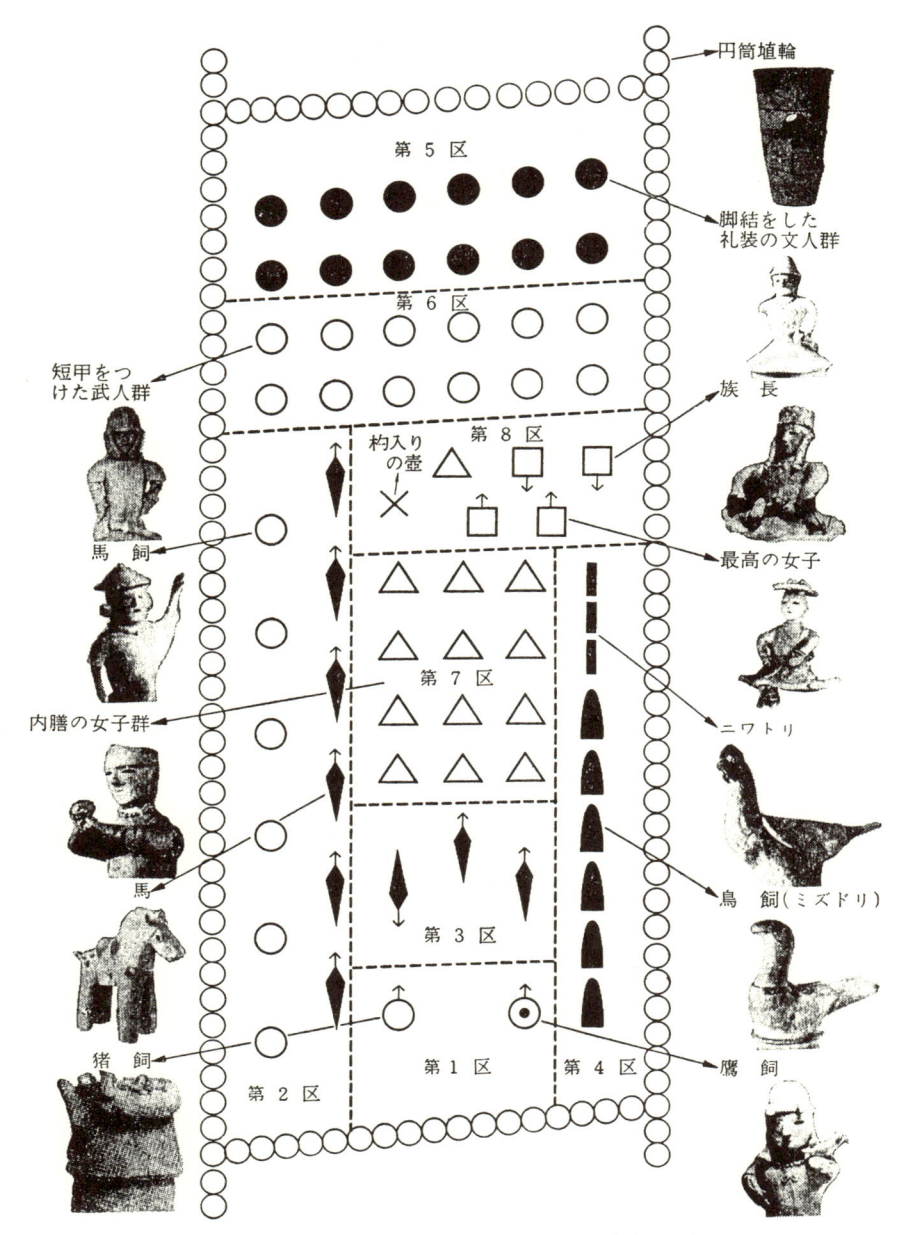

第1図 水野正好による保渡田八幡塚古墳の埴輪配置復元

示していると推測し、「豪族を支える各機構がすべて、その職掌をあげて祭式に臨み、軍事集団は挟み衛る兵仗として、文人集団は容儀を粛しく整え、職業集団はその職掌にもとづく由縁の芸能を奏上しているなど、すべての機構がその職責を全うし、職霊を表現している」(56)と解釈する。そして、このように各人物がそれぞれの芸能を担って埴輪祭式に参加している状況が、後の大嘗祭と類似すると述べ、「葬られた族長の霊を、新たな族長が墳墓の地で引きつぐ祭式が埴輪

7

序　章　人物埴輪研究の課題

祭式」(57)と結論づけたのである。

　水野正好の「埴輪芸能論」の大きな特徴は、古墳における具体的な配置から、人物埴輪群像の関係の意味を浮かび上がらせた点にある。もちろん研究史の流れからみれば、第1段階における分類は基本的に後藤守一の研究を継承したものであり、第2段階における配置関係の分析も福島武雄らによる群馬県保渡田八幡塚古墳の調査成果を用いていることから、それまでの研究の方法論的延長上に立ったものといえる。

　しかし、それらを総合させ人物埴輪の形態と配置の関係に着目したのは、水野の研究の大きな特徴といえる。水野自身、そもそも「埴輪自体がそうした儀礼をどのように表現しているかの基本的な説明がない以上、まったく意味のない論議に終始することになろう」(58)と述べているように、古墳における各人物の関係の把握こそが、人物埴輪の意味を理解するためにもっとも重要と認識していたと考えられる。このような「埴輪芸能論」を、第3期までの研究と比べてみれば、画期的な研究として評価できる。

（2）　多様な仮説

　この「埴輪芸能論」を皮切りに、人物埴輪の意味をめぐって多様な仮説が提出されていくことになる。その背景には第4期が、高度経済成長期以降の大規模開発によって飛躍的な件数の古墳の発掘調査がおこなわれるようになり、急激に資料が蓄積されていった時期であったことも深く関係している。

　おもな研究をあげれば、橋本博文は群馬県太田市塚廻り古墳群の発掘調査成果から、塚廻り4号墳出土の男子跪坐像に着目し、これを「誄」をしている人物とみなし、人物埴輪は水野によって示された首長権継承儀礼とともに、前首長への葬送儀礼も表わしていると述べる(59)。

　また梅澤重昭は、群馬県高崎市綿貫観音山古墳の発掘調査成果から、男子全身立像と鍬を担ぐ男子半身立像群に着目し、これを首長の生前の活躍の姿を表現した頌徳像と理解し(60)、人物埴輪群像が首長権継承だけでなく、生前の権威を神遷世界へ持続させるという願望を表わしていると述べる(61)。

　若松良一は、埼玉県行田市瓦塚古墳の発掘調査によって出土した男子弾琴坐像、女子埴輪とともに、一般的でない特殊な円柱高床式の家形埴輪の存在に着目し、神楽殿のような舞台における歌舞の存在を想定する。それを再生を願う魂振りの儀式と理解し(62)、和歌森太郎が過去に示唆した人物埴輪殯説(63)を踏まえ、人物埴輪群像に殯の構成要素が示されていると述べる(64)。

　個別研究の記述は煩雑になるため以上にとどめるが、これらの諸研究を概観すれば、水野によって示された方法と解釈を、個別の古墳の調査成果にしたがって適合、もしくは修正していったものとみることができ、いずれも具体的な古墳における各人物相互の配置関係を検討して解釈をおこなうという手順が指摘できる。

（3）　問題の指摘

　しかし、このように研究が活発に展開していった反面、これら水野以後の研究の問題点を指摘すれば、発掘調査の増加に振り回されて際限のない仮説の乱立をもたらす結果となっていることを見逃すことはできない。こうした問題をいち早く認識した大塚初重は、「様々な埴輪配列を単

一のとらえ方でわり切ろうとすれば無理が生ずるのではないか」[65]と指摘し、「埴輪配列の意義は、古墳時代を通して普遍であったのではなく、時期を追ってその性格が変化したものであろう」[66]と述べている。また市毛勲も、人物埴輪の配列が隊から列へと変遷することを示した上で、人物埴輪の配置順序など、検討すべき課題が未だ多くあることを述べ、行きすぎた解釈に疑問を呈している[67]。

このように発掘調査の蓄積によって単一の仮説で理解することの困難さが示されつつあった頃、また別の仮説も示されている。杉山晋作は一つの仮説で人物埴輪すべての意味を解釈しがたいと述べた上で、特別に表現された人物像の存在に着目する。杉山は古墳によって人物埴輪の表わしている内容は異なり、古墳の被葬者の生前の活動のうちもっとも記念すべき業績を場面として残す顕彰碑的意図をもって人物埴輪が並べられたと推測した[68]。

人物埴輪に被葬者の姿が造形されている可能性は白石太一郎も指摘しており[69]、杉山の見解は新しい視点を示しているといえる。しかし、その仮説は一部の特徴的な人物埴輪を重視した推理であり、水野が示した群像全体の分析を欠いている。第4期には、このように配置関係の追求から離れた推理も試みられているが、新たな視点を示してはいるものの、仮説の乱立を助長する結果となっており、このような人物埴輪の意味をめぐる議論は、現在に至るまで続いているといってよい。

なお第4期の埴輪研究全体をみれば、川西宏幸による円筒埴輪の全国編年[70]をはじめ、高橋克壽の器財埴輪編年[71]、井上裕一の馬形埴輪研究[72]、また坂靖による埴輪総体の文化史的意義を論じた研究[73]など、研究が細分化するとともに、それぞれにおいて重要な成果や視点が示されている。

5　第5期　生産と供給

以上のように、人物埴輪の配置関係からその意味を解釈する議論は、混沌とした状態となって続いているが、飛躍的な資料の増加は必ずしも負の結果ばかりをもたらしたわけではない。一方で、埴輪の生産と供給や製作工人集団を論じる研究が活発におこなわれるようになったことも、大きな成果としてあげなければならない。

これらの研究の動きはすでに第4期に始まっているが、顕著になるのは主として1990年代以降である。必ずしも人物のみに限った動向ではないものの、活発になる1994年以降から現在までを、ここで第5期として時期区分しておきたい。

人物埴輪の造形から地域色を考察する研究は、第1期の坪井正五郎や第3期の小林行雄などによって始められているが、第5期の研究に大きな影響を与えた先駆的な研究として、第4期の1974年に轟俊二郎によって発表された『埴輪研究』[74]がある。轟は旧下総国地域に分布する特徴的な造形をした円筒埴輪をもとに下総型埴輪という概念を設定し、それに伴う特徴的な人物埴輪を下総型人物埴輪とし、これらが特定の工人集団の製作になることや、その造形に系統性の認められることを指摘した。

古墳のほか、茨城県ひたちなか市馬渡遺跡[75]や埼玉県鴻巣市生出塚遺跡[76]など、大規模な埴

序　章　人物埴輪研究の課題

輪窯跡の発掘調査が各地で実施されるようになったことも、地域ごとの造形、製作技術、また鉱物組成をはじめとする分析を深めさせることとなった。その結果、人物埴輪の技術や形態から地域色や生産供給、工人集団の問題を検討した研究が示されるようになったのである。

　第5期の代表的な研究をあげれば、1994年に発表された高橋克壽の「埴輪生産の展開」[77]、また翌1995年におこなわれた日本考古学協会大会シンポジウム「関東における埴輪の生産と供給」[78]、1999年の稲村繁『人物埴輪の研究』[79]などがある。いずれも地域単位の造形、技術の特徴を整理するとともに、遠隔地への供給といった地域間の流通の問題もとりあげている。また埴輪製作工人の個人的特徴についても精緻な議論がおこなわれており、一つの研究課題として深化しているようすがうかがえる。

　ただし、研究史の流れからみれば、生産供給をめぐる第5期の研究は、人物埴輪の意味をめぐる多様な仮説が出そろい、その議論が閉塞状態に陥るようになったのと入れ替わるようにして盛んになっており、その意味で第4期の研究の問題点は残されたままである。

第2節　人物埴輪研究の理論と方法

1　問題の所在

　さて、以上に概観してきた人物埴輪研究の流れをまとめると、第1期の概要把握から、第2期の服飾考証を経て、第3期には発掘調査を踏まえた配置研究へと進む。そして第4期には水野正好の「埴輪芸能論」を皮切りに、人物埴輪の意味をめぐる議論が活発に展開されるようになり、第5期には生産と供給をめぐる議論へと研究の中心が移ってきた。

　しかし、現状における人物埴輪研究のもっとも大きな問題は何かといえば、人物埴輪の意味をめぐって仮説が乱立し収拾のつかない状態にあることと筆者は考える。第4期における調査の進展の結果、仮説の適用しがたい例が増えたことにより、多くの意味論は行き詰まりをみせつつあり、この問題は第5期においても残されている。「人物埴輪は何を表わしているのか」という問いをどのようにして解決していくかは、今日における大きな研究課題である。

　人物埴輪のように、過去の宗教や信仰に関わる遺跡、遺物の理解をめぐって仮説が対立することは、必ずしも珍しくない。問題となるのは、いずれの仮説が正しいかではなく、考古資料を用いてどのように宗教的事象を理解するのか、その理論と方法にある。

　なぜ多様な仮説が乱立するようになったのか、その原因をここで検討するならば、第一として人物埴輪の諸形態の相対的な位置づけが、これまで体系的に把握されてこなかったことが指摘できる。

　水野正好をはじめとする第四期以後の研究者のほとんどが使用している踊る人物、巫女、鷹匠といった分類名称は、第二期の後藤守一の分類[80]に出発点がある。しかし、後藤が命名した埼玉県熊谷市出土の有名な踊る男女は、当時群馬県で出土した琴を弾く埴輪と照らし合わせて、片手を掲げたしぐさを踊るとみなしたものであって、一部の特徴的な服飾や所作に注目して名づけ

た名称にすぎず、本当に踊っているのかは、当初から再検討されるべき性質を有していたといってよい。要するに従来の分類は、人物埴輪全体の形態の比較検討にもとづいた体系的な分類ではないのである。

　その後、第四期に数多くの古墳が発掘調査されて豊富な資料が蓄積され、第五期には造形や技術についての研究がおこなわれるようになったものの、その主題はおもに地域的な生産供給論、工人系統論へと進んでいったため、結果的に資料全体を見渡した人物埴輪の体系的認識には結びつかないままできている。

　このような人物埴輪における分類の問題は、一部の研究者からはすでに指摘されていた。たとえば赤塚次郎は、「形象埴輪において例えば『人物』にしても極めて多様な形態が存在し、その『表現』からの分類が横行しているが、これらを総括した技法・形態による型式およびその系列的な研究が早急に必要であろう」[81]と警鐘を鳴らしている。

　考古学において、形態や技術にもとづき資料を系列的に類型化して認識する方法が型式学であるが、そうした類型化の作業をおこなう際の基本的な座標軸は、横山浩一の整理しているごとく、用途（機能）、時間、空間の三つである[82]。つまり、現在の人物埴輪研究に求められるのは、第一にこれまでの分類方法を見直し、型式学にもとづいて人物埴輪の諸形態を体系的に把握し直すことにある。

　また、個別的な古墳において各人物がどのように配置されているかが、人物埴輪の意味を解釈する大きな手立てとなってきたことも、仮説の乱立をもたらした第二の要因として指摘される。

　そうした傾向は第4期だけでなく、第5期においても存在する。たとえば若狭徹は保渡田八幡塚古墳の再発掘調査の成果を詳細に検討し、各人物埴輪の向いている方向によって、A群：儀礼の場面、B群：人物、動物、器財による威儀、財物表示の列、と水野の復元案とは異なる二つの場面に集約し、一つの場面でなく様々な場面を合体して人物埴輪群像が成り立っているとする解釈を述べている[83]。また森田克行も、大阪府高槻市今城塚古墳における形象埴輪の配列を詳細に検討し、柵形埴輪によって四つの区画に分かれた形象埴輪空間が殯宮にあたるとし、門前に配置された四脚の「獣脚」埴輪を匍匐人物像とみなして、人物埴輪は殯宮儀礼を表現していると述べている[84]。坂靖は、個々の古墳における人物埴輪の読み解きでも、それを相対化する努力を惜しまなければ有用な資料操作の方法であるとして、こうした方法論の有効性を説いている[85]。

　しかし、型式学的分析に先行して、個別の古墳における配置状況から人物埴輪の意味を読み解こうとする方法は、一つの危険性を孕んでいる。

　少なくとも人物埴輪が生み出され日本各地に普及したのは、前提として死者を葬るための墓である古墳に、人物埴輪を形にして配置させようとする宗教思想が、古墳時代の人々の間に広く存在したからにほかならない[86]。人物埴輪が個々の古墳に配置されるまでの過程を理論立てて考えてみるならば、埴輪に造形された人物の姿には、当時の階層や職掌といった社会組織、また服飾や生活習慣といった風俗が反映されるであろうし、さらに製作にあたった工人固有の技術や、被葬者を葬る古墳の規模や形も、造形や配置のありかたに深く関わったと考えられる。その流れ

を図式化して示すならば、第2図のとおりとなる。

　つまり、個々の古墳における人物埴輪の造形と配置とは、一定の宗教思想が諸条件を経た上で有形化された一つの姿にほかならない。有形の方向に行けば行くほど個性的記号が付与され、多様化していく傾向は高くなるのであって、一古墳における実態の記述が、必ずしもそのまま宗教思想とイコールで結べるわけではない。個別の古墳における読み解きを相対的に評価したとしても、それは形としてあらわれた現象上の差異を論じるにすぎず、必ずしも多様な現象を生み出した根幹の理解に結びつくことにはならないのは自明であろう。第4期における仮説の乱立は、このような従来の方法論の欠陥によって、必然的にもたらされた結果なのである。

　そもそも「人物埴輪は何を表わしているのか」という問いは、基本的に人物埴輪の一般的意味に対する問いである。この問いに答えるためには、個々の古墳における造形や配置をモデルとするのではなく、それとは逆の、多様な現象にもとづきながらもその背後に存在する普遍的特質に遡及する方法を用意すべきである。すなわち、個々の古墳の人物埴輪の差異を叙述する前に、さまざまな差異を超えて共通する人物埴輪の特質とは何かを問う必要があるはずであり、型式学的枠組みを踏まえて、多くの古墳における形態と配置の脈絡を把握することが、もっとも重要なのではないか。

　以上の議論を踏まえると、人物埴輪の意味をめぐる仮説の乱立を再検討するためにまず求められるのは、一つには人物埴輪の型式学的体系化、二つにはそれと古墳における配置との関係性を把握することであり、この二つの視点にもとづいて人物埴輪の構造を把握し直すこと、と筆者は考える。

　以上に示した見方は、これまで大きな議論になってこなかった。しかし、これと同様な問題認識は、すでに上野佳也によって示されている。上野は縄文土器の文様と土面の図像の背後にある観念の分析にあたって、「従来の考古学における精神生活の研究では、個々の遺跡・遺物につい

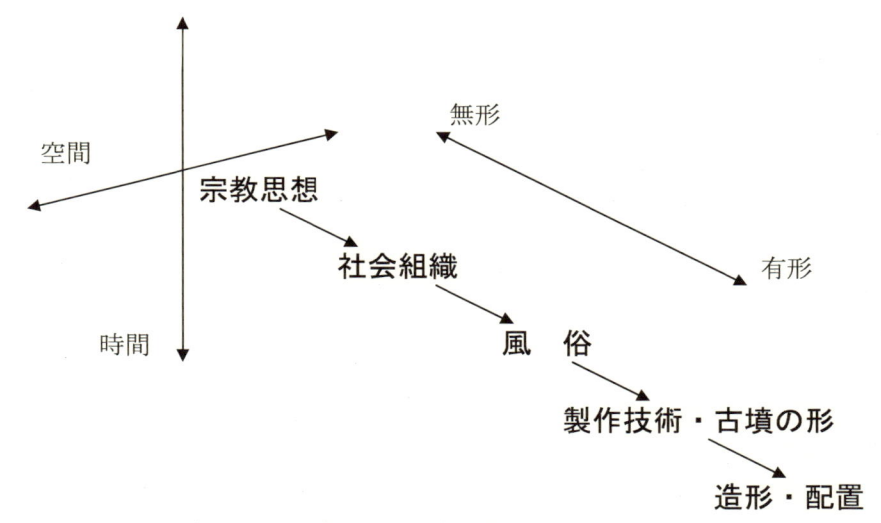

第2図　人物埴輪における宗教思想の物質的転化の流れ

て、いきなりこれは何に使ったというように推論する傾向が強く、そこには明確な論理の構築がないものが多かった。これでは研究の発展性に大きな問題がある。筆者はこのような方法は避け（中略）まず当時の精神的な状況を全体的に把握していくという方法が建設的であると考えている」と述べる(87)。この論理の構築の欠如こそ、人物埴輪研究の現状を端的に示す言葉と思われる。

以上のように人物埴輪研究の問題を認識したとき、人物埴輪とは地域も時代も異なるが、西ヨーロッパにおける旧石器時代の洞窟壁画の研究史を概観しておくことは、大いに参考になる。旧石器時代の洞窟壁画研究は、多様な仮説が乱立し混乱していた状況から、一定の認識がもたらされるようになった一例であり、その中でフランスのアンドレ・ルロワ＝グーランの研究は、それまでの多様な仮説を退け、洞窟壁画が一定の秩序で構成されていることをあきらかにした点で注目される。そこでルロワ＝グーランの理論と方法の概要を参考までにみておきたい。

2　ルロワ＝グーランの洞窟壁画論

ラスコー洞窟に代表される多数の動物が描かれた洞窟壁画は、フランス、スペインを中心とする西ヨーロッパに分布し、およそ3万5千年前〜1万年前の旧石器時代に描かれた。その研究史を振り返ると、洞窟壁画が発見された19世紀にあっては、壁画は芸術のための芸術であって、狩猟者の暇なときの遊びであり、とりわけて意味はないと考えられていた。しかし、人類学の進展で世界各地の民族の宗教が公にされると、民族誌との対比によって洞窟壁画の意味を推理する方法がとられるようになる(88)。

大きな影響を与えたのはオーストラリア中部に住むアランタ族の宗教であり、彼らは狩猟の際多くの獲物がとれることを願う儀式をおこない、その動物の絵を岩に描いた。この民族誌からの類推により、20世紀に入ると洞窟壁画は宗教的意図をもって描かれたと理解されるようになっていく。フランスの旧石器時代研究を進めたアンリ・ブリュイは、動物の体に描かれた記号を体に刺さった槍や石つぶてと理解し、しばしば動物の絵が重ね書きされていることから、狩りの度に何度も絵を描いていった蓄積の結果が洞窟壁画の動物群であると解釈した。

このブリュイに代表される狩猟呪術説が20世紀前半の研究を風靡するが、そこに大きな問題の存在することが指摘される。それは遺跡から出土する動物骨の実態が、壁画に描かれた動物群とはほとんど関係ないことであり、とくに顕著なのはトナカイで、遺跡から出土するトナカイの骨の量はきわめて多く、ラスコー洞窟では動物骨の90％以上を占めていたにも関わらず、壁画に描かれたトナカイは動物群のごくわずかでしかなかった。こうした実態が判明することによって、洞窟壁画の動物群は環境的要因や経済的選択によって描かれたものでないことが理解されるようになっていった。

洞窟壁画の意味をめぐっては、このほかシベリア地方の民族誌からの類推による獣形神観説、また妊娠している動物に注目した多産信仰説、また狩りの成功を印象づけるために洞窟壁画が描かれたという人物埴輪の解釈にも認められる顕彰説など様々な仮説が登場したが、いずれも選ばれた一部の画像に着目して演繹された推理であったことから、検証も反証もないまま、堂々めぐ

序　章　人物埴輪研究の課題

りの議論に陥っていった。

　このような袋小路に入った仮説の乱立の中で、洞窟壁画全体に貫徹するシステマティックな原理を追求したのが、アンドレ・ルロワ＝グーランである[89]。彼は洞窟壁画が無作為に描かれた画像の蓄積とするブリュイの解釈に疑問を示し、壁画が一定の意図をもって同時に描かれた可能性を想定した。「もし仮に壁画の画家達が、意識していたのであれ無意識であれ、秩序をもって描いたのであれば、数多くの洞窟における動物群の配置関係を分析することによって、彼らが心に抱いた主題をあきらかにできる」[90]と考えたのである。具体的には第一に壁画に描かれた動物はどの種類がどれくらいいるのか、そして第二にそれらの配置関係はどうなっているのかに焦点を当て検討を進めていく。

　第一の問題については、描かれた動物群の相対頻度を分析し、その結果、最も多いのがウマで35％、次いでバイソンとウシのあわせて24％（バイソン18％、ウシ6％）であり、この二つで動物群全体の約60％を占めることが判明する。以下、シカ13.1％、ヤギ6.4％、トナカイ3.5％、マンモス2.4％、クマ2.4％、ネコ科動物2.3％、サイ0.7％の順となり、この結果から、彼は洞窟の壁に描かれた動物群は外界の動物相の一覧ではなく、描かれる対象に一定の指向性のあることを指摘した[91]。

　次いで第二の問題については、洞窟内における動物群の配置関係を分析した。彼は62の洞窟における865の画題を対象に、洞窟内を洞口、側室、通路、主室、奥室などに分け、動物ごとに各壁面に描かれる頻度を計算した。算出にあたっては、たとえば一つの壁面にバイソンが12頭、ウマが3頭描かれていたとしても、バイソン1、ウマ1と群単位で数値化している[92]。

　その結果を示したのが、第3図の配置関係模式図である[93]。それによれば、洞口には雄ジカの22％、続く主室の周囲には雄ジカの29％、トナカイの40％、ヤギの65％、雌ジカの50％、人の21％、クマの30％、さらに奥室にはネコ科の動物71％などが描かれる。注目されるのは、ウマの86％、バイソンの91％とウシの92％、そしてマンモスの58％が主室に描かれることで、さきに示したもっとも主要な動物群のおよそ90％が中心に描かれていた。

　この配置関係をルロワ＝グーランは、A：ウマ、B：バイソンとウシ、C：シカとヤギとトナカイとマンモス、D：クマとネコ科の動物とサイ、の4グループに集約し、主要な動物群であるAとBは中央に、その周辺と入り口方面にCの動物群、これに対し奥にはDの動物群がおもに描かれるという洞窟壁画の構造を示したのである。

　このほか種々の記号についても検討をおこない、ブリュイによって槍や傷跡とされたものは男女の性器を象徴した記号であり、ウマには男性記号が、またバイソン・ウシには女性記号が対応すると述べ、他の動物も種によって性を示していると述べた。このような動物群の種類と配置関係からうかがわれるウマとバイソン・ウシの二元構造が、時期や地域に関わらず認められることから、彼は旧石器時代人がそれまでの仮説のいずれとも異なる一定の青写真をもって洞窟壁画を描いていたことを明確に論証したのである。ただし、その意味を結論づけることはなく、洞窟壁画が従来思われてきたような単純な思想の表現ではなく、形而上の豊かな観念の表現であるとだけ述べている[94]。

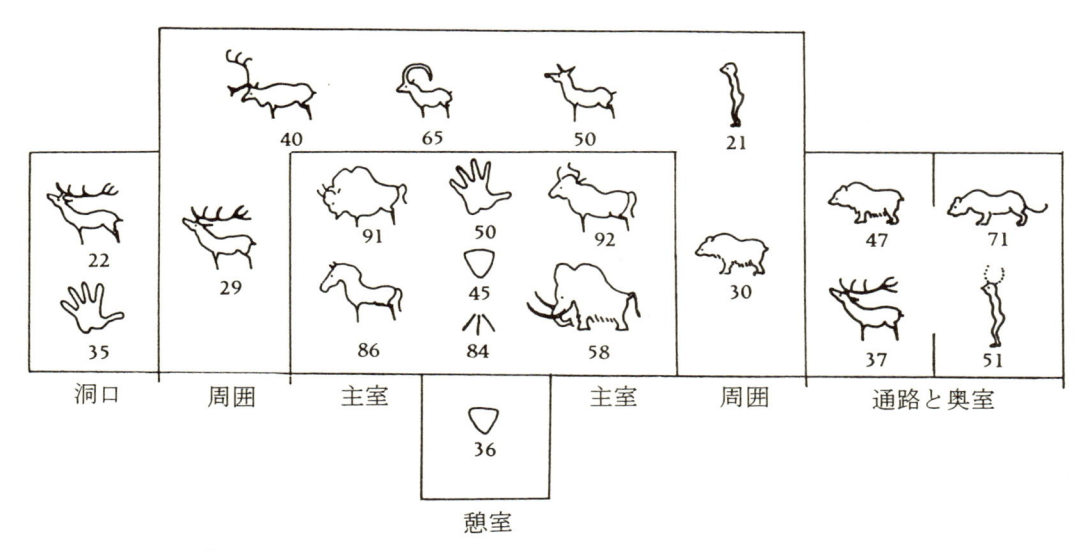

第2節　人物埴輪研究の理論と方法

第3図　ルロワ＝グーランによる洞窟壁画における動物の配置関係模式図

　以上、長々とルロワ＝グーランの理論と方法を紹介して来たが、このルロワ＝グーランの考え方は、フェルディナン・ド・ソシュール(95)やクロード・レヴィ＝ストロースらの構造主義の影響を強く受けている。とくにレヴィ＝ストロースが「神話の構造」において、神話が基本的ないくつかの要素の反復からなることをあきらかにした共時態分析の方法(96)と、その考え方は共通しており、彼の洞窟壁画研究の背後に構造主義の存在をうかがうことができる(97)。
　近年の研究では、彼の指摘した構造にあてはまらない例外も指摘されており、その結論は新たな調査研究によって、継承されつつも批判されていることは述べておく必要があろう(98)。しかし、ルロワ＝グーランの研究が洞窟壁画の意味の理解に大きな転換をもたらし、考古資料から宗教思想を分析する一つの理論と方法を明示した点は高く評価すべきと思われる。
　さて、旧石器時代の洞窟壁画の意味をめぐる研究史には、人物埴輪と同じく多様な仮説が登場した。ある種の仮説を裏づけるために特定の事例をとりあげて推理をおこなう方法が、結果的に仮説の乱立をもたらしたことは、人物埴輪における状況とよく似ている。
　科学史の研究者トーマス・クーンは、一般に認められた科学的業績で、一時期の間、専門家に対して問い方や答え方のモデルを与えるものを「パラダイム」と呼んだ(99)が、洞窟壁画研究においては一時期狩猟呪術説がパラダイムであったし、人物埴輪研究においては「埴輪芸能論」が一つのパラダイムであった。しかし、これらのパラダイムは、調査の進展によってそれに反する変則的な例外が増えたことで、矛盾が生じるようになった。そうしたとき、クーンが述べるように「変則性をより深く認識することが、理論変革への前提となることは当然であろう」(100)し、「変則性・矛盾をして精密に調べるに値せしめるものは何か、をまず問わねばならない」(101)。
　混乱した洞窟壁画論に一定の方向性を与えたルロワ＝グーランの研究を参考にすれば、人物埴輪の意味を検討するために必要なのも、人物埴輪自体を分析し考察する方法論の再検討であろ

う。すでに述べたように、それは個別的な読み解きや推理を繰り返すのではなく、人物埴輪の構造の把握、すなわち型式学による諸形態の体系的認識と多くの古墳に共通する普遍的な配置法則の追求である。

3　造形の考証

しかし、人物埴輪の意味は、以上のような記号論的な分析のみで理解が可能なわけではない。構造の認識を踏まえた上で、その意味づけが求められる。

第2図に示したように、人物埴輪の造形には、埴輪製作の発注者の意図や製作者の保有する技術のような個別的要因だけではなく、服飾や装備といった当時の風俗、さらに身分や職掌といった個別の次元を超えた古墳時代の社会組織も反映されている。とすれば、人物埴輪の意味を理解するためには、構造を構成する単位にどのような歴史的、文化的意味が付与されているのかという考証を欠かすことはできない。このことは各人物の役割を具体的にするだけでなく、それらが単位としてなる人物埴輪の構造の意味を正しく理解する上でも求められよう。

すでに研究略史で述べたように、人物埴輪から古墳時代の風俗、社会組織を考察する研究は第1期からはじまり、第2期には高橋健自と後藤守一によって大きな進展をみており、その成果は現在の研究にも大きな影響を与えている。彼らが示したように、人物埴輪の服飾や装備が何であるのかの考証は、それぞれの人物の役割を理解する上で重要な役割を果たしてきた。

しかしながら、第3期以後においては大幅な進展はみられず、近年では文献史や服飾史など他分野からの研究が進展しており、高橋や後藤の時代とは異なった指摘もなされるようになっている[102]。

人物埴輪の場合、服飾、装備といった具体的な造形の意味を特定していく作業は、記紀をはじめとする後代に成立した文献との対比もあるため、考証の手続きには同時代性の問題を考慮する必要がある。しかし、第2期以後における資料の膨大な蓄積を考慮すれば、新たな資料整理を踏まえた上での文献や東アジアの諸例との対比は不可欠であり、このことは単に人物埴輪の意味を理解するためだけでなく、その背後にある古墳時代の文化を理解する上でも重要な役割を果たすと思われる[103]。

4　歴史的考察

以上の検討を経て、人物埴輪の構造に意味づけをおこないたいと考えるが、これまで問題としてきた構造とは、基本的に共時態における関係であり、時空間に関わりない静態としての姿である。

しかし、人物埴輪が歴史の産物である以上、単に静態の姿を叙述するだけに留まらず、一定の構造をもった人物埴輪がいかにして成立し、展開していったのか、そのメカニズムについての説明がなされなければならない。

イアン・ホッダーは、20世紀後半における欧米考古学の変遷を概観し、ルロワ＝グーランに代表される構造主義の研究に対して、新たな方法論を示した点では一定の評価を与えながらも、

それらの研究が構造の成立の背後に存在する個人や個別的要因を洞察する視点のないことや、構造の本来の意味が歴史の中で形骸化していく経過がありながらも構造の意味を不変と捉えている点などを問題点としてあげている[104]。つまり、歴史における変化のメカニズムに対する説明が希薄であることを問題としているのであるが、本論においてもこのような問題を克服することが必要となる。

　人物埴輪の歴史的考察を第2図にしたがって位置づけるならば、時空間上における物質的転化の過程を追及することであり、それはこれまでとまったく逆の方向の分析である。第5期における地域的な生産供給論、工人系統論はそうした分析の一つとして位置づけられるが、ここで問題としているのは生産流通や工人の問題ではなく、人物埴輪の意味の歴史的考察であり、構造の成立の要因、構造の時空間上における変遷、さらにその結果から推察される宗教思想の変化といった文化史上の問題になる。

　これまで人物埴輪の成立については、第1期の濱田耕作の研究を嚆矢として考察されてきたものの、第4期における多様な解釈の乱立は、必ずしも人物埴輪の歴史的評価にまで深化することはなかった。また、関東地方で盛行することも第1期の坪井正五郎以来、指摘されてきたが、その理由についても明確な評価がなされることはなかったといってよい。そこで、構造の把握と造形の考証によってあきらかとなった人物埴輪の意味をまとめた上で、人物埴輪の成立から衰退の過程、そしてなぜ関東地方で人物埴輪が流行したのかという点について、最後に考察したい。

　以上に述べたことから、本論の目的をまとめると、次の三つになる。

　第一は型式学にもとづいて人物埴輪の構造を把握することである。以下第1章では形式分類を通して人物埴輪の構造を示し、続く第2章ではその成果を踏まえて型式編年を試みたい。

　第二は造形の考証をおこない、構造を構成する単位である人物埴輪の具体的な意味を理解することである。第3章から第7章では、服飾や装備、造形を分析し、人物埴輪に表わされた風俗や社会組織の問題を議論し、各人物の役割を考えるとともに、そこからうかがえる古墳時代の文化の諸相についても考えたい。

　そして二つの検討を踏まえ、第三に人物埴輪の構造が示す意味とは何かをまとめ、その歴史を考察する。第8章では構造の意味づけをおこない、第9章においては人物埴輪の成立と展開、そして消滅にいたる経緯を検討するとともに、関東地方で流行する背景についても推察し、結論として「人物埴輪は何を表わしているのか」という問いに対する答えを述べることとしたい。

注
（1）近代以前の研究については清野謙次によって総覧されている。
　　　清野謙次「埴輪研究史」『日本人種論変遷史』第一書房　1944年　520～537頁。
　　　清野謙次「埴輪研究史」『日本考古学・人類学史』下巻　岩波書店　1955年　47～75頁。
（2）なお、埴輪全体の研究史は、昭和初期までを森本六爾が詳しくまとめているほか、戦後の動向を踏まえた研究史も大塚初重や橋本博文によってまとめられている。
　　　森本六爾「埴輪研究史略」『考古学』第1巻第4号　1930年　215～220頁。

大塚初重『埴輪』考古学ライブラリー37　ニュー・サイエンス社　1985年。
　　　橋本博文「埴輪の性格と起源論」『論争・学説 日本の考古学』5 古墳時代　雄山閣　1988年　167〜246頁。
（3）斎藤　忠「学史上における坪井正五郎の業績」『坪井正五郎集』上　日本考古学選集2　築地書館　1971年　2〜12頁。
（4）坪井正五郎「埴輪土偶に基づいて古代の風俗を演ぶ」『東京人類学會雑誌』第3巻第23号　1888年　100〜108頁。
（5）坪井正五郎『はにわ考』東洋社　1901年。
（6）円筒埴輪については、坪井の玉垣説に対し、和田千吉が土留めでも玉垣でもなく遠くを望めないようにするものとする見解を述べ、活発な論争がなされている。
　　　和田千吉「埴輪円筒は果たして土留めなるか」『考古界』第2篇第2号　1902年　79〜80頁。
　　　和田千吉「埴輪円筒の疑問に就て」『考古界』第3篇第1号　1903年　6〜8頁。
（7）喜田貞吉「古墳の年代を定むる事に就て」『歴史地理』第5巻第3号　1903年　208〜216頁。
（8）濱田耕作「支那の土偶と日本の埴輪」『芸文』第2年第1号　1911年　210〜220頁。
（9）石田茂作・坂詰秀一「学史上における高橋健自の業績」『高橋健自集』上　日本考古学選集9　築地書館　1971年　2〜16頁。
（10）高橋健自『考古学』聚精堂　1913年。
（11）高橋健自『古墳と上代文化』（増補改訂版）雄山閣　1924年。
（12）高橋健自『埴輪及装身具』考古学講座第12巻　雄山閣　1926年。
（13）注(12)文献30頁4〜5行。
（14）注(12)文献30頁10行。
（15）これらの研究は後に『日本服飾史論』にまとめられている。
　　　高橋健自『日本服飾史論』大鐙閣　1927年。
（16）その成果は注(12)文献にまとめられている。
（17）注(12)文献16頁5〜7行。
（18）ただし『埴輪及装身具』には、挂甲の造形が左衽であることから、養老令の記載と比較して僻遠の地では奈良時代まで人物埴輪が作られていたとする、今日からみればあきらかな誤解も含まれている。
（19）大塚初重「学史上における後藤守一の業績」『後藤守一集』下　日本考古学選集18　築地書館　1986年　2〜6頁。
（20）帝室博物館『上野国佐波郡赤堀村今井茶臼山古墳』帝室博物館学報第6冊　1933年。
（21）後藤守一「上古時代の楯（1）」『古代文化』第13巻第4号　1942年　1〜18頁。
　　　後藤守一「上古時代の楯（完）」『古代文化』第13巻第5号　1942年　1〜27頁。
（22）後藤守一『日本古代文化研究』河出書房　1942年。
（23）後藤守一『埴輪』アルス文化叢書15　アルス　1942年。
　　　なお、人物埴輪、器財埴輪、形象埴輪といった我々が日常使用している分類名称も、同書において後藤が定義づけている。
（24）後藤守一「埴輪の意義」『考古学雑誌』第21巻第1号　1931年　26〜50頁。
（25）後藤守一「所謂袈裟状衣着用埴輪について」『考古学論叢』第3輯　1936年　233〜247頁。
（26）その一連の業績については注(22)文献にまとめられている。
（27）後藤守一「所謂消火器形埴輪に就て　頭椎大刀と御神宝太刀との関係（1）」『考古学雑誌』第22

巻第7号　1932年　395〜422頁。
　　　後藤守一「所謂消火器形埴輪に就て　頭椎大刀と御神宝太刀との関係（2）」『考古学雑誌』第22
　　　巻第8号　1932年　471〜496頁。
　　　後藤守一「所謂消火器形埴輪に就て　頭椎大刀と御神宝太刀との関係（3）」『考古学雑誌』第22
　　　巻第12号　1932年　764〜786頁。
(28)　後藤守一「埴輪と御神宝」『考古学』第2巻第4号　1931年　65〜73頁。
(29)　注(27)文献「所謂消火器形埴輪に就て　頭椎大刀と御神宝太刀との関係（3）」『考古学雑誌』第
　　　22巻第12号784頁7〜9行。
(30)　注(23)文献76頁18〜19頁。
(31)　石田茂輔「日葉酢媛命御陵の資料について」『書陵部紀要』第19号　1967年　（宮内庁書陵部陵
　　　墓課編『書陵部紀要所収陵墓関係論文集』学生社　1980年　103〜128頁に再録）。
(32)　梅原末治「桑飼村蛭子山、作り山両古墳の調査（上）」『京都府史蹟名勝天然紀念物調査報告』第
　　　12冊　1931年　53〜70頁。
(33)　福島武雄・相川龍雄・岩澤正作『群馬県史蹟名勝天然紀念物調査報告』第2輯　1932年。
(34)　末永雅雄「磯城郡三宅村石見出土埴輪報告」『奈良県史蹟名勝天然紀念物調査報告』第13冊
　　　1935年　1〜34頁。
(35)　島田貞彦「埴輪土物の配置に就いて」『史林』第14巻第4号　1929年　71〜85頁。
(36)　谷木光之助「埴輪の装置状態」『考古学』第1巻第4号　1930年　227〜235頁。
(37)　森本六爾「埴輪の製作所址及窯址」『考古学』第1巻第4号　1930年　235〜239頁。
(38)　和辻哲郎「上代の宗教、道徳、美術　3　造形美術」『日本古代文化』岩波書店　1920年　（同新
　　　稿版　1951年　388〜405頁に再録）。
(39)　春成秀爾「『日本精神』の考古学―後藤守一」（『考古学者はどう生きたか―考古学と社会―』学
　　　生社　2003年　150〜182頁）は、人物埴輪研究を主導した後藤守一の戦争への関与を詳しくまと
　　　めている。
(40)　小林行雄「埴輪論」『史迹と美術』第159号　1944年　105〜114頁。
(41)　末永雅雄『埴輪』大八洲出版　1947年。
(42)　注(41)文献199頁9行。
(43)　京都大学文学部博物館『紫金山古墳と石山古墳』　1993年。
(44)　奈良県教育委員会『桜井茶臼山古墳　付櫛山古墳』奈良県史蹟名勝天然紀念物調査報告第19冊
　　　1961年。
(45)　滝口　宏・久地岡榛雄『はにわ』日本経済出版社　1963年。
(46)　三木文雄『はにわ』大日本雄弁会講談社　1958年。
(47)　滝口　宏「埴輪の意義」。注(45)文献12頁。
(48)　小林行雄『埴輪』陶磁全集第1巻　平凡社　1960年。
(49)　近藤義郎・春成秀爾「埴輪の起源」『考古学研究』第13巻第3号　1967年　13〜35頁。
(50)　たとえば大塚初重と小林三郎は、人物埴輪の配置位置に、墳丘の全周をとりまくように配列され
　　　る「二つ山型」と、墳丘の片側に配列される「姫塚型」の二者のあることを指摘している。
　　　大塚初重・小林三郎「茨城県舟塚古墳II」『考古学集刊』第4巻第4号　1971年　59〜103頁。
(51)　水野正好「埴輪芸能論」『古代の日本』第2巻風土と生活　角川書店　1971年　255〜278頁。
(52)　なお、昭和時代戦後の高度経済成長期以後の人物埴輪研究史については、若狭徹によっても詳し
　　　く検討されている。ただしその重点は、おもに1990年代以降におかれている。

　　　　若狭　徹「人物埴輪の出現と受容―研究の回顧と上野の場合―」『大塚初重先生頌寿記念考古学
　　　　論集』東京堂出版　2000年　406〜426頁。
(53)　注(51)文献258頁下段9行〜259頁上段1行。
(54)　注(51)文献259頁上段11行〜下段1行。
(55)　注(51)文献263頁下段3行。
(56)　注(51)文献276頁下段20行〜277頁3行。
(57)　注(51)文献277頁上段10〜12行。
(58)　注(51)文献257頁上段21行〜下段2行。
(59)　橋本博文「埴輪祭式論―人物埴輪出現後の埴輪配列をめぐって―」『塚廻り古墳群』群馬県教育
　　　委員会　1980年　337〜368頁。
(60)　梅澤重昭「綿貫観音山古墳の埴輪祭式」『討論群馬・埼玉の埴輪』あさを社　1987年　161〜170
　　　頁。
(61)　梅澤重昭「綿貫観音山古墳の埴輪祭祀」『綿貫観音山古墳Ⅰ―墳丘・埴輪編―』(財)群馬県埋蔵
　　　文化財調査事業団　1998年　457〜471頁。
(62)　若松良一「形象埴輪群の配置復原について」『瓦塚古墳』埼玉県教育委員会　1986年　83〜86
　　　頁。
(63)　和歌森太郎「大化前代の喪葬制について」『古墳とその時代(2)』古代史研究第4集　朝倉書店
　　　1958年　55〜81頁。
(64)　若松良一「再生の祀りと人物埴輪―埴輪群像は殯を再現している―」『東アジアの古代文化』72
　　　号　1992年　139〜158頁。
(65)　注(2)大塚文献43頁18〜19行。
(66)　注(2)大塚文献44頁5〜6行。
(67)　市毛　勲「人物埴輪における隊と列の形成」『古代探叢Ⅱ―早稲田大学考古学会創立35周年記念
　　　考古学論集―』1985年　353〜368頁。
(68)　杉山晋作「古代東国のはにわ群像」『歴博』国立歴史民俗博物館　第16号　1986年　15頁。
　　　　後に杉山は自らの仮説を「生前生活表現説」としている（杉山晋作「東国の人物埴輪群像と死者
　　　儀礼」『国立歴史民俗博物館研究報告』第68集　1994年　31〜49頁）。
(69)　白石太一郎『古墳の造られた時代』毎日新聞社　1989年　53頁6〜13行。
(70)　川西宏幸「円筒埴輪総論」『考古学雑誌』第64巻第2号　1978年　1〜70頁（『古墳時代政治史
　　　序説』塙書房　1988年　225〜360頁に再録）。
(71)　高橋克壽「器財埴輪の編年と古墳祭祀」『史林』第71巻第2号　1988年　69〜104頁。
(72)　井上裕一「馬形埴輪の研究―製作技法を中心として―」『古代探叢Ⅱ―早稲田大学考古学会創立
　　　35周年記念考古学論集―』1985年　369〜414頁。
(73)　坂　靖「埴輪文化の特質とその意義」『橿原考古学研究所論集』第8　吉川弘文館　1988年
　　　293〜393頁。
(74)　轟俊次郎『埴輪研究』第1冊　1974年。
(75)　大塚初重・小林三郎『茨城県馬渡における埴輪製作址』明治大学文学部研究報告第6冊　1976
　　　年。
(76)　鴻巣市遺跡調査会『生出塚遺跡』1981年。
(77)　高橋克壽「埴輪生産の展開」『考古学研究』第41巻第2号　1994年　27〜48頁。
(78)　日本考古学協会・茨城県考古学協会編『シンポジウム縄文人と貝塚・関東における埴輪の生産と

供給』学生社　2001年。
(79) 稲村　繁『人物埴輪の研究』同成社　1999年。
(80) 注(24)文献
(81) 赤塚次郎「一九九一年の動向・古墳時代（東日本）」『考古学ジャーナル』第347号　1992年　63頁左段30～35行
(82) 横山浩一「型式論」『岩波講座日本考古学1』岩波書店　43～78頁　1985年
(83) 若狭　徹「保渡田八幡塚古墳の埴輪群像を読み解く―群馬の埴輪様式を考える―」『はにわ群像を読み解く―保渡田八幡塚古墳の人物・動物埴輪復元プロセス―』かみつけの里博物館　2000年　1～34頁。

若狭　徹「人物埴輪再考―保渡田八幡塚古墳形象埴輪の実態とその意義を通じて―」『保渡田八幡塚古墳』群馬町教育委員会　2000年　485～520頁。

(84) 森田克行「今城塚古墳の埴輪群像を読み解く」『発掘された埴輪群と今城塚古墳』高槻市立しろあと歴史館　2004年　47～55頁。

森田克行「今城塚古墳の調査と埴輪祭祀」『ヒストリア』第194号　2005年　6～20頁。

(85) 坂　靖「埴輪研究の課題―人物埴輪の歴史的意義をめぐって―」『古代学研究』第165号　2004年　34～39頁。

(86) このように宗教的事象の背後に無形の観念があるとする考え方は、構造主義の人類学者の意見にしばしばみることができる。

たとえばクロード・レヴィ＝ストロースは「（前略）われわれの信じているように精神の無意識的活動というものがある内容に形式を与えるものである（後略）」と述べ、エドマンド・リーチも「（前略）言葉で表象される概念についてひとたび明確な思考をすることになれば、われわれはそれを外在化させねばならない。われわれはこれを二つのやり方でおこなう―（ⅰ）物語（神話）を語ることによって。（中略）（ⅱ）特別な物質的対象をつくりだすことによって。（後略）」と述べている。ここで彼らの言葉で人物埴輪が生み出された経緯を考えると、それは「精神の無意識的活動」から「特別な物質的対象をつくりだすこと」にあたる。

ただし、全国の古墳に樹立された人物埴輪を生み出したのは、単なる「精神の無意識的活動」というよりも、一定の体系を備えた宗教に相当する概念であった可能性が高いと思われる。宗教は本来儀礼や音楽などさまざまな要素を含んだ体系であり、ここではその中の考え方の部分を問題とすることから、「宗教思想」という言葉を用いた。

なお、以下第2図に示した人物埴輪の造形・配置にいたるまでの階梯と考え方は、筆者自身によるものである。

クロード・レヴィ＝ストロース（荒川幾男・生松敬三・川田順造・佐々木明・田島節夫訳）『構造人類学』みすず書房　1972年　26頁9行。

エドマンド・リーチ（青木保・宮坂敬造訳）『文化とコミュニケーション―構造人類学入門―』紀伊国屋書店　1981年　80頁7～12行。

(87) 上野佳也「縄文人の精神世界」『言語』第17巻第2号　1988年　43頁上段19行～下段4行。
(88) 旧石器時代の洞窟壁画の研究史は、過去にアッコーとローゼンフェルトの『旧石器時代の洞窟美術』が紹介しているほか、近年の著作では1997年に刊行されたポールG.バーンの『氷河時代の旅』が詳しく叙述しており、バーンは1990年代の新しい調査研究成果も取り入れて研究史をまとめている。以下、ルロワ＝グーランまでの学史は両書を参考に要約した。

ピーター・アッコー、アンドレ・ローゼンフェルト（岡本重温訳）『旧石器時代の洞窟美術』平

凡社世界大学選書　1971年。
　　Paul G. Bahn, *Journey through the Ice Age*. London: Weidenfeld & Nicolson, 1997.
(89) André Leroi-Gourhan, *Préhistoire de l'art occidental*. 3rd edition. Paris: Citadelles & Mazenod, 1995.
　　アンドレ・ルロワ＝グーランの西ヨーロッパにおける先史時代の芸術と宗教研究をまとめた本書は、1965年に初版が出版され、1971年にルロワ＝グーラン自身が新たな資料を追加して改訂した第2版を出版している。ここで参照した第3版は彼の死後の出版であり、Brigitte et Gilles Dellucにより、彼の死後発見されたショーヴェ洞窟の図版や壁画洞窟一覧などが増補されている。
　　なお、同様な観点から研究を進めた人物にラミング・エンペレールもおり、注(88)のアッコーらとバーンの両文献で触れられている。
(90) André Leroi-Gourhan, The Evolution of Paleolithic Art. *Scientific American* vol. 218, no. 2, Chicago：1968, pp.13-23.
　　引用した文章は14頁右段6行～15頁左段8行。
(91) なお動物群の頻度数値については、アンドレ・ルロワ＝グーラン（蔵持不三也訳）『先史時代の宗教と芸術』（日本エディタースクール出版部　1985年　ただし原著出版は1964年）95頁にも示されているが、ここではより新しい次の文献の記載にしたがった。
　　アンドレ・ルロワ＝グーラン（山中一郎訳）「旧石器時代の画像及び象徴的記号の美学的かつ宗教的解釈」『古代文化』第33巻第10号　1981年　36～50頁。
(92) 注(88)文献145～171頁。
(93) 注(88)文献581頁掲載図。
(94) 注(91)1981年文献44～45頁。
(95) フェルディナン・ド・ソシュール（小林英夫訳）『一般言語学講義』岩波書店　1972年。
(96) 注(86)クロード・レヴィ＝ストロース文献。
(97) イアン・ホッダーは20世紀の後半の欧米考古学における理論を概観した書の中で、アンドレ・ルロワ＝グーランを構造主義的考古学者の代表にあげている。
　　Ian Hodder, *Reading the Past: Current Approaches to Interpretation in Archaeology*. 2nd edition. New york: Cambridge University Press, 1991. p.35.
(98) 注(88)Bahn文献参照。
　　なお、深沢百合子「西南ヨーロッパの洞窟美術」（『考古学ジャーナル』第275号　1987年　6～11頁）も洞窟壁画研究の歴史と現状について紹介している。
(99) トーマス・クーン・中山　茂訳『科学革命の構造』みすず書房　1971年　ⅴ頁3～4行
(100) 注(99)文献75頁9行
(101) 注(99)文献93頁6行
(102) たとえば、関根真隆『奈良朝服飾の研究』本文編・図録編　吉川弘文館　1974年、武田佐知子『古代国家の形成と衣服制』吉川弘文館　1984年、増田美子『古代服飾の研究』源流社　1995年、などがあげられる。
(103) このように考証が重要な課題である研究例として、中国の古銅器研究があげられる。
　　樋口隆康（『中国の銅器』中央公論美術出版、1967年）によれば、古銅器の器名は本体に鋳込まれた銘文から判明するものばかりでなく、判然としないものが数多く存在するため、古くから古典にあげられた器名との対比、考証研究が盛んに進められ、ほぼ現在の器名が定められたという。しかし、あるものは後の考証によって改められ、またあるものは研究者によって別の名で呼ばれるな

どの混乱が生じ、このため、現代風に鉢、壺、碗と呼ぼうとする意見も出てきた。
　しかし、古銅器の形は現代にないものが多い上、現代風の呼び名ではその本質を見失うおそれがあるため、樋口は使われていた当時に呼ばれていた名称を使うのが適当であり、礼制にもとづいた名称を検討しながら一応の理解をしておくべきとしている。樋口はこの考証の歴史こそが、古銅器研究の歩みを如実に物語っていると述べている。

(104) 注(97)文献 pp.48-51。

第1章

人物埴輪の構造

第1節　視点と方法

1　型式学の概念

　さまざまな姿、形の人物埴輪は、古墳に配置されることによって一つの世界を形成する。それぞれの姿、形は、古墳に現出される世界での役割と深く関わっている。

　その個々の特徴的な姿、形に注目して、はじめて人物埴輪を分類し各々の役割を推測したのは後藤守一である[1]。踊る男女や馬丁、楽人、鷹匠など、現在用いられている人物埴輪の名称は、基本的に彼の分類が出発点となっている。

　しかし、踊る男女は本当に踊っているのであろうか。少なくとも後藤の段階の分類は、型式学的な体系性は意識されておらず、一部の特徴的な所作から類推して、個別的に命名をおこなったものにすぎない。また、正式な発掘調査によって得られた資料が少ないため、特徴的な所作の意味を出土状況で検証するということもおこなわれなかった。

　したがって、従来の分類に立脚して人物埴輪が何を表わしているのかを議論する前に、その分類を一度再検討すべきと考える。人物埴輪の諸形態の相対的な位置づけと、それらがどのような構造をなして一つの世界を形成しているのか、改めて問う必要があろう。

　そこで本章では型式学にもとづき、形態属性の比較検討によって人物埴輪の体系的な分類をおこない、古墳におけるそれぞれの配置関係についても分析をおこなった。その結果、人物埴輪には主要な形式が存在し、それらが一定の規則にしたがって配置される構造があきらかとなったので、以下に詳述したい。

　はじめに、型式学の概念を整理しておく。

　考古学における型式学の目的は、形態や技術にもとづいて資料を時空間上に類型化して認識することにある。わが国における型式学の理論的な研究として早いものでは、中谷治宇二郎の研究[2]がある。中谷は型式学による遺物の分析手順として、まず「形式」の概念を示す。形式とは、生物の種のごときもので時間や地域を考慮の外に置いている概念であり、中谷は形式分類を踏まえた上で、各形式内における諸形態の時間的推移、および形式間の共伴関係、さらには地域的展開を追求していく必要性を論じた。その方法論は、中谷自身の夭折もあり、具体的な研究として示されることはなかったが、後に弥生土器研究に活かされることになる。

第1章 人物埴輪の構造

　昭和初期、福岡県立屋敷遺跡の弥生土器を調査した森本六爾は、沈線、突帯、丹塗りなどで飾られた土器に混じって、多量の飾られぬ土器があることに気づく[3]。前者は壺、後者は深鉢形の甕で、形態が異なっており、森本はこの対照的な二種類の土器の組み合わせが、瀬戸内海の中山貝塚、大阪湾岸の国府、大和盆地の唐古、さらに関東の久ヶ原でも共通して認められることから、弥生土器に貫徹する形式の組み合わせであることを見抜き、これを出発点として時空間上の体系化をはかろうと意図した。

　森本は各地の例をあげた後で次のように述べている。すなわち、「それぞれの組を見返すとき、前者の1組を一の統一体とする要素の斉一性と後者の1組を一の統一体とする要素の斉一性の存在に注意し得ると共に、他方では前の1組と後の1組との間には画然たる境のあることが知られるのである。即ち1組のA者土器B者土器に与える斉一性概念とは、他の1組のそれとの比較によってのみ把握され得るものである。」[4]と。この森本の言葉は、考古学における文化の理解というものが時期や地域を超越した一定の構造の認識を踏まえた上で、その構造の時空間上の変容の把握にあることを如実に物語っている。

　このような形式概念を踏まえた弥生土器の時空間上の体系化は小林行雄によって進められ、奈良県唐古遺跡における弥生土器五様式編年という大きな成果へと結実する[5]。当初小林は近畿地方の弥生土器の文様から、篦描沈線→櫛描文→無文という年代的変化に着目していたが、弥生土器が用途の異なる多形式の組み合わせからなる構造をもつという森本の指摘を重視し、形式ごとに形態分類を示し、遺構ごとの土器群における各形式の形態の組み合わせ関係を踏まえて土器様式を設定し、編年を組み立てた[6]。

　後に小林は中谷の示した理論を整理し、「形式・型式・様式」の三つの概念を明確に定義づけて、次のように述べている。

　すなわち「鉢とか壺とかの、主として用途の相違にもとづくと考えられる一般的な概念を形式とし、その形の変化を型式」[7]とし、「壺の形式に属するA型式と甕の形式に属するB型式とが同時に存在したことをみとめ、A・B両型式の同時性をあらわすために、それらが同じX様式に属している」[8]と。

　小林の研究から型式学の基本的な概念をまとめれば、形式・型式・様式の三つがあり、形式は時間や地域を考慮の外においた用途にもとづく分類単位、型式は形式内における形態変化の単位、そして様式は形式間の型式の同時の組み合わせ関係を示す複合的な概念となる。

　この小林の示した三つの概念の関係を示したのが第4図であり、本図は寺沢薫の示した2次元の模式図をもとに[9]一部改変したものである。寺沢は横の座標軸に形式を並べ、その時間的変化を縦の座標軸とし、形式ごとに変化する型式を丸で示し、さらに各型式の同時存在の組み合わせ関係を横方向の楕円で囲み様式を示している。ここでは形式・型式・様式の関係は寺沢の図にしたがい、新たに斜めに空間の座標軸を設けて3次元の模式図とした（第4図）。3次元にすると、たとえば九州と近畿で認められる遠賀川土器のように、同時期の異地域間に共通する型式の関係が認識可能なためであり、同じ柄の型式がそうした関係を示している。また、形式は一直線の型式組列として示されるばかりでなく、特定の用途に対応して細分される場合があり重層性を

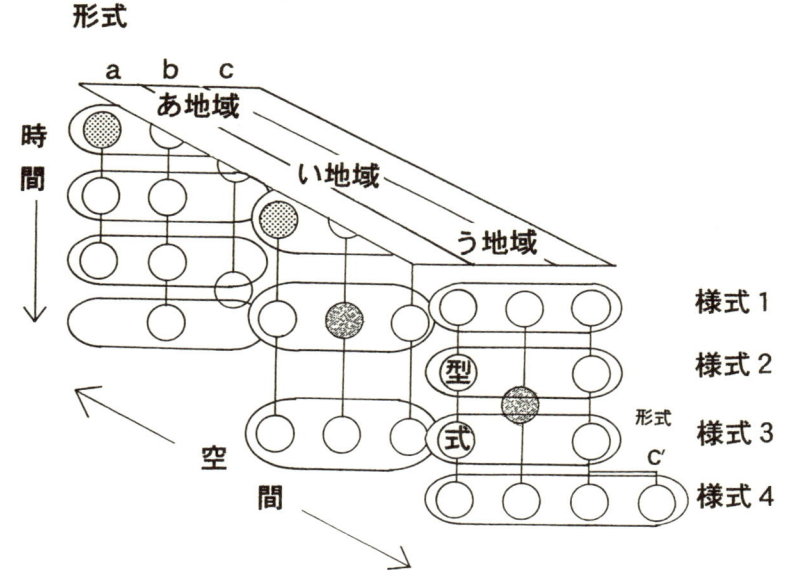

第4図　形式・型式・様式の概念

　もつ(10)。形式c'がそうした状況を示す。
　以上の概念定義を踏まえた上で、ここで問題となるのは、鉢とか壺とか甕といった分類、すなわち地域や時間を超越した概念にもとづく形式の認識であることはいうまでもないであろう(11)。
　ただし、注意しておかねばならないことは、形式は用途にもとづく分類概念ではあるものの、現実にはあらゆる考古資料の用途というものは、考古学において継続的に追求すべき研究課題という性格をもちあわせていることである(12)。したがって、形式の認識にあたっては、基本的に地域や時間を超越した分類概念として位置づけることを優先させ、その上でそれぞれの用途を議論すべきと思われる。
　また、形式の認識について西田泰民は、用途の合理性をあえて形態に反映させない例も存在することから、形だけによる用途の推定には限界性の存在することを指摘している(13)。西田はより確かな用途推定には、他の手段を加える必要性を述べており、土器の場合には使用の痕跡をあげている。
　人物埴輪の場合、本来それぞれの形態は古墳に配置されることによって全体的な意味をなす。したがって検討すべきなのは、地域や時間を越えた形態と配置の関係にあり、多くの古墳における形態と配置の脈絡を相対的に把握することが鍵となる。
　そこで、以下においては、地域や時間に関わらない形態属性の比較検討によって分類をおこない、その上で分類された各単位が古墳にどのような関係をもって配置されているのか、分類と配置の脈絡の分析をおこない、人物埴輪の構造を追求していくことにしたい。

2　造形の特質

　分類に入る前に、人物埴輪の造形の特質を理解しておきたい。

　人物埴輪の特質として第一に、その題材が人間であり、想像上のものではないことがあげられる。たとえば、ギリシャ彫刻には下半身が獣で上半身が人間である想像上の造形があり、仏像にも千手観音のように多数の手をもつ仏教世界の造形がある。しかし、人物埴輪の姿には基本的に人間の姿の範疇をはみだすものはほとんどない。したがって、おおむね古墳時代に生きた人々をモデルにして人物埴輪は造形されたと考えられる。

　第二に、人間をモデルにしているとはいえ、その表現はいたって簡単であり、写実性に欠ける点があげられる。たとえばギリシャ彫刻は人体の立体感や衣服のしわも忠実に表現しており、仏像でも目に玉眼をはめ込むなどリアルな表現技法がある。しかし、人物埴輪に衣服のしわは表現されず、目も穴をくり抜いただけで、二本の脚を表現しないものさえある。

　このような写実性の欠如は人物埴輪の大きな特質であり、過去の研究でも着目されている。高橋健自は、人物埴輪の表現には「未だ原始味を脱しない主観的な、しかも自由な働きが現れている」[14]と述べ、濱田耕作も「其の手法は写実的ではなく寧ろ表徴的であって、あらゆる細部の表現を捨て、極く大體を把もうとしている」[15]と述べており、両者ともその理由として、円筒状に中を空洞に成形することによる表現上の限界をあげている。また後藤守一も、「仏教彫刻とは比較にならない程度に精緻を欠く」[16]と述べ、その理由として古墳の上に立て遠くから眺めるのを常としたためとする和辻哲郎の解釈[17]に賛同している[18]。

　さて、この写実性の欠如を一言でいうならば、何になろうか。ここではこれを「省略」と呼びたい。省略には様々な例があるが、大局的にみると、人物埴輪全体に共通する一定の省略手法というものを指摘することができる。

　埼玉県熊谷市上中条出土の人物埴輪を例に述べてみたい（第5図）。本例は、横矧板鋲留短甲を着用しているが、その段構成は5段である。一般的な短甲の段構成は7段で、9段の例も知られているけれども、5段の例は知られていない。このことから、これを革製の短甲とする解釈もでてくるものの、5段構成の革製短甲も例を知らない。したがって基本的な考え方としては、この埴輪は鉄製短甲の横矧板を2段省略して表現している、と理解するのが妥当と思われる[19]。

　また、鋲の数も少なく、さらにその位置は各段の境界部分にあり、現実の鋲が矧板上に位置するのとは異なる。位置からすれば鋲ではなく綴紐とする解釈も出てくるが、そう考えた場合も、紐独自の細長さが省略され円形となっている。したがっていずれの考えをとるとしても、この表現は本来の形を変えて表現しているとみなさねばなるまい。

　この例から、人物埴輪全般に共通する省略手法を二つ指摘することができる。その第一は「削除」であり、第二は「変形」である[20]。

　　削除：本来あるものを造形しないこと。さきの例では段構成を2段表現しないことが削除である。このほかにもたとえば、二本の脚を造形しない、衣服の紐の結び目のみを表現して衣服の合わせ目を表現しない、なども削除と言える。

第1節　視点と方法

第1表　人物埴輪出土遺跡数

東北	岩手	1	中部	福井	1	四国	広島	6
	宮城	2		静岡	13		山口	1
	山形	1		愛知	15		徳島	2
	福島	11		三重	49		香川	3
関東	茨城	189	近畿	滋賀	6		愛媛	6
	栃木	55		京都	23	九州	福岡	39
	群馬	332		大阪	57		佐賀	7
	埼玉	239		兵庫	3		熊本	10
	千葉	113		奈良	34		宮崎	3
	東京	9		和歌山	15		大分	3
	神奈川	22		鳥取	18		鹿児島	1
中	長野	11	中・	島根	7	合計		1336
	石川	3		岡山	26			

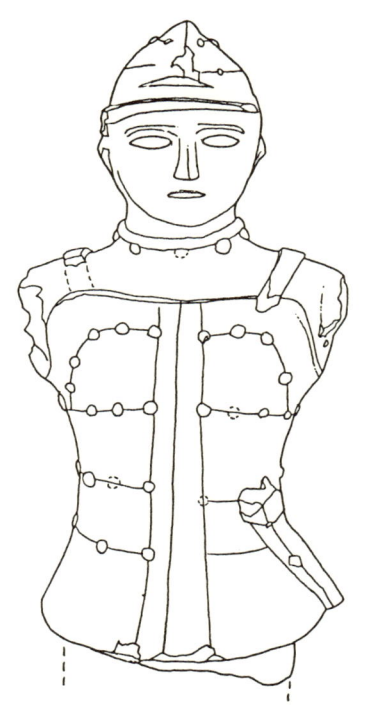

第5図　上中条出土の人物埴輪

変形：本来の形をより簡単な形、もしくは異なった形に変えて造形すること。さきの例では鋲の位置もしくは紐の形を変えたことが変形である。このほかにもたとえば、耳たぶを粘土紐を円形に貼り付けて表現する、女子の胸のふくらみを小さな二つの円形粘土を貼り付けて表現する、挂甲の威紐を円形粘土で表現する、なども変形である。変形の理由としては、埴輪製作者の意図的な省略ばかりでなく、事実誤認による可能性も考えられる。

このように人物埴輪は、現実の人間をモデルとしながらも、これに省略を施して造形していることが大きな特質といえる。この特質を踏まえ、ここでは次の形態属性に注目し、分類を進める。

第一に、人間をモデルにしていることから、性差を示す形態に注目し、男女の分類をおこなう。

第二に、外形の省略のありかたによって分類をおこなう。ここでは基本的な外形に関わる下半身の省略に注目し、全身像と半身像の分類を試みる。

その上で第三に、立つ、坐るといった基本姿勢の分類をおこなう。

こうした基本的な外形の分類をおこなった後、第四に着用している服装の分類をおこない、第五に具体的な所作による分類へと進みたい。このような五つの形態属性の比較検討を通して、人物埴輪の分類を示すこととしたい。

なお、小稿で分類の対象とした資料は全国33都府県から出土した1316点である。その地域別割合は、東北2.1％（28点）、関東71.7％（943点）、中部4.8％（63点）、近畿14.2％（187点）、中・四国3.0％（39点）、九州4.0％（53点）、不明0.2％（3点）である。

現状における人物埴輪出土遺跡は、北は岩手県奥州市角塚古墳から南は鹿児島県大崎町横瀬古

墳までの37都府県1336遺跡にのぼり（第1表）[21]、その地域別割合は東北1.1％（15遺跡）、関東71.8％（959遺跡）、中部3.2％（43遺跡）、近畿14.0％（187遺跡）、中・四国5.2％（69遺跡）、九州4.7％（63遺跡）で、関東地方が全体の約7割を占める。県別では群馬県がもっとも多く、埼玉県がこれに次ぎ、この2県で全体の43％を占めている。小稿で対象とした資料の地域別割合も、こうした出土遺跡の地域別割合にほぼ近い値を示している。

第2節　人物埴輪の分類

1　男・女

人物埴輪に性器を表現する例はわずかに認められるものの、大多数には認識容易な身体的特徴は表わされていない。

性差を表わす基本的な形態属性として、高橋健自[22]や相川龍雄[23]は、髪形を重視する。相川は、人物埴輪には成人女性通有の胸のふくらみを表現している埴輪のあることを述べ、それが不可思議な板の形状のものを頭上に載せていることを指摘し、基本的にこの髪形が女子を識別する第一の要件であるとした。

板状を呈する髷は、栃木県真岡市鶏塚古墳出土の股間に女性性器を表わした人物埴輪の頭部に表現されており、この髪形があっても胸のふくらみのない例は多数あるため、この髪形を女子と認識する第一の要件とすることは妥当と考えられる。その形態は大きく分けて、バチ形（第6図1）と分銅形（第6図2）がある。

なお、頭に板状の髷をもたずに胸に二つのふくらみの表現のあるものも数例存在する[24]。このため、胸のふくらみも女子と認識するための第二の要件にあげられる。胸のふくらみの形態は、小さな円形粘土2個を胸の左右に貼りつけて表現するものが一般的である。

これに対し、男子に普遍的な特徴は少なく、現状ではさきに掲げた女子の二つの特徴のいずれをも欠くものを男子とみなすのが妥当と考えられる。

この二つの特徴を欠く人物埴輪の髪形として、下げ美豆良と上げ美豆良がある[25]。

下げ美豆良は、いわゆるお下げ髪のように長髪を束ね両肩に垂下させる髪形で、細長い棒状の粘土が顔の両脇から垂下する形態をとる。千葉県横芝光町姫塚古墳出土の下げ美豆良の人物埴輪には髭が表わされている（第6図3）ため、この髪形は男子のものとみなされる。

また上げ美豆良は、髪を両耳のところで束ねる髪形で、その形には棒状の粘土を顔の両脇に垂直に貼り付ける例（第6図4）と、棒状の粘土を顔の両脇に水平に貼り付ける例（第6図5）とがある。発掘資料ではないが、群馬県伊勢崎市の旧境町地区出土の男性性器を露出した人物埴輪（第10図3）に上げ美豆良があり、この髪形の人物も男子であると理解できる。

このほか美豆良のないただの振り分け髪や頭髪の表現のないもの、さらに被り物をかぶる人物埴輪のほとんどが、女子の二つの特徴を欠いており、現状ではこれらも基本的に男子と考えておきたい。

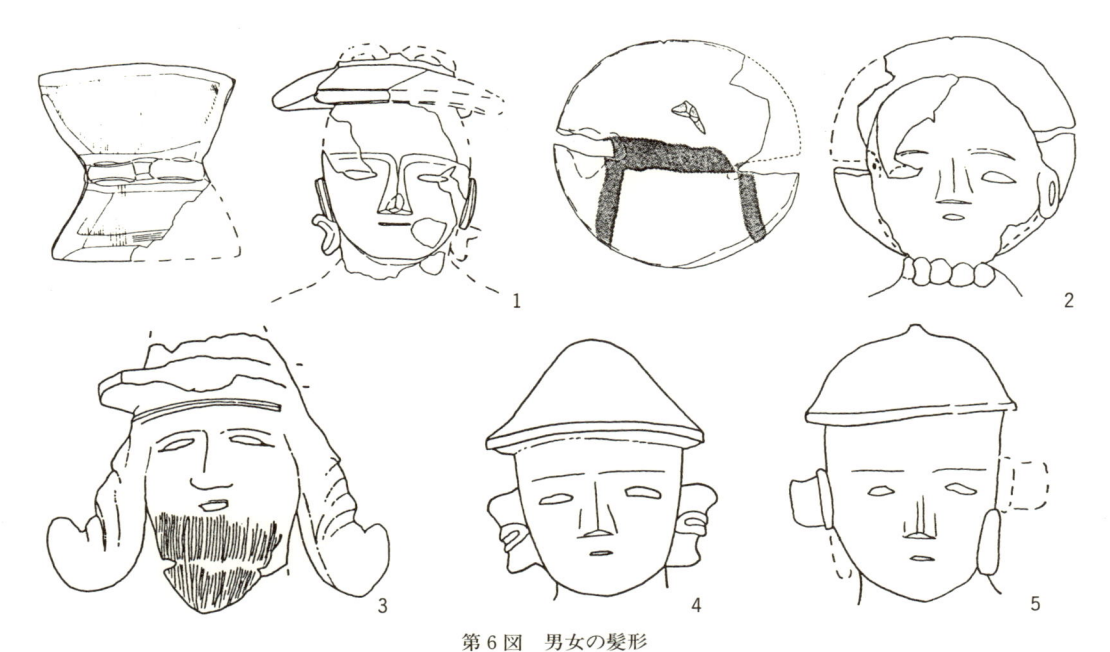

第6図　男女の髪形
（1．群馬県神保下條2号墳　2．栃木県西赤堀狐塚古墳　3．千葉県姫塚古墳　4．群馬県脇屋　5．群馬県由良）

2　全身・半身

　人物埴輪の形態属性の中で、身体の外形は全体の形態を規定する基本的な属性である。この点に着目して、台の上に全身を造形した全身像と、上半身のみを造形した半身像の二者に分類する見解が、後藤守一によって示されている[26]。

　これに対し、半身像も全身像とみる意見がある。武田佐知子は、奈良時代の計帳に記された農民男女の黒子やあざといった身体的特徴が、顔・首・腕・脚に限られることに着目し、これらの身体的特徴を常態で識別できる衣服を当時の農民が着ていたのではないか、と推測した[27]。つまり、袖無しの膝丈ぐらいまでの衣服、と考えたのである。そして、こうした衣服を着用した具体例として、人物埴輪の半身像をあげ、いわゆる半身像は下半身の省略なのではなく、膝まであるワンピースのスカート状の衣服を表わしたもの、とする見解を述べている。

　このように全身か半身かの認識にはくいちがいがある。ここでは省略という人物埴輪表現の特質を踏まえて、検討をおこないたい。

　まず女子から検討すると、明確に下半身と認識できる造形として、二本の脚の有無がある。たとえば第7図の1は双脚の造形によって全身像と認識できる（第7図）。しかし女子埴輪の場合、このように双脚を表現せずに全身像の表現をとる例も存在し、2は円筒の台の上に縦線の入った下衣を、その上に青海波文の上衣を造形している。

　これに対し、3は円筒の台の上に裾広がりの衣を造形しており、2の上衣の紐を基準に考えれば、3の衣にも紐の結び目が二つあることから上衣と理解される。このことを単純にとらえれ

第 1 章　人物埴輪の構造

第 7 図　女子の全身像と半身像（1）
（1．宮崎県百足塚古墳　2．群馬県八寸　3．埼玉県酒巻14号墳　4．埼玉県諏訪ノ木古墳）

ば、1は双脚表現の全身像であり、2は脚を表現しないものの、下衣の造形によって全身像、これらに対して3は下半身を削除した半身像と理解することができる。
　こうした理解は、出土状況からも検証可能であり、3の出土した埼玉県行田市酒巻14号墳では、墳丘裾に配置された人物埴輪の台の下部が、地中に埋め込まれたまま原位置に遺存していた。台の上部から上は倒壊しており、倒壊していた埴輪片の出土レベルを基準に、埴輪樹立当時の地表面の高さを線で辿ってみると、第8図のようになる。これをみれば、女子は台の過半部が地上に露出した状態にあったことになる。地上に見える男子の埴輪の姿は双脚を出している姿であり、これと同様に女子をみるならば、台が下半身のように見える。つまり、台上に下半身は造形されておらず、台が下半身のかわりになっている。
　このように台上に上半身だけを造形し、台を下半身にみたてているのをはっきり示しているのが、第7図の4である。台の上部に女性性器を表わしており、陰部を基準に考えれば、それより上に表現されている裾広がりの衣服は上衣にほかならない。したがって、3や4は台上に上半身を造形している、と理解できる。
　また、女子の場合、上衣の上に袈裟状の衣服を着用している例がある。たとえば、第9図の1

32

第 2 節　人物埴輪の分類

第 8 図　酒巻 14 号墳における人物埴輪と地表面との関係

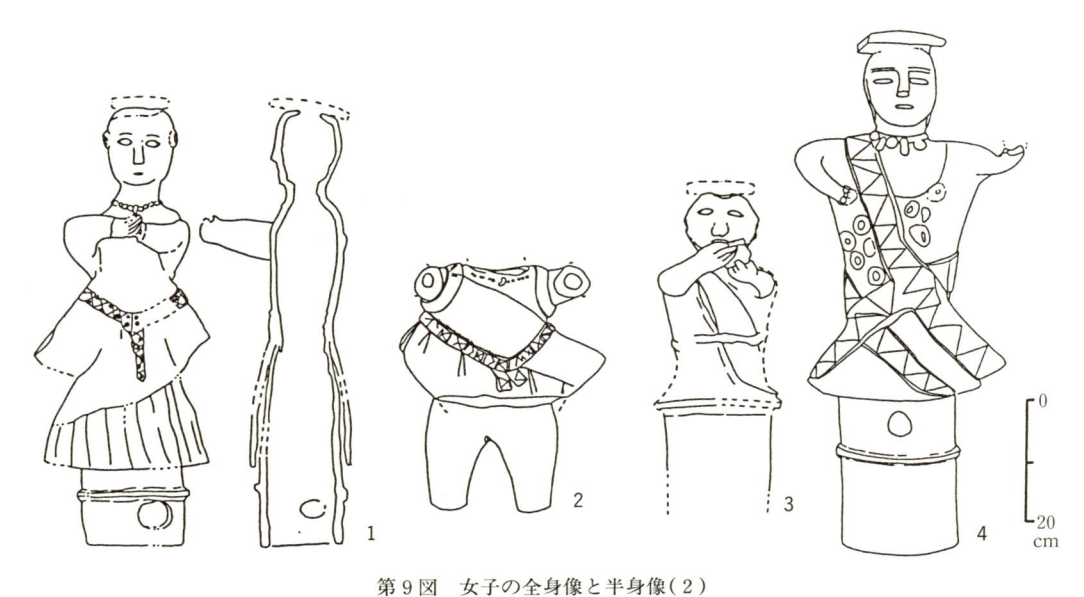

第 9 図　女子の全身像と半身像 (2)
(1. 京都府塩谷 5 号墳　2. 大阪府野畑　3. 埼玉県代正寺 9 号墳　4. 群馬県上芝古墳)

は袈裟状の衣服を着用しているが、その下位に縦線の入った衣を造形している (第 9 図)。2 も袈裟状の衣服が上半身を覆っているものの、下半身には女性性器が表わされ、下衣のない双脚を造形している。したがって、1 の縦線の入った衣は下衣であり、脚の造形はないものの全身像と考えられる。

これに対し、3 は台上に裾広がりの衣と、肩から裾に接する形で袈裟状の衣を造形している。この袈裟状の衣の下の裾広がりの衣は、上衣、下衣のいずれになろうか。

33

第1章　人物埴輪の構造

　この問題を考える上で参考になるのが4である。これは幅の広い環状の布を斜めに肩から裾にかけており、その下には円形模様のある別の衣が表現されている。その腹部には帯があり、腹部中央に2本の帯先が垂れ下がっている。同様な帯は全身像の1にも表現されており、それでは2本の帯先は袈裟式の衣の途中で終わっており、下衣の裾には達してはいない。これは2も同様とみられる。この帯の位置から推察すれば、4の裾広がりの衣は上衣に相当すると考えられ、したがって、3と4は下半身が造形されていない半身像とするのが妥当と考えられる[28]。

　次に男子では、第10図の1は円筒の台の上にズボン状の下衣を着用した双脚によって下半身を表現し、その上に裾広がりの上衣を着用した上半身を造形している（第10図）。これに対し、2は円筒の台上に脚はなく、裾広がりの衣を造形している。1の上衣の中央の帯の位置からすれば、2の裾広がりの衣の中央の突帯も帯とみなされる。したがって、2は下半身が削除されており、女子と同様台が下半身のかわりになっていると考えられる。このことは、3が円筒の台の上部に陽物を造形していることによっても支持される。

　このように、人物埴輪は女子においても男子においても、下半身の省略のありかたから二種類に分類することが可能である。

第10図　男子の全身像と半身像
（1．埼玉県生出塚A地点15号窯跡　2．群馬県塚廻り4号墳　3．群馬県伊勢崎市）

第 2 節　人物埴輪の分類

全身像：下半身を台とは別に表現し、全身を造形した像。下半身は双脚で表現するのが基本であるが、女子の場合、無脚で下衣によって下半身を表現する場合もある。
半身像：下半身を削除し、台の上に上半身のみを造形した像。

3　立・坐

人物埴輪の基本的な姿勢に着目すると、立と坐の二つに分けられる。

まず全身像からみると、女子の場合下衣に隠れて具体的な状態は不明であるものの、男子の場合や双脚を造形した女子の場合、立つ姿は原則として二本の脚が平行に直立した状態である。

これに対し坐る姿は、次のように分けられる（第 11 図）[29]。

倚坐：腰掛に腰をかけ両脚を曲げて平行に下げた坐り方。男女ともに存在する。
胡坐：台に腰をおろし両脚を折り曲げ、片方の足先をもう一方の下腿の上に交差させて載せた坐り方[30]。男子に限られる。
楽坐：腰を台におろし膝を折り曲げて開き、両脚を交差させない坐り方。基本的には足裏を接合させた状態を楽坐といっており、音楽を奏する時にからだの揺れを防ぐための姿勢である。しかし、ここではかかとの離れた状態も、楽坐に含めて扱う。琴を弾く男子に限られる。
跪坐：両膝を台につけ折り曲げて腰をおろし、上体を前方に傾け手をついて跪く坐り方。塚廻り 4 号墳例では、足先は爪先立ちの状態である。男子に限られる。
正坐：両膝を台につけ折り曲げて腰をおろし、上体をほぼ垂直に立てた坐り方。脚部は前後に長い。女子に限られる。
騎馬：馬の背にまたがった姿。男子に限られる。

次に、半身像は脚を直接表現しないため、立・坐を論じることには困難がある。ただし、台の

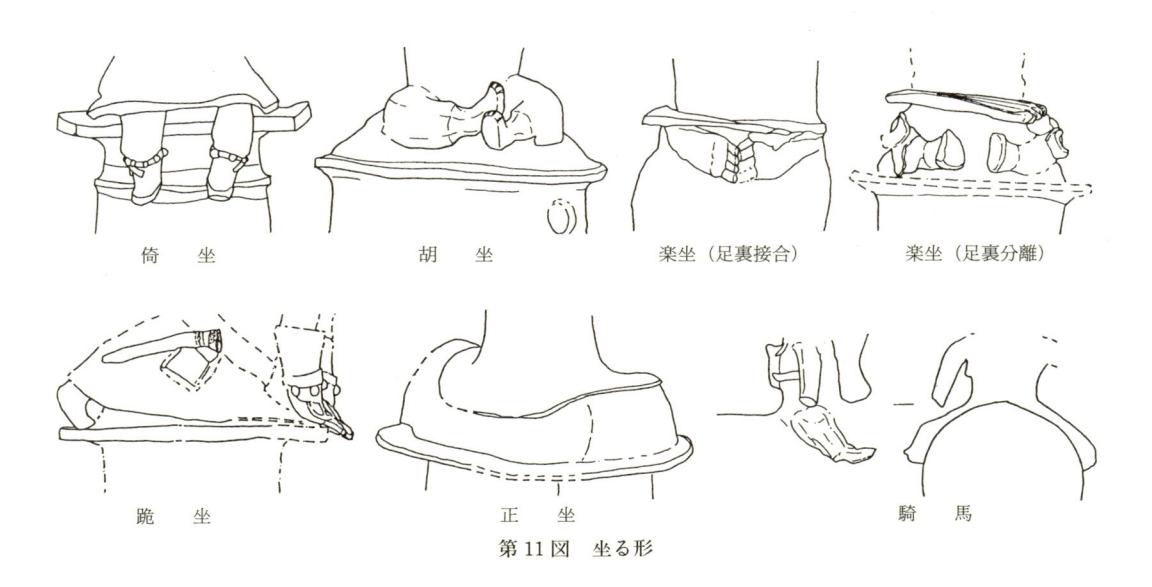

倚坐　　　胡坐　　　楽坐（足裏接合）　　楽坐（足裏分離）

跪坐　　　　　正坐　　　　騎馬

第 11 図　坐る形

第1図　半身像の立・坐表現
（1．古凍根岸裏7号墳　2～4．福島県原山1号墳　5～6．大阪府蕃上山古墳）

表現に工夫を加え、全身像における坐る姿と共通性をもたせている例があるので、若干検討を加えておく（第12図）。

まず、第12図の1は、上半身と台の間に突出した突帯がめぐっている。この突帯のついた台は、正坐する女子の台の表現と共通し、この点で本例は、下半身が削除されてはいるものの、台の形態によって坐像を表現していると考えられる[31]。

次に、琴をひく人物は全身像では倚坐と楽坐に限られている。このため第12図の3も、下半身の表現は省略されているものの、坐像と考えられる。とくに本例は、台の上縁が広がっていて、台を強調することで、坐像であることを象徴している[32]。

以上にあげた例のほかにも、高さの点であきらかに半身像のなかで低いものがある。第12図の5や2などがそれである。同一古墳におけるこれらの高さは、他の半身像（第12図4、6）と対比してみると、肩が他の腹にあたる。坐る姿が全身像のどれに対応するのか、にわかには判断できないものの、この高さの差も立坐を意識して作り分けられたと考えることができよう[33]。

こうした特殊な造形以外の半身像については、現状では立つ姿と認識しておきたい。

4　服　装

服装は男女で異なる部分が多いため、男女別に分類をおこないたい。服装はおもに上衣を対象とするが、衣服を覆う形で大形の装備を身につける場合もあるので、上衣とともに大形の装備を持つ状態も含めて検討したい。また、粘土で造形せず、朱などの色彩で衣を表現している場合もあり、それらも服装の範疇に含めて検討する。

第 13 図　女子の服装

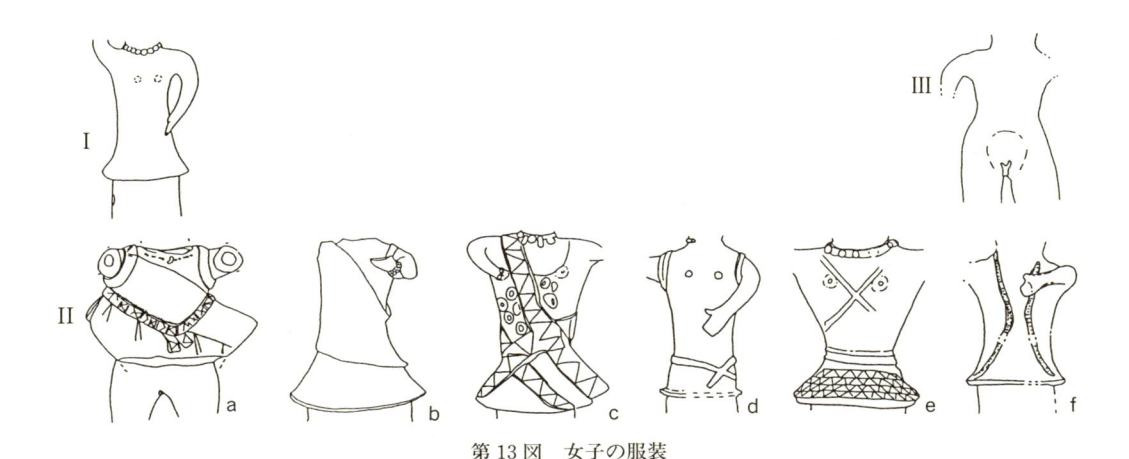

　まず女子の服装は、さきにみたように上衣と下衣という組み合わせのほか、上衣の上に袈裟状などの副次的な衣装を着用している例がある。ここで二者の服装を分けると次のようになる。(第 13 図)。
　Ⅰ：手の見える上衣、もしくは特別な上衣の表現がない。
　Ⅱ：上衣もしくは上半身の上に副次的な衣装を着用。
　このうち後者については、袈裟状のほか、襷や羽織のような衣装表現もあり、ここでは以下の六つに細分して示しておきたい。
　　a　袈裟状の衣で、つながっていないほうの布が身体からはみだす。これらは両肩に襷をかけ腹部に帯をしめる例が多い。襷のかけかたは身体の前面で垂直平行になるのが基本であるが、まれに身体の全面で交差する例もある[34]。
　　b　袈裟状の衣で、つながっていないほうの布が身体からはみでない。aと同様、その上に襷をかけたり腹部に帯をしたりする場合もある。
　　c　片方の肩に、幅広で環状の布を斜めにかける[35]。
　　d　身体の前面で垂直平行になるよう肩に襷をかける。
　　e　身体の全面で交差するよう肩に襷をかける。この中には腹部の下位に前掛け状の衣装を着用している例もある。
　　f　羽織状の衣装を着用。
　以上のほか、裸体と考えられる例もあり、これは別にⅢとして分けておく。
　Ⅲ：服装の表現がなく、性器を露出するもの。
　次に男子の服装も女子と同じく、普通の上衣のほか副次的な衣装を身にまとう例がある。しかし、女子と大きく異なるのは、褌を着用した力士や甲冑で武装した例があることである。ここでは大きく次の5種類に分け、それぞれの細分を示すこととしたい（第 14 図）。
　Ⅰ：上衣を着用、もしくは特別な上衣の表現がない。これらは上衣の特徴によって以下の三つに細分される。

第1章　人物埴輪の構造

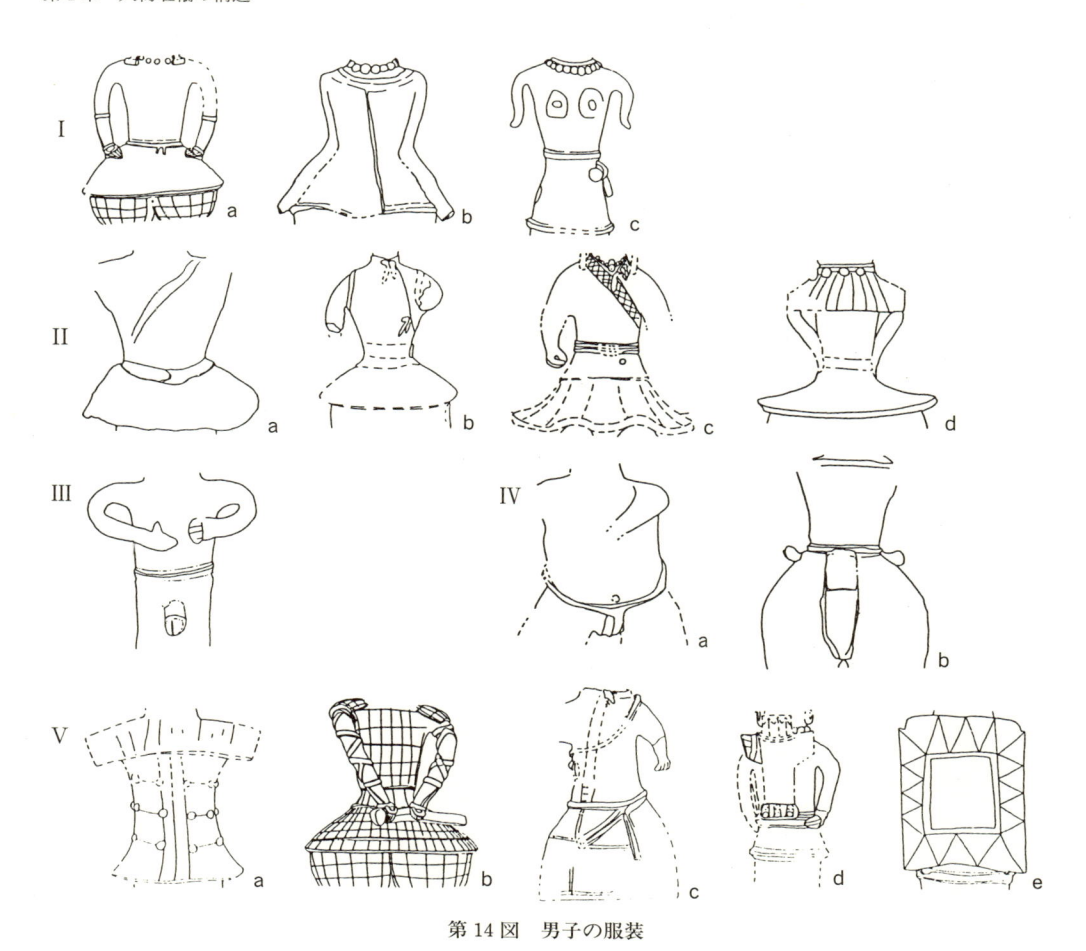

第14図　男子の服装

　　a　手の出る上衣、もしくは特別な上衣の表現がない。
　　b　手先まで隠れる長袖の上衣を着用。
　　c　とくに上衣の表現がないが、二つの乳の部分に二重の円が描かれる[36]。
Ⅱ：上衣もしくは上半身の上に副次的な衣装を着用。以下の四つに細別される。
　　a　片方の肩に、環状の布を斜めにかける。
　　b　肩に襷をかける。
　　c　腰に丈の短いスカート状の布をまく[37]。
　　d　首の回りに涎掛けのような衣装をつける。
Ⅲ：服装の表現がなく、性器を露出する。
Ⅳ：褌を着用する。以下の二つに分けられる。
　　a　褌以外の服装表現がない。
　　b　上衣の表現がある。
Ⅴ：武具によって武装。以下の五つに細分される。

38

- a　短甲を装着。
- b　挂甲を装着。
- c　以上の二つ以外の形式不明の甲冑と思われる武具を装着。
- d　甲冑を装着せず、靫もしくは胡籙を装備し、弓を持つ。
- e　盾を身体の前面に立てる。

5　所　作

　人物埴輪の所作で重要なのは腕の形態である。所作は手先の位置や形によって微妙に異なるものの、大まかにみるならば、両腕もしくは片腕を、上げる・前に出す・下げるの3種類に分けられる。しかし、それぞれの所作は持ち物や装備とも密接に関係しており、腕の大まかな形態だけでなく、持ち物や装備も考慮して比較検討しなければならないことから、統一的な分類基準を示すと複雑にならざるをえない。

　そこで、ここではこれまでみてきた4項目の順に階梯を設けて分類をおこない、その下位にそれぞれの所作を示すこととした。所作は文章で示したが、同じ階層の中で複数の所作が認められる場合には、枝番号を付すこととした。

　なお、これまでみてきた4項目のいずれかの判断材料を欠く資料については、不確定要素を残すため、検討から外している。

　このような手順で分類を進めた結果、人物埴輪を女子38種類、男子55種類に分けることができたので、以下に示す[38]（第15～19図）。

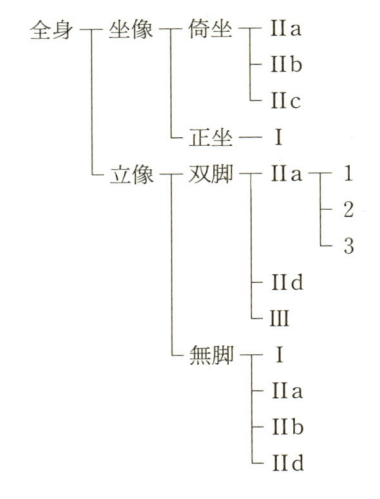

〈女子〉

```
全身┬坐像┬倚坐┬Ⅱa     両腕を下げる（以下、第15図）
    │    │    ├Ⅱb     胸の前に両腕を掲げ、物を持つ
    │    │    └Ⅱc     胸の前に両腕を掲げ、器を持つ
    │    └正坐─Ⅰ      胸の前に両腕を掲げ、物を持つ
    └立像┬双脚┬Ⅱa┬1   胸の前に両腕を掲げ、物を持つ
         │    │    ├2   両腕を上げる
         │    │    └3   所作不明だが、性器を露出する
         │    ├Ⅱd     所作不明だが、性器を露出する
         │    └Ⅲ      腕を下げる
         └無脚┬Ⅰ      両腕を下げる
              ├Ⅱa     胸の前に両腕を掲げ、器を持つ
              ├Ⅱb     胸の前に腕を掲げ、器を持つ
              └Ⅱd     胸の前に両腕を掲げ、器を持つ
```

第1章　人物埴輪の構造

倚坐▶　　Ⅱa　　　　Ⅱb　　　　Ⅱc　　　　正坐　Ⅰ

双脚▶　　Ⅱa▶　1　　　　2　　　　3　　　Ⅱd

無脚▶　Ⅰ　　　　Ⅱa　　　Ⅱb　　　Ⅱd　　　Ⅲ

Ⅰ　　　1　　　2　　　Ⅱb　　　Ⅰ　10

第15図　女子の全身坐像・全身立像・半身坐像

40

第2節　人物埴輪の分類

第16図　女子の半身立像

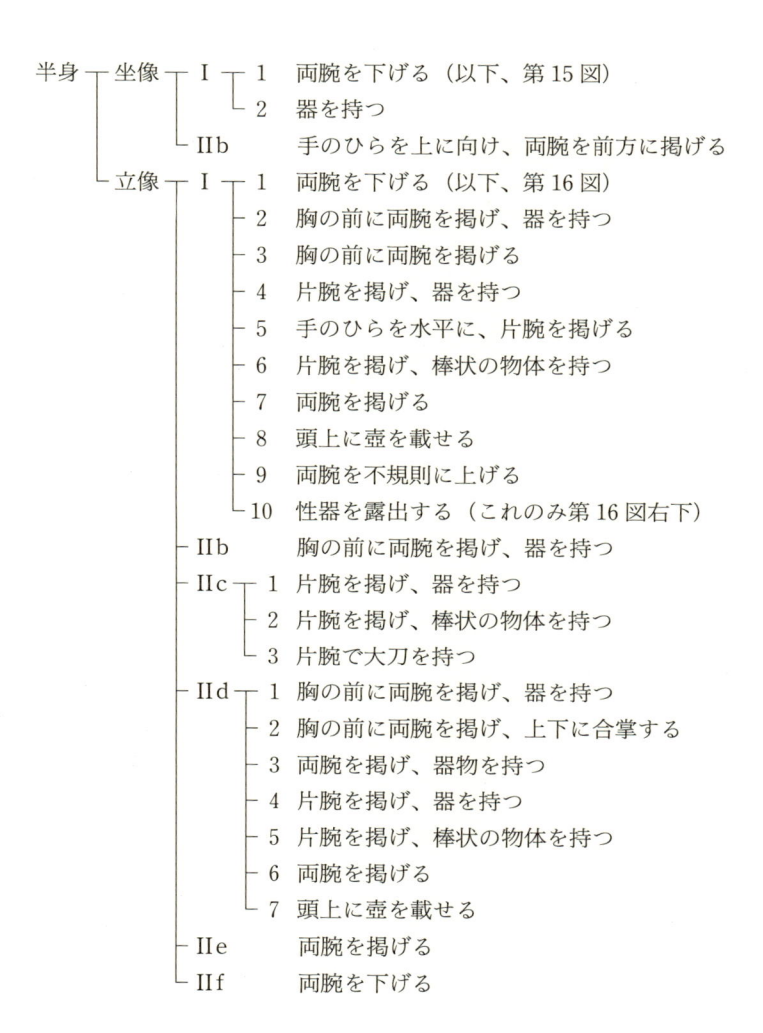

第 1 章　人物埴輪の構造

〈女子〉

半身 ─┬─ 坐像 ─┬─ Ⅰ ─┬─ 1　両腕を下げる（以下、第 15 図）
　　　│　　　　│　　　└─ 2　器を持つ
　　　│　　　└─ Ⅱb　　　　手のひらを上に向け、両腕を前方に掲げる
　　　└─ 立像 ─┬─ Ⅰ ─┬─ 1　両腕を下げる（以下、第 16 図）
　　　　　　　　│　　　├─ 2　胸の前に両腕を掲げ、器を持つ
　　　　　　　　│　　　├─ 3　胸の前に両腕を掲げる
　　　　　　　　│　　　├─ 4　片腕を掲げ、器を持つ
　　　　　　　　│　　　├─ 5　手のひらを水平に、片腕を掲げる
　　　　　　　　│　　　├─ 6　片腕を掲げ、棒状の物体を持つ
　　　　　　　　│　　　├─ 7　両腕を掲げる
　　　　　　　　│　　　├─ 8　頭上に壺を載せる
　　　　　　　　│　　　├─ 9　両腕を不規則に上げる
　　　　　　　　│　　　└─ 10　性器を露出する（これのみ第 16 図右下）
　　　　　　　　├─ Ⅱb　　　　胸の前に両腕を掲げ、器を持つ
　　　　　　　　├─ Ⅱc ─┬─ 1　片腕を掲げ、器を持つ
　　　　　　　　│　　　 ├─ 2　片腕を掲げ、棒状の物体を持つ
　　　　　　　　│　　　 └─ 3　片腕で大刀を持つ
　　　　　　　　├─ Ⅱd ─┬─ 1　胸の前に両腕を掲げ、器を持つ
　　　　　　　　│　　　 ├─ 2　胸の前に両腕を掲げ、上下に合掌する
　　　　　　　　│　　　 ├─ 3　両腕を掲げ、器物を持つ
　　　　　　　　│　　　 ├─ 4　片腕を掲げ、器を持つ
　　　　　　　　│　　　 ├─ 5　片腕を掲げ、棒状の物体を持つ
　　　　　　　　│　　　 ├─ 6　両腕を掲げる
　　　　　　　　│　　　 └─ 7　頭上に壺を載せる
　　　　　　　　├─ Ⅱe　　　　両腕を掲げる
　　　　　　　　└─ Ⅱf　　　　両腕を下げる

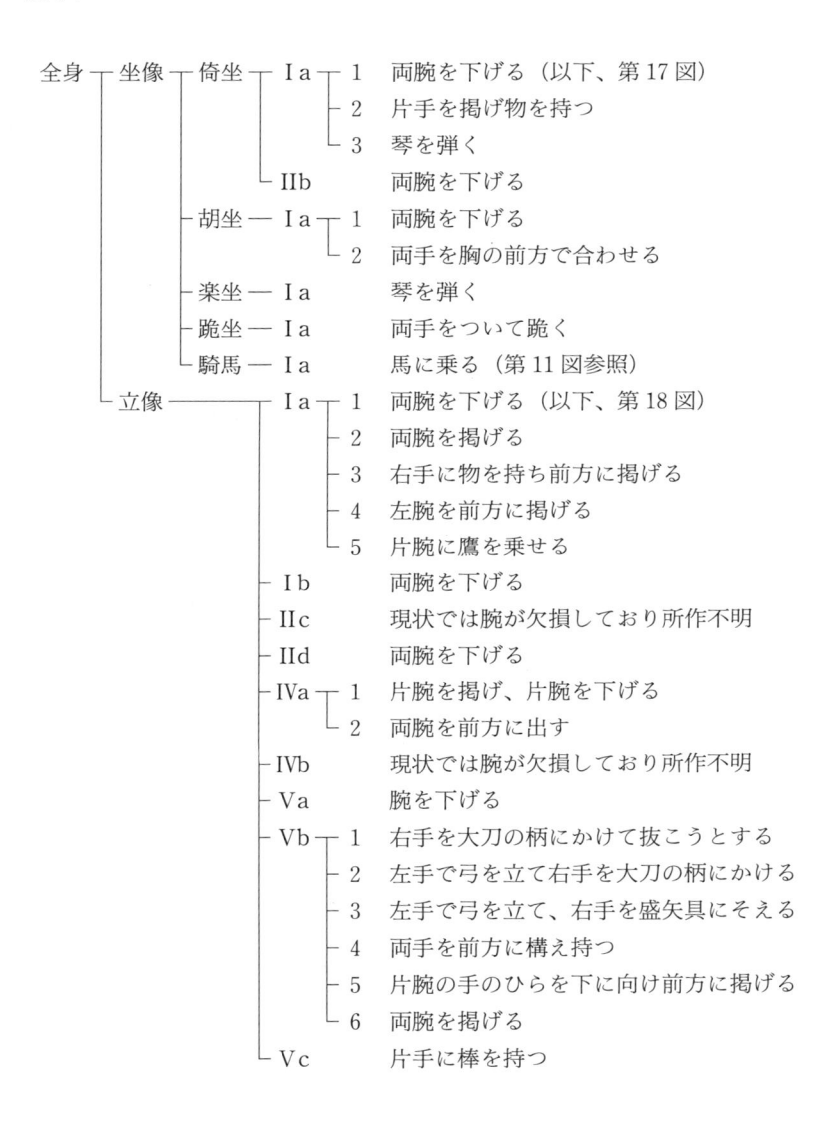

〈男子〉

```
全身 ─┬─ 坐像 ─┬─ 倚坐 ─┬─ Ⅰa ─┬─ 1  両腕を下げる（以下、第17図）
      │        │        │       ├─ 2  片手を掲げ物を持つ
      │        │        │       └─ 3  琴を弾く
      │        │        └─ Ⅱb     両腕を下げる
      │        ├─ 胡坐 ── Ⅰa ─┬─ 1  両腕を下げる
      │        │              └─ 2  両手を胸の前方で合わせる
      │        ├─ 楽坐 ── Ⅰa     琴を弾く
      │        ├─ 跪坐 ── Ⅰa     両手をついて跪く
      │        └─ 騎馬 ── Ⅰa     馬に乗る（第11図参照）
      └─ 立像 ─────┬─ Ⅰa ─┬─ 1  両腕を下げる（以下、第18図）
                   │       ├─ 2  両腕を掲げる
                   │       ├─ 3  右手に物を持ち前方に掲げる
                   │       ├─ 4  左腕を前方に掲げる
                   │       └─ 5  片腕に鷹を乗せる
                   ├─ Ⅰb     両腕を下げる
                   ├─ Ⅱc     現状では腕が欠損しており所作不明
                   ├─ Ⅱd     両腕を下げる
                   ├─ Ⅳa ─┬─ 1  片腕を掲げ、片腕を下げる
                   │       └─ 2  両腕を前方に出す
                   ├─ Ⅳb     現状では腕が欠損しており所作不明
                   ├─ Ⅴa     腕を下げる
                   ├─ Ⅴb ─┬─ 1  右手を大刀の柄にかけて抜こうとする
                   │       ├─ 2  左手で弓を立て右手を大刀の柄にかける
                   │       ├─ 3  左手で弓を立て、右手を盛矢具にそえる
                   │       ├─ 4  両手を前方に構え持つ
                   │       ├─ 5  片腕の手のひらを下に向け前方に掲げる
                   │       └─ 6  両腕を掲げる
                   └─ Ⅴc     片手に棒を持つ
```

第1章　人物埴輪の構造

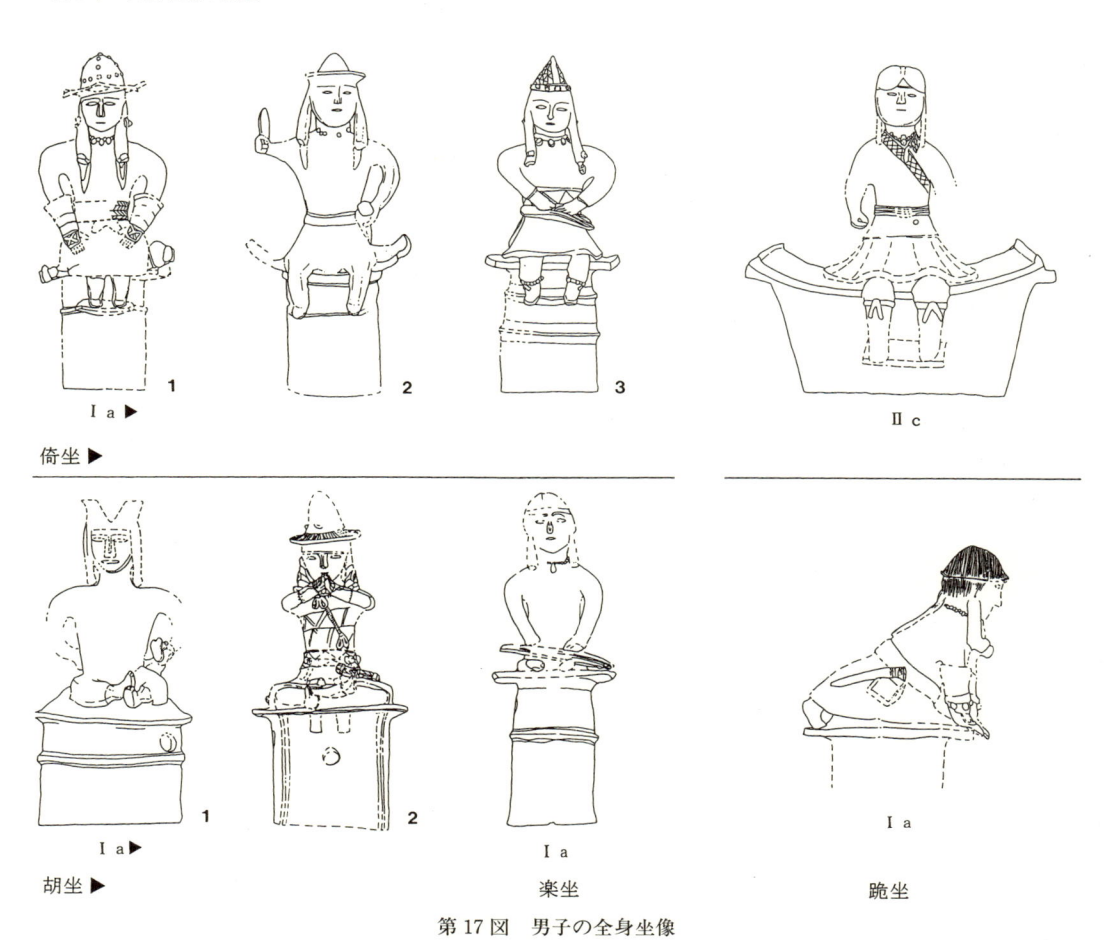

|Ⅰa▶　　　　　　　　　　　　　　Ⅱc

倚坐▶

Ⅰa▶　　　　　　　Ⅰa　　　　　　　Ⅰa

胡坐▶　　　　　　楽坐　　　　　　　跪坐

第17図　男子の全身坐像

第 2 節　人物埴輪の分類

第 18 図　男子の全身立像

第1章 人物埴輪の構造

第19図 男子の半身坐像・半身立像

〈男子〉

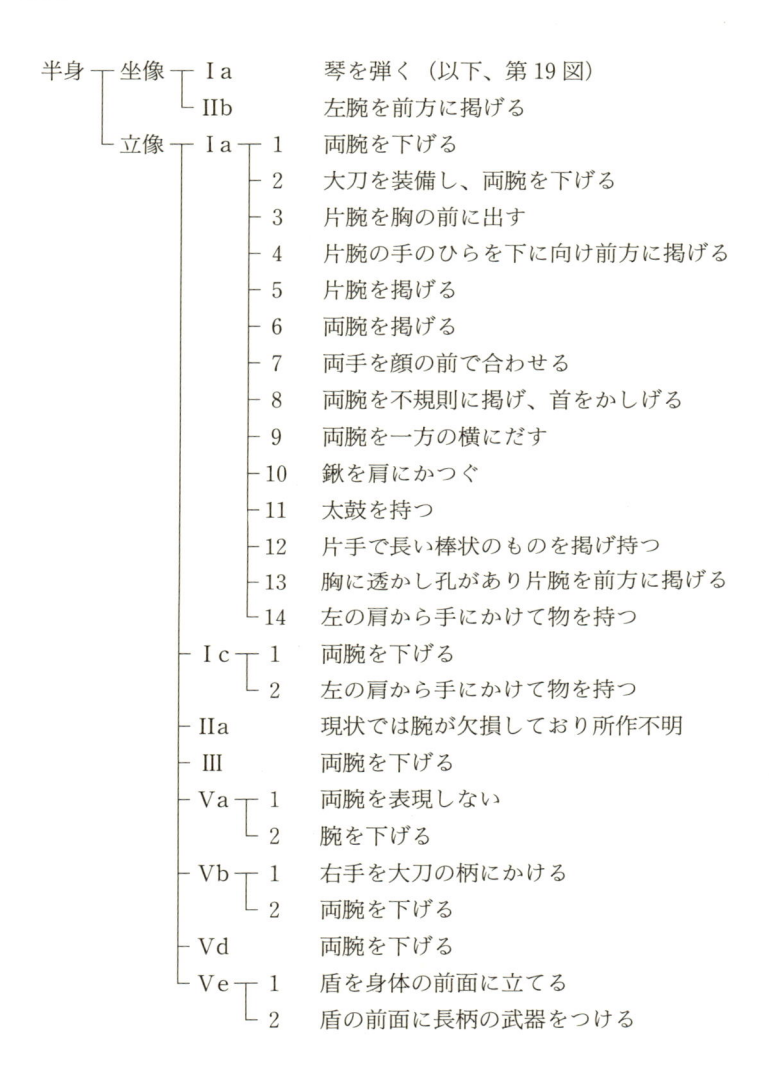

```
半身 ┬ 坐像 ┬ Ia           琴を弾く（以下、第19図）
    │      └ IIb          左腕を前方に掲げる
    └ 立像 ┬ Ia ┬ 1       両腕を下げる
           │    ├ 2       大刀を装備し、両腕を下げる
           │    ├ 3       片腕を胸の前に出す
           │    ├ 4       片腕の手のひらを下に向け前方に掲げる
           │    ├ 5       片腕を掲げる
           │    ├ 6       両腕を掲げる
           │    ├ 7       両手を顔の前で合わせる
           │    ├ 8       両腕を不規則に掲げ、首をかしげる
           │    ├ 9       両腕を一方の横にだす
           │    ├ 10      鍬を肩にかつぐ
           │    ├ 11      太鼓を持つ
           │    ├ 12      片手で長い棒状のものを掲げ持つ
           │    ├ 13      胸に透かし孔があり片腕を前方に掲げる
           │    └ 14      左の肩から手にかけて物を持つ
           ├ Ic ┬ 1       両腕を下げる
           │    └ 2       左の肩から手にかけて物を持つ
           ├ IIa          現状では腕が欠損しており所作不明
           ├ III          両腕を下げる
           ├ Va ┬ 1       両腕を表現しない
           │    └ 2       腕を下げる
           ├ Vb ┬ 1       右手を大刀の柄にかける
           │    └ 2       両腕を下げる
           ├ Vd           両腕を下げる
           └ Ve ┬ 1       盾を身体の前面に立てる
                └ 2       盾の前面に長柄の武器をつける
```

第3節　人物埴輪の構造分析

1　分類の比較検討

さて、以上におこなった分類をもとに分析を進めていきたい。

小稿で対象とした1316点のうち性別の判明したのは979点で、その内訳は女子が336点（34.3％）、男子が643点（65.7％）であった[38]。以下男女別に比較結果を述べる。

第 1 章　人物埴輪の構造

（1）　女子埴輪

　まず、女子埴輪 38 種類のうち全身像は 13 種類となる。坐像は 4 種類、立像は 9 種類で双脚 5 種類、無脚 4 種類に分けられた（第 15 図）。

　全身像の服装をみると坐像、立像ともに、IIの副次的な衣服を着用する例が多い。

　その所作については、立坐や服装のちがいを超えて同じ所作が指摘され、とくに両腕を胸の前に掲げる所作が数多く、坐像（倚坐IIb、IIc、正坐 I）、立像（双脚IIa 1、無脚IIa、IIb、IId）ともに存在する。同じ所作は図上でスクリーンの帯で繋いで示した。また、両腕を下げるものも坐像、立像ともに存在し（倚坐IIa、無脚 I）、さらに双脚の全身立像では、服装に関わらず、陰部を表現するものもある（双脚IIa 3、IId、III）。このように女子埴輪の所作には、姿勢や服装を超えた共通性がある。

　全身像と比べると女子埴輪の半身像の種類は数多く、25 種類に分けられた。ただし半身像の場合、坐像はわずか 3 種類にすぎず（第 15 図）、多くは立像で 22 種類となる（第 16 図）。

　半身像の場合、服装を全身像と比較すると I が多く、IIでも a は現状では存在せず、全体に簡略な服装となっている。ただし半身像においても、所作は服装の分類を離れて共通し、とくに両腕を胸の前に掲げる所作は数多い（I 2、3、IIb、IId 1、2、3）。

　また半身立像の場合、全身像にはなかった片腕を掲げて器を持つ所作（I 4、5、IIc 1、IId 4）、片腕を掲げて棒状の物体を持つ所作（I 6、IIc 2、IId 5）、壺を頭上に載せる所作（I 8、IId 7）が服装に関わらず存在する。全身像では立像双脚IIa 2 に一例しかなかった両腕を掲げる所作も、半身立像では複数の服装にあり（I 7、IId 6、IIe）、陰部を表現する例も I 10（第 15 図右下）、両腕を下げる所作も I 1、と認められる。

　このように女子埴輪の場合、全身像と半身像とでは主体を占める服装に差異があるものの、そうした差異に関わらず所作の共通する点が大きな特徴である。

　そこでさらにこの分類にもとづいて、それぞれの数量を具体的に比較してみたい。女子埴輪で全身半身、および立坐が判明したのは、全身坐像 8 点[39]、全身立像双脚 10 点、同無脚 18 点、半身坐像 4 点、半身立像 97 点であり、半身立像が突出して多い。また服装が判別するのは I 108 点、IIa 38 点、IIb 9 点、IIc 9 点、IId 21 点、IIe 6 点、IIf 2 点、III 1 点で、I が圧倒的多数を占める。

　所作も含めた分類リストにしたがってそれぞれの個体数を比較すると、女子埴輪 38 種類のうち量的に主体を占めるのは、ごく限られていることが知られる（第 2 表）。

　第 2 表によれば、まず全身像は坐像でとくに多い種類はないものの、立像では無脚のIIa が 10 点を数え、また半身像では坐像はどれも少数であるが、立像で I 1 が 20 点、I 3 が 11 点ときわめて多い。これらの上位三者が女子埴輪全体に占める割合は 42 ％ となる（第 20 図）。これらに次いで、半身立像 I 2、I 5、I 6 が 5 点で並び、これらも含めると上位 6 者の全体に占める割合は 56 ％ に達し、全体の半数を超える。つまり、女子埴輪は全身半身、服装、所作といった各属性によって 38 種類に分類されたのであるが、おもに作られたのは、そのうちのごくわずかな種類であったと理解される。

第3節　人物埴輪の構造分析

第2表　女子埴輪分類別個体数

種　　類		点数	種　　類	点数
全身坐像	倚坐　Ⅱa	1	半身立像　Ⅰ 4	3
	Ⅱb	2	Ⅰ 5	5
	Ⅱc	1	Ⅰ 6	5
	正坐　Ⅰ	2	Ⅰ 7	3
			Ⅰ 8	2
全身立像	双脚　Ⅱa1	2	Ⅰ 9	1
	Ⅱa2	1	Ⅰ 10	1
	Ⅱa3	1	Ⅱb	1
	Ⅱd	1	Ⅱc1	1
	Ⅲ	1	Ⅱc2	1
	無脚　Ⅰ	3	Ⅱc3	1
	Ⅱa	10	Ⅱd1	2
	Ⅱb	1	Ⅱd2	1
	Ⅱd	1	Ⅱd3	1
半身坐像	Ⅰ 1	1	Ⅱd4	2
	Ⅰ 2	1	Ⅱd5	1
	Ⅱb	1	Ⅱd6	2
半身立像	Ⅰ 1	20	Ⅱe	1
	Ⅰ 2	5	Ⅱf	1
	Ⅰ 3	11	合計	101

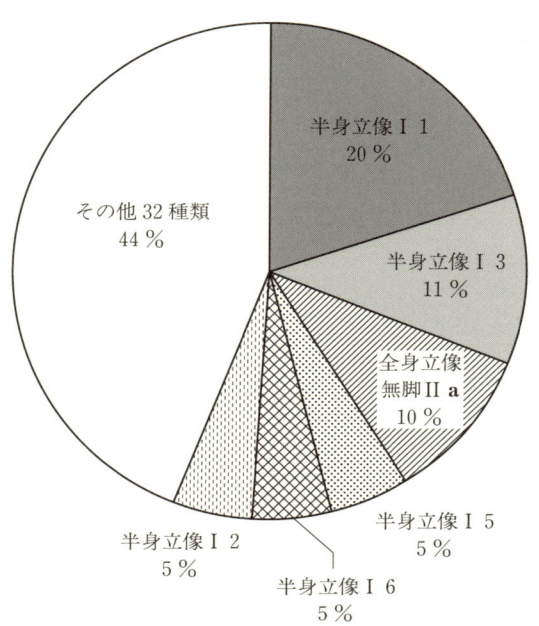

（巻末統計資料2をもとに作成）

第20図　女子埴輪の主要な種類が占める割合

半身立像Ⅰ1　20％
半身立像Ⅰ3　11％
全身立像無脚Ⅱa　10％
半身立像Ⅰ5　5％
半身立像Ⅰ6　5％
半身立像Ⅰ2　5％
その他32種類　44％

第3表　女子埴輪の地域別服装個体数

地　　域	Ⅰ	Ⅱa	Ⅱb	Ⅱc	Ⅱd	Ⅱe	Ⅱf	Ⅲ	総計
東北	4	1							5
関東	101	1	7	8	16	4	2	1	140
中部	1	4	1						6
近畿	1	26			1				28
中・四国		4		1	2	1			8
九州	1	3			1	1			6
合計	108	38	9	9	20	6	2	1	193

（巻末統計資料4をもとに作成）

　なお、すでに述べたように、女子埴輪は共通する所作の多いことが特徴である。とくに両腕を胸の前に掲げる所作がその代表としてあげられ、主体を占める全身立像無脚Ⅱa、半身立像Ⅰ3は、いずれも両腕を胸の前に掲げる所作である。両腕を胸の前に掲げる所作の点数を第2表の中で数えると40点となり、その割合は女子埴輪の40％を占める。

　ただし、女子埴輪の服装は地域によって大きなちがいが認められ、とくに顕著なのはⅠとⅡaである。地方別に各服装の個体数を示したのが第3表であるが、それによれば前者は関東地方、後者は近畿地方でそれぞれ主体を占めていることが判明する（第3表）。このような数量比較から判断すれば、さきに示した女子埴輪の上位三者のうち、半身立像Ⅰ1、Ⅰ3は関東地方、全身立像無脚Ⅱaは近畿地方でそれぞれ主体を占める種類であり、女子埴輪の所作には服装や地域を

49

越えた共通性が認められる反面、服装には地域によるちがいが明確に存在しており、東日本と西日本では製作された女子埴輪の種類の異なることが指摘できる。

（２） 男子埴輪

次に、男子埴輪55種類の分類リストをみると、女子よりもバラエティに富み、全身像は28種類で、坐像9種類（第17図）、立像19種類（第18図）に分けられた。

男子全身像の服装は、Ⅰaのほか、Ⅴbが数多い。またⅣは全身立像に限られる。所作は、女子と異なり、器を掲げ持つ所作はない。それぞれの所作は姿勢や服装、また装備によって、おのずと異なっている。

これに対し半身像では、坐像は少なく2種類のみであり、圧倒的多数は立像で25種類となった（第19図）。男子半身立像の服装もⅠaが数多いが、Ⅰc、Ⅴd、Ⅴeといった服装は半身立像に限られる。

また器を掲げ持つ所作をするものは半身像においても存在せず、その所作は全身立像の場合と同じく、姿勢や服装、また装備によってそれぞれで異なっている。

男子埴輪においても数量を比較すると、全身・半身、および立・坐の判明したのは、全身坐像39点、全身立像104点、半身坐像4点、半身立像208点であり、全身立像と半身立像が圧倒的に多い。また服装の判別したのはⅠa230点、Ⅰb3点、Ⅰc4点、Ⅱa5点、Ⅱb3点、Ⅱc3点、Ⅱd2点、Ⅲ2点、Ⅳa9点、Ⅳb1点、Ⅴa9点、Ⅴb42点、Ⅴc2点、Ⅴd6点、Ⅴe70点で、Ⅰaが圧倒的多数を占め、次いでⅤe、Ⅴbが多い。

さて、分類結果にしたがって個体数を比較すると、男子埴輪についても女子埴輪の場合と同様、興味深い事実が浮かび上がってくる（第4表）。

まず全身像では、坐像にとくに多いものはないが、立像ではⅠa1が27点と突出して多く、Ⅱ、Ⅳは全体に個体数が少ないが、Ⅴbでは1の大刀の柄に右手をかける姿が6点と若干多い。

また半身像では、坐像は個体数が少なく特徴を見出しがたいが、立像は突出して個体数の多い種類がいくつかある。

まずⅠaでは1が24点、5が27点、またⅤeの1が58点と、突出して多い。

つまり55種類ある男子埴輪のうち数量的に主体となるのはごく限られており、この上位の4者だけで男子埴輪全体に占める割合は51％となり過半数を占める（第21図）。

したがって人物埴輪は、女子においても男子においても、分類によって様々なバラエティが認められたが、その中でおもに製作されたのはわずかな種類であったということができる。

なお、男子の場合、女子と比較して服装、所作などに地域によるちがいは認めにくい。

2　分類と配置の関係

それでは、分類された各種類は、どのように古墳に配置されたのであろうか。さきに指摘した主要な種類に着目して古墳における配置のあり方を分析し、分類と配置の脈絡を追及したい。

ここでは、比較的多種の人物埴輪を持つ前方後円墳の配置に注目して検討を進める。原位置もしくは、原位置に近い出土状態を示す例を八つあげ、パターン化して示したのが第22～24図で

第3節 人物埴輪の構造分析

第4表 男子埴輪分類別個体数

種類			点数	種類		点数
全身坐像	倚坐	Ia1	1	半身坐像	Ia	2
		Ia2	1		IIb	1
		Ia3	5	半身立像	Ia1	24
		IIc	1		Ia2	8
	胡坐	Ia1	4		Ia3	3
		Ia2	2		Ia4	2
	楽坐	Ia	7		Ia5	27
	跪坐	Ia	3		Ia6	5
	騎馬	Ia	5		Ia7	1
全身立像		Ia1	27		Ia8	1
		Ia2	2		Ia9	1
		Ia3	1		Ia10	9
		Ia4	1		Ia11	2
		Ia5	2		Ia12	2
		Ib	3		Ia13	3
		IIc	2		Ia14	2
		IId	2		Ic1	3
		IVa1	1		Ic2	1
		IVa2	2		IIa	1
		IVb	1		III	2
		Va	1		Va1	3
		Vb1	6		Va2	1
		Vb2	2		Vb1	2
		Vb3	2		Vb2	3
		Vb4	1		Vd	2
		Vb5	2		Ve1	58
		Vb6	1		Ve2	5
		Vc	1	合計		263

(巻末統計資料3をもとに作成)

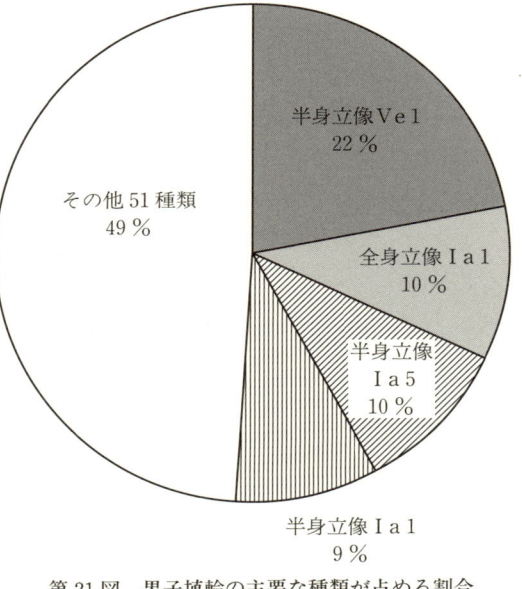

第21図 男子埴輪の主要な種類が占める割合

- 半身立像Ve1 22％
- 全身立像Ia1 10％
- 半身立像Ia5 10％
- 半身立像Ia1 9％
- その他51種類 49％

ある。
　まず西日本では、大阪府高槻市今城塚古墳において人物埴輪の良好な配置状況が確認できる（以下第22図）。今城塚古墳では北側内堤の中央部から形象埴輪がまとまって出土しており、柵形埴輪によって区画が4区に分かれていた。その配置を検討すると、人物埴輪は女子全身双脚立像が2区に1体存在するが、そのほかはほとんど3・4区に集中しており、3区には家の左側に楽坐を含む四つの坐像群があり、それに接してIIaの服装の女子全身双脚立像が並ぶ。また4区にはIVaとVbの男子全身立像を配置し、それに続いて馬形埴輪を配列する。配置状況の判明する人物埴輪は、おもに墳丘の前方部方向を向く点が大きな特徴である。
　次に東日本、とりわけ関東地方では、配置状況の明確な例が数多く存在する。以下おもな例を順にみていくと、まず群馬県高崎市綿貫観音山古墳では、墳丘中段の片側に、後円部から前方部までを回るように人物埴輪が並んでいた。図右手、後円部石室入り口前に男子全身胡坐像Ia2と女子全身正坐像Iの坐像群が向き合っており、男子坐像の背後に靫を負うVdと考えられる服装の男子像が数体位置する。これと反対側の前方部方向には女子半身立像I 2、続いて男子全身立像のIa1と挂甲を着た同Vbといった男子全身立像群が墳丘を背にして立つ。これに男子半

第1章　人物埴輪の構造

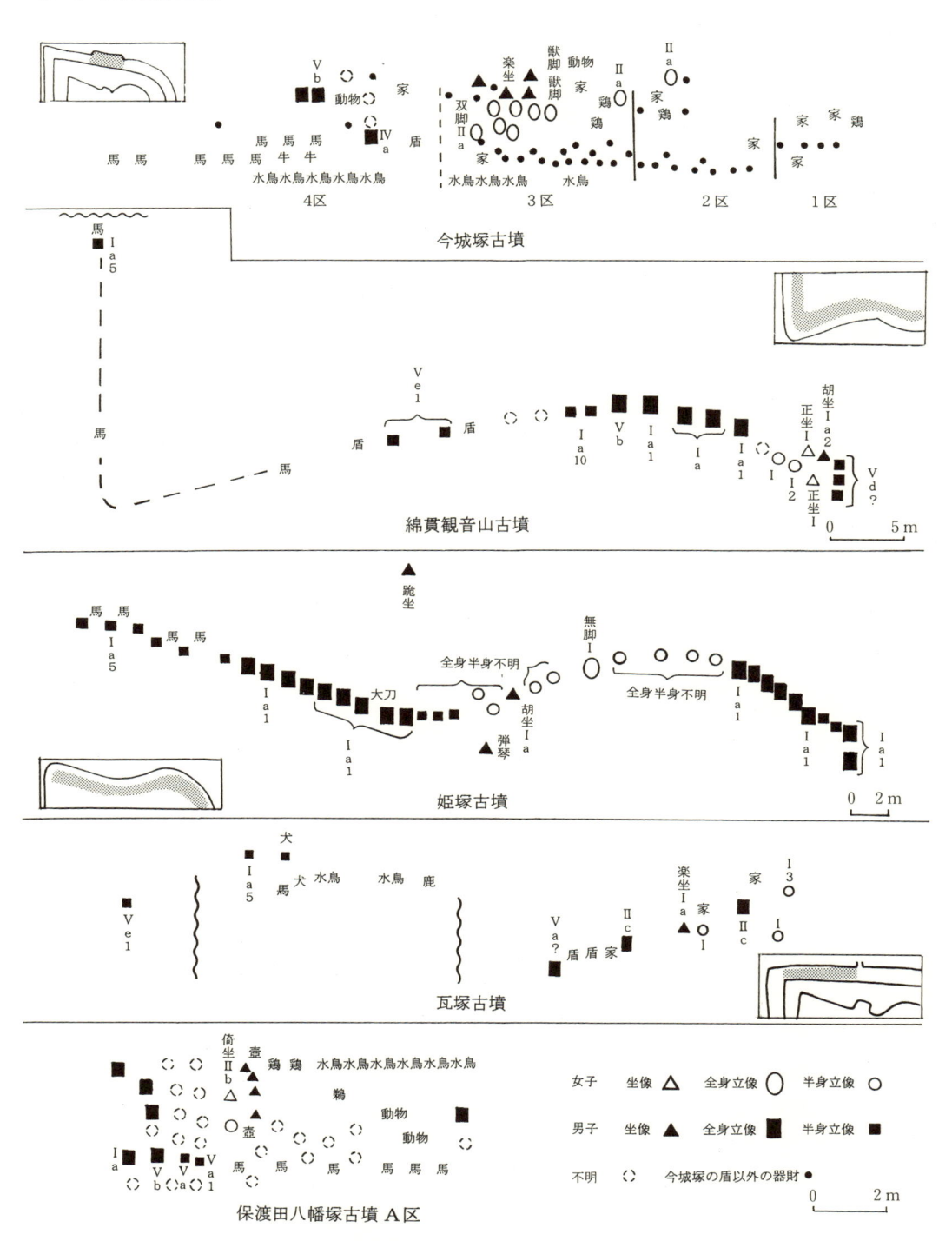

第22図　前方後円墳における種類別配置（1）

身立像の鍬をかつぐⅠa10や、盾を持つⅤe1が続く。そして、これらの一団から離れた前方部前端側に、前方部の墳丘ラインに沿うように前方部から後円部方向へと頭を向けた馬形埴輪と、片手を掲げる男子半身立像Ⅰa5が列状に並ぶ。

また千葉県横芝光町姫塚古墳では、墳丘片側の後円部から括れ部にかけて多数の人物埴輪が墳丘を背にして列状に連なっていた。その中心には男子の胡坐と考えられる坐像があり、その周囲に女子像が並ぶ。また琴を持つ坐像や跪坐像とみられる男子坐像が付近から出土しており、おそらくこれらと近接した場所に存在していたことが推察される。そして左側の括れ部から前方部にかけて、男子全身立像Ⅰa1が多数並び、これに続いて馬形埴輪と男子半身立像Ⅰa5がセットになって並ぶ。また中心部分から右側の後円部方向においても男子全身立像Ⅰa1が列をなす。

埼玉県行田市瓦塚古墳では、古墳を囲む西側外堀に崩落した状態で人物埴輪が検出されている。本来の位置から遊離してしまっているものの、おそらく出土位置に近接する中堤上に人物埴輪が配置されていたと推測される。堀における出土位置を検討すると、右側の後円部方向に琴を弾く男子全身楽坐像Ⅰa、それに接して女子半身立像Ⅰがあり、坐像の左側に男子全身立像Ⅱcといくつかの盾形埴輪とともに短甲武装のⅤaとみられる男子立像がある。そして若干間隔をおいて左側前方部方向にいくつかの動物埴輪と、馬形埴輪などとともに片腕を掲げる男子半身立像Ⅰa5がある。さらに発掘調査とは別の偶発的な発見ではあるが、これらから離れた前方部方向の堤上から盾を持つ男子半身立像Ⅴe1が出土している。

群馬県高崎市保渡田八幡塚古墳では、1929年に古墳を囲む前方部側の中堤上のA区と呼ばれる調査区から人物埴輪がまとまって検出され、近年の再調査によっても配置状況が詳しく検討されている。ただし、人物埴輪のほとんどは下半部のみの遺存状態であり、上半部の接合する例がきわめて少なく、ほとんど具体的な種類は不明である。

ここで判明した種類からその配置を検討すると、中心部に男子の倚坐と考えられる坐像とⅡbの女子倚坐像が向き合っており[40]、女子坐像に接して、ⅡaかⅡbかは特定しがたいが、袈裟状の衣装を着用した女子半身立像が1体存在する。女子埴輪付近の人物については、半身像であるほかは種類を特定できないが、その左側に男子全身立像Ⅰa、挂甲を着用した男子全身立像Ⅴb、また短甲を着用した男子半身立像Ⅴa1が群をなす。坐像群の右側には鳥形、馬形などの動物埴輪があり、馬に伴って半身立像のほか、右端にも服装や所作不明の男子全身立像と半身立像が存在する。なお、これらの群像から離れた外堤上にも、盾を持つ男子半身立像Ⅴe1が円筒埴輪の列の間おおむね17mに1体の割合で立つ（第23図）。

千葉県芝山町殿部田1号墳では、墳丘の片側の括れ部から前方部にかけて、人物埴輪が墳丘を背にして列状に連なっていた（以下第24図）。男子全身楽坐像Ⅰaの周囲に女子半身立像が、そして女子像に続いて前方部側に挂甲武装の男子全身立像Ⅴb5、さらに男子半身立像Ⅰaが馬形埴輪とともに続く。

千葉県横芝光町小川台5号墳でも墳丘の片側の括れ部において、同じく墳丘を背にした状態で人物埴輪が順に並んでおり、右側の後円部側にⅠとⅡeの服装の女子半身立像、そして男子全身立像Ⅰa2、同Ⅴb6、さらに馬形埴輪とともに男子半身立像が続く。

第1章　人物埴輪の構造

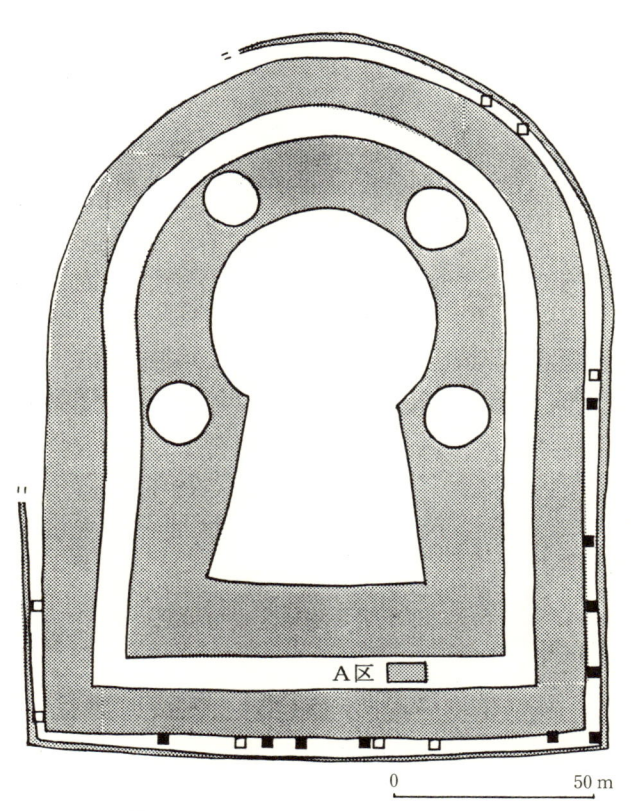

第23図　男子半身立像Ve1の出土位置
（白抜きは破片）

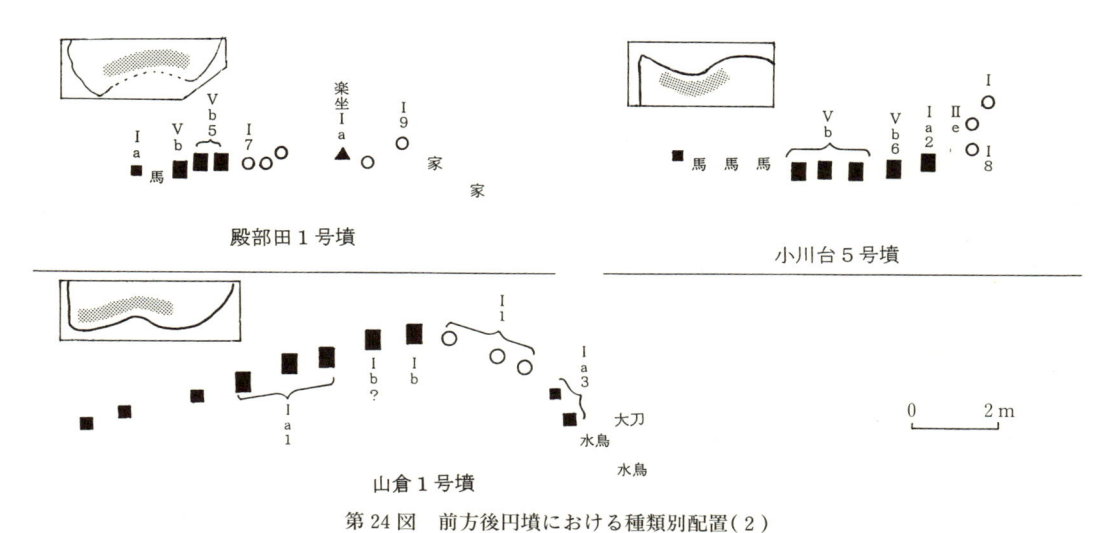

殿部田1号墳

小川台5号墳

山倉1号墳

第24図　前方後円墳における種類別配置（2）

第 3 節　人物埴輪の構造分析

　千葉県市原市山倉 1 号墳でも、墳丘の片側の括れ部から人物埴輪が検出され、右側の後円部側から男子半身立像 I a 3、女子半身立像 I 1、続いて前方部へと男子全身立像 I b と同 I a 1 が列をなす[41]。
　以上にみてきた 8 例の前方後円墳は、埋葬施設が瓦塚古墳、殿部田 1 号墳では不明であるが、保渡田八幡塚、小川台 5 号の各古墳では竪穴式の埋葬施設、今城塚、綿貫観音山、姫塚、山倉 1 号の各古墳では横穴式石室であり、それぞれ所属時期が異なる。また人物埴輪の配置場所も、綿貫観音山や姫塚、殿部田 1 号、小川台 5 号、山倉 1 号の各古墳では墳丘上であるのに対し、保渡田八幡塚や瓦塚、今城塚の各古墳では墳丘から堀を隔てた堤上であり、さらに人物埴輪の向きも、一方向を向く、向き合う、墳丘を背にする、など古墳ごとで異なっている。
　しかし、これらの古墳における人物埴輪の配置状況を主要な種類に着目して見直すならば、そこに一定の配置規則というものを指摘することができる。
　まず坐像は一番端もしくは中心にあり、男子の倚坐、胡坐像に女子の坐像、また男子の楽坐、跪坐像によって構成される。
　次に坐像に隣接して女子の全身、半身の立像が並ぶ。女子の立像は服装や所作のちがいに関係なく、基本的に同じ場所に位置する。
　女子埴輪の外側には男子の全身立像が並び、基本的に I a 1 と挂甲を身にまとった V b とによって構成される。ただし、I a 1 の位置には I a 2 や I b、もしくは II c といった他の服装の場合もあり、挂甲を着用した V b の位置にも V a や半身像の V a といった短甲を着装した他の武装人物を置く場合もある。これらとともに、IV の褌をした全身立像、また盾を持つ男子半身立像 V e、もしくは単に盾形埴輪を置く例も存在する。
　そしてこれらの人物群に続いて、片腕を掲げる男子半身立像 I a 5 が馬形埴輪とともに並ぶ。水鳥をはじめとする多くの動物埴輪も馬形埴輪と近接した場所にあり、これらは基本的に人物群像の外側に位置する。
　さらにこれらから離れた一番外側に、古墳を取り巻くようにして盾を持つ男子半身立像 V e 1 が円筒埴輪とともに並ぶのである。
　このように一定の位置に配置される主要な種類を、大きく一つの形式とみなし、その構造を一つの理想的なモデルとして描くならば、第 25 図のようにまとめることができる（第 25 図）[42]。
　すなわち、主要な形式は次の五つである。
　第 1 形式　男女の坐像
　第 2 形式　女子の立像
　第 3 形式　男子全身立像（I a 1、V b）
　第 4 形式　片腕を掲げる男子半身立像（I a 5）
　第 5 形式　盾を持つ男子半身立像（V e 1）
　これらは、山倉 1 号墳のように中心部分の坐像や中間部分の形式が省かれる場合があるほか、姫塚古墳のように隣接する女子や男子の形式が中心となる坐像の左右に振り分けられる場合もあるが、第 1 形式から第 5 形式へと外側に順に配置される法則性は一貫している。さきに図示した

第1章　人物埴輪の構造

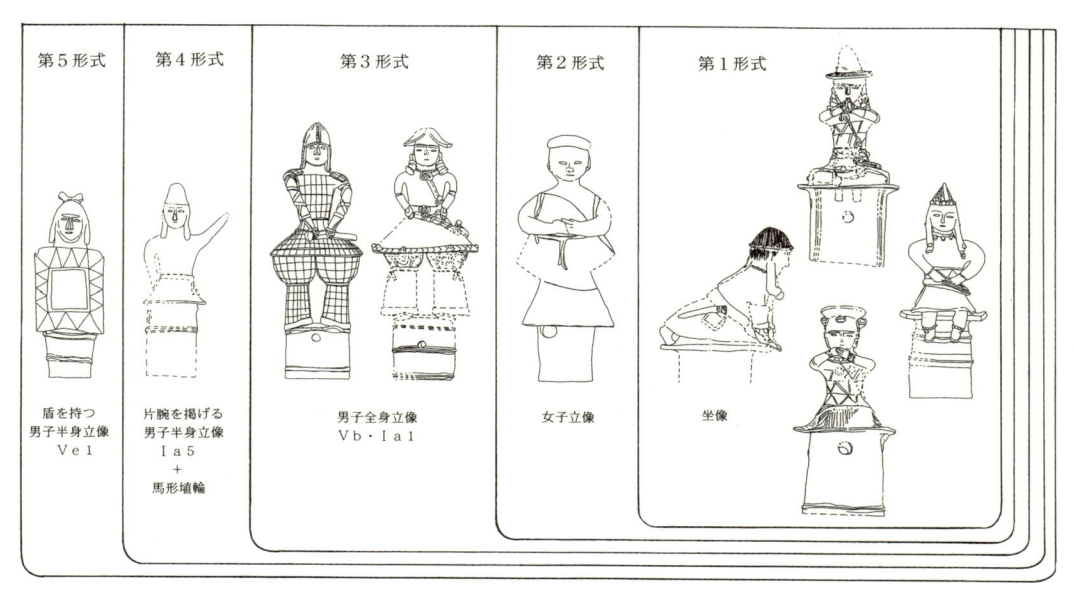

第25図　人物埴輪形式の配置関係模式図

古墳における人物埴輪の配置は、いずれもこの規則に当てはまっているといってよい。
　このような分類と配置の法則性は、帆立貝形古墳[43]や円墳においても指摘できる（第26図）。
　たとえば帆立貝形古墳では、千葉県山武市小川崎台3号墳において墳丘片側の括れ部から前方部にかけて人物埴輪が配置されていたが、配置位置の判明する種類を図示すれば、男子全身楽坐Ⅰa1に隣接して女子半身立像、その右手に挂甲武装の男子全身立像Ⅴb5、そして坐像を挟んで反対側の左手に男子半身立像Ⅰa5が馬形埴輪とともに並ぶ。
　また群馬県太田市塚廻り4号墳における出土状況も、判別可能な種類から判断すれば、倚坐と跪坐の男子像に隣接して女子半身立像群があり、坐像群を挟んで女子の反対側に馬形埴輪と男子半身立像Ⅰa5が位置する。同高崎市上芝古墳においても、女子半身立像に隣接してⅤbの男子全身立像、さらにその外側に馬形埴輪とそれに伴う男子半身立像が位置している。
　また円墳でも、埼玉県神川町諏訪ノ木古墳において女子像に続き男子半身立像Ⅰa2、さらに続いてⅠa5が馬形埴輪とセットになって並び、同様な配置として群馬県富岡市富岡5号墳例もあげられる。埼玉県鴻巣市新屋敷15号墳においても、男子の全身立像を欠いているが、男女の坐像に接して女子の半身立像が位置する。このうち前二者は、いずれも本来男子全身立像を置くべき第3形式の位置に男子半身立像Ⅰa2を置いている点がこれまでと異なるが、これは大刀を下げる立像であることから、これらの円墳における男子半身立像Ⅰa2は、大形前方後円墳における男子全身立像Ⅰa1の代替品として用いられたと考えられる。男子半身立像Ⅰa2を第3形式としてよければ、基本的な配置関係は前方後円墳のモデルと共通する。
　このように墳丘形態や墳丘規模にかかわりなく、帆立貝形古墳や円墳においても、人物埴輪の配置規則はほぼ普遍的に認めることができる。

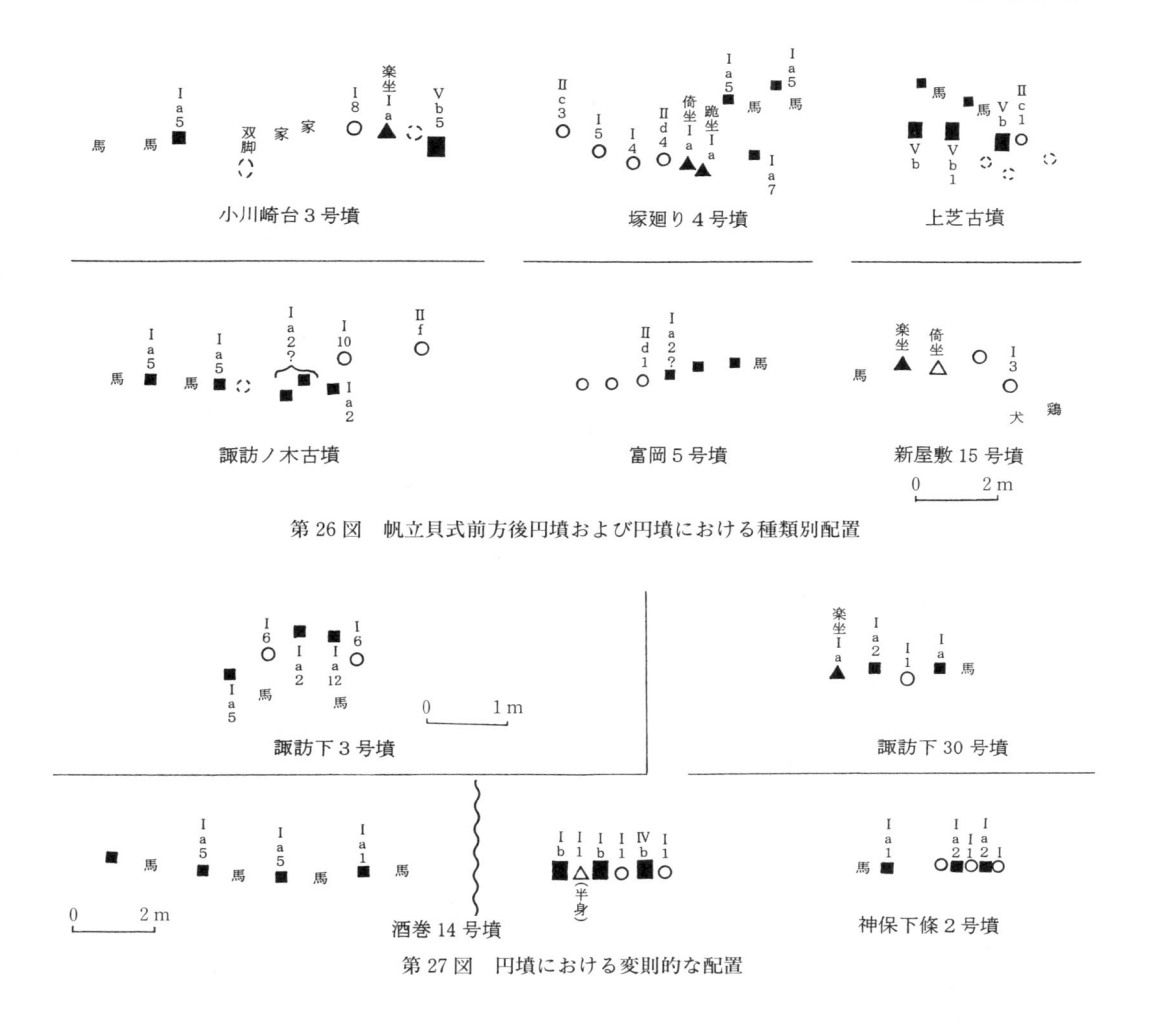

第 26 図　帆立貝式前方後円墳および円墳における種類別配置

第 27 図　円墳における変則的な配置

　ただし、円墳においては前方後円墳と部分的に異なる配置関係を示す例も若干存在する（第27図）。

　たとえば群馬県太田市諏訪下3号墳では、男子の半身立像を中心にその両側に女子半身立像、さらにその外側に男子半身立像Ⅰa5が馬形埴輪を伴って位置する。このように男女の立像の配置がさきに示した規則にあてはまらない例として、同諏訪下30号墳があり、男子の全身楽坐像に続き男子半身立像Ⅰa2、そして女子半身立像Ⅰ1、男子半身立像Ⅰaと馬形埴輪の順に並んでおり、男女の立像の配置関係が逆である。

　さらに、埼玉県行田市酒巻14号墳では、男子全身立像と女子像が交互に6体並び、そこから離れて馬形埴輪と男子半身立像Ⅰa5が位置する。このように男女が交互に並ぶ例として群馬県吉井町神保下條2号墳があり、男子像が全身立像ではなく半身立像であるが、同様な関係にある。

　これらの配置を前方後円墳の配置規則と比較するならば、女子立像と男子立像という本来別の

第１章　人物埴輪の構造

群構成をとる形式の配置関係が混同されており、その具体的な評価については、年代も含めて今後改めて検討をおこなう必要があるが、前方後円墳の配置モデルを改変させた結果である可能性が考慮される。

　このような例外も一部にあるものの、以上の分析結果をまとめれば、古墳における人物埴輪の配置は種類ごとに一定の規則にしたがっており、そこには五つの主要な形式が順に並ぶ構造の存在が指摘できる。これまで葬列説・首長権継承儀礼説・殯説・顕彰碑説など多様な仮説の論拠とされてきた古墳の人物埴輪群像も、この五つの主要な形式が順に並ぶ構造を有していることから、その表わそうとしている世界はいずれも同一であったと理解される。したがって、人物埴輪群像の主題を解く鍵は、各古墳に共通して認められるこの構造にこそあると思われるのである。

注
（１）後藤守一「埴輪の意義」『考古学雑誌』第21巻第１号　1931年　26～50頁。
（２）中谷治宇二郎「研究の方法　２形態的研究法」『校訂日本石器時代提要』養徳社　1943年　49～59頁。
　　　なお、後に述べる「型式」「様式」という用語を中谷治宇二郎も使用しているが、その概念定義は形式の細分が型式であり、その時間的変化を示す概念として様式を用いており、後の小林行雄の概念定義とは趣を異にする。
（３）森本六爾「弥生式土器に於ける二者―様式要素単位決定の問題―」『考古学』第５巻第１号　1934年　３～８頁。
（４）注（３）文献６頁14～18行。
（５）小林行雄「畿内弥生式土器の一二相」『考古学』第４巻第１号　1933年　２～６頁。
（６）小林行雄・末永雅雄・藤岡謙二郎『大和唐古弥生式遺跡の研究』京都帝国大学文学部考古学教室　1943年。
（７）小林行雄「形式・型式」『図解考古学辞典』東京創元社　1959年　297頁７行。
（８）注（７）文献297頁30～32行。
（９）寺沢　薫「大和におけるいわゆる第五様式土器の細分と二・三の問題」『奈良市六条山遺跡』奈良県立橿原考古学研究所　1980年　162頁図１。
（10）谷口康浩「形式に関する一般理論」『國學院雑誌』昭和58年６月号　1983年　60～74頁。
（11）なお、日本考古学におけるもう一つの型式学的研究の成果として、山内清男により進められた縄文土器研究がある。山内の研究では、必ずしも形式は重視されておらず、おもに地方差・年代差を基本にして体系化がはかられている。
　　　その理由は、山内自身が述べているように、「東北地方の圓筒土器はほとんど全部圓筒形をなして居る」のに対し「亀ケ岡式土器では精製土器と粗製土器の区別があって（中略）精製土器には皿、浅鉢、鉢、壺、急須等の変化がある」といった如く、弥生土器とは異なり、地方や時代によって用途による形に極端な差が認められることによっていると考えられる。
　　　山内清男「日本遠古之文化―縄紋土器文化の真相―」『ドルメン』第１巻第４号　1932年　40頁中段10行～41頁上段１行。
（12）こうした問題の存在は、すでに寺沢薫によっても指摘されている（注９文献）。
（13）西田泰民「土器の器形分類と用途に関する考察」『日本考古学』第14号　2002年　89～104頁。

(14) 髙橋健自『埴輪及装身具』雄山閣　1926 年　30 頁 1 行。
(15) 濱田耕作「埴輪に関する二三の考察」『東京帝室博物館講演集』第 11 冊　1931 年（『考古学研究』座右宝刊行会　1939 年　192 頁 3～4 行に再録）。
(16) 後藤守一『埴輪』アルス　1942 年　79 頁 9 行。
(17) 和辻哲郎『日本古代文化』岩波書店　1920 年（新稿版 1951 年）　402 頁 4～12 行（頁行づけは新稿版による）。
(18) 後藤守一「埴輪彫刻」『日本古代文化研究』河出書房　1942 年　249～256 頁。
(19) 甲冑の埴輪における省略は、古谷毅氏のご教示によるものである。
(20) この省略の認識については、絵巻物の模写の過程で、原本から変更されるときのパターンを、削除、付加、削除付加、置換、変形の五つに分類して示した黒田日出男の研究から大きな影響を受けた（黒田日出男『絵画史料の読み方』週刊朝日百科日本の歴史別冊歴史の読み方 1　1988 年　7～11 頁）。
　　ただし、絵巻物の模写の場合は必ずしも省略を目的としておらず、埴輪の造形表現と同じ意味をもつものではない。現実の姿形を埴輪に変換するときの一定の操作原理として顕著な変更パターンが、この削除と変形の二つにあたるといえるであろう。
(21) 以下の文献をもとに 2004 年 3 月までの報告資料を追加して作成。
　　全国　埋文研究会『形象埴輪の出土状況』第 17 回埋蔵文化財研究会資料　1985 年。
　　東北　福島県立博物館『東国のはにわ』1988 年。
　　関東　群馬県考古学談話会・千曲川水系古代文化研究所・北武蔵古代文化研究会『埴輪の変遷―普遍性と地域性―』1985 年。
　　　　茨城県立歴史館『茨城の形象埴輪―県内出土形象埴輪の集成と調査研究―』学術調査報告書Ⅶ　2004 年。
　　　　右島和夫・南雲芳昭「群馬県埴輪出土古墳地名表」『神保下條古墳』群馬県教育委員会・(財)群馬県埋蔵文化財調査事業団・日本道路公団　1992 年　243～282 頁。
　　　　大谷　徹「埼玉県形象埴輪出土遺跡地名表」『新屋敷遺跡―Ｂ区―』(財)埼玉県埋蔵文化財調査事業団　1992 年　119～128 頁。
　　　　埴輪研究会『埴輪研究会誌』第 1 号　1995 年～第 7 号　2003 年。
　　中部　石川県立博物館『はにわ』1994 年。
　　　　長野市立博物館『はにわの世界』1982 年。
　　　　三重県埋文センター『三重の埴輪』1997 年。
　　近畿　京都府立山城郷土資料館『京都府の埴輪』1991 年。
　　中国　葛原克人・宇垣匡雅・扇崎　由「埴輪」『吉備の考古学的研究』　山陽新聞社　1992 年　563～583 頁。
　　九州　九州前方後円墳研究会『九州の埴輪その変遷と地域性―壺形埴輪・円筒埴輪・形象埴輪・石製表飾―』　2000 年。
(22) 注(14)文献参照。
(23) 相川龍雄「上古時代の婦人の服飾」『上毛及上毛人』第 176 号　1931 年　1～6 頁。
(24) たとえば千葉県芝山町殿部田 1 号墳や栃木県宇都宮市西原 2 号墳出土例があげられる。
(25) 注(14)文献参照。
(26) 後藤守一『埴輪』アルス　1942 年　68 頁 9～18 行。
(27) 武田佐知子「律令制下の農民の衣服」『古代国家の形成と衣服制』吉川弘文館　1984 年　57～98

(28) なお、石川県小松市矢田野エジリ古墳の女子の埴輪では、袈裟状の衣装を着用する全身像と一般的な衣服の半身像とが認められるものの、両者の大きさはほとんど同じである。ここでは便宜的に前者を全身像とし後者を半身像として扱ったが、これをどう理解するかは今後改めて検討する必要がある。

また奈良県河合町貝吹出土など、袈裟状の衣装を着用する人物には下衣がなく一見半身像にみられるものがあるが、これらは下衣の部分が欠損しており、全身像になる可能性が高い。

(29) 坐り方の分類は、倚坐を除き、入澤達吉「日本人の坐り方に就て」(『史学雑誌』第31編第8号　1920年　589〜616頁) を参考におこなったものである。

(30) なお、坐り方の呼称は入澤とは若干変えており、注(29)文献の入澤の研究によれば、いわゆるアグラは足先を下腿の下におく坐り方であり、埴輪のように片方の脚をもう一方の脚の上に交差させて載せる坐り方は、むしろ半跏趺坐に近い。しかし、半跏趺坐の場合足先は大腿の上に載る状態であるため、下腿の上に載る埴輪の状態とはやはり異なる。したがって、ここでは脚を交差させて坐る点のみを重視して、胡坐と呼ぶことにした。また、正坐は入澤によれば「真の坐」であり、跪坐も「跪の二」番形態であるが、ここでは単に正坐、跪坐と述べた。

(31) このように台の形態を強調し、坐の姿を表現しているものに酒巻14号墳例があり、台の正面形は上半身とほぼ同じ幅であるものの、側面形は上半身の幅より前後に長くなっている。これは、正坐する女子の脚部の表現と共通し、これも台の形態によって正坐を表わしている可能性が高い。

(32) 埼玉県深谷市舟山古墳出土の弾琴像も同様に半身像と考えられる。

(33) なお、千葉県横芝光町小川台5号墳や同県芝山町木戸前1号墳の女子埴輪は、台の側面形が上半身の幅より前に飛び出る特異な台部表現がみられる。しかし、後者は2本の脚を造形した男子の立像と同じ高さに造形されており、坐像とは一概にはいいがたい。このためここではこれらは立像の範疇に含めた。

また、姫塚古墳などで下半身の造形がないと思われる跪坐像があるが、これらのほとんどは台部が欠損しているため全体像を知りえないものが多い。また奈良県三宅町石見遺跡出土の東京国立博物館所蔵になる上半身のみの男子埴輪も、顔と胴体と腕の角度から、跪坐像の可能性がある。こうした不明瞭なものは分類対象から省いたが、今後検討する必要がある。

(34) 静岡県浜松市郷ケ平6号墳においては左脇に板状の突出のあるⅡaの袈裟状衣と思われる埴輪片があり、その胸にはX字状に突帯の貼り付けられていた痕跡が認められる（埋蔵文化財研究会『形象埴輪の出土状況』第17回埋蔵文化財研究会資料　1985年　433頁）。

(35) なお、ここに示したⅡのcやdの帯は、2本の太い帯先をX字状に交差させて裾先に垂下させる特異な造形である。この帯の位置はⅡのaやbの場合とは異なり、副次的な衣装の下になる。また、副次的な衣装を着ていないⅠの衣服においても、このような帯表現は存在する（たとえば第13図女子半身立像Ⅰ5、Ⅰ6）ことから、この帯は必ずしも副次的な衣装に伴うものではないものの、上記の服装の分類とは別に、女子埴輪特有の帯表現の可能性が高い。

(36) これについては衣服か乳の表現か認識が難しいが、奈良県天理市荒薪古墳出土例では、胸に矢羽状の文様があることから、ここではこの胸の円も服装に関わる文様と考えておきたい。

(37) 埼玉県行田市瓦塚古墳出土の男子全身立像にもこのようなスカート状の衣装が認められ、これを報告者は甲冑の草摺と解釈している（巻末遺跡文献・若松ほか1992年）。

しかし、同種のものは後藤守一の論文挿図から（後藤守一「上古時代の帽に就て」『人類学雑誌』第55巻第5号　1940年　235頁第3図）、Ⅰaの服装をした人物に伴っていることが判明するた

め、草摺ではないと考えられる。したがって、ここでは瓦塚古墳例もこの種類に含めて考えた。
(38) この分類は、本章のもととなった拙稿「人物埴輪の形式分類」(『考古学雑誌』第81巻第3号 1996年 1〜41頁)において示したものを、その後の検討を踏まえて改変したものである。
　また、男子か女子か、また全身像か半身像かなどが不明なものは除いている。したがって、たとえば下半身を欠損した茨城県ひたちなか市出土の子どもを抱える女子埴輪などが形式リストに加えられていない。また修復が著しく本来の形のはっきりしないものも省いた。
(39) 群馬県高崎市綿貫観音山古墳出土の一つの台上に3人の女子の全身正坐像が表わされているものは、1個体として取り扱った。
(40) 水野正好の復元図(序章第1図)では、この男女の坐像の位置が福島らの報告と逆になっている。
(41) なお、山倉1号墳の報告によれば、これらに続いて鍬をかつぐ男子半身立像のあった可能性が指摘されている。
(42) 本章のもととなった前稿「人物埴輪の形式分類」(『考古学雑誌』第81巻第3号 1996年 1〜41頁)において、筆者は各形式の配置規則を説明するにあたって、第1ゾーン〜第5ゾーンまでの五つのゾーンを設定して形式ごとの位置関係を説明した。しかし、ゾーンは空間の範囲を示す用語であり、形式相互の関係を示すのには適切ではないとその後の検討において考えるようになった。このため、ここでは各形式を第1〜第5までの五つの形式と呼称し、その配置関係を示すことに改めた。以後この呼称にしたがって説明をおこないたい。
　さらに前稿において、筆者は第3ゾーンと第5ゾーンにおけるⅤの武装した男子の存在を重視して、便宜的に第1〜3ゾーンを内区、第4〜5ゾーンを外区と人物埴輪の配置を二つにまとめたが、その後の検討により、盾持人物埴輪のみは他の人物埴輪と離れて出土する場合の多いことから、この内区と外区の二区分は妥当ではなく、ここに撤回しておきたい。
(43) 円墳に作り出しを付設した古墳。大塚初重・小林三郎編『古墳辞典』(東京堂出版 1996年)358頁の定義による。

第2章

人物埴輪の編年

第1節　型式編年の方法

　考古学における編年は単なるものの相対年代の決定に留まらず、文化の発展過程を理解するための有効な研究方法でもある。本章では、人物埴輪が各地でどのような変化を遂げたのかを理解するため、型式編年をおこないたい。

　これまで人物埴輪の編年としては、若松良一[1]や金井塚良一[2]らによる研究が示されている。しかし、これらは須恵器や円筒埴輪の型式編年にしたがって変遷の概観をまとめており、形態分析にもとづいた編年ではないため、具体的な形から時期を特定することが難しく、結果として所属時期決定のために参考にされることはほとんどなかった。そこでここでは、人物埴輪そのものの形態分析による型式編年を組み立てたい。

　人物埴輪研究において型式学にもとづく編年研究は立ち遅れており、それは序章において述べたように、従来多くの研究が個別の古墳をもとにして人物埴輪の意味を解釈する方法をとってきたことと深く関係している。飛躍的に資料の増えた現在に至るまで、人物埴輪個々の特徴的な形態と特定の古墳における出土状況から多種多様な推理がおこなわれてきた結果、多くの人物埴輪の意味は場当たり的に性格づけられてきた。改めてこれまでの人物埴輪研究が内包する根本的な問題点を述べるならば、多種多様な形態を時空間上に体系づけて把握する視点に欠けていた点にある。

　こうした反省を踏まえて、前章において筆者は人物埴輪全体の形態を比較し、男子と女子、そして全身像と半身像、坐像と立像、さらにそれぞれの服装と所作による分類をおこなった。その結果、分類された様々な人物埴輪群の中には、主体となるいくつかの種類が見いだされ、それらの古墳における配置状況を検討したところ、一定の規則にしたがって五つの形式が配置される構造が判明した。この構造は前方後円墳において時期を通じて一貫している。このような状況からみれば、人物埴輪の各形式は古墳という死者を埋葬する墓において、ある宗教思想を表わすことを目的として一定の役割を示すために作られたものと考えることができる。

　編年にあたってはこの形式を単位として、それぞれの型式変化を比較検討していくべきと考える。ここでは、個体数の多い第2形式の女子、第3形式の男子全身立像、第4形式の片腕を掲げる男子半身立像の三つをとりあげて検討を進めたい。

　また、一古墳において一定の配置関係をもって出土した人物埴輪群像は、基本的に埋葬にあわ

第 2 章　人物埴輪の編年

せてほぼ同時に古墳に立てられた一括遺物であり、これらは古墳で組み合わせて配置するのを前提に生産したことから、製作時の同時性も高いと推察される。ここでは形式ごとの型式変化を最初に分析し、その後各古墳における型式の共伴関係をもとに、時期区分を示す手順を踏みたい。そして、各時期における型式の組み合わせ関係にみられる共通性を踏まえ、様式の設定も試みることにしたい。

編年をおこなう地域の範囲はおおむね現在の都道府県域、もしくは地方を一単位とし、関東地方の編年から全国的な変遷の状況へと分析を進めたい。

第 2 節　群馬・埼玉における編年

1　女子

前章で述べたように、人物埴輪の出土遺跡数の約 7 割は関東地方に集中しており、その中でも群馬・埼玉の両県域はとりわけ多く、全国の 43 ％に達する。まず資料の豊富な両県域を中心に編年をおこないたい[3]。

まず女子埴輪の時期的変化を知る造形として、髷と耳がある。髷の形態は平面形から、方形を基本としながらも両側縁が三味線のバチのように張るバチ形と、円形を基本とし中央の括れ部が大きく内湾する分銅形の二つに大別される（第 6 図）[4]。

また耳の造形は耳環の有無によって大きく二つに分けられる。耳環のないものは、基本的に耳だけの表現であり、穴で耳の存在を示すほか、粘土紐を円形に貼り付けて耳たぶの造形とする（第 28 図 a）。その中には、棒状の粘土紐が耳穴から垂下する例もあり（第 28 図 b）、これは耳飾りの可能性が考慮される造形ではあるが、耳環とは別とみなしておきたい。これに対し耳環のあるものは、耳の下に粘土紐を円形に貼り付けて耳環を造形するのが通例である（第 28 図 c）。これには耳たぶに耳玉と呼ばれる小さな円形粘土を数点貼り付ける例も認められる。

このような髷と耳飾りの組み合わせ関係は、三つのグループにまとめられる。

1　バチ形の髷で耳環なし（a、b）
2　バチ形の髷で耳環あり（c）
3　分銅形の髷で耳環あり（c）

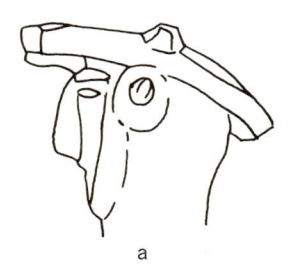

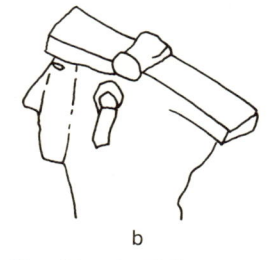

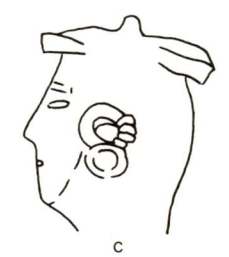

第 28 図　耳の形態

第2節　群馬・埼玉における編年

第5表　女子埴輪の編年

グループ	古墳	(髪型)(耳)a	バ b	チ c	分銅 c	円筒	須恵器	埋葬施設	備考
1	群馬・保渡田八幡塚古墳	■	■			V		礫槨	FA下位
	群馬・坂下古墳群		■			V			FA下位
2	群馬・塚廻り4号墳	■	■	■		V		木棺直葬	
	埼玉・新屋敷22号墳			■		V			FA上位
	群馬・上芝古墳			■		V		竪穴式石室か	FP下位
	埼玉・瓦塚古墳			■		V	TK 10		
	群馬・富岡5号墳			■		V	TK 10	横穴式石室	
	埼玉・諏訪ノ木古墳			■		V		横穴式石室	
	群馬・神保下條2号墳			■		V	TK 43	横穴式石室	
3	埼玉・猪俣2号墳				■	V		横穴式石室	
	群馬・綿貫観音山古墳				■	V	TK 43	横穴式石室	角閃石安山岩
	群馬・淵ノ上古墳				■	V		横穴式石室	角閃石安山岩
	埼玉・酒巻14号墳				■	V		横穴式石室	角閃石安山岩

　1と3は共通する特徴はなく、2は1と髷が、3と耳環が共通し、両者の中間的特徴が認められる。こうした特徴がそれぞれの年代差を示していると仮定すれば、その型式変化は1→2→3、もしくは3→2→1の順に変化した可能性が考えられる。そこで各グループの出土した古墳の遺物と遺構をもとに、その年代関係を検討したい（第5表）。

　第5表によれば、各古墳に伴う須恵器は2にはTK 10～TK 43、3にはTK 43といった型式がある。また1の出土した古墳の埋葬施設は竪穴式の埋葬施設であり、2には竪穴式の埋葬施設と横穴式石室の双方がある。これに対し3には横穴式石室しかなく、その多くが角閃石安山岩を石室材に用いている点で共通する。さらに、1を出土した古墳には群馬県榛名山の噴火によって降下した火山灰FA[5]を被っている例があるのに対し、2には降下後に築造された例が存在する。

　共伴する遺物や遺構をもとに相対年代を検討していくと、まず田辺昭三の須恵器編年[6]によれば、TK 73→TK 216→TK 208→TK 23→TK 47→MT 15→TK 10→TK 43→TK 209の型式順に新しくなる。古墳の埋葬施設は竪穴式から横穴式石室へと変化しており、群馬県における横穴式石室の導入はMT 15型式段階であり、その中でも横穴式石室材に角閃石安山岩を使用している古墳はTK 43型式段階頃と時期が遅れる[7]。逆にFAは須恵器編年のMT 15型式段階に降下したことが指摘されており[8]、これを古墳上に被っているものはMT 15型式段階以前の時期と判断される。以上の状況にしたがって三者の相対年代を検討すれば、女子埴輪の型式変化は1→2→3の順であると理解できる。

2　男子全身立像の台部

　次に、男子全身立像では足先の台部への接合形態をとりあげたい。全身像の台部が編年の指標となることは若松良一による指摘がある[9]。台部の平面形態は円形と横長の楕円形の大きく二

第2章　人物埴輪の編年

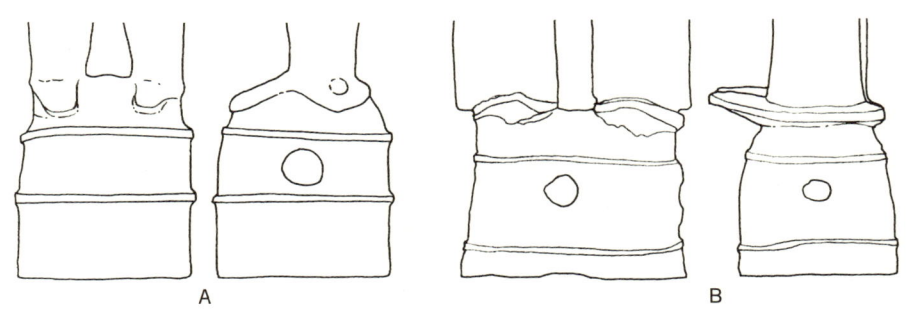

第29図　全身立像の台部形態

第6表　男子全身立像の編年

古　墳	A	B	円筒	須恵器	埋葬施設	備　考
群馬・保渡田八幡塚古墳	■		V		礫槨	FA下位
群馬・上芝古墳	■		V		竪穴式石室か	FP下位
埼玉・瓦塚古墳	■		V	TK 10		
埼玉・柏崎26号墳		■	V			
群馬・綿貫観音山古墳		■	V	TK 43	横穴式石室	角閃石安山岩
埼玉・酒巻14号墳		■	V		横穴式石室	角閃石安山岩

つに分けられ、両者は足先の接続のしかたにもちがいが指摘される（第29図）。前者では台に接合した両足先はほとんど台上におさまる（A）のに対し、後者では足先が台上から浮き出し（B）、台部横から足先が突出するものが存在する。まれに方形を呈す台部も群馬県高崎市上芝古墳などで認められるが、その場合は前者と同様台上に足先がおさまる。

　この二者の年代関係をみると（第6表）、Aの古墳は竪穴式の埋葬施設であるのに対し、Bには横穴式石室しかない。また共伴する須恵器は、AにTK 10型式、BにTK 43型式が伴う。

　したがって男子全身立像の台部は、A→Bへと型式変化したと理解できる。

3　男子半身立像の台部

　片腕を掲げる男子半身立像では、上衣の裾の造形がある有裾とない無裾との二者に大別できる。

　有裾は裾の付きかたで三つに分けられる（第30図）。一つは腰帯のところで裾が胴体から離れて広がり（a）、もう一つはそれよりも下位の台部と胴部の接続部で裾が広がる（b）。また3番めは、胴体から台部にかけての直径を大きくさせることで裾を表現する（c）。これらに対し、無裾（第30図右端）は胴体から台部にかけての直径がほぼ同じであり、わずかに突帯の存在で胴体と台部の境界を示している。これらの台部形態は片腕を上げる所作以外の男子半身立像にもあることから、ここではそれらも含めて検討することにしたい[10]。

　この二者の年代関係をみると（第7表）、有裾の埋葬施設は木棺直葬であるのに対し、無裾は横穴式石室しかない。また共伴する須恵器は、無裾にはTK 10型式、TK 43型式が認められる。

第2節　群馬・埼玉における編年

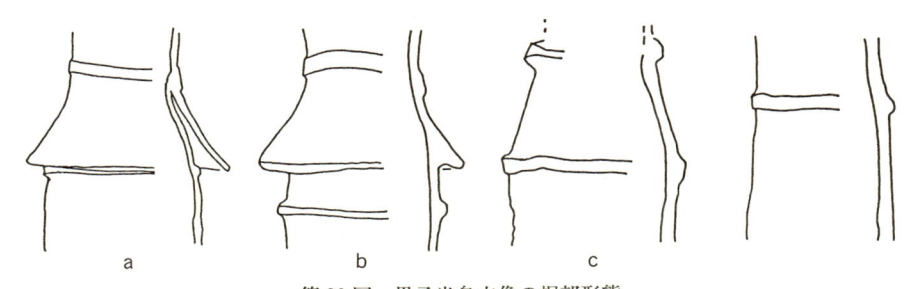

第30図　男子半身立像の裾部形態

a　　b　　c

第7表　男子半身立像の編年

古　　墳	有裾		無裾	円筒	須恵器	埋葬施設	備　考
	a	b	c				
群馬・塚廻り4号墳		■		Ⅴ		木棺直葬	
群馬・諏訪下3号墳		■		Ⅴ			
埼玉・新屋敷35号墳			■	Ⅴ			
群馬・富岡5号墳			■	Ⅴ	TK 10	横穴式石室	
埼玉・諏訪ノ木古墳			■	Ⅴ		横穴式石室	
群馬・綿貫観音山古墳			■	Ⅴ	TK 43	横穴式石室	角閃石安山岩
群馬・小泉大塚越3号墳			■	Ⅴ		横穴式石室	角閃石安山岩
埼玉・酒巻14号墳			■	Ⅴ		横穴式石室	角閃石安山岩

　したがって、片腕を掲げる男子半身立像では、無裾は有裾よりも後出する時期の造形と考えられる[11]。

4　相互の関係と編年

　さて形式ごとの型式変化を踏まえ、古墳における相互の対応関係を把握したい。ここでは女子埴輪で設定した1～3の型式を、そのまま時期区分の基本的な指標に用いることとする（第8表）。

　まず1期には、男子全身立像台部Aが伴い、3期には同台部Bと片腕を掲げる男子半身立像の無裾が伴う。その間の2期はAとB、有裾と無裾の両者が存在することから、それぞれの型式編年に整合性を認めることができる。このうち2期においては、台部Aと有裾が伴う人物埴輪群は1期に近い古い様相をもっており、台部Bと無裾を伴う人物埴輪群は3期に近い新しい様相をもっていることから、男子埴輪の台部形態をもとに2期を古段階と新段階に分けることができよう[12]。

　以上にあげた人物埴輪の資料はいずれも川西宏幸の編年[13]によるⅤ期の円筒埴輪を伴っているが、群馬・埼玉両県域において、年代的にⅤ期よりも古いⅣ期の円筒埴輪を共伴する例も存在する。しかし、その多くは形態的特徴を判別しがたい。そこで地域を広げてみると、福島県本宮町天王壇古墳で1期の特徴をもつ女子埴輪に、Ⅳ期の円筒埴輪、そしてTK 208型式の須恵器が伴っている。ここでは円筒埴輪の共伴関係を参考にして、1期でもⅣ期の円筒を伴う例は古段

第2章 人物埴輪の編年

第8表 群馬・埼玉の人物埴輪編年

時期		代表的な古墳	女子 (髪)(耳)a	女子 b	女子 c	分銅 c	男子全身立像 A	男子全身立像 B	男子半身立像 有裾	男子半身立像 無裾	円筒	須恵器
1期	古	福島・天王壇古墳	■				甲冑形埴輪				IV	〜TK 208
	新	群馬・保渡田八幡塚古墳	■					■			V	TK 23〜MT 15
2期	古	群馬・塚廻り4号墳 群馬・上芝古墳 埼玉・瓦塚古墳		■				■			V V V	MT 15 〜TK 10
	新	群馬・富岡5号墳 群馬・神保下條2号墳 埼玉・諏訪ノ木古墳 埼玉・柏崎26号墳		■				■			V V V V	TK 10 〜TK 43
3期		群馬・綿貫観音山古墳 埼玉・酒巻14号墳			■	■		■			V V	TK 43 〜TK 209

階、新しいV期の円筒を伴う例は新段階に分けておきたい。以上の検討によって、大きく3期5段階の編年案が提示できる。

　この人物埴輪編年を田辺昭三による須恵器編年と改めて対応させてみると、1期古段階はTK 208型式以前の時期にあたり、1期新段階はV期の円筒埴輪を伴うことからその上限はTK 23型式段階とみられ、下限はFAの降下時期であるMT 15型式段階までと推察される。また2期古段階はMT 15型式を上限にTK 10型式までの時期と考えられ、2期新段階はTK 10〜TK 43型式段階と併行する。3期ではTK 43型式が認められるが、同期の酒巻14号墳と同じ特徴をもつ円筒埴輪が出土した埼玉県熊谷市三ケ尻林4号墳でTK 209型式の須恵器が出土していることから、TK 43〜TK 209型式の段階に併行する時期と考えられる。

　須恵器を参考にして人物埴輪の各時期の絶対年代（西暦紀元後）を検討すれば、TK 43型式は588年に建立のはじまった奈良県明日香村飛鳥寺の下層から出土している。次のTK 209型式段階の須恵器は京都府宇治市隼上り窯の瓦陶兼業窯から出土しており、菱田哲郎は隼上り窯の須恵器編年をおこない、そのI段階をTK 209型式に相当するとした上で、同段階の窯で生産された瓦が初期寺院である豊浦寺で出土していることと、そのほかのいくつかの初期寺院および宮殿下層からTK 209型式の須恵器が出土していることから、その年代を6世紀末から7世紀初頭と位置づけている[14]。また新納泉も、兵庫県養父市箕谷2号墳から出土した戊辰年銘の大刀の戊辰年を608年と考え、そこにTK 209型式段階の須恵器が伴うことから、その年代が7世紀の初頭にあたると指摘している[15]。近年では大阪府大阪狭山市狭山池遺跡においてTK 209型式段階の須恵器窯を破壊して築造された木樋の年輪年代が616年であることがあきらかにされている[16]。以上の年代観に従えば、TK 43型式は588年以前、TK 209型式の上限は7世紀初頭と推定され、最も新しい3期はおおむね6世紀後葉〜7世紀初頭の時期に相当すると考えられる。

　これに対し最も古い1期古段階は、近年奈良平城京において出土したTK 73型式相当期の木製品の最外年輪年代が412年であったのを参考にすれば[17]、それ以後のおおむね5世紀中葉前

後と推測される。

　続く1期新段階は、当該期のTK23〜MT15型式の須恵器の年代観が問題となる。TK23〜47型式の須恵器が出土した埼玉県行田市稲荷山古墳では、礫槨に471年製作と考えられる辛亥年銘の鉄剣が副葬されていたことから、TK47型式の須恵器の年代を辛亥年を上限とする5世紀末〜6世紀初頭とするのが、これまで有力な意見の一つとしてあった[18]。これに対して、礫槨出土の遺物を同古墳の須恵器より1段階後のMT15型式段階に属すると評価し、MT15型式の須恵器を5世紀末〜6世紀初頭と、暦年代を古く位置づけようとする意見が白石太一郎によって出され[19]、その年代観は論議の的となっていた。しかし近年では、馬具の検討によって、日本だけでなく大韓民国側の資料との対比の結果、礫槨出土の遺物もTK47型式段階に併行するとの指摘が白井克也によってなされており[20]、その年代観を参考にするならば、1期新段階はおおむね5世紀後葉〜6世紀前葉と推定することができる。

　その後の2期古段階は6世紀前葉から中葉、2期新段階は6世紀中葉から後葉にかけてと推察しておきたい。

第3節　東日本の人物埴輪

1　各地の編年

　この群馬・埼玉の編年にもとづいて、東日本の主要な古墳の人物埴輪の所属時期を示したのが第9表である。

　これを共伴資料の判明する例から群馬・埼玉との年代関係を検証すると、まず1期古段階で

第9表　東日本の人物埴輪の所属時期

時期		東北	茨城	栃木	群馬	埼玉	千葉	神奈川	長野
1期	古	天王壇 台町103号			古海松塚11号	白鍬塚山 生野山9号	内裏塚	采女塚	鎧塚2号
	新	原山1号 経塚1号 丸塚	三昧塚	亀山大塚	保渡田八幡塚 保渡田Ⅶ遺跡 坂下古墳群 諏訪下3号	稲荷山、代正寺9号 古凍根岸裏7号 新屋敷15号 白山2号			
2期	古		不二内 舟塚 北屋敷2号	飯塚31号 鶏塚	上芝 塚廻り4号 諏訪下30号	瓦塚 新屋敷22号	小川台5号、殿部田1号、小川崎台3号、木戸前1号	登山1号	北西ノ久保1号
	新				富岡5号 神保下條2号	諏訪ノ木 柏崎26号	正福寺1号		
3期			女方3号	西赤堀孤塚 綾女塚	綿貫観音山 淵ノ上	酒巻14号	姫塚、殿塚 経僧塚 山倉1号 城山1号		

は、基準となった天王壇古墳をはじめ、群馬県大泉町古海松塚11号墳の出土須恵器がTK208型式であり、Ⅳ期の円筒埴輪を伴うものでも後出する時期に属する[21]。

また1期新段階では茨城県行方市三昧塚古墳、2期古段階では同小美玉市舟塚古墳、千葉県芝山町木戸前1号墳の埋葬施設が箱式石棺であり、同じく2期古段階の同横芝光町小川台5号墳、同芝山町殿部田1号墳は木棺直葬であることから、当該期の特徴と矛盾しない。また2期新段階では同成田市正福寺1号墳の出土須恵器がTK10型式であり、3期では茨城県女方3号墳、栃木県上三川町西赤堀狐塚古墳、千葉県山武市経僧塚古墳、同横芝光町殿塚古墳の埋葬施設が横穴式石室、同香取市城山1号墳の出土須恵器がTK43〜209型式、同横芝光町姫塚古墳がTK209型式である。したがって、共伴する資料からも群馬・埼玉の編年と併行関係にあり、群馬・埼玉の編年は長野県以東の東日本においてほぼ適用可能と考えられる。

ただし注意されるのは、3期の姫塚古墳では男子全身立像にBの足先の突出した楕円形台部とともに、Aの台上に足先がおさまる円筒形台部も含まれていることで、同古墳においては片腕を掲げる男子半身立像においてもbの裾形態がある。また女子のバチ形の髷も城山1号墳に存在する。千葉、および茨城[22]においては群馬・埼玉とは異なり、3期になっても古い形態が残存している可能性が高い。

2　形式組成

この編年にもとづいて東日本における人物埴輪の変遷を考察したい。

はじめに形式組成をみると、1期古段階の資料はわずかであるが、女子が天王壇古墳（第31図2）と古海松塚11号墳で、また全身立像の脚が埼玉県さいたま市白鍬塚山古墳（第31図1）で出土している。

この時期に特徴的なのは、人物埴輪成立以前から存在した器財埴輪の一つである甲冑形埴輪が天王壇古墳（第31図3）で出土していることである。顔面部が不明なため人物埴輪への分類も考慮されるが、腕のない造形は器財埴輪の甲冑形の造形である。天王壇におけるその配置位置は、後に武装男子全身立像が配置される第3形式の位置にあたることから、おそらく武装男子と同じ意味をもって配置されたのであろう。なお天王壇古墳では女子埴輪も腕の造形がなく、甲冑形埴輪の造形と共通する。

続く1期新段階になると、東日本の各地で例が増加する。形式組成では五つの各形式が出揃う。第1形式の坐像は群馬県高崎市保渡田Ⅶ遺跡（第31図4）、同保渡田八幡塚古墳で、また半身の坐像も琴を弾く男子像が福島県泉崎村原山1号墳（第31図5）で出土しており、また第4形式の片腕を掲げる男子半身立像は原山1号墳（第31図6）、第5形式の盾を持つ男子半身立像は保渡田Ⅶ遺跡（第31図7）で出土している。このほか力士が原山1号墳で、腰に猪を下げる人物が保渡田Ⅶ遺跡で、鷹を腕にのせると思われる人物が保渡田八幡塚古墳で出土しており、この段階に多種多様な人物埴輪が登場している。

2期古段階になると、甲冑形埴輪は認められなくなるが、その他の形式組成は1期新段階と変わらない。2期新段階もほぼ同様な形式組成であるが、3期になると群馬県高崎市綿貫観音山古

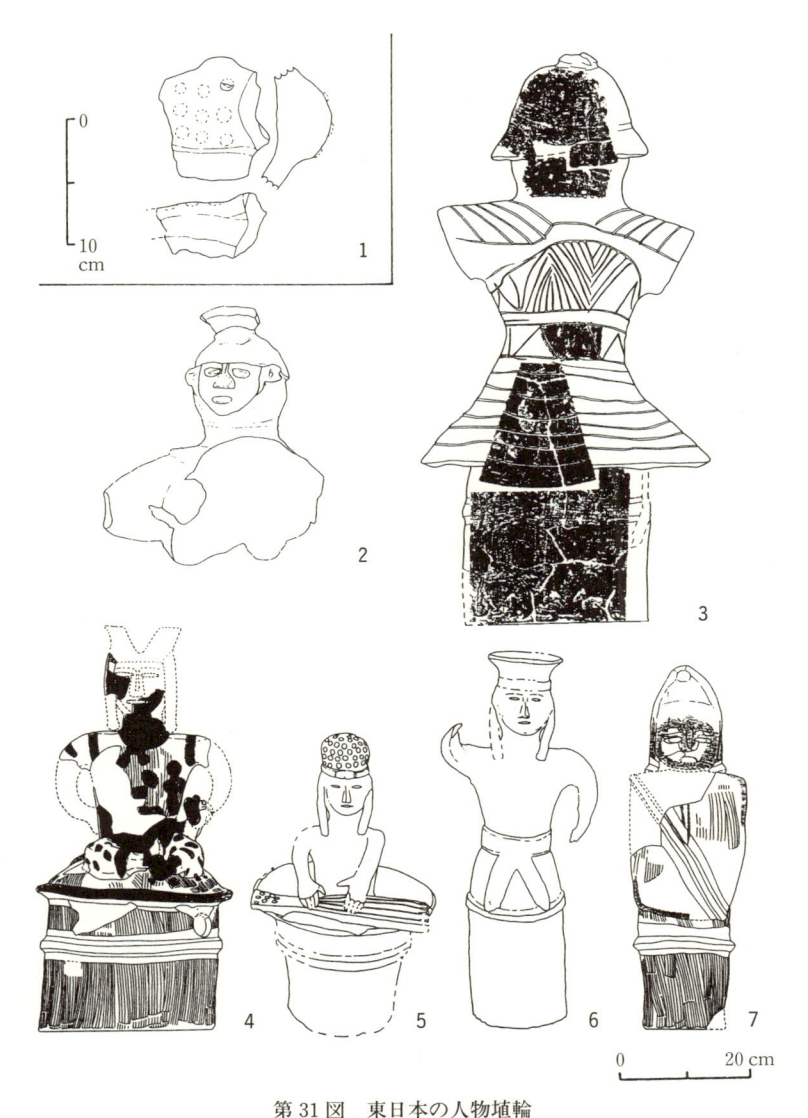

第31図　東日本の人物埴輪
（1．埼玉県白鍬塚山古墳　2～3．福島県天王壇古墳　4・7．群馬県保渡田Ⅶ遺跡
5～6．福島県原山1号墳）

墳などで鍬をかつぐ男子半身立像が加わり、これは新しく登場した形式である可能性が高い[23]。

3　製作技術

　ところで、人物埴輪各々の細かな形態や技術をみていくと、時期によって変化が指摘できる。ここでは東日本における変化を編年上に位置づけておきたい。

　はじめに人物埴輪の製作技術に注目する。

第 2 章　人物埴輪の編年

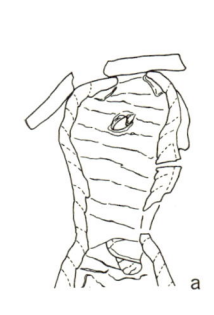

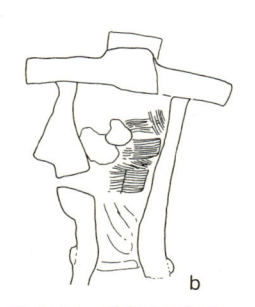

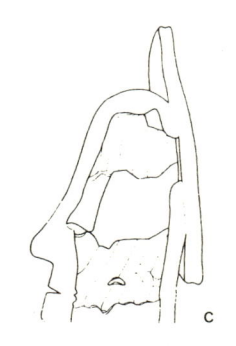

第 32 図　頭部成形技法
(a. 埼玉県新屋敷 B 区第 15 号墳　b. 埼玉県新屋敷 17 号墳　c. 埼玉県酒巻 14 号墳)

(1)　女子の頭部

　まず女子埴輪の頭部成形の技術をとりあげたい。1 期～2 期のバチ形の髷では、頭部全体を球形、もしくは後頭部の頭頂付近まで粘土紐を積み上げて頭部上半を丸くつくり、髷を後頭部側が下がるように接合する特徴をもつ技法（第 32 図 a）と、頭頂部を筒状の空洞となるように成形し、そこに扁平な板状の髷を接合して塞ぐ技法（第 32 図 b）の大きく二者がある。高崎光司は前者を古式、後者を新式と呼称し、頭部成形技法に時期差があると指摘している[24]。

　その推移を編年と対比させると、前者の技法は福島県台町 103 号墳例をはじめ、群馬県保渡田 VII 遺跡、福島県原山 1 号墳、埼玉県鴻巣市新屋敷 15 号墳など、1 期古～新段階に属する古墳に存在し、相対的に古い時期に流行した技法であることが理解される。また後者の技法は、群馬県太田市塚廻り 4 号墳、群馬県吉井町神保下條 2 号墳など 2 期古段階から新段階に属し、バチ形の残存する千葉県においては 3 期の城山 1 号墳にも存在することから、やはり相対的に新しい技法と位置づけることができる。

　ただし、頭部を丸く作る技法は 2 期新段階とした千葉県成田市正福寺 1 号墳にもあり、新しい時期にも残存している。また、新しい技法も 1 期新段階の群馬県太田市諏訪下 3 号墳においてすでに存在しており、その変化は漸次的であったと理解される。

　なお、3 期の分銅形の髷においても、筒状の空洞の頭頂部を髷で塞ぐ技法は存在し、群馬県綿貫観音山古墳や千葉県市原市山倉 1 号墳の例があげられ、後者の技法からの継続性が指摘できる。

　ただし分銅形の髷では、頭頂部ではなく後頭部に髷がつく例が数多くあり、その分布は群馬県館林市淵ノ上古墳、栃木県宇都宮市綾女塚古墳、埼玉県行田市酒巻 14 号墳（第 33 図 c）、千葉県姫塚古墳など、関東地方の広範囲にわたっている。

(2)　腕

　次に腕の製作方法は、大まかに分けて粘土の固まりを棒状にして腕を作る中実技法と、腕の中を空洞に作る中空技法とがある。このうち中空技法には、円筒状に粘土を中空に巻き上げて腕とし、その先端に粘土塊をはめ込んで手の形に成形する場合と（第 33 図左）、棒状の芯を用いてそのまわりに粘土を張り付けて腕と手を成形する場合（第 33 図右）の二つがあり、ここでは前者を

円筒中空技法、後者を車崎正彦の呼称にしたがって棒芯中空技法と呼び分けておく[25]。

円筒中空技法は、稲村繁が指摘しているように茨城県ひたちなか市から小美玉市を中心とする茨城県域の中央部に分布する[26]。ひたちなか市馬渡窯跡C地区、茨城町小幡北山窯跡E地区（第33図左）、水戸市北屋敷2号墳、鉾田市不二内古墳、小美玉市舟塚古墳などの例があげられ、所属時期が判明するものは2期古段階に属する。同種の技法は福島県原山1号墳、同会津坂下町経塚1号墳にも存在し、これらは1期新段階に、また長野県須坂市鎧塚2号墳にもあり、これは1期古段階に属する。また千葉県域でも唯一成田市正福寺1号墳で認められ、これは2期新段階であるが、出土須恵器がTK10型式であることからその中でも相対的に古く位置づけられる。これらの例から、円筒中空技法はおもに1期古段階から2期古段階を中心とする相対的に古い時期に用いられたと考えられる。ただし福島県域では同じ1期新段階の丸塚古墳例は中実技法であり、二つの技法が同時期に存在している。

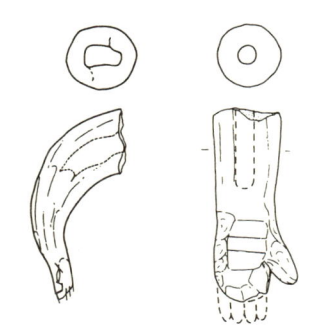

第33図　腕の製作技法
（左・茨城県小幡北山窯跡　右・茨城県白方5号墳）

また棒芯中空技法は、車崎正彦が指摘しているように「常陸国久慈郡」に相当する茨城県域北部の常陸太田市や東海村周辺で認められ、日立市西大塚3号墳、東海村中道前古墳、東海村白方5号墳（第33図右）、常陸太田市瑞竜古墳、同市元太田窯跡などの例があげられる。その所属時期は瑞竜古墳の女子埴輪が2期の特徴を持つことと、西大塚3号墳の埋葬施設が竪穴式石室であることからおおむね2期古段階と考えられる。地域は離れるが、同種の技法はさきたま古墳群を中心とする埼玉県域の北部にも存在し、若松良一が指摘するように[27]行田市稲荷山古墳、同瓦塚古墳、東松山市桜山窯跡などの例があげられる。その所属時期は1期新段階から2期古段階に属し、棒芯中空技法も円筒中空技法と同じく、2期古段階まで用いられた古い技法と考えることができる。ただし、埼玉県でもTK23〜47型式段階の須恵器を伴う鴻巣市新屋敷60号墳などでは中実技法であり、二つの技法が同時期に存在する。

ところでこれに対し、群馬県域においては中空技法がほとんど認められない。この地域では基本的に中実技法であり、それは1期新段階の保渡田八幡塚古墳から3期の綿貫観音山古墳に至るまで一貫している。1期古段階の様相は不明であるが、千葉県域もほぼ同様であり、腕の製作技術は当初地域的に異なった技法が各地で成立していたことが理解される。

しかし2期新段階以後、二つの中空技法はほぼ関東全域で消えていく。茨城、埼玉においても中実技法が普及し、ほぼ東日本全域において中実技法へと大きく変化している。

（3）　男子の全身立像の造形

また男子全身立像の製作技術にも特徴的な技法がある。普通、全身立像は脚部から頭部まで連続して製作するが、上半身と下半身を分割して製作する技法が、茨城県小美玉市舟塚古墳（第34図1、2）をはじめとする円筒中空技法の分布する地域に認められる。同種の技法は広範囲への

第2章　人物埴輪の編年

影響はうかがわれないものの、福島県いわき市神谷作101号墳にも存在する。足先が台上におさまる台部Aでもあり、円筒中空技法と同様、ほぼ2期古段階以前の時期を中心に用いられたと考えられる[28]。

また、千葉県域では木戸前1号墳や殿部田1号墳（第34図3）などで、2期古段階に台上に足先を造形しない男子全身立像がある。小川台5号墳では台の造形もなく円筒の2本脚のままで脚部を形作っており（第34図4）、同じ脚部は1期新段階の福島県原山1号墳にも存在する。したがって、足先を造形しないものも2期古段階までの古い造形の可能性が高い。

4　服飾および所作

(1)　服　装

次に服飾や所作の造形表現では、女子埴輪において顕著な変化が指摘できる[29]。

女子埴輪の服装を概観すると、第1章において述べたように、大きく3種類8形態に分けられ、その地域分布は東日本では圧倒的にIが多く、次いでIIの副次的な服飾となり、IIIはごくわずかである。

その中でIIの服装を関東地方内に限ってみるならば、地域によって様相が若干異なる（第10表）。IIbは群馬・埼玉・神奈川にあり、その他の県域ではみあたらない。これに対し茨城にはIIdが多く、栃木にはIIc、千葉にはIIeが多い。つまりIはいずれの県域にも存在するのに対し、IIは関東内でも地域によってその実態が若干異なっている。

第34図　全身立像の特異な造形
（1〜2．茨城県舟塚古墳　3．千葉県殿部田1号墳　4．千葉県小川台5号墳）

第10表　関東地方における女子埴輪の服装

地域	I	IIa	IIb	IIc	IId	IIe	IIf	III	総計
茨　城	8				6	1			15
栃　木	9		3					1	13
群　馬	29	1	3	3	3		1		40
埼　玉	30		3	2	4	1	1		41
千　葉	24				3	2			29
神奈川	1		1						2
合　計	101	1	7	8	16	4	2	1	140

(巻末統計資料4をもとに作成)

第11表　服装の時期別個体数

時期		I	IIa	IIb	IIc	IId	IIe	IIf	III
1期	古段階	1		1					
	新段階	10		2		4			
2期	古段階	16			5	4	2		1
	新段階	6				2		1	
3期		27							

(巻末統計資料6をもとに作成)

　さらに、このような服装のちがいを編年にしたがって比較すると、Iの服装は全時期を通じて存在するのに対し、IIの副次的な服飾は1期古段階から2期にかけての古い時期に偏っている（第11表）。2期新段階まで残存するのはIIdとIIfだけであり、そのほかのIIの服装は2期古段階までである。残存する副次的服飾も、3期になるといずれも消えていく。つまり、女子埴輪の服装は時期とともに副次的な服飾表現が失われていく傾向が指摘されるのである。

（2）所　作

　同様な観点から所作についても検討すると、服装同様、時期による変化が指摘できる。

　ここで女子埴輪の所作を、特異なものを除いて大きく分けると、A：両腕を胸の前に掲げる、B：片腕を上（もしくは胸前）に掲げる、C：両腕を下げる、の三つになる。これを編年にしたがって時期的な個体数分布をみれば（第12表）、所作Aがもっとも普遍的な所作であり、1期から3期までほぼ全時期を通じて存在する。

　これに対し、所作Bは古い時期に多く、2期古段階までは多数あるものの、以後はほとんどみあたらなくなる。これとは対照的に所作Cは1期にはみあたらず、2期古段階から存在するようになり、3期に飛躍的に増加する。つまり、女子埴輪は食膳具を掲げ持つ所作が普遍的にあるものの、時期を経るにしたがって無所作が登場し、次第にそれが主体となっていく。このような2期におけるBとCの変化をみると、2期古段階と新段階の間にはっきりした線を引くことができる。

　これまでの検討結果をまとめてみれば、所作の変化は、さきにみた服装や各種製作技術の変化

第 2 章　人物埴輪の編年

第 12 表　所作の時期別個体数

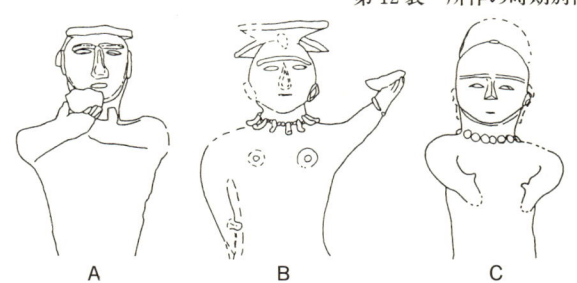

時期		A	B	C
1期	古段階	1		
	新段階	6	7	
2期	古段階	2	7	1
	新段階	2		2
3期			6	1	18

（巻末統計資料 6 をもとに作成）

とも軌を一にしている可能性が高い。女子埴輪における服飾表現の衰退も、時期を経るごとに顕著になっており、その変化は服飾文化そのものの衰退による可能性もあるが、所作と服飾の関係からみれば、人物埴輪における造形表現の省略としても評価できるであろう。

女子埴輪の無所作化の時期をさらに検討すると、最も古い例としてあげられるのが 2 期古段階の群馬県諏訪下 30 号墳の女子埴輪であり、両腕が腰につく形をとる（第 35 図 1）。その後、手先が胸の前にくる形態が 2 期新段階に神保下條 2 号墳（第 35 図 2）で、3 期には館林市淵ノ上古墳、埼玉県本庄市せきね古墳、千葉県市原市山倉 1 号墳など広範囲に分布する。

さらに腕が短くなり身体のどこにもつかず宙に浮いた姿もあり、その典型的な例として轟俊次郎の指摘した「下総型人物埴輪」(30)があげられる。旧下総国を中心とする地域に分布し、3 期の千葉県小見川町城山 1 号墳や、それより若干時期が遡るとみられる同印旛村大木台 2 号墳（第 35 図 3）などの例があげられる。同様な所作は 2 期新段階と考えられる埼玉県の深谷市小前田 9 号

第 35 図　無所作の女子埴輪
（1．群馬県世良田諏訪下 30 号墳　2．群馬県神保下條 2 号墳
3．千葉県大木台 2 号墳）

第 36 図　無所作の馬を曳く男子埴輪
（1．群馬県神保下條 2 号墳
2．埼玉県酒巻 14 号墳）

墳や3期の行田市酒巻14号墳にも存在する。所作の変化を考慮すれば、こうした造形も無所作化の流れの中に位置づけることができ、いわゆる「下総型人物埴輪」はその地域的な変容として、当該地域において2期新段階以降に成立したものと評価することができるであろう。

ところで、このように女子埴輪に認められる無所作化の動きは、男子埴輪にも指摘できる。第4形式の片腕を掲げる男子半身立像は馬形埴輪を伴うことが特徴であるが、馬形埴輪を伴っているのにも関わらず両腕を下げたままの無所作の男子半身立像が群馬・埼玉県域などで認められる。2期新段階では群馬県富岡市神保下條2号墳（第36図1）、また3期では埼玉県行田市酒巻14号墳（第36図2）の例があげられる。片腕を掲げる所作は馬を制御する姿と考えられ、そうした有意な所作が喪失しているのは、女子埴輪の無所作化の流れと軌を一にすると理解される。

このように、東日本の人物埴輪は本来形式ごとに有意の所作を示していたのにも関わらず、それが失われていく傾向が指摘できるのである。

5　配　置

形態上の変化とともに、人物埴輪の配置にも変化がある。

第1章で示したように、基本的に前方後円墳においては服装や所作に関わりなく配置規則に変化はみられず、時期を通じて一貫していた。

しかしながら円墳では、第2形式の女子立像と第3形式の男子立像の位置関係が崩れ、男女が交互に配置される例が存在した。たとえば、2期古段階の群馬県太田市諏訪下3号墳や2期新段階の同吉井町神保下條2号墳、また3期の埼玉県行田市酒巻14号墳では、女子埴輪と男子埴輪の立像の配置規則が守られていない。諏訪下3号墳では両腕を下げ大刀を佩く男子半身立像を囲んで所作Bの女子と男子の半身立像が並ぶ配列であり、後二者は男子と女子が交互に配置される（第37図）。いずれも前方後円墳における第2形式と第3形式が分離されない配置となっている。

神保下條2号墳では、男子立像が前方後円墳における全身立像Ⅰa1ではなく、それを半身表現にした半身立像Ⅰa2であることから、前方後円墳における全身表現を円墳では半身化させたものと理解された。そう考えると、これらの円墳の配置状況は、前方後円墳における第2形式と第3形式の配置規則を崩していると考えられる。

このように第2、第3形式の配置規則の崩れた円墳における女子埴輪の服装や所作をみると、服装はすべてⅠで、所作はBかCである。とくに無所作のCが多く、それらはいずれも2期新段階以後の円墳である。時期別にみれば、1期新段階に諏訪下3号墳と2期古段階に諏訪下30号墳があるが、これらを除くと2期新段階の神保下條2号墳、3期の酒巻14号墳、経僧塚古墳、このほかさきに示した大木台2号墳など、そのほとんどが2期新段階以後の新しい例である。

したがって、円墳における人物埴輪の配置は、相対的に古い時期には前方後円墳と同じ配置規則によっていたけれども、時代が新しくなって無所作の造形が主体となり、服装も副次的な衣装を造形しなくなると、原則が崩れ、本来別の位置に分離されたはずの女子埴輪と男子埴輪を一緒に配置するようになっていくと理解される[31]。

第2章　人物埴輪の編年

第37図　神保下條2号墳の人物埴輪配置復元図

　このような円墳における配置の変化は、諏訪下3号墳の例から、当初群馬県域において円墳における埴輪配置の変形としてはじまったと考えられるが、その普及は人物埴輪の無所作化、副次的服飾の喪失、さらには腕の中空技法から中実技法へといった変化とも軌を一にした動きを示している。これまでの検討も踏まえれば、関東地方を中心に2期新段階以降に顕著になる人物埴輪の造形および配置の変化は、群馬県域を中心に2期新段階に関東各地へと普及していったと考えられるであろう。

6　様式の設定

　以上の検討結果から、東日本、とくに関東地方における人物埴輪の造形と配置位置は、地域や時代によって変化していったと理解される。ところで、この人物埴輪の諸特徴の関係を改めて古墳単位でみていくと、とくに女子埴輪の所作を中心とした諸要素の組み合わせに、いくつかの共通するパターンを指摘することができる。そこでこれまでの検討を踏まえて、人物埴輪においても「様式」の設定を試みることにしたい。

　序章第2節で述べたように、小林行雄による様式概念には、一つには同一時期における複数の形式間にわたる型式の組み合わせ関係の意味があるが、もう一つには有機的な複合体の全体を特徴づける斉一的な表徴としての意味も含まれている。唐古遺跡の報告を例にあげれば、一つの様式名からはそれを特徴づける壺や器台など各型式の形態とともに、多形式に共通する斉一的な文様イメージも思い浮かべることができ、この二つの概念を踏まえて弥生土器編年は成立している[32]。

　しかし、さきにおこなった人物埴輪の編年においては、様式概念のうち後者の斉一的な要素よ

第3節 東日本の人物埴輪

りも、前者の型式の組み合わせ関係を重視して編年を組み立てた。それは人物埴輪の場合、弥生土器とは異なり、同一時期の多形式に共通する斉一性を認め難いことによるものであり、このため様式という用語も使用することはなかった。

ただし、ここで二つの概念を分離し、様式を後者の複合体の斉一性を示す表徴としての概念に限定して用いるならば、関東地方の人物埴輪にも、女子埴輪の組み合わせ関係をもとに、いくつかの様式を設定することが可能と考える。必ずしもさきに示した編年区分と明確に整合一致するものではないが、人物埴輪においても、時代や地域、また古墳の規模によって異なる様式が設定できる。

現状で一定の様式として設定可能な組み合わせを述べていくと、第一にもっとも一般的な様式として、両腕を胸の前に掲げる所作Aの女子埴輪を主体とする一群があげられる（第13表）。第13表によれば、地域は東北から関東一円に分布し、服装は相対的にⅠが多いが、Ⅱの副次的な衣服も含まれ多様であり、掲げた両手は壺や杯などの器物を持つ。所属時期は1期古段階から3期にまで至るが、1期新段階に集中し、相対的に新しい時期になるほど例は少ない。これらの配置された古墳の規模は、綿貫観音山古墳のように、全長97 mの大形前方後円墳から、直径10 m前後の小円墳までであり、古墳の規模に左右されずに広く認められ、製作技術も多種多様である。原則として各形式の配置関係は、第1章で述べた配置規則にしたがっている。第一の様式は東日本の広い範囲に分布することから、広く「東国様式」と呼称しておきたい。

第二にあげられる様式は、片腕を掲げる所作Bの女子埴輪を主体とする一群である（第14表上段）。服装はⅠが多くⅡも若干あるが、現状ではⅡaとⅡbの袈裟状衣はない。掲げられた片手に器物を持つものが多く、杯のほか棒状の不明物体が認められる。その所属時期は1期新段階から2期古段階に集中している。古墳の規模は塚廻り4号墳の直径30 mの帆立貝形古墳が最大

第13表　女子埴輪の所作の組み合わせ関係（1）

地域	遺跡名	所作 A	B	C	その他	持物	時期	須恵器	主体部	古墳の形	墳m
東北	宮城・台町103号墳	○				壺	1期古段階			円	25
	福島・丸塚古墳	★				不明	1期新段階				
	福島・経塚1号墳	◎◎				甑、不明	1期新段階			円	27
	福島・神谷作101号墳	○				なし	2期以前				
関東	埼玉・古凍根岸裏7号墳	◆				なし	1期新段階			円	18
	埼玉・代正寺9号墳	◆				壺	1期新段階			円	18
	埼玉・白山2号墳	■■				甑、合掌	1期新段階				
	群馬・坂下古墳群	○				双耳杯	1期新段階				
	埼玉・新屋敷B区15号墳	○				杯	1期新段階			円	14
	群馬・塚廻り3号墳	★				杯	2期古段階			帆立貝形	31
	茨城・不二内	■				壺	2期古段階				
	埼玉・瓦塚古墳	○				なし	2期古段階	MT15高杯		前方後円	73
	群馬・富岡5号墳	■				不明	2期新段階	TK10蓋杯	横穴式石室	円	30
	群馬・神保下條1号墳	○				なし	2期新段階		横穴式石室	円	10
	群馬・綿貫観音山古墳	○○○		○		不明、壺、なし	3期	TK43高杯	横穴式石室	前方後円	97
	栃木・熊野6号墳	○				なし	3期		横穴式石室	円	17

服装記号　Ⅰ○　Ⅱa●　Ⅱb◆　Ⅱc★　Ⅱd■　Ⅱe▼　Ⅱf▲　Ⅲ類◇　不明◎

第2章 人物埴輪の編年

で、いずれも小規模の帆立貝形古墳、もしくは円墳であることが大きな特徴である。また、その分布地域は群馬県南部・栃木県南部・埼玉県北部に集中している。腕の製作技術は中実技法であり、原則として各形式の配置関係は、第1章で述べた配置規則にしたがっている。第二の様式は、典型的な遺跡名を冠して「塚廻り様式」と呼称しておきたい。

第三の様式は所作Cの女子埴輪を主体とする一群である(第14表中段)。これらはⅡの副次的な服装はほとんどなく、所属時期が3期に集中し、腕の製作技術は中実技法であるのが大きな特徴である。この一群には第4形式の片腕を掲げる男子半身立像の代わりに、両腕を下げる無所作の男子半身立像が含まれる例もある。その配置関係からは、二つの様式に分けることが可能と思われる。

その一つは姫塚古墳や山倉1号墳のように、第1章で指摘した配置規則にのっとっているものである。現状では全長60m前後の前方後円墳に認められる。

もう一つは、さきに指摘した第2形式の女子立像と第3形式の男子立像の配置規則が崩れ、男

第14表 女子埴輪の所作の組み合わせ関係(2)

	遺跡名	所作A	所作B	所作C	その他	持ち物	時期	須恵器	主体部	古墳の形	墳長m
所作B	栃木・亀山大塚古墳	○				棒	1期新段階				
	群馬・亀岡遺跡	○○				不明	1期新段階				
	群馬・諏訪下3号墳	○○				棒、棒	1期新段階			円	17
	埼玉・寺浦1号墳	○				不明	1期				
	群馬・塚廻り4号墳	■○○		★		杯、杯、不明、大刀	2期古段階			帆立貝形	30
	群馬・上芝古墳	★				不明	2期古段階		竪穴式石槨	帆立貝形	15
	栃木・飯塚31号墳	○○		○		杯、杯、なし	2期古段階			帆立貝形	28
	千葉・竜角寺101号墳	○				杯	2期古段階			円	24
	群馬・石山所在古墳	■				棒	2期				
	埼玉・美里町十条	★				棒	2期				
	茨城・女方3号墳	○				不明	3期		横穴式石室	円	24
所作C	群馬・諏訪下30号墳		○			なし	2期古段階			円	15
	群馬・神保下條2号墳		○			なし	2期新段階	TK43提瓶	横穴式石室	円	9
	埼玉・小前田9号墳		○			なし	2期		横穴式石室	円	
	千葉・姫塚古墳		○			なし	3期		横穴式石室	前方後円	59
	千葉・山倉1号墳		○○			なし	3期		横穴式石室	前方後円	45
	群馬・淵ノ上古墳		○			なし	3期		横穴式石室	円	30
	埼玉・酒巻14号墳		○○○			なし	3期			円	42
	埼玉・関根古墳		○			なし	3期				
	栃木・綾女塚古墳		○			なし	3期				
	群馬・天神二子塚		○			なし	3期		横穴式石室	前方後円	90
	群馬・伊勢崎市八寸		○			なし	3期				
	群馬・石山南所在古墳		○			なし	3期				
	群馬・月田地蔵塚古墳		○			なし	3期		横穴式石室	前方後円	50
	群馬・田向井		○			なし	3期				
	千葉・大木台2号墳		○○○			なし	3期			円	
両腕を掲げる	千葉・小川台5号墳			○○		不明、なし	2期古段階			前方後円	30
	千葉・木戸前1号墳			▼		なし	2期古段階			前方後円	40
	千葉・南羽鳥正福寺1号墳			■		ヘラ、壺	2期新段階				

服装記号 Ⅰ○ Ⅱa● Ⅱb◆ Ⅱc★ Ⅱd■ Ⅱe▼ Ⅱf▲ Ⅲ類◇ 不明◎

女が交互に配置される一群である。代表例として2期新段階の神保下條2号墳のほか、3期の酒巻14号墳がある。いずれも円墳であり、前方後円墳の例はない。腕が短くなり身体のどこにもつかず宙に浮いた姿の、いわゆる「下総型人物埴輪」の大木台2号墳例なども、基本的にはこの様式に含められると思われる。

第15表　東日本における人物埴輪様式の消長

		東国様式	塚廻り様式	山倉様式	
1期	古段階				
	新段階				
2期	古段階			A	B
	新段階				
3期					

　これらの呼称についてはここでは典型的な遺跡名を冠して「山倉様式」とし、配置規則にのっとっている前者をA様式、崩れた後者をB様式と小様式で呼び分けておきたい。
　以上の主要な各様式の所属時期を示したのが第15表である。
　この三様式に加え、両腕を掲げる所作ばかりで構成される一群もある。小川台5号墳や正福寺1号墳が例としてあげられ、2期古段階から新段階に属し（第14表下段）、千葉県域に多い。原則として各形式の配置関係は、第1章で述べた配置規則にしたがっている。例は少ないが、これなども、様式設定可能な人物埴輪群として今後検討していく必要があろう。
　このように関東地方の人物埴輪にはいくつかの様式が、時期と地域、また古墳の規模を異にして展開していく状況がうかがえる。

第4節　西日本の人物埴輪

1　西日本における人物埴輪の特質

　さて、東日本における人物埴輪編年が西日本にも適用できるかというと、事態は大きく異なっている。
　近畿地方を例にあげれば、女子埴輪の髷はバチ形のみ、耳は耳穴もしくは耳たぶのみであり（第38図1）、分銅形の髷や耳環、また耳から粘土紐が垂下する造形はない。また基本的に両腕を胸の前に掲げる所作Aである。乳房表現もほとんどみられない。
　とりわけ女子埴輪において東日本と大きく異なるのは、その圧倒的多数が副次的な服飾としてIIaの袈裟状衣を着用していることである。第1章第2節で述べたように、IIaはおもに近畿地方に分布し、近畿から離れて行くにしたがって個体数が減少する傾向にある（第3表）。
　その所属時期を共伴する須恵器の型式にしたがってみていくと、TK216型式を伴う大阪府堺市百舌鳥高田下遺跡（第38図2）をはじめ、TK47型式を伴う京都府京丹波町塩谷5号墳（第38図3）、TK10型式を伴う奈良県三郷町勢野茶臼山古墳（第38図4）に至るまで、一貫して同様のスタイルであり、髪や耳だけでなく服飾と所作によっても時期的な変化をうかがうことは難しい。
　このように時期を通じて単一の造形がおこなわれる傾向は、男子全身立像や片腕を掲げる男子

第 2 章 人物埴輪の編年

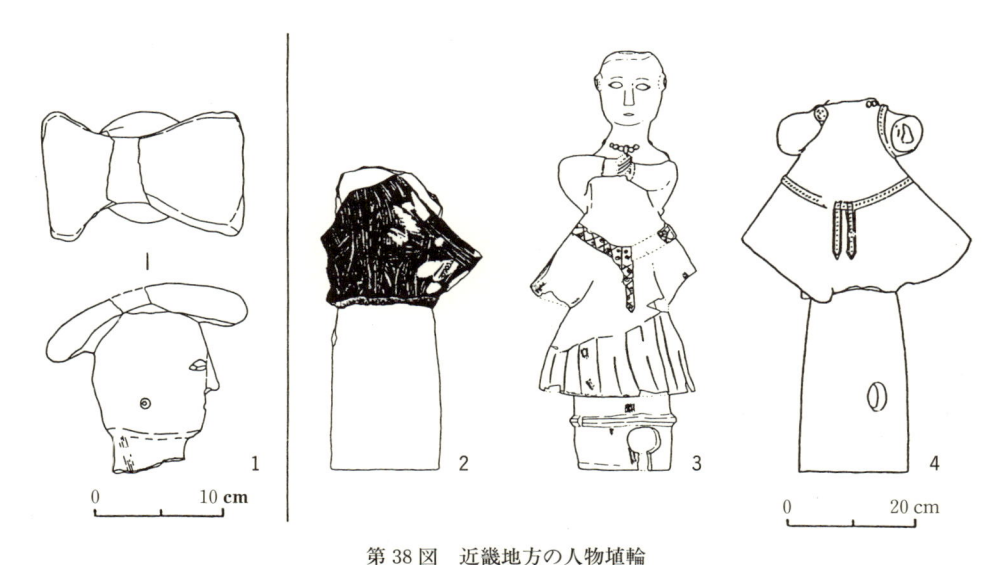

第 38 図　近畿地方の人物埴輪
（1．大阪府大賀世 3 号墳　2．大阪府百舌鳥高田下遺跡　3．京都府塩谷 5 号墳　4．奈良県勢野茶臼山古墳）

半身立像も同様であり、男子全身立像の出土例は近畿地方では少ないが、和歌山市井辺八幡山古墳や奈良県橿原市四条古墳などいずれにおいても、台部の形態は東日本で指摘した台部 A である。また片腕を掲げる男子半身立像の裾の形も、井辺八幡山古墳や奈良県田原本町笹鉾山 2 号墳などいずれにおいても、東日本の編年で示した有裾の a のみである[33]。

また腕の製作技法は、まれに滋賀県近江八幡市供養塚古墳などで小形の男子埴輪に中実技法で製作される例もあるものの、基本的に時期を通じてほとんどが円筒中空技法である点も大きな特徴である。

このような近畿地方の人物埴輪の特色をまとめれば、次の四つに集約することができる。

①女子埴輪はバチ形の髻で、袈裟状衣を着用し、両腕を胸の前に差し出して器物を持つ。また、基本的に耳飾りの表現がない。
②男子全身立像の台は平面円形で、足先が台上におさまる台部 A（これは女子全身立像双脚の場合も同じ）。
③男子半身立像の裾は腰の括れ部から広がる有裾の a（これは女子立像の場合も同じ）。
④基本的に腕の製作技術は円筒中空技法。

こうした形態と製作技術における斉一性は近畿地方の特色であり、時期を通じてほぼ一貫している。

そして、これらの四つの特質は、近畿以西の中国、四国、九州地方や、静岡などの東海地域にも共通している。第 16 表によれば IIa の袈裟状衣を着用し、両腕を胸の前に差し出し器物を持つ所作 A の女子埴輪が西日本のほとんどの地域に分布していることがわかる。

もちろん西日本にあっても在地の埴輪製作集団が各地に存在していることから、後に述べるようにそれぞれに地域的な特徴は認められる。しかしながら、基本的な人物埴輪の造形はいずれも

第4節　西日本の人物埴輪

近畿地方の場合と共通し、東は静岡県から西は熊本県まで、東海から九州一帯の広範囲に及んでいる。このような近畿地方に代表される斉一性のある人物埴輪の組み合わせを、ここでは東日本の諸様式と対比させて、「近畿様式」と呼称しておきたい。

以上の状況を鑑みると、これら西日本の地域においては東日本と同様な方法で編年をおこなうことは難しい状況にある。

そこで、はじめに共伴する円筒埴輪や須恵器をもとに人物埴輪の変遷を概観し、その上で時期差が考慮される造形を検討し、西日本各地の特徴と地域間相互の関係を追求したい。

2　西日本における人物埴輪の概観

（1）所属時期

東海以西の西日本の主要な古墳から出土した人物埴輪の所属時期を、共伴する円筒埴輪と須恵器の編年によって示したのが第17表である。

人物埴輪の所属時期を概観すると、東日本に比べて西日本では円筒埴輪編年Ⅳ期以前の資料の多いことが特徴である。東日本の編年における1期古段階では、円筒埴輪編年のⅢ期にまで遡る例はなく、Ⅳ期の円筒埴輪を伴っていても須恵器のTK216型式段階まで遡る例はほとんどないことから、近畿地方をはじめとする西日本における人物埴輪の成立は、東日本よりも早い段階にあったと理解される。

これに対して、東日本と同じく須恵器のTK209型式段階まで人物埴輪が存在するものの、新

第16表　西日本における女子埴輪の服装と所作

地域	遺跡名	所作 A	B	その他	持物	須恵器	主体部	古墳の形	墳長m
近畿	三重・常光坊谷4号墳	●●●			なし	TK23蓋杯	木棺直葬	円	17
	京都・塩谷5号墳	●			不明	TK47蓋杯	木棺直葬	円	17
	大阪・長原87号墳	●			不明				
	大阪・今城塚古墳	●		●	不明	MT15～TK10杯他		前方後円	190
	奈良・石見遺跡	●			不明				
	奈良・勢野茶臼山古墳	●			不明	TK10杯	横穴式石室	前方後円	40
	京都・鳥羽古墳	◎			不明				
九州	福岡・立山山8号墳	◎			不明				
	福岡・小正西古墳	●			甑	MT15蓋杯	横穴式石室	円	30
	宮崎・百足塚古墳	●●		■	甑,不明,不明				
中国	岡山・日下畝山52号墳	●			不明				
四国	鳥取・沢ペリ古墳	■			壺	MT15蓋杯			
	島根・常楽寺古墳	●			甑	TK10杯	横穴式石室	円	
	島根・岩屋後古墳	★		▼	不明,不明	TK209蓋杯・甑	横穴式石室		
	徳島・菖蒲谷西山A遺跡	●			壺				
中部	石川・矢田野エジリ古墳	●●	○○		不明	MT15蓋杯・甑		前方後円	30
	静岡・郷ヶ平6号墳	◎			甑				
	静岡・湖西市利木	◎			不明				
	長野・北西久保17号墳		◎					円	30

服装記号　Ⅰ○　Ⅱa●　Ⅱb◆　Ⅱc★　Ⅱd■　Ⅱe▼　Ⅱf▲　Ⅲ類◇　不明◎

しい時期に属する資料は少ない。概観すれば西日本における人物埴輪の流行は須恵器のTK 23〜MT 15 型式段階にピークがあり、TK 10 型式段階を過ぎ、TK 43 型式段階になると急速に減少している。したがってその衰退は東日本より若干早いと考えられる。このような西日本における人物埴輪の衰退は、東日本で独自な展開が認められた人物埴輪編年の2期新段階にほぼ重なる。

（2） 形式組成

また形式組成は、円筒埴輪編年Ⅲ期に福岡市拝塚古墳で盾を持つ男子半身立像、Ⅳ期に大阪市長原45号墳で甲冑形埴輪に顔を造形した腕のない男子半身立像（第39図1）が成立している。また大阪府堺市百舌鳥梅町窯跡、同百舌鳥高田下遺跡（第38図2）では女子埴輪、大阪府堺市大仙古墳では男子全身立像の脚部、また岡山県瀬戸内市黒島1号墳や福岡県うきは市塚堂古墳（第39図2）でも台部Aの全身立像の脚部、さらに塚堂古墳（第39図3）や奈良県大和高田市池田4号墳では盾を持つ男子半身立像があることから、第2形式の女子像、第3形式の男子全身立像、第5形式の盾を持つ人物といった基本的な形式は円筒埴輪編年のⅣ期には揃っていると理解される。

そしてⅤ期に入ると第1形式の坐像は奈良県三宅町石見遺跡（第39図5）で、第4形式の片腕を掲げる男子半身立像は三重県松阪市常光坊谷4号墳（第39図4）で確実に存在している。とくに大阪府高槻市今城塚古墳や和歌山市井辺八幡山古墳では、坐像や甲冑武装の男子全身立像、靫を背負う男子半身立像、力士などその組成は多種多様であり、関東地方における形式組成と比較しても遜色ない。なお甲冑形埴輪はTK 47 型式段階の大阪府藤井寺市蕃上山古墳ではまだ伴うものの、その後は東日本同様ほぼ姿を消している。

しかしTK 10 型式段階を過ぎると、その形式組成は貧弱になる。奈良県三郷町勢野茶臼山古墳では女子埴輪1体、同桜井市珠城山3号墳では盾持ちと考えられる人物1体、また京都府宇治

第17表　西日本の人物埴輪の所属時期

時期		近畿	北陸・東海	中国	四国	九州
Ⅲ期		墓山				拝塚
Ⅳ期	TK 73 TK 216 TK 208	長原45号 百舌鳥高田下 百舌鳥梅町窯跡 供養塚 大仙		黒島 三玉大塚 石屋、ハンボ塚		横瀬 塚堂 虚空蔵山
Ⅴ期	TK 23 〜TK 47 MT 15 TK 10 TK 43 TK 209	蕃上山 塩谷5号 井辺八幡山 勢谷茶臼山 長尾タイ山 鳥土塚、門ノ前 珠城山3号墳	中ノ庄 常光坊谷4号 古村積神社 矢田野エジリ	岩田1号 沢ベリ7号 常楽寺 箭田大塚 岩屋後	菖蒲谷西山A 相作牛塚	小正西、岡寺 立山山8、13号 権現塚 仙道

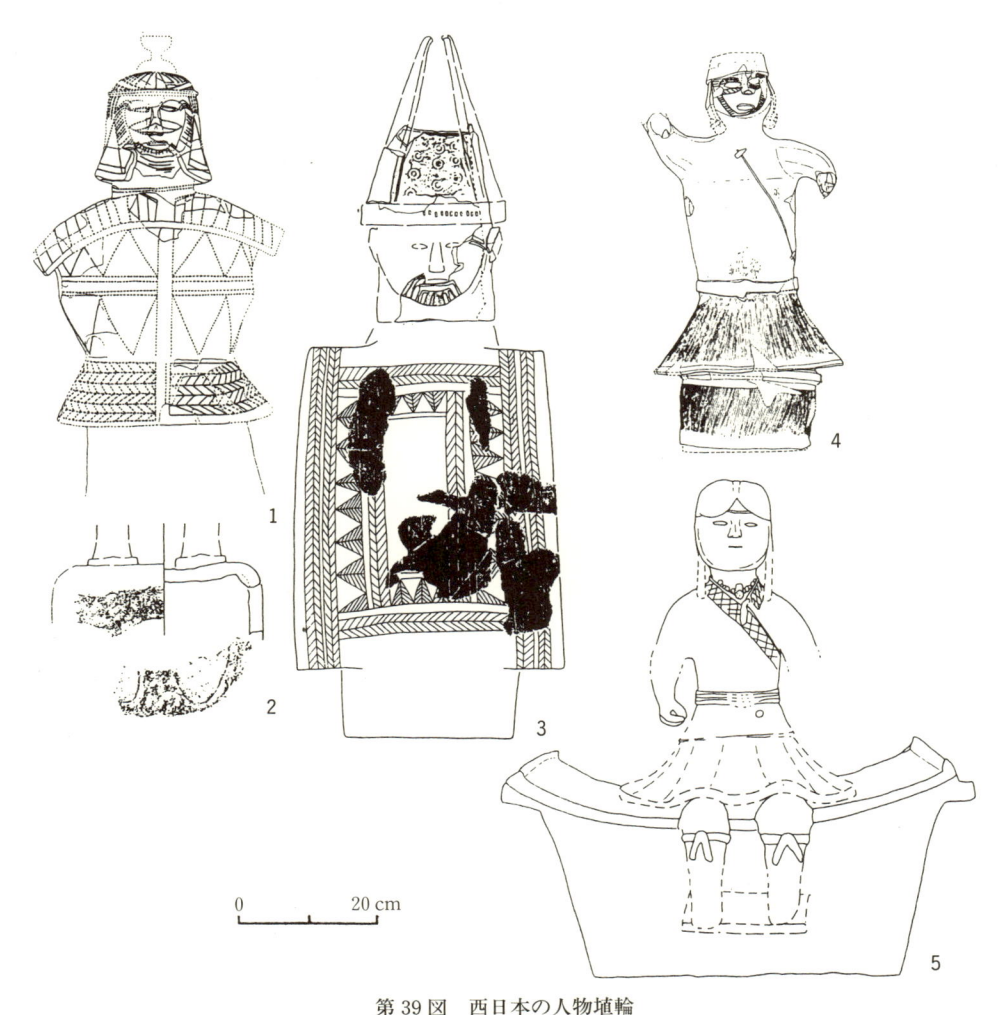

第39図　西日本の人物埴輪
（1．大阪府長原45号墳　2～3．福岡県塚堂古墳　4．三重県常光坊谷4号墳　5．奈良県石見遺跡）

市門ノ前古墳では片腕を掲げる半身立像と馬形埴輪というように、形式の種類が減少しており、多形式からなる例は現状では存在しない。

　なお、西日本に特有な形式として、女子埴輪で双脚を造形し副次的な衣装を着用した全身立像が大阪府豊中市野畑、宮崎県新富町百足塚古墳、愛知県岡崎市古村積神社古墳で出土している。また胸に透かし孔を造形し片腕を下げ一方の腕を手前に掲げる男子半身立像が奈良県三宅町石見遺跡などで出土しており、これらは東日本においては例のない種類である。

3　製作技術と造形表現

　さて、以上の概観から一歩踏み込んで、西日本の人物埴輪にも時期的な型式変化を示す手がかりが得られないかを考えてみたい。編年体系を組み立てるまでにはいかないものの、若干の予察

第 2 章　人物埴輪の編年

も含めて、ここで近畿地方における時期的な製作技術や造形表現の特徴をあげるとすれば、次の2点をあげることができる。

一つは、すでに永井正浩が指摘している女子埴輪の頭部製作技術である(34)。

大阪府堺市伝大仙古墳出土例や同百舌鳥梅町窯跡出土例など、近畿地方における円筒埴輪編年Ⅳ期の女子埴輪には、頭部全体を球形に成形し、頭頂部に折り返した粘土板を後頭部側が下がるように屈曲させて接合して髻とする特徴がある（第40図1）。こうした頭部成形はⅤ期においても認められる。東大阪市大賀世3号墳や京都府京丹波町塩谷5号墳の女子埴輪のように、頭頂部に一部空洞を残し、そこを髻で塞ぐ場合もある。

これに対し、頭部を円筒形に成形し、空洞の上面に扁平な板状の髻を接合して塞ぐ技法もあり、その例は少ないものの奈良県天理市荒蒔古墳、兵庫県龍野市タイ山1号墳例があげられる（第40図2）。荒蒔古墳の場合は共伴遺物が少なく細かな時期を特定しがたいが、タイ山1号墳は主体部が横穴式石室と考えられ、墳丘から出土した須恵器がTK10型式であることから、後者の頭部成形技法はⅤ期でも後出すると考えられる。

荒蒔古墳の女子埴輪は、近畿地方の女子に通有の袈裟状衣を着用していないことも注目され、このように袈裟状衣を着用しない女子埴輪は、TK43型式段階の奈良県平群町烏土塚古墳でも出土しており、ここでは襷だけの表現に留まる。両者は腕の造形が中実技法であり、加えて乳房表現があることも近畿地方においては特異である。さらに烏土塚古墳では、形式は不明であるが有裾bの半身立像も出土している。

ここに掲げた新しい特徴はいずれも関東地方のものであり、関東地方からの技術的な影響が考えられる。前節で述べたように、新しい段階の頭部成形と同じ技法は、関東においてはすでに1期新段階に成立していることからも、近畿地方における新しい時期の特徴は、いずれも関東からの影響と考えられる。

またもう一つの時期的特徴としてあげられるのは、造形表現における刺突文様である。一例として衣服の合わせ目をあげれば、関東では突帯張り付けがほとんどであるのに対し、近畿においては格子目線刻で表現するように線刻、刺突表現が多様である。

その中で時期を限定しうる造形表現として、類例は少ないが、方形刺突文をあげたい。割り箸を刺したような方形刺突文は、単一の刺突のほか、二つ、三つの刺突具を等間隔に連結させ、二連、三連の連結方形刺突文とするものもある。

和歌山市井辺八幡山古墳の人物や大阪府高槻市今城塚古墳の武装人物の服飾表現に認められ、井辺八幡山古墳では後者の連結方形刺突文が顕著に施される（第40図3）。これは人物ばかりでなく、馬の鞍や帯の装飾表現にも用いられ、奈良県荒蒔古墳では馬形埴輪に連結方形刺突文が施される。いずれも円筒埴輪編年Ⅴ期であり、井辺八幡山古墳はMT15型式の須恵器を伴い、また荒蒔古墳は、さきに指摘したように女子埴輪からⅤ期でも後出すると考えられた。

したがって、大阪湾沿岸や奈良盆地に限っていえば、方形刺突文は円筒埴輪編年Ⅳ期の形象埴輪にはなく、またⅤ期であっても、大阪府藤井寺市蕃上山古墳や奈良県田原本町笹鉾山2号墳などでは施されないことからすれば、それらよりも後出する可能性が高い。

第 4 節　西日本の人物埴輪

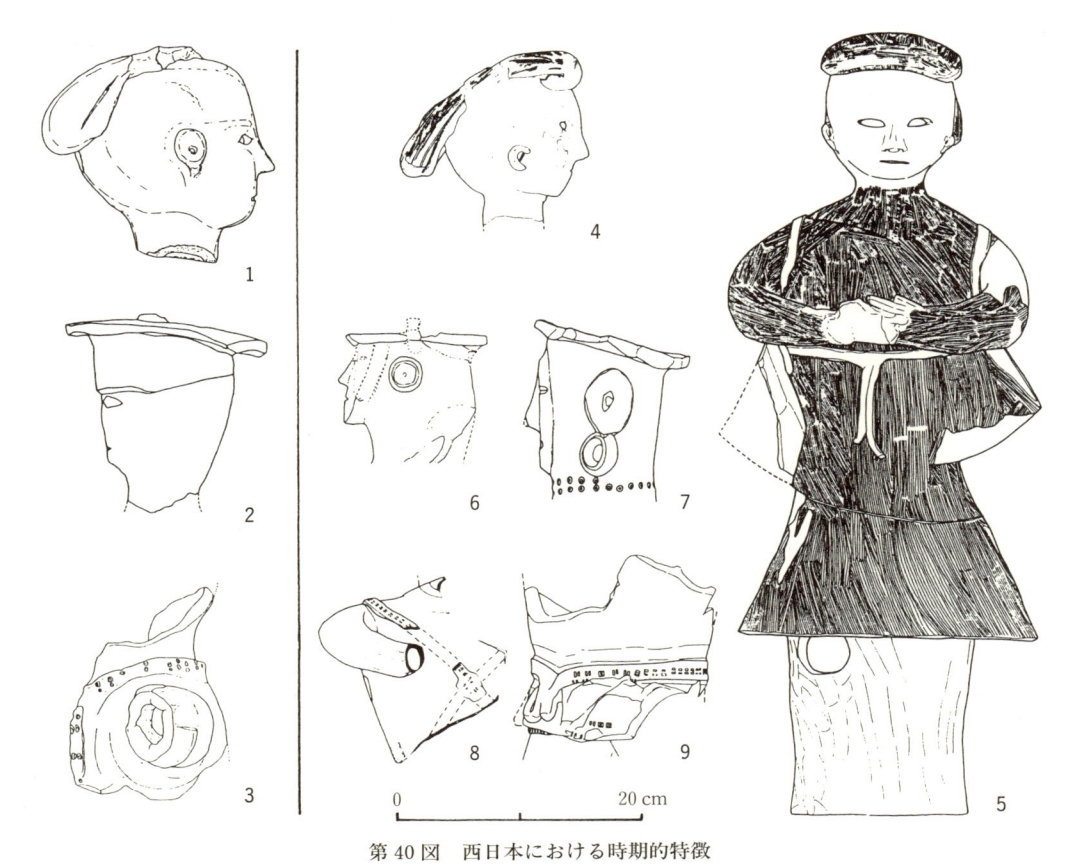

第 40 図　西日本における時期的特徴
（1．大阪府大仙古墳　2．兵庫県長尾・タイ山古墳　3．和歌山県井辺八幡山古墳　4〜5．福岡県小正西古墳　6．島根県常楽寺古墳　7．島根県岩屋後古墳　8．福岡県立山山 8 号墳　9．福岡県立山山 13 号墳）

　しかし注意されるのは、松阪市常光坊谷 4 号墳、同八重田 7 号墳、同中ノ庄古墳、津市藤谷埴輪窯跡、鈴鹿市寺谷 17 号墳など、伊勢湾沿岸の三重県域に数多く分布する単一の方形刺突文である（第 41 図）[35]。馬形埴輪の鞍部に施される例がほとんどであり、その時期はおおむね円筒埴輪編年 V 期であるものの、常光坊谷古墳は TK 47 型式の須恵器を伴い、大阪湾岸や大和盆地よりも古い。この地域はまた連結方形刺突文が認められない。

　類例が少ないため検討の余地を残すものの、現状では伊勢湾岸で単一方形刺突文が成立し、それが大阪湾岸や大和盆地に導入され連結方形刺突文が成立した可能性を考えておきたい。

　以上の検討をまとめれば、近畿地方において V 期の円筒埴輪を伴う人物埴輪は、女子の頭部製作技術と連結方形刺突文によって新古の認識が可能である。現状では荒蒔古墳において両者の新しい特徴が共存する。ただし連結方形刺突文は、類例が少ない上、女子埴輪の新しい特徴が認められるタイ山 1 号墳にないため、この文様は長期間存続したのではなく、MT 15〜TK 10 型式の一時期に限定されると理解しておくのが妥当であろう。

第2章　人物埴輪の編年

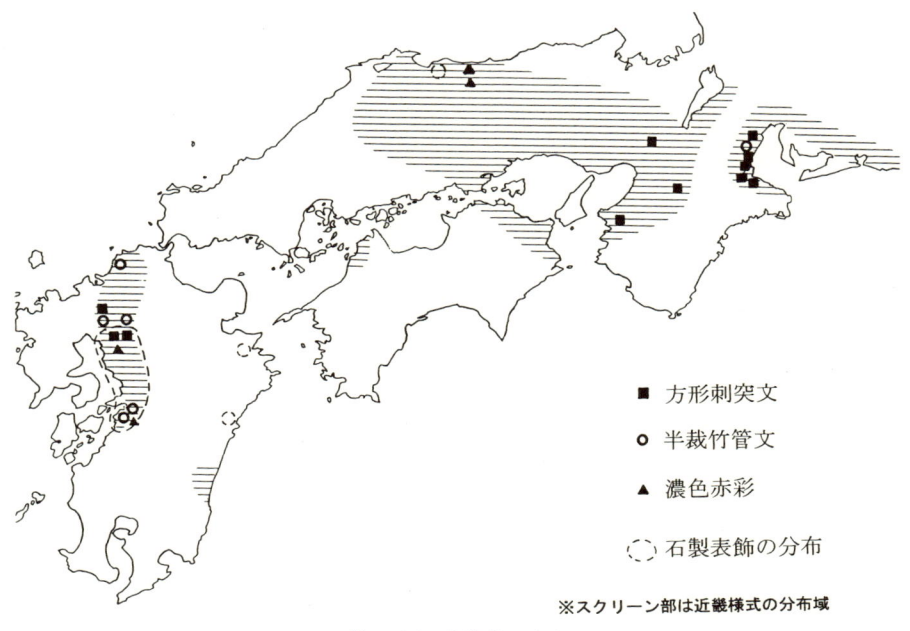

■ 方形刺突文
○ 半裁竹管文
▲ 濃色赤彩
(⃝) 石製表飾の分布

※スクリーン部は近畿様式の分布域

第41図　諸特徴の分布

4　近畿との共通性と地域性

さて、近畿地方の人物埴輪にも所属時期の差をうかがわせる技術的特徴を指摘できたが、この結果と比較して、西日本各地の人物埴輪の特徴をみていきたい。

（1）　九州地方

九州地方では、福岡市拝塚古墳で近畿と同じく円筒埴輪編年Ⅲ期に遡る盾を持つ男子半身立像が、またⅣ期のTK73型式段階の鹿児島県大崎町横瀬古墳で腕の破片が、また福岡県うきは市塚堂古墳で盾を持つ男子半身立像、形式不明の全身立像台部が出土している。Ⅴ期には熊本県清原古墳群や福岡県八女古墳群など、大形前方後円墳が形成される古墳群において人物埴輪が普及する。

九州地方は近畿地方との密接な関係がうかがえる。

その代表例として福岡県飯塚市小正西古墳例をあげれば、この古墳の女子埴輪は、袈裟状衣を着用し両腕を前に差し出す近畿地方通有の形態で、腕も円筒中空である。とりわけ頭部成形は、球形に成形し頭頂部に折り返した粘土板を髷として屈曲させて接合しており、近畿地方の古い段階と同じ特徴を示している（第40図4）。袈裟状衣の表現も、袋状部分は粘土板を貼り付け、胴部は線刻で示し、襷と帯を突帯貼り付けとしており（第40図5）、その造形表現は大阪市長原87号墳出土の女子埴輪と一致する。本古墳では馬形埴輪も出土しており、頭部の造形と鞍部の線刻表現は奈良県田原本町笹鉾山2号墳例と類似する。方形刺突文はなく、MT15型式以降の須恵器が出土している。その所属時期から判断するとこうした形態と技術の類似は、近畿地方からの

直接的な技術の受容の結果と理解される。

またもう一例として、福岡県八女市立山山古墳群の立山山8号墳出土の人物の服飾（第40図8）や馬の帯、また同13号墳の人物の服装に施された連結方形刺突文がある（第40図9）。両者の出土須恵器はMT 15～TK 10型式に属し、近畿地方とほぼ同時期である。また佐賀県鳥栖市岡寺古墳でも単一の方形刺突文が認められ、ここでは円筒埴輪に近畿地方からの影響と考えられる断続ナデ技法も存在することから、これらはいずれも近畿からの技術影響として理解される。

ただし、立山山の両古墳の女子埴輪は、袈裟状衣の襟が胸で交差するほか（8号墳）、袋状の造形を欠く（13号墳）など、近畿地方とは異なる特徴がある。また岡寺古墳でも、近畿では認められない半裁した竹管を連続的に刺突することで複合的な文様を表現する独自な技法が存在する。

すでに岸本圭[36]が指摘しているように、半裁竹管文は円筒埴輪編年Ⅳ期の塚堂古墳（第39図3）からⅤ期の岡寺古墳に至るまで時期を通じて、福岡県北部の玄界灘沿岸から熊本県南部の有明海沿岸地域の九州一帯に広く分布する（第41図）ことから、九州における独特な装飾表現とみなすことができる[37]。

このような九州の地域色として、有明海沿岸の熊本県和水町虚空蔵山古墳や同山鹿市中村双子塚古墳、同八代市八代大塚古墳出土の人物や馬、および円筒埴輪に施された濃い赤色の塗彩もあげられる。同地域に分布する石製表飾に赤彩が施され、さらに古墳の埋葬施設の壁画彩色に赤が多用されることを踏まえれば、これらの赤彩も九州における地域色の一つとして位置づけられるであろう（第41図）。

ただし、以上に概観してきた九州における人物埴輪の展開は、福岡県八女古墳群のように、継続的に生産し古墳に樹立した地域が一部に存在するものの、そのほかの多くの地域では必ずしも普遍的、もしくは継続的に存続したという状況にはない。

たとえば九州の熊本県域では菊池川流域の山鹿市中村双子塚古墳のように人物埴輪をはじめとする多数の形象や円筒埴輪を伴う古墳があるのに対し、同時期の他の古墳はほとんど埴輪を伴っておらず、とりわけ宇土半島周辺にはほとんど存在しない。また宮崎県の一ツ瀬川流域においても、古墳時代後期前半の古墳は埴輪を伴っていないにも関わらず、その後に築造された百足塚古墳では多数の人物埴輪をはじめとする形象埴輪が伴っている。したがって、近畿地方の影響を受け、かつまた地域独自の特徴を形成しながらも、九州地方における人物埴輪の普及は限定されていたと考えられる。

（2）中国・四国地方

山陽方面では円筒埴輪Ⅳ期の岡山県瀬戸内市黒島1号墳、広島県三次市三玉大塚古墳が古い例であり、前者でTK 73～23型式の須恵器と全身立像の脚部が出土しており、後者でTK 208型式の須恵器とともに棒芯中空技法による腕の破片が出土している。Ⅴ期に入るとMT 15型式段階の岡山県赤磐市岩田1号墳で女子埴輪が、またTK 10型式段階の同倉敷市箭田大塚古墳で、形式不明の人物埴輪が出土している。

また山陰方面ではⅣ期に島根県松江市石屋古墳、鳥取県大山町ハンボ塚古墳などで形式不明の

人物埴輪が出土しており、いずれもTK 208型式段階に属する。Ⅴ期に入るとMT 15型式段階の鳥取県倉吉市沢ベリ7号墳やTK 10型式段階の島根県奥出雲町常楽寺古墳などで女子埴輪が確認されており、また常楽寺では男子全身立像も出土している。さらに時期の下る島根県松江市岩屋後古墳でも女子埴輪が出土している。ただし岩屋後古墳や沢ベリ7号墳（第15図女子全身立像Ⅱd）の女子埴輪はそれぞれⅡe、Ⅱdの襷掛けの服装であり、岩屋後古墳の一例には耳環（第40図7）と乳房の表現もあり、西日本にあっては特異である。

　ところで山陰地方においても、近畿地方との密接な関係が指摘できる。島根県奥出雲町常楽寺古墳（第40図6）と松江市岩屋後古墳（第40図7）の女子埴輪の頭部は、円筒形に成形し上面を扁平な板状の髷を接合して塞ぐ技法であり、これは近畿における新しい技法である。前者ではTK 10型式、後者ではTK 209型式の須恵器が出土しており、時期からみても近畿からの技術的影響として理解される。

　また鳥取県の倉吉市周辺においては、九州地方の有明海沿岸地域との関係が指摘できる。鳥取県倉吉市沢ベリ7号墳や同北条町土下211号墳では、顔面をはじめ全身に臙脂色の濃い赤色の塗彩を施す人物埴輪が出土している。沢ベリ7号墳では人物のみならず、他の形象埴輪や円筒埴輪にも赤彩が施されている。このような濃い赤彩はさきにみた有明海沿岸の熊本県域に分布しており、すでに指摘があるように、鳥取県米子市に有明海沿岸と関連する石製表飾が存在し[38]、横穴式石室の構造にも両地域の文化交流がうかがわれる点を考慮すれば[39]、山陰の人物埴輪の赤彩も有明海沿岸地域から波及した可能性が高い（第41図）。

　なお、四国ではTK 23型式段階の徳島県菖蒲谷西山A遺跡とMT 15型式段階の香川県高松市相作牛塚古墳で袈裟状衣を着用した女子埴輪が、また愛媛県松山市岩子山古墳で片腕を掲げる男子半身立像、徳島市小松島市前山古墳でも盾を持つ男子半身立像などが出土している。

（3）　北陸・東海地方

　東海地方では、円筒埴輪編年Ⅳ期の段階に三重県松阪市中ノ庄古墳でTK 216〜23の数型式にまたがる須恵器とともに短甲武装の男子半身立像が出土している。Ⅴ期ではTK 47型式段階の三重県松阪市常光坊谷4号墳やMT 15型式段階の愛知県岡崎市古村積神社古墳などがあり、前者で女子全身立像と片腕をあげる男子半身立像、後者で下半身裸の女子全身立像や挂甲武装の男子が出土しており、Ⅴ期に入るとおもだった形式が揃う。服飾、腕の円筒中空技法、全身および半身像の台部形態は近畿と同様であるが、常光坊谷4号墳では紀伊、和泉に多い淡輪技法が[40]、これに対し愛知県豊川市念仏塚4号墳では東日本的な中実技法の腕が存在する。

　北陸ではⅤ期のMT 15型式段階に石川県小松市矢田野エジリ古墳で袈裟状衣を着る女子埴輪や片腕を掲げる男子半身立像が出土している。ただし、腕の造形が中実技法であるほか、東海地方の埴輪に多い須恵器の技法で製作されているなど、そこには東日本的な特徴も指摘できる。

　以上のように、西日本各地においては、近畿地方からの影響を受け、一部に地域独自の特色を形成しながら人物埴輪の展開した様子をうかがえたが、以上の概観で注意しておきたいのは、近畿地方や伊勢湾岸、また北部九州のように、継続的に人物埴輪を生産し古墳に樹立した地域があるのに対し、その他の地域では必ずしも普遍的、もしくは継続的に普及したという状況にないこ

とである。関東地方とは異なり、西日本の多くの地域においては人物埴輪の普及は限定的であったと評価できる。

第5節　人物埴輪の変遷

以上これまでおこなってきた編年にもとづいて人物埴輪の変遷をまとめると、東日本と東海以西の西日本とで大きく異なっていることが特筆される。

まず古い時期の人物埴輪は西日本に多い。一部円筒埴輪編年のⅢ期にまで遡る例もあり、Ⅳ期でも須恵器のTK 216型式の段階にまで遡る。続くTK 208型式段階には関東や東北地方など全国各地に広がっていることから推察すれば、人物埴輪は円筒埴輪編年Ⅳ期の後半に各地へ普及したと考えられる。

これら初期の人物埴輪は部分的な資料が多く全体像が不明であるものの、Ⅲ期には盾をもつ男子半身立像、Ⅳ期でもTK 73型式の段階は短甲を着た男子半身立像が存在し、TK 216型式の段階には女子埴輪があらわれ、Ⅳ期に全身立像も加わり種類が増し、女子埴輪のバチ形の髷や耳、副次的な衣服である袈裟状衣、また全身立像の台部Aや腕の円筒中空技法といった西日本共通の特徴が成立している。したがって、基本的な人物埴輪の形式とその造形規範としての近畿様式は、円筒埴輪編年Ⅳ期、おそらくその前半の段階には成立している。

このように近畿地方で成立した人物埴輪の造形規範が、西日本各地に普及するとともに、東日本における人物埴輪の成立にも大きな影響を与えている。東日本における編年1期の女子の髷と耳、また頭部成形技法、そして2期古段階までの男子全身立像台部Aと茨城県域を中心に分布する腕の円筒中空技法、さらに2期古段階まで造形される女子の袈裟状衣は、いずれも近畿地方で成立した造形表現であるからである。相対的に古い段階に多い東国様式も、両腕を胸の前に掲げる所作は基本的に近畿様式の踏襲として評価できよう。

しかしここで注目しておきたいのは、東日本の場合、第4節で指摘した四つの特徴がすべて認められる例はないことである。つまり近畿地方からの影響は指摘できるものの、その実態は西日本とは異なっており、部分的かつ間接的であったと考えられるのである。

そして関東地方の人物埴輪の変遷を辿ると、近畿地方をはじめとする西日本とは明確に異なった独自な展開を遂げている。換言すれば日本列島における人物埴輪の展開は、近畿と関東の二極的展開ともいえる。

さきにも指摘したように西日本においては、時期を通じて近畿と各地域間において、技術や形態上の密接な関係を認めることができた。そして一貫した展開を続けたまま、全体として関東地方よりも一足早く衰退していく傾向が指摘された。

しかし関東地方では、1期新段階に片腕を掲げる所作の女子埴輪を主体とする塚廻り様式が中小の古墳に普及し、さらに2期新段階以後に無所作の女子埴輪を主体とする山倉様式が独自の様式として成立し、配置規則の崩壊も起こる。2期における耳飾りの付加、3期における分銅形の髷の登場や、副次的な服飾の喪失も、独自な変化に加えることができるであろう。とりわけ2期

第 2 章　人物埴輪の編年

新段階には、男子の全身立像の台部形態が A から B へ変化し、片腕を掲げる半身立像の無裾の台部形態も成立する。製作技術の中空技法から中実技法への統一も同じ時期である。このように近畿地方の造形規範から徐々に逸脱し、関東地方では前方後円墳の終末まで人物埴輪が古墳を飾っていく。結果として現状における全国の人物埴輪出土遺跡の約 7 割が関東地方に分布することになる。

こうした関東独自の造形と様式の変化はすでに東日本の人物埴輪編年 1 期から始まり、それが 2 期以後、とくに 2 期新段階においてもっとも顕著となる[41]。その時期が近畿地方をはじめとする西日本で人物埴輪が衰退をみせる時期とほぼ重なることは注目されるであろう。西日本における人物埴輪の衰退と、関東地方でおこった独自な変化は、単なる造形表現の形骸化だけでなく宗教思想上の変化に起因する可能性が考慮されるからである。

そして、これら関東特有の無所作化、腕の中実技法、配置規則の崩壊といった独自な展開の発端となっている地域がどこであるかを検討すれば、群馬県域、すなわち「上毛野」の地域をあげることができる。

このように、人物埴輪は一定の構造を持ちながらも、その造形や製作技術は西日本と東日本とで大きく異なった展開を遂げた。とりわけ、関東地方における独自な展開は、大きな問題となる。

ところで白石太一郎は、関東地方における古墳時代後期の全長 60 m 以上の大形前方後円墳数は 216 基と、「畿内」の 39 基の 5 倍以上と大きく上回っており、その中でも群馬県域は 97 基と群を抜いて多く、関東地方全体の半数近くに及ぶことを指摘している[42]。白石はなぜ関東地方に数多くの古墳が築造されたのかの理由として、かつて井上光貞が指摘した大化前代における舎人が東国豪族の子弟から出仕し、その部が東国に設置されたこと[43]を踏まえ、「畿内政権」の軍事的・経済的基盤として関東地方が重要となったことをあげている。

このような指摘を踏まえれば、関東地方において人物埴輪が盛行し独自な展開を遂げたのは、単に人物に代表される形象埴輪の流行にとどまる現象ではなく、それが樹立されるべき古墳の築造が古墳時代後期に関東で著しく増加したことが密接に関係していると推察される。関東における人物埴輪の独自な展開は、日本列島内において、上毛野をはじめとする関東各地の豪族により、東海以西の西日本とは異なった古墳文化の形成がおこなわれたことを反映した現象である可能性を推察しておきたい。

注
（1）若松良一「人物埴輪編年試論」『討論群馬・埼玉の埴輪』あさを社　1987 年　136〜161 頁。
　　　若松良一「人物・動物埴輪」『古墳時代の研究』第 9 巻古墳Ⅲ埴輪　雄山閣　1992 年　108〜150 頁。
（2）金井塚良一「人物埴輪の伝播と河内」『古代を考える　東国と大和王権』吉川弘文館　1994 年　95〜182 頁。
（3）以下ここにおける編年は、1999 年 11 月 23 日に開催された第 14 回はびきの歴史シンポジウム

「人物ハニワの世界」における筆者の発表「埴輪にあらわされた人々」を骨子としている。
　　拙稿「埴輪にあらわされた人々」『人物ハニワの世界』羽曳野市・羽曳野市教育委員会　1999 年　20～33 頁。
（ 4 ）房総において、髷の二者に時期差の認められることは、杉山晋作による指摘がある。
　　杉山晋作「房総の埴輪（ 1 ）―九十九里地域における人物埴輪の二相―」『古代』第 59・60 合併号　1976 年　1～15 頁。
（ 5 ）新井房夫「関東地方北西部の縄文時代以降の示標テフラ層」『考古学ジャーナル』第 157 号　1979 年　41～52 頁。
（ 6 ）田辺昭三『須恵器大成』角川書店　1981 年。
（ 7 ）右島和夫「角閃石安山岩削石積石石室の成立とその背景」『東国古墳時代の研究』学生社　1994 年　168～211 頁。
（ 8 ）坂口　一「榛名山二つ岳起源 FA・FP 層下の土師器と須恵器」『荒砥北原遺跡・今井神社古墳・荒砥青柳遺跡』群馬県教育委員会・（財）群馬県埋蔵文化財調査事業団　1986 年　103～119 頁。
（ 9 ）注（ 1 ）若松 1987 文献。
(10)　ただし a の形態は東日本では福島県相馬市丸塚古墳など類例が僅少である。
(11)　千葉県域において裾のない形態が後出する可能性は犬木努も示唆している。
　　犬木　努「茨城県猿島郡境町百戸出土人物埴輪の検討」『MUSEUM』第 549 号　1997 年　47～71 頁。
(12)　ただし、男子全身立像の台部形態と片腕を掲げる男子半身立像の台部形態の共伴関係が明確でないため、2 期の新古区分は今後さらに検討が必要である。
(13)　川西宏幸「円筒埴輪総論」『考古学雑誌』第 64 巻第 2 号　1978 年　1～70 頁（『古墳時代政治史序説』塙書房　1988 年　225～360 頁に再録）。
(14)　菱田哲郎「畿内の初期瓦生産と工人の動向」『史林』第 69 巻第 3 号　1986 年　1～38 頁。
(15)　新納　泉「戊辰年銘大刀と装飾付大刀の編年」『考古学研究』第 34 巻第 3 号　1987 年　47～64 頁。
(16)　埋蔵文化財研究会『考古学と実年代』第 40 回埋蔵文化財研究集会　第 2 分冊資料集　1996 年　560 頁。
(17)　光谷拓実・次山　淳「平城京下層古墳時代の遺物と年輪年代」『奈良国立文化財研究所年報』1999-1　1999 年　8～9 頁。
(18)　注（ 6 ）文献。
(19)　白石太一郎「年代決定論（ 2 ）―弥生時代以降の年代決定―」『岩波講座日本考古学』1 研究の方法　岩波書店　1985 年　217～242 頁。
(20)　白井克也「馬具と短甲による日韓交差編年―日韓古墳編年の平行関係と暦年代―」『土曜考古』第 27 号　2003 年　85～114 頁。
(21)　ただし、千葉県富津市内裏塚古墳例は杉山晋作による指摘のとおり、副葬品から IV 期でも遡る可能性が高く、東日本において最古期の資料の一つと考えられる。
　　杉山晋作「内裏塚古墳付近出土の人物埴輪」『埴輪研究会誌』第 1 号　1995 年　68～72 頁
(22)　茨城、千葉県域などにおいて、古い男子全身立像の脚部表現の残存する傾向は日高慎による指摘がある。
　　日高　慎「人物埴輪表現の地域性―双脚人物像の脚部の検討―」『考古学雑渉・西野元先生退官記念論文集』1996 年　187～204 頁。

第2章　人物埴輪の編年

(23) 鍬をかつぐ男子半身立像が新しい時期の形式である可能性は、若松良一も注（1）1992年文献において説いている。
(24) 高崎光司「B区出土埴輪の新古」『新屋敷遺跡―B区―』（財）埼玉県埋蔵文化財調査事業団　1992年　111～112頁。
(25) 車崎正彦「常陸久慈の首長と埴輪工人」『古代探叢』1980年　349～365頁。
(26) 稲村　繁「人物埴輪における表現の変遷と伝播」『人物埴輪の研究』同成社　1999年　234～314頁。
(27) 若松良一「人物埴輪腕の製作技法について」『瓦塚古墳』埼玉県教育委員会　1986年　87～88頁。
(28) なお、上半身と下半身を分割製作した全身像については、後に述べる下総型埴輪においても存在することから、新しい段階にも残存していることがうかがわれる。
(29) ここに示した服飾、所作、配置位置の検討は、拙稿「女子埴輪と釆女―人物埴輪の史的意義―」（『古代文化』第50巻第1号15～30頁、同第2号30～37頁　1998年）において述べたことをもとに、新たな資料を追加して分析した結果である。
(30) 轟俊次郎『埴輪研究』第1冊　1974年　61頁22行。
(31) とくに無所作の流行した千葉県域では配置規則の崩壊は顕著であり、経僧塚古墳や大木台2号墳では、形式による配置位置の特定性がほとんど失われている。
(32) 小林行雄の様式概念については京都木曜クラブの諸氏によって『考古学史研究』第3号（1994年）、および第4号（1995年）において詳しい検討がなされている。このうち二つの様式概念については、木村好昭による検討がある。
　　　木村好昭「小林行雄の二つの様式」『考古学史研究』第4号　1995年　3～9頁。
(33) ただし、女子の場合とは異なり、男子埴輪の服装は地域によるちがいというものを指摘しがたい。Ⅰa、Ⅴb、Ⅴeの上位3種類の服装をはじめとして、東西で服装に異なる傾向は現状では指摘しがたい。
(34) 永井正浩「近畿地方における巫女形埴輪について」『網干善教先生古希記念考古学論集』1998年　637～658頁。
　　　永井正浩「百舌鳥の巫女」『埴輪論叢』3　2002年　60～67頁。
(35) 穂積裕昌「伊勢の埴輪生産」『研究紀要』10　三重県埋蔵文化財センター　2001年　15～28頁。
(36) 岸本　圭「九州における窖窯焼成導入以降の埴輪の展開」『九州の埴輪』九州前方後円墳研究会　2000年　393～414頁。
(37) なお、円形の竹管文は九州のほか、東北地方の原山1号墳や東京都狛江市亀塚古墳、また愛知県岡崎市古村積神社古墳、京都府塩谷5号墳などでも認められ、東日本では1期新段階頃、西日本では須恵器のTK47～MT15型式段階であることから、九州に多い傾向はあるものの、相対的に古い時期に全国で用いられる傾向がある。
(38) 柳沢一男「石製表飾考」『東アジアの考古と歴史』下　同朋舎出版　1987年　170～222頁。
(39) 土生田純之「伯耆における横穴式石室の受容と展開」『日本横穴式石室の系譜』学生社　1991年　144～178頁。
(40) 注(35)文献参照。
(41) なお坂靖は関東地方をはじめとする東国の形象埴輪の発達を概観して「東国型」埴輪文化と総称し、人物埴輪においては創意に富んだ独特の造形や墳丘片側配列などをその特徴にあげている（坂靖「埴輪文化の特質とその意義」『橿原考古学研究所論集』第8集　吉川弘文館　1988年　293～393

頁)。
　しかし本論で述べたように、2期新段階における変化にこそ、関東地方の埴輪文化の大きな特質があると筆者は考える。
(42) 白石太一郎「関東の後期大型前方後円墳」『国立歴史民俗博物館研究報告』第44集　1992年　21〜51頁。
(43) 井上光貞「大和国家の軍事的基礎」『日本古代史の諸問題』思索社　1949年（1971年再版）99〜184頁（頁づけは再版による）。

第3章

古墳時代における坐の系譜

第1節　古墳時代における坐り方と坐具

1　人物埴輪における坐の文化

　前章までにおいて筆者は、人物埴輪をいくつかの形態属性にしたがって分類すると主要な形式は限られ、その配置関係に一定の規則が存在することを指摘した。そして各形式は、関東地方では年代を追って次第に型式変化を遂げるのに対し、近畿地方を中心とする西日本では顕著な変化のないまま関東よりも一足早く衰退しており、関東・近畿と二極的に展開していることを論じた。

　さて、人物埴輪の意味を解明するにあたっては、このような人物埴輪群像を貫く型式学的な構造とその時代性、地域性を踏まえておくことが前提として必要であるが、その上で求められることは、各人物埴輪の役割を歴史的にあきらかにし、特定していくことである。序章第1節で触れた高橋健自や後藤守一によって進められた服飾や装備の考証から人物埴輪の役割を考察する研究は、その意味で重要と考える。

　そこで本章からは、服飾や装備の考証をおこない、それぞれの役割を具体的に考察していきたい。まず本章では、坐像をとりあげる。

　古墳に群像で配置された人物埴輪の中心や一番端には、しばしば男女の坐像が位置し、これを中心として他の人物埴輪が周囲に配置されることから、筆者は坐像を第1形式とした。そこにはあぐらをかいたり、腰掛に坐る男性に相対して、正坐姿や腰掛に坐る女性が食器を掲げ持ち、まさに饗宴を楽しむ情景が再現されている。

　坐り方は、地域や身分、または性差といった文化のちがいを反映する。かつて原田淑人は、人物埴輪の坐像からわが国古代における坐り方の系譜を論じた[1]。原田は埴輪の腰掛に大陸伝来の坐具があることを指摘し、腰掛に脚を垂らして坐る風習も5、6世紀に大陸から東漸したものであると述べている。

　しかし、近年の日本や中国における資料の増加と研究の進展によって、こうした見解には再検討が必要となっている。そこで本章では人物埴輪の坐像をもとに、古墳時代における坐り方と坐具、両者を含めた「坐」の文化に注目し、東アジア地域との比較を通して、その特質を整理し、従来の見解の再検討をおこないたい。また、性差の観点からも考察をおこない、日本古代におけ

第3章 古墳時代における坐の系譜

る男女の坐のありかたの意味についても論じることにしたい。

2 人物埴輪の坐り方

まず人物埴輪の坐り方からみていきたい。

人物埴輪の坐り方は第11図に示しているが[2]、ここで改めてまとめるならば二つに大別できる。

一つは腰掛に腰をかけ脚を垂らした「倚坐」で、男女共通である（第42図）。

もう一つは地面や床に直接尻や膝をつけて腰をおろす坐り方で、これは男女で異なり、いくつかに細分できる。男性の場合もっとも多いのは脚を組んで坐る「胡坐」、いわゆるあぐらずわりである（第43図）。足先の裏を向かい合わせて坐る「楽坐」は、琴を弾く人物特有の坐り方であり、両膝を地面や床につけて跪く「跪坐」は、埴輪では必ず両手をつく。女性の場合は、腰から下をみれば男性の跪坐とほぼ同じといえるが、両手をつく動作とは関係がない。ここでは「正坐」と呼び、男性の跪坐と区別しておきたい。なお、男性の跪坐の埴輪で足先まで造形されている例をみると、爪先立ちで表現されている。

さて、人物埴輪は古墳に群像で置かれるのが常であり、その場合坐像は男女ともに中心、もしくは一番端に配置される。男女の坐り方の対応関係は、腰をかける者同士、または腰をおろす者

第42図 倚坐の人物埴輪（群馬県古海出土）　　第43図 胡坐の人物埴輪（群馬県剛志天神山古墳出土）

同士であって、一古墳において男女別々の坐り方をしないという特徴がある。腰をかける者同士では、群馬県高崎市保渡田八幡塚古墳、同太田市塚廻り3号墳が男女とも倚坐の例であり、また腰をおろすもの同士では、群馬県高崎市綿貫観音山古墳で男性が胡坐、女性が正坐である。

　この男性の倚坐と胡坐のちがいについては、時代や地域、古墳の規模で比較してみても、有意な差はみいだせない。ともに人物埴輪群像の中心的ゾーンにセットで配置されることから、どちらも中心的な人物の坐り方として存在していたというほかない。

　また、楽坐や跪坐は特殊な状況に応じた男性の坐り方であり、跪坐の男性は倚坐もしくは胡坐の男性に近接して存在し、両者の高さを比較すると跪坐のほうが低い[3]ことから、従属する姿をあらわした坐り方とみなされる。

　なお、興味深いことに綿貫観音山古墳の男性胡坐像には、同古墳の石室に副葬された金銅製鈴付大帯とほぼ同じ帯が腰に造形されており（第46図1）、白石太一郎はこの人物が古墳の被葬者にあたると指摘している[4]。坐像の中にも身分差が存在し、とくに倚坐、胡坐像が中心的な位置にあることも考慮すれば、それらに古墳の被葬者という上層階級の人物が表わされた可能性も考えられるであろう。少なくとも坐具に坐ることは、一つの身分表象であったと理解される。

3　日本古代の坐り方

　このような人物埴輪の坐り方は、史書にも記されている。

　倚坐は『日本書紀』にいくつかの例がある。とくに注目されるのは、継体元年正月条の次の文である。

　　　於レ是男大迹天皇晏然自若。踞二坐胡床一。斉二列陪臣一。既如二帝坐一。[5]

これによれば、即位前の継体は「踞」、すなわち腰をかけ脚を垂らす倚坐の姿勢であり、臣下を並べたその姿はすでに大王のようであったと述べられている。敏達14年3月条の物部守屋や、用明元年5月条の穴穂部皇子も胡床に「踞坐」しており[6]、倚坐は大王、有力豪族などにも共通する上層階級の坐り方であったことがわかる。

　また胡坐は、『隋書』巻81東夷伝倭国条に、

　　　使者言、倭王以レ天為レ兄、以レ日為レ弟、天未レ明時出聴レ政、跏趺坐、日出便停二理務一、云委二我弟一。[7]

とあって、倭王は「跏趺して坐す」、すなわち腰をおろし、脚を組んで坐しており、ここでいう胡坐が大王の坐り方であったことが述べられている。さきに人物埴輪における倚坐、胡坐に身分的なちがいを見出すことができなかったが、文献からみても倚坐、胡坐ともに古代の大王や豪族など上層階級の男性の坐り方だったと理解してよいだろう。

　跪坐の例は、『三国志』巻30魏書烏丸鮮卑東夷伝の倭人条（以下「倭人伝」とする）に、

　　　下戸与二大人一相二逢道路一、逡巡入レ草、伝レ辞説レ事、或蹲或跪、両手拠レ地、為二之恭敬一。[8]

とあり、また『日本書紀』推古12年（604）9月条にも、

　　　改二朝礼一。因以詔之曰。凡出二入宮門一。以二両手一押レ地。両脚跪之。越レ梱則立行。[9]

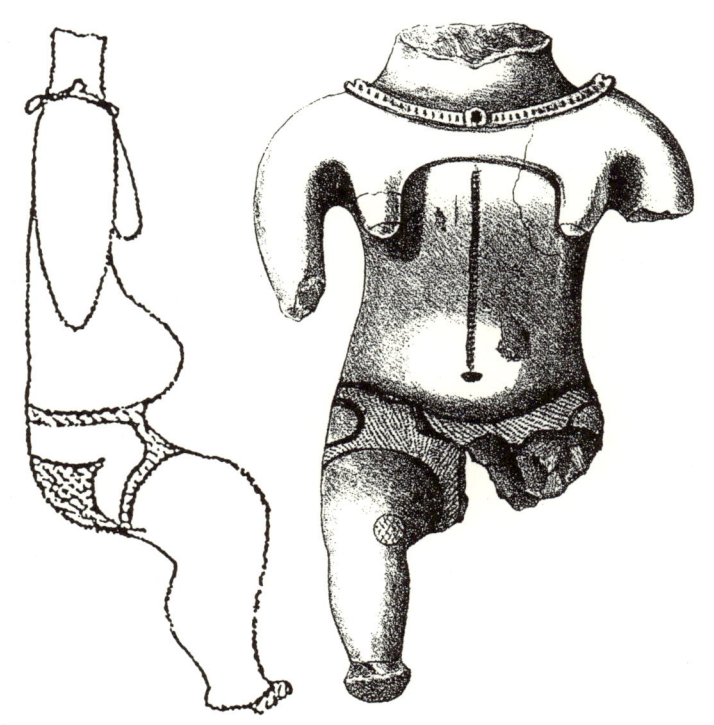

第3章　古墳時代における坐の系譜

第44図　倚坐の土偶（青森県亀ケ岡遺跡出土）

とあって、手をつき跪くのは日本古代の拝礼方法であったことがわかる。

このような跪礼は、『日本書紀』天武11年（682）9月壬辰条にも、

　勅。自▽今以後跪礼。匍匐礼並止之。更用=難波朝廷立礼=。(10)

とあり、また『続日本紀』慶雲元年（704）正月辛亥条にも、

　始停=百官跪伏之礼=。(11)

とある例から、律令制の導入にあわせてたびたび廃止され、立礼に改められていったことが岸俊男によって指摘されている(12)。文献例からみても人物埴輪の跪坐は、倚坐や胡坐の貴人に対する拝礼を表わした坐り方だったと理解できよう。

しかし、ここにあげた諸例は基本的に男性であって、女性の例は文献にほとんどでてこない。一例「倭人伝」に、

　其会同坐起、父子男女無▽別、人性嗜▽酒。(13)

とあるものの、その坐り方がどのようであったかの記載はない。

人物埴輪を参照すれば、男女同じであればその坐り方は倚坐だったのではないだろうか。時代を遡ると、縄文時代後晩期の土偶に尻をつき膝を縦にまげてすわる屈折像土偶があり、鈴木尚による人骨の研究(14)からも縄文人が日常生活で蹲居の坐り方をしていたことが支持されている。注目されるのは屈折像土偶の中に、腰掛の造形はないものの倚坐の姿勢を示す例があり(15)（第44図）、東北地方を中心に現在20例ほどあることが磯前順一によってあきらかにされている(16)。おそらく倚坐は蹲居の姿勢を基本とし、何らかの物体に腰掛けることによって成立した坐り方と考えられ、胡坐も蹲居の姿勢から膝を崩した坐り方として自然に生まれてきた可能性が高い。土偶に表わされたのは基本的に女性であることから、「倭人伝」における男女の同じ坐り方とは、やはり倚坐だったと考えられる。

4　人物埴輪の坐具

さて埴輪や文献でいくつかの坐り方を認めることができたが、人物埴輪では坐り方がちがうと

用いる坐具も異なっている。

　倚坐の坐具として代表的なのは、坐板の両側縁に棒がつく腰掛である。造形上の省略が少ない例として、伝群馬県大泉町古海出土の女子坐像からこの種の腰掛の構造を観察したい（第42図）。

　この腰掛は、坐板の平面形が楕円形を呈し、両側縁に棒状の物体がつく。正面からみると坐板の中央は若干窪みU字状に両側縁が反り上がっている。坐板の載る脚部は前後2枚の板によって構成され、正面形は裾広がりの台形を呈す。高さがあり、その上部には連続三角文の線刻を施し、足先を載せる板を造形している。同様な構造をもつ腰掛に保渡田八幡塚古墳例（第45図1）などがある。

　この形を基本として部分的に省略表現した例もある。神奈川県横須賀市蓼原古墳（第45図2）例は坐板側縁の棒の部分がなく、坐板の平面形が耳杯状となっている。その平面形は古海例や保渡田八幡塚例とよく似ており、坐板と側縁の棒を連続させ、平面的な外形のみを省略表現したと理解される。

　また塚廻り3号墳（第45図3）、同4号墳例は、坐板の両側縁に棒がつくものの、その平面形は方形で平坦になっており、台の形態にいたっては蓼原古墳例と同じく円筒形である。

　第1章で指摘したように、人物埴輪の造形には本来あるものを削除したり、本来の形をより簡単な形に変形したりする省略がしばしばみられる。多くの人物埴輪の台は円筒形に作られていることから、これらの腰掛の台の形もそのまま実物を写し取ったのではなく、腰掛の脚部を省略表現したと理解するのが妥当であろう。坐板の形態は実物どおりの可能性もあるし、台同様変形して造形したのかもしれない。

　いくつかの省略表現があるものの、このように坐板の両側縁に棒がつく腰掛が倚坐の坐具の主流である。それは男女共通であって性差は認められず、保渡田八幡塚や塚廻り3号墳のように一つの古墳で同じ坐り方をする男女は同一形態の腰掛を使用している。

　なお、群馬県前橋市朝倉町出土の琴を弾く男性倚坐像（第45図4）のように、側縁に棒のつかない腰掛もあるが、類例は少ない。

　これに対し、胡坐、楽坐、跪坐、正坐では、綿貫観音山古墳（第46図1、2）例のように、平面形が円形、もしくは楕円形の敷物に坐るものがもっとも多い。また平面形が方形の敷物に栃木県真岡市亀山大塚古墳例（第46図3）があり、中央部分が盛り上がっていてとくに敷物の表現がない例も群馬県高崎市保渡田Ⅶ遺跡（第46図4）の坐像にみられる。性差は認められず、綿貫観音山古墳のように一つの古墳で同じ坐り方をする男女は共通の坐具を使用している。

　これらはいずれも円筒形の台が下部にあるものの、やはりそれを坐具そのものの形態とみなすことには問題がある。人物埴輪は全身立像では台の全部、半身立像では台の下部を地中に埋めることが多く[17]、坐像では綿貫観音山例が確実に台の下部を地中に埋めていた。台の上部が地上にみえるとしても、それは坐像が地べたに坐っているのではなく、立像と対比して一定の高さの位置に坐っていることを示しているとみなされる。したがって、これらの台の部分は坐具そのものとは無関係であって、その上の円形もしくは方形の敷物だけを本来の坐具と考えるべきであろ

第 3 章 古墳時代における坐の系譜

第 45 図　倚坐の坐具
（1．群馬県保渡田八幡塚古墳　2．神奈川県蓼原古墳　3．群馬県塚廻り 3 号墳　4．群馬県朝倉）

う。
　ところで、胡坐であっても敷物とは思えない坐具が一つある。第 43 図に掲げた群馬県伊勢崎市剛志天神山古墳例の胡坐の男性は、背面と両側面についたてのつく平面方形の坐具に坐す（第 43 図）。ついたての端には枠となる柱が直立しており、堅固な構造であることがうかがわれる。背面のついたてには胡籙が立てられ、向かって右側面内側にも何かが張り付けられていた痕跡がある。
　この坐具については後藤守一[18]以来ほとんどの研究者が椅子としてきた。しかし、台の形が円筒形でなく方柱状ではあるものの、これは上部構造に規定された形態であって、やはり台のすべてを含めてそのまま本来の坐具とみなすことができるかどうかは注意する必要があろう。本来

102

第 46 図　胡坐の坐具
(1〜2．群馬県綿貫観音山古墳　3．栃木県亀山大塚古墳　4．群馬県保渡田Ⅶ遺跡)

の坐具はついたてとそれが接続する台の上部のみと理解するならば、この坐具は椅子ではなく、次章で述べるように、中国古代の坐具である「榻」にあたると考えられる。

5　弥生・古墳時代の坐具との関係

さて、倚坐の坐具として代表的な坐板の両側縁に棒のつく腰掛は、埴輪以外の考古資料にも例が多い。

置田雅昭によれば[19]、石製模造品では奈良県桜井市メスリ山古墳（第47図1）など前期の大形古墳から6例、土製品でも中期の大形古墳大阪府堺市百舌鳥大塚山古墳で1例出土しており、

103

第3章 古墳時代における坐の系譜

中期に流行する器財埴輪にもこの形の腰掛があって、群馬県伊勢崎市茶臼山古墳（第47図2）など5例が確認されている。つまり、この形の腰掛は人物埴輪よりさかのぼる古墳時代前期から存在しており、古墳時代におけるもっとも代表的な腰掛であった。

置田はまた、同種の腰掛が埴輪などの模造品だけでなく、実用品である木製品にも存在することを指摘している（第47図3、4）。木製腰掛は弥生時代前期から存在し、置田は脚部の状態から、坐板の前後に脚がつくもの（1類）と左右につくもの（2類）に分類し、埴輪と同じ形の木製腰掛が1類の系譜にあると認識した。ただし、この二者の木製腰掛は製作技法が異なり、1類は一木作りで2類は坐板と脚部が別づくりの組み合わせ式である。置田は、石製品や埴輪の腰掛の坐板はU字状に反りがきついことから、そのモデルとなった本来の形は、かつて原田淑人が指摘したように[20]、X状の脚に棒を差し渡したものに布革を張って尻受けとした腰掛であろうと述べ、一木作りの木製腰掛とは別の祖形があったと推定した。そしてこの形の腰掛が、木製品、埴輪などいずれも古墳時代前期に出現し、それ以前にないことから、弥生時代からの系譜をひくものではなく、外来の文物である可能性を説いた。

これに対し、木製品の集成をおこなった上原真人は、置田のいう1類を「刳物腰掛」、2類を

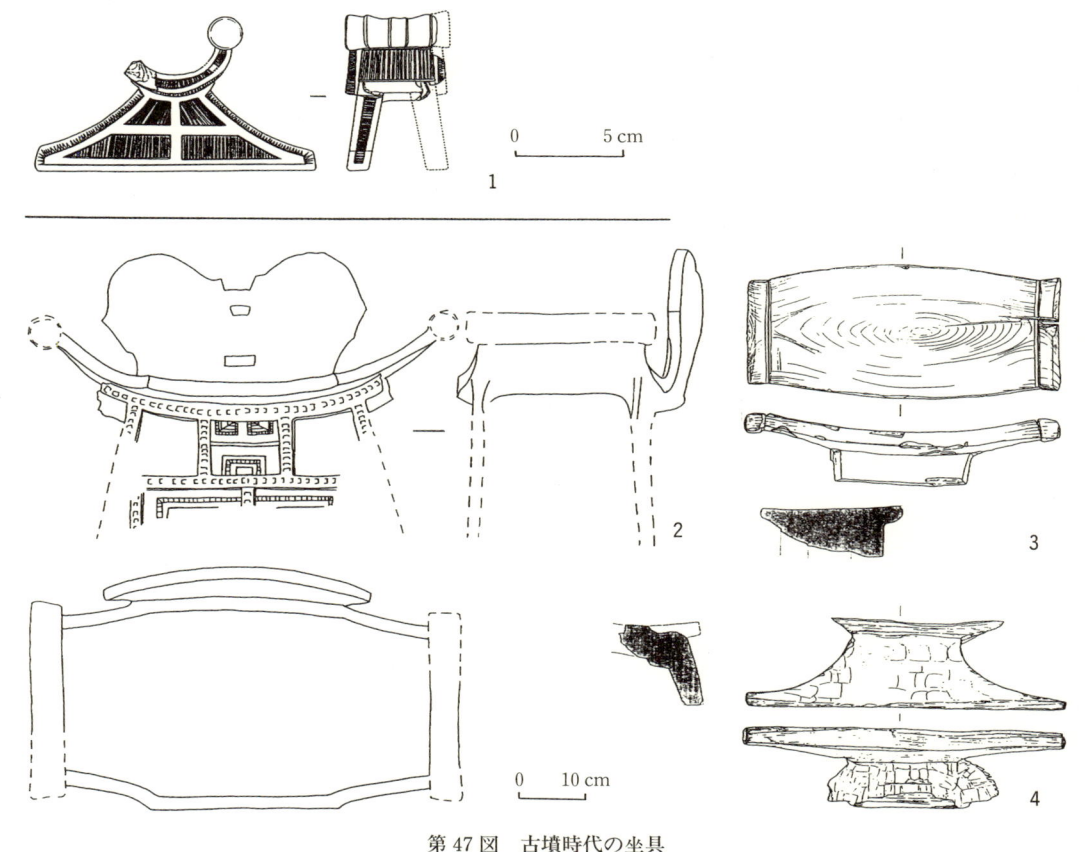

第47図　古墳時代の坐具
（1．奈良県メスリ山古墳　2．群馬県赤堀茶臼山古墳　3～4．奈良県谷遺跡）

「指物腰掛」と呼び、前者が弥生から古墳時代を通して断絶なく認められるのに対し、後者は弥生時代後期になってはじめて登場することを重視し、指物腰掛の成立に新しい技術の伝来を推定した(21)。この観点からすれば、坐板の両側縁に棒のつく埴輪の腰掛も、弥生時代からの刳物腰掛の踏襲であり、上原はわが国の伝統的な坐具から発展した腰掛とみている。

しかし、埴輪の腰掛の模造対象がこれらの刳物腰掛だったかは疑問が残る。というのは、木製の刳物腰掛はすべて高さが20 cm前後しかなく、これに対し人物埴輪の腰掛は充分に脚を垂らすことができ、その中には足先を載せる板のあるものも存在するからである。高さ20 cm前後というのは低すぎ、大きさからみる限り、石製品や埴輪の腰掛のもととなった腰掛の実態が、このような低い刳物腰掛であったとは考えがたい。

また刳物腰掛の変遷をみると、坐板の両側縁を棒状につくりだす形態は、脚が裾広がりになるのと連動しており、それは弥生時代にはなく、石製品などと同じく古墳時代になって初めて登場する。そうした形態変化の理由として、やはり原田や置田のいうようにX状の脚に棒を差し渡し、そこに布革を張って尻受けとした腰掛が祖形にあった可能性も考慮すべきと思われる。

以上にみてきた日本古代における男女の坐の系譜については、次に東アジアの事例と比較検討をおこなった上で、改めて考えることにしたい。

第2節　東アジアにおける坐り方と坐具

1　中国古代における坐り方の変化

日本古代における坐り方が、同時代の東アジア諸国でも同じであったかというと、必ずしもそうではない。まず中国からみていこう。

古代中国における坐り方については、藤田豊八の先駆的な興味深い研究がある(22)。藤田によれば、漢代における基本的な坐り方は「居」と「跪」の二つに分かれる。

「居」は『説文解字』に「蹲也」とあり(23)、蹲踞のことである。尻を平面につけ脚を伸ばす坐り方は箕踞といい、これも居に含まれる。『後漢書』巻68中の茅容伝には、

　　年四十余、耕=於野=、時与=等輩=避=雨樹下=、皆夷踞相対、容独危坐愈恭。(24)

とあって、皆が蹲踞の姿勢でいるなか茅容という人物のみが「危坐」をしていたので恭しくみえたとあり、また『史記』巻97陸賈伝は、劉邦に味方するよう陸賈が南越王尉他の説得におとずれたときの場面を、

　　陸生至、尉他魋結、箕踞見=陸生=。(中略)於レ是尉他廼蹶然起レ坐、謝=陸生=曰、(中略)居=蛮夷中=久。殊失=礼儀=。(25)

と、「箕踞」の姿で迎えた尉他が、陸賈の説得によって、改めて坐り直し無礼を詫びたことを描いている。蹲踞、箕踞いずれも脚を体の前面におく姿で共通し、これらの例からわかるように教養ある人士の間では不敬の坐り方だった。

藤田はまた『史記』巻8高祖本紀から居のもう一つの例をあげている。

第3章　古墳時代における坐の系譜

　　沛公方踞_レ牀、使=両女子洗_レ脚。酈生不_レ拝、長揖、曰、足下必欲_レ誅=無道秦_、不_レ宜=踞
　　見=長者_。於_レ是沛公起、攝_レ衣謝_レ之、延=上坐_。(26)

　秦を攻めていた劉邦の陣に酈生が訪れた時、劉邦は牀に「踞」し、2人の女子に脚を洗わせていた。酈生が年長者として無礼をたしなめたところ、劉邦は改めて坐り直し衣服を正して詫びたという話である。「踞」という文字と文面から、劉邦は牀に腰をかけ脚を垂らした倚坐の姿だったとみなされる。倚坐は居に含まれる無礼な坐り方であった。

　これらに対し、「跪」は『釈名』に、

　　跪、危也。両膝隠_レ地、體危阢也。(27)

とあり、両膝を平面につけ上体をそびやかした坐り方である。『後漢書』巻71向栩伝には、

　　常於=竈北_坐=板牀上_。（中略）板乃有=膝踝足指之処_。(28)

と、向栩という人物の用いていた坐板上には膝と足指のあとがついていたとあり、『三国志』魏書巻11管寧伝の裴注にも、

　　常坐=一木榻_、積=五十余年_、未=嘗箕股_、其榻上當_レ膝処皆穿。(29)

と、管寧という人物が「榻」という一木の坐具を50年余りも使用し、決して脚を伸ばして坐らなかったことから、坐具の膝のあたるところが窪んでいたという話が記されている。藤田はさきにあげた『後漢書』茅容伝の「危坐」も跪の坐り方であり、これらの例のいずれも日本の正坐にあたると述べ、これが礼にかなった正式な坐り方であったと述べている。

　しかし、北方遊牧民族の中原への侵入が盛んになる西晋から南北朝時代になると、「跪」の例よりも「踞」の例が盛んに見いだされるようになる。

　たとえば『南斉書』巻57魏虜伝は、

　　虜主及后妃常行、乗=銀鏤羊車_、不_レ施=帷幔_、皆偏坐垂=脚轅中_、在=殿中_亦跂據。(30)

と、拓抜鮮卑の王朝北魏では身分の高い者も常に脚を垂らして坐るといい、『梁書』巻56侯景伝も、

　　牀上常設=胡牀及筌蹄_、著_レ靴垂_レ脚坐。(31)

と、東魏の将軍で漢民族の王朝梁に亡命した侯景が、牀という坐臥具の上にさらに胡牀という坐具を置いて靴を履いたまま脚を垂らして坐っていたと記している。藤田は、倚坐は北方遊牧民族の習俗であり、彼らによって中国内部にも普及し、坐り方の習俗をしだいに変化させていったと指摘している。

　こうした正坐から倚坐への変化は、考古資料からもうかがえる。正坐は漢代の画像石や古墳壁画など、その例は枚挙にいとまがないが、ここでは甘粛省嘉峪関の魏晋代壁画墓を好例としてあげたい。この壁画墓では墓室の壁面に、従者にかしづかれた高貴な男女の宴飲、奏楽の場面が描かれており、その姿は皆斜め向きに描かれていることから、男女いずれも正坐であることがはっきり読みとれる。とくに1号墓に描かれた、従者に食物をすすめられている正坐した男性の横には「段清」という名が記されている（第48図1）。『晋書』巻48段灼伝によれば段氏は河西地方の豪族だったことから(32)、この人物もその一族と考えられる。したがって漢代から魏晋代頃の上層階級、それは男女いずれについても、の正式な坐り方が「跪」、すなわち正坐だったことは

106

第 2 節　東アジアにおける坐り方と坐具

第 48 図　中国古代の坐り方
（1．嘉峪関壁画墓　2．固原北魏墓　3．高元珪墓）

疑いない[33]。

　南北朝時代においてもしばしば正坐の例は認めることができる。しかしこの頃から倚坐をあらわした例が登場する。北魏時代で5世紀後半の例として、寧夏回族自治区固原で発掘された男女合葬の木棺漆画に、鮮卑の服装をした男性が右手にグラス、左手に小扇を持ち両脚を広げ腰をかけている姿が描かれている（第48図2）。また、西魏大統4年（538）と同5年（539）の紀年のある甘粛省敦煌莫高窟第285窟の壁画五百強盗成仏図にも倚坐の例があり、仏教伝来にともなう西方文化の影響も坐り方を変えていったもう一つの要因だったと考えられる[34]。人物埴輪の胡坐のように脚を組んで坐す例も、南北朝以後の仏教彫刻に普遍的に認めることができる。

　さらに陝西省西安市の高元珪墓に、背もたれのある椅子に腰かけた墓主の壁画があり（第48図3）、明威将軍高元珪は天宝15年（756）に死んだことから、唐代に入ると倚坐が上層階級の正式な坐り方として普及していたことがわかる。

　ただし、こうした倚坐の普及はおもに男性に限られていた。女性が腰かけるのは男性より時期が遅れ、楊泓によれば文献では『隋書』巻55爾朱敞伝に「媼踞＝胡牀＝」[35]とあるのが初出であり、考古資料では8世紀、唐代の西安王家村第90号墓の三彩女坐俑が初期の例である[36]。隋唐代までの中国にあっては、倚坐は女性、とくに上層階級の女性にとって、伝統的な礼にかなった坐り方に反するものであり、その普及には性差があったのである。

2　中国古代における坐具の変化

　以上のように、中国では漢代から魏晋代頃までは正坐が正式な坐り方であったわけであるが、その代表的な坐具としてあげられるのは牀と榻である。

　牀は坐ることも寝ることもできる坐臥具で、河北省望都2号後漢墓から出土した石牀は、長さ159cm、幅100cm、高さ18cmの大きさがある[37]。また、榻は牀を小さくしたもので、基本的に坐るだけの道具であり、江蘇省南京象山7号東晋墓では長さ112cm、幅65cm、高さ21.4cmの陶製の榻が、脇息が載った状態で出土している。『三国志』魏書管寧伝の膝のあたるところが窪んでいた坐具が榻である。藤田豊八は、牀は『史記』に散見されるけれども、榻は『後漢書』に初出するので、後者の方が新しい坐具と述べている。

第3章 古墳時代における坐の系譜

　牀と榻はさきにあげた嘉峪関の魏晋代壁画墓をはじめ漢代以後の画像石や古墳壁画に多数みられ、そのほとんどが上層階級の男女の正坐のための坐具として描かれている。その中には背面や側面についたてのつく例もしばしば存在する。

　山東省安邱県漢墓の石刻に描かれた牀には、背面と一側面についたてがつく（第49図1）。団扇をもった男子坐像の背後のついたてには刀架が設けられており、そこには四つの刀剣がかけられている。したがってこのついたては単なる風避けとしての装飾的な弱い屛風ではなく、堅固な構造をもったものであることがわかる。

　また榻では、北魏太和8年（484）銘の墓誌をもつ山西省大同市司馬金龍墓から出土した屛風に、ついたてをつけた榻が描かれている。その中の「和帝□后」と説明の書かれた女性の榻（第49図2）には、背面と左右両面についたてがあり、枠の形からも堅固な構造であったと推察される。前節にあげた群馬県伊勢崎市剛志天神山古墳の胡坐人物の坐具は、まさにこのような榻だったと考えられる。群馬県の後期古墳からはしばしば渡来系の文物がみつかっており、榻もそうした渡来品の一つとしてもたらされたのではないかと推察される(38)。

　さてその後倚坐が普及すると、新たな坐具として登場するのが胡牀である。藤田豊八によれば、『後漢書』志巻第11五行志に、

　　霊帝好_胡服、（中略）胡牀（中略）_、京都貴戚皆競為レ之。(39)

と、霊帝が胡服や胡牀を好み、それが都の貴人の間で流行したとあり、『晋書』巻27五行志上に

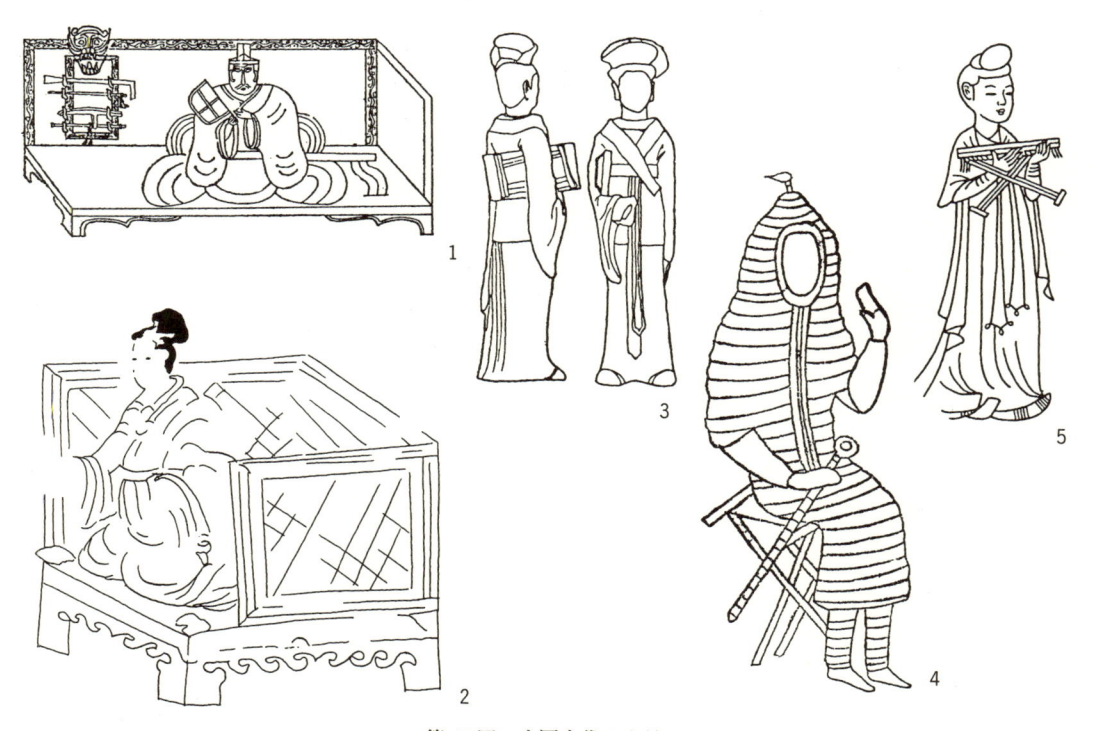

第49図　中国古代の坐具
（1．安邱県漢墓　2．司馬金龍墓　3．趙胡仁墓　4．敦煌莫高窟420窟　5．李寿墓）

も泰始（265〜274）の頃から胡牀が用いられたとあって[40]、漢代末から上層階級に普及しはじめた。

『三国志』巻1魏書武帝紀の引用する曹瞞伝では、建安16年（211）馬超との戦いのさい、
　　超等奄至、公猶坐 _ 胡牀 _ 不 レ 起。[41]
と、曹操が戦いのさなか胡牀に腰をおろしていたとある。以後胡牀はしばしば文献に登場する。

胡牀は『梁書』侯景伝にあるように脚を垂らして坐る坐具であり、『晋書』巻42王渾伝に「據 _ 胡牀 _ 」[42]、またさきに引いた『隋書』爾朱敞伝に「踞 _ 胡牀 _ 」など、「據」「踞」と記され、ともに同じ意味でここでいう倚坐であることから、倚坐の腰掛である。

その形態について藤田は唐の歐陽詢の撰になる『芸文類聚』巻70服飾部下[43]や、宋代の『太平御覧』巻706服用部8[44]の引用する梁の庾肩吾の賦得詠胡牀詞「脚敧形已正、文斜体自平」を引き、脚部が傾き斜めに交差する折りたたみのできる腰掛であることを述べている。その起源についても、「胡」という文字から遊牧民族の手によって伝わったもので、中国における初期の使用方法が、戦陣であったり狩猟場であったり屋外であることから、移動生活を常とした遊牧民族本来の使い道の影響を受けて、倚坐の習俗とともに普及した坐具であると述べている[45]。

ただし、胡牀を表現した考古資料は現状では例が少ない。楊泓によれば[46]、もっとも古い胡牀は東魏武定5年（547）の年号をもつ河北省磁県趙胡仁墓から出土した俑にみられる（第49図3）。ここでは手に何らかの物を持つ9体の女侍の俑のうち1体が、折りたたんだ状態の胡牀を右脇に抱えている。唐代の陝西省西安李寿墓の石棺浮き彫りにも、女侍が胡牀を抱えている例がある（第49図5）。人物が胡牀に腰かけている例では、甘粛省敦煌莫高窟420窟天井壁画の商人遇盗図の甲冑武人像があり、これは隋代に属する（第49図4）。

ところで、倚坐の場合と同様、胡牀も文献、考古資料ともにこれに腰かけるのは男性に限られている。女性が胡牀に腰かける例もさきに引用した『隋書』爾朱敞伝が初出であり、隋代までの中国にあっては、胡牀の使用も倚坐の坐り方と同じく女性のほうが遅れ、性差があったといえる。

なお、胡牀と同じく倚坐の坐具に椅子がある。しかし、藤田は椅子の名称が文献に登場するのは、中国においては唐代以後であることを指摘している。楊泓によれば、さきにあげた唐の高元珪墓に描かれた背もたれのある椅子が初例であり[47]、考古資料でも椅子が貴人の間で使用されるのはほぼ唐代からといってよい[48]。

3　朝鮮半島における坐り方と坐具

視点を東にむけると倚坐の習俗は、かつて高句麗の首都丸都城のあった吉林省集安県の高句麗時代の古墳壁画にも認められる。舞踊塚古墳では、墓主とみられる倚坐の男性が描かれており（第50図1）、長川1号墳でも腰掛に倚坐する男性の姿がある。また角抵塚古墳では、墓主の男性は腰掛に倚坐しているのに対し、その夫人とみられる女性2人は正坐である（第50図2）。いずれも5世紀の資料で、倚坐は男性の坐り方であって、女性に認めないことが特徴であり、同時代である南北朝時代の中国における状況と似かよっている。これらの壁画に描かれた腰掛は、

第3章　古墳時代における坐の系譜

第50図　高句麗の坐り方と坐具
（1．舞踊塚　2．角抵塚　3〜4．安岳3号墳）

背もたれのない4本足の腰掛である。

ところが、同じ高句麗古墳壁画でも平壌付近においては、倚坐は認められず、いずれの場合も男女ともに正坐である。代表的な例として朝鮮民主主義人民共和国黄海南道安岳3号墳をあげると、中国の場合と同じく男女ともに正坐であり、その坐具はついたてをもった榻で、上部に帷もついた豪華なつくりである（第50図3）。婦人の坐具の場合ついたては明瞭ではない（第50図4）。この古墳石室には墨書があり、その紀年銘は「永和13年」（357）と東晋の元号を用いており、前燕から亡命した「冬寿」の名が記されていることから、坐のありかたも中国の正式な坐り方の影響と考えられる。このような平壌付近における坐のありかたは、5世紀初頭の南甫市徳興里古墳や5世紀末の同双楹塚古墳の壁画においても一貫している。

第3節　日本古代における坐の特質と系譜

以上の検討を踏まえて、坐の特質と系譜をまとめると、中国では古くから礼制が整えられ、漢代には男女ともこんにちの正坐が上層階級の正式な坐り方となっており、それは朝鮮半島の平壌付近にも及んでいた。坐具は男女とも牀や榻が用いられた。しかし、北方地域では遊牧生活から倚坐や胡坐が普及しており、遊牧民族の中原への進入によって西晋以後中国でも倚坐の習俗が男

第 3 節　日本古代における坐の特質と系譜

性を中心に普及し、東の高句麗でも集安一帯においては男性は倚坐であった。そしてそれが、唐代には上層階級男女の正式な坐り方となっていったといえる。こうした倚坐の流行と前後して後漢末から、新しい坐具である胡牀が男性を中心に普及し、唐代以後は男女ともに椅子に腰掛ける坐り方に転換し、以後椅子が上層階級の正式な坐具となっていく。

　このような流れと比較すると、日本は古代において中国や朝鮮半島の文化影響を受けながらも、正坐の習慣は、女子に一部認められるほかは、ほとんど受け入れなかったといってよい。すでにみたように人物埴輪にみられる倚坐や胡坐は、縄文時代以来の生活習慣である蹲居からの系譜を辿ることができ、弥生時代の木製腰掛の存在からも、倚坐はわが国で発達した坐り方と考えられる。とりわけ重視されるのが女性の倚坐であり、これは同時代の中国、朝鮮半島には例がない。中国における女性の倚坐の普及は、人物埴輪よりおくれて 6 世紀末以後の隋唐代である。したがって、倚坐は原田淑人のいうような 5 世紀に大陸から伝わった坐り方ではなく、それ以前にすでにわが国独自の生活様式の中から生まれてきたとみるべきである。

　これに対し、こうした倚坐の坐具として古墳時代の主流であった坐板の両端に棒のつく腰掛は、わが国独自の系譜を考えるよりも、中国における胡牀の形態とその普及状況から、胡牀の影響を受けて成立した坐具とみなすのが妥当と考える。その理由として、第一に胡牀は脚部が斜めに X 字状に交差した腰掛であり、その脚部の外形は人物埴輪や石製品などの腰掛と共通する。第二に敦煌莫高窟 420 窟の壁画例などから、胡牀の坐板の両側縁には棒がつく構造であることがわかる。人物の坐る方向が埴輪とは異なっているものの、埴輪の腰掛や剖物腰掛の坐板両側縁の棒と脚部の裾広がりの形態は、胡牀のような構造をもつ腰掛の存在によって、はじめてその意味を了解することができるからである。さらに第三に、中国における胡牀の登場が漢末霊帝の時代であり、以後魏晋南北朝時代に流行することは、日本における胡牀形の腰掛の登場が古墳時代前期であり、その流行も古墳時代を通して認められることから、時期的に整合する。したがって、わが国への伝来時期は中国における後漢末以後で、日本の古墳時代前期以前であり、ほぼ 3 世紀の時期と考えられる。

　胡牀形の腰掛に倚坐する姿は、古墳時代前期に上層階級の身分表象となったのであり、『日本書紀』にある継体が腰掛けていた「胡床」こそ、埴輪や石製品にみられる胡牀形の腰掛だったと考えられる。ただ、人物埴輪の腰掛は高さがあり、群馬県伊勢崎市赤堀茶臼山古墳例のように背もたれの附属する例もある。したがって、その造形対象となった本来の腰掛は、折りたたみ式の胡牀ではなく、胡牀を祖形として製作された高さのある未発見の指物腰掛を想定すべきと思われる[49]。

　ところで、このような胡牀の導入においてとりわけ注目されるのは、それが同時代の中国、朝鮮半島と異なり、上層階級の男性とともに女性にも用いられている点である。この点で「倭人伝」の「男女の別なし」とする記載は、わが国独自の坐の特質を伝えている。坐り方の差は性差より、倚坐に対する跪坐のように、基本的に身分差のほうが大きかったといえる。さきに胡牀の伝来を 3 世紀としたが、それは卑弥呼の魏への遣使、景初 3 年（239）とほぼ同時期にあたる。おそらく女性にも胡牀形の腰掛が普及したのは、伝来したときの倭国において、上層階級の女性

第3章 古墳時代における坐の系譜

も男性と同じように倚坐の習俗をもっていたことが深く関係している。あえていえば、上層階級の坐り方に性差のなかったことが、同時代の東アジアに例をみない卑弥呼や壱与といった女王を成立させた歴史的要因の一つだったのではないか。

なお、跪坐は「倭人伝」から、弥生時代における身分形成の過程で成立した可能性があり、中国、朝鮮半島からの影響を考慮すべきかもしれない。また女性の正坐も、資料の少ない現状では明確にできないものの、わが国独自の系譜を追えないことから、同様に中国、朝鮮半島から伝わった可能性を考えておきたい。

注

（１）原田淑人「日本における倚坐の習俗」『東亜古文化論考』吉川弘文館　1962年　73～86頁。
（２）坐り方の分類は第１章の分類にしたがった。
（３）群馬県太田市塚廻り４号墳例がその代表としてあげられる。
（４）白石太一郎『古墳の造られた時代』毎日新聞社　1989年　53頁6～13行。
　　　ただし、これに対しては、埴輪の大帯はデフォルメが著しく、副葬品の金銅製大帯を模したとみることは難しいとする批判がだされている（平野進一「群馬県高崎市綿貫観音山古墳の被葬者像―埴輪人物に被葬者は造形されたか―」『考古学ジャーナル』第357号　1993年　17～18頁）。
　　　しかし、第１章第１節で述べたように、埴輪の省略表現には、現実のものの形を変えて表現する「変形」も、一つの手法として認められる。仮に埴輪の省略表現の特質を前提としないで埴輪の実体を推定するならば、たとえば鉄製鋲留短甲を造形した埴輪は認められず、すべて未発見の革製か木製と考えなければならなくなり、現実的妥当性の低い認識に陥らざるをえない。したがって、綿貫観音山古墳の胡坐の男子埴輪は、被葬者を表わした可能性を考えてよいと思う。
（５）『日本書紀』後篇　新訂増補国史大系　吉川弘文館　1952年　12頁8～9行。
（６）注（５）文献114頁7行、および122頁3行。
（７）『隋書』中華書局　1973年　182頁3～4行。
　　　返点は、和刻本正史『隋書』（汲古書院　1971年）859頁下段8～9行による。
（８）『三国志』中華書局　1959年　856頁7～8行。
　　　返点は、和刻本正史『三国志』（汲古書院　1972年）589頁上段18～19行による。
（９）注（５）文献　146頁3～4行。
（10）注（５）文献　365頁9行～366頁1行。
（11）『続日本紀』前篇　新訂増補国史大系　吉川弘文館　1935年　20頁7行。
（12）岸　俊男「朝堂の初歩的考察」『橿原考古学研究所論集』創立35周年記念　吉川弘文館　1975年　509～541頁。
（13）『三国志』中華書局　1959年　856頁2行。
　　　返点は、和刻本正史『三国志』（汲古書院　1972年）589頁上段6行による。
（14）鈴木　尚『骨からみた日本人のルーツ』岩波新書　1983年。
（15）佐藤傳蔵「陸奥国亀ケ岡第二回探求報告」『東京人類学會雜誌』第124号　1896年　折込図版。
　　　佐藤傳蔵「陸奥国亀ケ岡第二回探求報告」『東京人類学會雜誌』第125号　1896年　458頁。
（16）磯前順一「屈折像土偶論」『土偶と仮面―縄文社会の宗教構造』校倉書房　1994年　124～177頁。
（17）第8図参照。
（18）後藤守一「埴輪腰掛」『上野國佐波郡赤堀村今井茶臼山古墳』帝室博物館　1933年　71～78頁。

(19) 置田雅昭「石製・埴輪・木製の椅子」『ニゴレ古墳』弥栄町教育委員会　1988 年　106～122 頁。
(20) 注（1）文献。
(21) 上原真人「腰掛」『木器集成図録・近畿原始編』奈良国立文化財研究所　1993 年　197～205 頁。
(22) 藤田豊八「胡床につきて」『東西交渉史の研究』(西域篇) 荻原星文館　1943 年　143～185 頁。
(23) 『説文解字』中華書局　1963 年　47 頁下段 5 行。
(24) 『後漢書』中華書局　1965 年　2228 頁 13～14 行。
　　　返点は、和刻本正史『後漢書』(汲古書院　1971 年) 1233 頁下段 11～13 行による。
(25) 『史記』中華書局　1959 年　2697 頁 5 行～2699 頁 5 行。
　　　返点は、和刻本正史『史記』(汲古書院　1972 年) 913 頁下段 20 行、914 頁上段 12～13 行による。
(26) 『史記』中華書局　1959 年　358 頁 3～4 行。
　　　返点は、和刻本正史『史記』(汲古書院　1972 年) 193 頁上段 11～13 行による。
(27) 『釈名逐字索引』商務印書館　2002 年　25 頁 28 行。
(28) 『後漢書』中華書局　1965 年　2693 頁 7～8 行。
　　　返点は、和刻本正史『後漢書』(汲古書院　1972 年) 1444 頁下段 16～18 行による。
(29) 『三国志』中華書局　1959 年　359 頁 4 行。
　　　返点は、和刻本正史『三国志』(汲古書院　1972 年) 264 頁下段 1～2 行による。
(30) 『南斉書』中華書局　1972 年　986 頁 1 行。
　　　返点は、和刻本正史『南斉書』(汲古書院　1970 年) 507 頁下段 13～15 行による。
(31) 『梁書』中華書局　1973 年　862 頁 7 行。
　　　返点は、和刻本正史『梁書』(汲古書院　1971 年) 379 頁下段 19～20 行による。
(32) 『晋書』中華書局　1974 年　1336 頁。
(33) 小泉和子は「高位の男性は跌座、いわゆるあぐらで、(中略) 跌座は公式の座法だったと想像される」と述べている (「椅子と座―座り方の文化を中国・朝鮮・日本にみる」『アジアのなかの日本史』Ⅶ文化と技術　東京大学出版会　1993 年　245 頁 15～17 行)。しかし、これまで述べたとおり、ここでいう正坐こそが正式の坐り方である。
　　　なお、三角縁神獣鏡の神仙像と三角縁仏獣鏡の仏像の坐り方がよく似ている点については、水野清一が説くように、仏獣鏡の人物像が仏像と判断されるのは蓮座と円光があることを根拠にしているのであって、そのほかの点では神仙像と区別が困難である。したがって、仏獣鏡との比較から神獣鏡の神仙像の坐り方を胡坐とすることはできないと考えられる。
　　　水野清一「中国における仏像のはじまり」『中国の仏教美術』平凡社　1966 年　7～46 頁。
(34) 楊泓「魏晋南北朝将領在戦場上的軽便坐具―胡床―」『中国古兵器論叢』(増訂本) 1985 年　298～302 頁。
(35) 『隋書』中華書局　1973 年　1375 頁 3 行。
　　　返点は、和刻本正史『隋書』(汲古書院　1971 年) 641 頁下段 5 行による。
(36) これら中国における倚坐の具体例については、楊泓先生から多くのご教示を得た。
(37) 報告書 (河北省文化局文物工作隊『望都 2 号後漢墓』文物出版社　1959 年) では榻となっている (同書図 41)。
　　　なお、林巳奈夫編『漢代の文物』(新版　京都大学人文科学研究所　1996 年　200 頁) によれば、大きくて高い坐臥具が牀、それよりも小さくて低く地に近い坐具が榻、またさらに小さく 1 人で坐る坐具は独坐、さらに脚のない板状の坐具は枰といったという。

(38) なお、『続日本紀』慶雲元年(704)正月丁亥条の「五位已上『始』座始設㆑榻焉」が、日本古代における文献での榻の初出と考えられる。
　　　注(11)文献 19 頁 13 行。田辺征夫氏のご教示による。
(39)『後漢書』中華書局　1965 年　3272 頁 2 行。
　　　返点は、和刻本正史『後漢書』（汲古書院　1971 年）303 頁下段 8 行による。
(40)『晋書』中華書局　1974 年　823 頁 13 行。
(41)『三国志』中華書局　1959 年　35 頁 15 行。
　　　返点は、和刻本正史『三国志』（汲古書院　1972 年）37 頁上段 17～18 行による。
(42)『晋書』中華書局　1974 年　1206 頁 5 行。
　　　返点は、和刻本正史『晋書』（汲古書院　1971 年）577 頁上段 12 行による。
(43)『芸文類聚』上海古籍出版社　1965 年　1221 頁 9 行 。
(44)『太平御覧』中華書局　1960 年　3148 頁上段 11～12 行。
(45) なお、注（1）原田文献によれば、藤田の胡牀についての見解は江戸時代すでに新井白石が『本朝軍器私考』によって考証していることが指摘されている。
(46) 注(34)文献。
(47) 楊泓「家具演変和生活習俗」『文物叢談』文物出版社　1991 年　267～273 頁。
(48) なお、『後漢書』をはじめとする中国の文献例では、倚坐の風習と胡牀は中国北方の遊牧民族によって普及したとされるが、具体的な考古資料は現状では少ない。
　　　ヨーロッパでは、ハンガリーのセヴァール・トゥ・ツユーッヴェス遺跡出土の土偶に、紀元前 4 千年から倚坐と腰掛の例が認められる（クリスティーヌ・フロン・田辺勝美監訳『世界考古学大図典』同朋舎出版　1987 年　40 頁）。
　　　また、中央アジア地域を活動した遊牧民族スキタイの黄金の工芸品にも、倚坐の男女像がしばしば浮き彫りにされている。ウクライナのガイマノーワ古墳から発掘された金メッキされた銀壺には、腰掛に倚坐姿の身分の高いスキタイ戦士の男性像があり（ヨシフ・ベニヤノビッチ・ブランシスキー著・穴沢咊光訳『スキタイ王の黄金遺宝』六興出版　1982 年　図 40）、同様の例は同じ地域のクル・オバ出土の壺などにもみられる（同書図 17）。
　　　また、サフノフスカ村古墳出土の黄金の額飾りに背もたれのある椅子に倚坐する女性像があり、加藤九祚は、こうした図像が紀元前 5 世紀のイタリアの壺にも認められることを指摘し、エーゲ海の古典美術の影響を受けた図像であるとしている（加藤九祚「鏡を手にした女神像の黄金製品をめぐって」『スキタイ黄金美術展図録』セゾン美術館　1992 年　10～18 頁）。同様な例はチェルトムリク・クルガン出土の黄金飾り板など周辺地域の出土品に数多く認められるほか（加藤前掲書）、東に遠く離れたシベリア南部アルタイ地方のパジリク 5 号墳出土のフェルト製壁掛（江上波夫「遊牧文化の発展」『世界考古学大系』9 北方ユーラシア・中央アジア　平凡社　1962 年　52～71 頁）にも認められる。いずれも紀元前 4 世紀のものであり、倚坐は中央アジアからシベリア南部にいたる広い地域の遊牧民族では古くからある坐り方であり、椅子も早くから存在していたことがうかがわれる。
　　　またスキタイでは胡坐も認められ、ウクライナのペルジャンスク古墳出土の飾り板には、2 人の男性の胡坐像が浮き彫りにされている（高浜　秀・林　俊雄・雪嶋宏一編『スキタイ黄金美術展図録』セゾン美術館　1992 年　図版 113）。胡坐は中央アジアの出土品に数多くの事例があり、それは 5 世紀のウズベクのバラリク・テペの壁画例にもみられ（角田文衛「バラルイクの壁画」『世界考古学大系』9 北方ユーラシア・中央アジア　平凡社　1962 年　折込図版）、かの地の習俗として

綿々と続いている。

　なお、これらの地域において明確な正坐はみられないものの、バラリク・テペの女性像は脚の表現がないことから、正坐を表わしている可能性も考慮される。

(49) 本居宣長は『古事記伝』十三之巻において、「胡床」だけでなく「呉床」にもアグラの訓があたえられていることから、これも同一物とし、雄略記に「大御呉床を立つ」とあることから、高い坐具であったことを推測している。

　本居宣長『古事記伝』十三之巻『本居宣長全集』第10巻　筑摩書房　1968年　65頁3～7行。

第4章

権威の装備
―― 麈尾と鈴鏡 ――

第1節　麈尾について

1　人物埴輪の持ち物と装備

　前章では坐像に伴う腰掛をとりあげ、その起源やそこに坐す人物の性格について検討をおこなったが、本章では人物が手に持つ、もしくは身につける装備をとりあげて検討を試みたい。
　人物埴輪の研究において、造形の一つ一つが何であるのかを確認していく作業は、事実確認作業として重要であるばかりでなく、その造形の意味によって、それぞれの人物の役割や社会的地位、さらには古墳時代の文化を理解することにもつながっている。
　しかし、ここで各人物が持ち、また身につける装備を概観するならば、弓や大刀のように出土品との対比によって武器とただちに認識できるものがあるのに対し、たとえばいくつかの女子埴輪の握る棒状の物体のように、いったい何を表わしているのか理解しがたい例もしばしば存在する。
　その理由としては、造形の対象が有機物であり遺存していないという事情が考慮される場合があるほか、仮に遺物として出土したとしても、過去の生活から切り離されて出土すれば、その意味を理解することが必ずしも容易でないこともあげられる。
　それらの造形の意味を考えるにあたっては、これまで述べてきたように、人物埴輪全体における相対的な位置づけを型式学的に把握することがまず必要と考えるが、同時に、序章で触れた高橋健自や後藤守一のように文献の記載例と対比することや、前章で述べた原田淑人のように同時代の東アジア諸国の例と対比することも求められるであろう。
　ここでは男女各々の持ち物をとりあげ、その造形や起源、さらに装備としての意味を検討し、それが古墳時代の社会においていかなる意味をもっていたのかを考えたい。

2　麈尾とみなされる持ち物

　『三国志演義』で活躍する諸葛孔明は、右手に羽根扇を持った姿でよく描かれている。このことは孔明をまつる四川省成都の武候祠の像でも同様で、孔明の一つの特徴となっている。しかし、孫機によれば、これは比較的新しい記録によったものであり、唐の歐陽詢の『芸文類聚』巻67衣冠部帽巾には「武候（中略）乘 ₌ 素輿 ₋ 、葛巾毛扇、指 ₌ 揮三軍 ₋ 、皆随 ₌ 其進止 ₋ 。」[(1)]とあっ

第4章 権威の装備——麈尾と鈴鏡——

て、羽根扇ではなく、正しくは毛扇を持っていたという(2)。

　毛扇とは麈尾の別名である。「麈」はオオシカを指し、古人はその「尾」の毛を柄に挟んで団扇のようなものにし、これを麈尾と呼んだ。また毛を用いていることから毛扇ともいったという。これはわが国へも伝来し、今も正倉院(3)と法隆寺献納宝物(4)に奈良時代の遺品が伝わっている。

　ところで、人物埴輪の中にも麈尾と考えられる持ち物がある。はじめに各資料をみていきたい。

（1）　福島県泉崎村原山1号墳例（第51図1）

　本資料は上端部が弧状を呈する木の葉状の破片で、長さ9.6cm、幅3.9cm、厚さ1.0cmを計る。両面とも中央に縦線、それを挟んで左右対称に上向きの斜め線が4本程度、葉脈状に刻まれている。下部には両面とも剝離痕があって、人物埴輪の右手に接合する。破片の下端部と右手の下端部の調整が一致しているほか、破片の表面部に親指と人差し指の接合していた痕跡が残存している。接合した状態は、上半部が若干外反する。この右腕がどのような人物埴輪のものなのかはっきりしない。本古墳からはTK23型式の須恵器無蓋高坏が出土しており、共伴する円筒埴輪はすべて川西編年V期にあたる。

（2）　群馬県富岡市桐淵11号墳例（第51図2）

　本資料は下半分を欠失しており、現存で長さ7.4cm、幅6.5cm、厚さ1.2cmを計る。板目の圧痕のついた扁平な木の葉状の破片の両面に、中央に縦線、それを挟んで左右対称の斜め線がかなり細かく刻まれている。本古墳からは輪状把手のある提瓶や川西編年V期の円筒埴輪が出土している。

（3）　群馬県伊勢崎市上武士出土例(5)（第51図3）

　本資料は長さ9.8cm、幅5.0cm、厚さ0.9cmを計る。下端部をわずかに欠失している木の葉状の破片の片面に、中央に縦線、それを挟んで左右対称の斜め線が5本、葉脈状に刻まれている。もう一方の面に刻線はなく、板目の圧痕が遺されている。この面に「上武士」と墨書されていることから、伊勢崎市上武士古墳群より出土したものと考えられる。両面とも下部に剝離痕が遺されているほか、別の粘土の張りつけの痕跡もあり、この粘土の張りつけのため刻線の一部が消されている。このことから、下部に本来何らかの個体が接合していたと考えられる。

（4）　相川考古館所蔵品例(6)（第51図4）

　出土地不詳であるが、相川考古館の所蔵資料のほとんどが群馬県周辺で出土したものであることから、本例も同様の可能性が高い。上端を欠失しており、現存長6.3cm、幅4.6cm、厚さ0.9cmを計る。板目の圧痕のついた板状の破片の両面に葉脈状の刻線が認められる。本資料も人物の右手に握られ、側面形状は若干外反する。

（5）　埼玉県鴻巣市新屋敷12号墳例（第51図5）

　本資料は上下端を欠失しており、現存長4.9cm、幅2.3cmを計る。両面には葉脈状の線が刻まれている。報告者も述べているように、下端は細くなっていて剝離痕もあることから本来何かに接合していたのであろう。共伴する円筒埴輪はすべて川西編年V期にあたる。

第1節　麈尾について

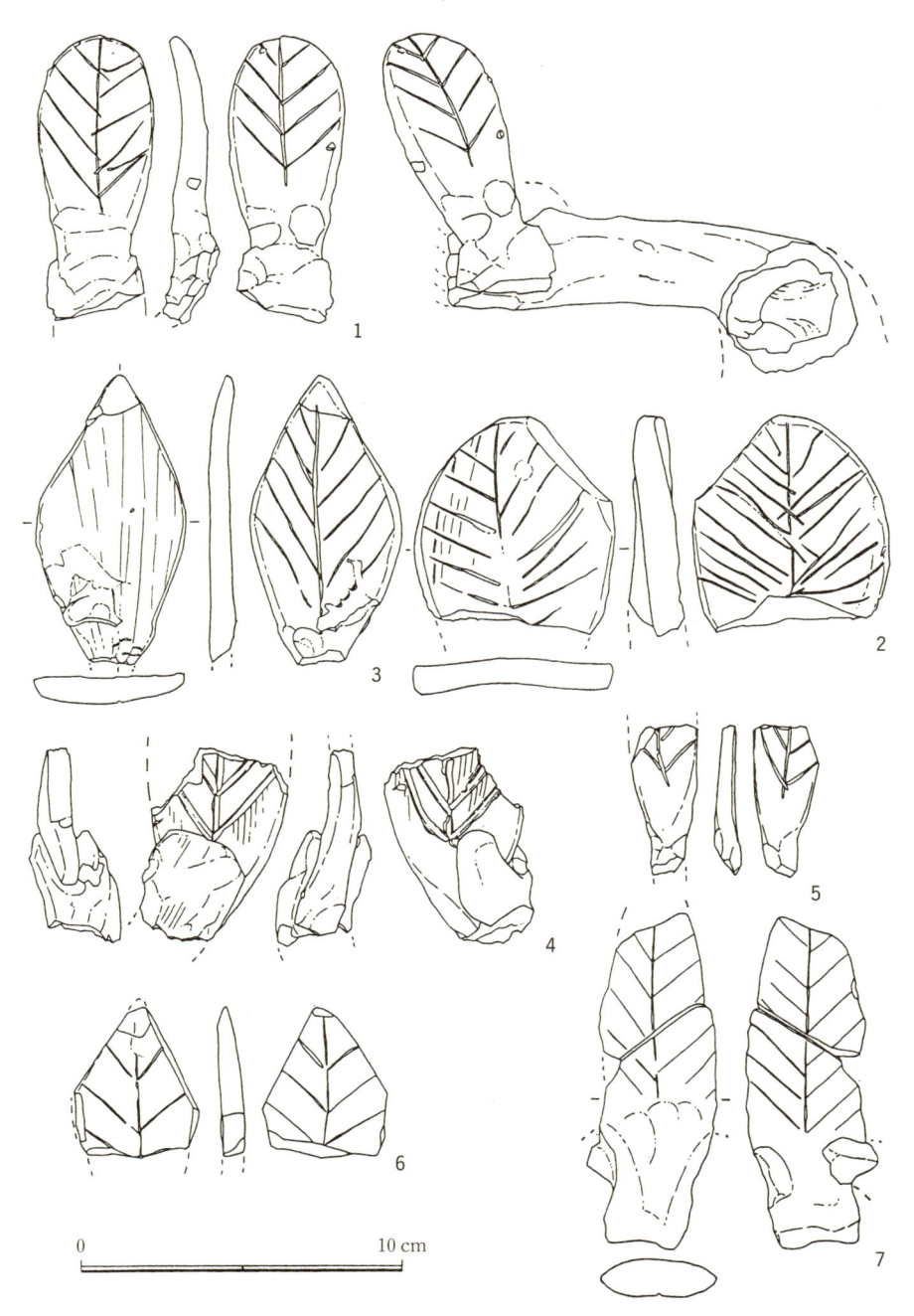

第51図　人物埴輪の麈尾
(1．福島県原山1号墳　2．群馬県桐淵11号墳　3．群馬県上武士　4．相川考古館所蔵　5．埼玉県新屋敷12号墳　6．静岡県陣内平3号墳　7．京都府稲葉山10号墳)

第4章　権威の装備――塵尾と鈴鏡――

（6）　静岡県浜松市陣内平3号墳例（第51図6）

本資料は須恵質で、下半分を欠失しており、現存長5.0cm、幅4.0cm、厚さ0.8cmを計る。両面ともに葉脈状の線が刻まれ、側面形状は若干反る。この古墳からは力士などの人物埴輪や淡輪技法を示す円筒埴輪が出土している。

（7）　京都府福知山市稲葉山10号墳例（第51図7）

本資料は上端部を欠失しており、現存長11.2cm、幅3.9cm、厚さ1.2cmを計る。両面ともに中央に縦線、それを挟んで左右対称の上向きの斜め線が5～7本程度、葉脈状に刻まれている。下半部をみると、左面の側縁と右面の左側縁に剝離痕があり、刻線はない。また、右面の右側縁部には粘土の張りつけがあって、これは人物の右手の親指になる。したがって、先の剝離痕は位置からいって指の剝離痕と考えられ、このことから本資料も、原山1号墳例や相川考古館所蔵例と同様、人物の右手に握られていたとみることができる。本古墳出土の円筒埴輪は川西編年V期にあたり、最下段に断続ナデ技法の施された埴輪が含まれている。

3　造形表現の検討

さて、以上にあげた資料はおおむね5世紀後半～6世紀代に属し、次のような共通する特徴がみられる。

①扁平で全体の平面形状が木の葉形を呈す。
②中央に縦線、これを挟んで左右対称の斜め線が葉脈状に刻まれる。
③上武士例を除くすべての例の両面に、この刻線が認められる。
④下部の欠損していない例は、すべて人物の右手に接合する。

このような特徴からこれらが表わしているものは、扁平な木の葉型を呈し、葉っぱのような模様を両面からみることのできる人の持ち物であったと考えられる。こうした条件を備えるもので、もっとも可能性の高いのが塵尾である。

実例として、遺存状態のもっともよい正倉院南倉の柿柄塵尾をあげたい（第52図）。この塵尾は、現存長61.0cmで、獣毛を黒柿の挟木2枚で押さえ、さらに黒柿で作った柄をつけている。現在毛はほとんど抜け落ちて本来の形を失っているものの、これを納めた箱から縦長の団扇のような形であったことがわかり、獣毛が挟木の側縁から上端までぐるっとまわっていたと推定される。このように人の持ち物で、中央に縦長の柄がつき、柄を挟んで左右対称に毛がのび、それを両面からみることのできる特徴は、埴輪例と一致する。

ところで、傳芸子は正倉院例と同じ形態の塵尾が、北魏獻文帝時代（466～470）に造られた雲崗石窟第5洞の維摩像をはじめ、竜門濱陽洞中洞の維摩像、また天龍山第3洞東壁の維摩像など、北魏～北斉時代の石像彫刻に造形されていることを指摘している[7]。

こうした彫刻にみられる塵尾を、孫機は大きく3種類に分類している[8]（第53図）。

一つは岐頭式で、団扇の上縁もしくは側縁の左右に毛がつく（第53図1～3）。北魏時代の洛陽出土升仙石棺の画像（第53図2）などがこれになる。

もう一つは円頭式で、縦長の柄のまわりをぐるっと半楕円形に毛がつく（第53図4～5）。正倉

第 52 図　正倉院の柿柄塵尾　　　第 53 図　孫機による塵尾の分類

院例もこの形態であったと考えられる。
　さらにもう一つの形態は尖頭式で、柄の両側に毛がつき、先端の尖った木の葉形を呈する（第53図6～7）。雲崗石窟第5洞例（第53図6）などがこれになる。
　このうち、岐頭式の1と2は主体が団扇で毛は付属的についているだけであり、正倉院例とは作りが異なる。また尖頭式の7は、岐頭式の3と基本的な形が同じであるため、岐頭式の一種に含むことも可能と考えられる。
　しかし、これらを除いた円頭式と尖頭式は、中央に挟木と柄を表わし、それを挟んで毛を左右対称に表わしていることから、正倉院例とほぼ同じ作りとみなすことができる。また、円頭式の塵尾を日常的に手でしごいていれば自然に尖頭式の一種になると考えられることから、円頭式と尖頭式の間に基本的な形態差はないとみても、大きなまちがいはないであろう。
　この両者の表現は埴輪の表現とも共通する。さきの埴輪と対比させれば、原山1号墳と桐淵11号墳例は円頭式であり、上武士、陣内平3号墳、稲葉山10号墳の各例は尖頭式になろう。したがって埴輪例の表現は、ほぼ同時代である5～6世紀の北魏～北斉代の彫刻表現と共通する点が多く、それが塵尾である可能性は高いと考えられる。

4　中国・朝鮮半島の諸例と日本への伝来

　孫機によれば、塵尾は中国において、後漢代にはすでに存在したと考えられているが[9]、古墳の壁画に描かれたものでは、魏晋時代の甘粛省嘉峪関壁画墓の塵尾が早い時期の例である（第54図1）。また東晋の「太元十□年」（386～394）の紀年銘のある雲南省昭通後海子霍承嗣墓でも、墓主が塵尾を右手にしているとの報告があるが、その形態ははっきりしない。南北朝時代以降になると、さきにみたように、仏教彫刻の維摩像の持ち物として造形されるようになる。

121

第4章 権威の装備——麈尾と鈴鏡——

第54図　中国・高句麗の麈尾（1．嘉峪関壁画墓　2〜3．安岳3号墳）

　3〜4世紀にかけて中国で考古資料に造形されるようになった麈尾は、朝鮮半島でも4世紀には登場する。朝鮮民主主義人民共和国黄海南道の安岳3号墳は東晋の「永和十三年」（357年）の紀年銘をもつ壁画古墳であるが、この古墳の東側回廊東壁の出行図に、尖頭式の麈尾を右手に持った墓主が牛車に乗る姿で描かれている（第54図2）。また、西側室西壁の墓主像も右手に麈尾を持っており、その表面中央には鬼面の文様がみられる（第54図3）。麈尾の外形に出行図とちがいはないため、すでに伊藤秋男によって指摘されているように、この鬼面は麈尾の挾木の表面に付けた飾りと考えられる[10]。

　このほか南浦市でも、「永楽十八年」（408）銘のある徳興里古墳の玄室北壁と前室北壁の墓主像、また台城里古墳西側室の墓主像が、同様な形の麈尾を右手に持った姿で描かれている。

　ところで、はじめに述べたとおり、麈尾はその字に表わされているようにオオシカの尾の毛を用いている。これは、群鹿はオオシカに従うところから、その尾は群鹿を統率する標識とされ、転じて集団を指導、統率する立場の者が、その地位を象徴する持ち物として麈尾を用いたといわれる。王勇によれば、中国の仏教彫刻において維摩像が麈尾を持つのは、彼が文殊などに対して説法をおこなう立場によるためであり、南北朝時代に流行した清談において老荘の玄義を語る談者も麈尾を不可欠のものとして用いたという[11]。

　さきにみた中国や高句麗の古墳壁画において、さまざまな人物が描かれているにも関わらず、麈尾を持つ者が壁画の中心人物1人に限られているのも、麈尾が集団を指揮する威儀具としての性格をもっていたことによると考えられる。

　これらの壁画には墨書銘があり、そこには墓主の持っていた各種の称号が記されている。たとえば霍承嗣墓では「使持節都督江南交寧二州諸軍事」や「交寧二州刺使」など、安岳3号墳では「使持都督諸軍事、平東将軍、護撫夷校尉」など、また徳興里古墳では「幽州刺使」などである。「都督」は軍政を司り、「刺使」は民政を司る中国王朝の官職名であり、これらの称号から、壁画に描かれた麈尾を持つ人物が、いずれも一地域の支配者階級であったことが理解される。

　それではこのように権威を象徴する持ち物である麈尾は、いつ頃日本列島へもたらされたのであろうか。

122

この点については鈴木裕明の詳しい検討がある(12)。鈴木は、近畿地方とその周辺部において出土する弥生時代後期から古墳時代中期の団扇形木製品を集成し、それが2枚板の構造でその間に有機質の物体を挟み込む形であることに注目し、正倉院や法隆寺献納宝物と共通する麈尾であることを指摘した。そして、中国における麈尾の流行が後漢以降であり、日本列島における盛行が古墳時代前期であることから、中国から取り入れられ、古墳時代の前期において首長層の儀礼において用いられた可能性を説いている。

以後の日本列島において、麈尾は各地の支配者階級層にも威儀具として普及し、その結果人物埴輪にも造形されたのであろう。

5　麈尾を持つ可能性が考えられる人物埴輪

最後に、全体像がわかる人物埴輪で、麈尾を持つ可能性が考えられる例をいくつか指摘しておきたい。いずれも男子の全身像で、埴輪祭祀の中心的位置におかれた可能性が高い。

栃木県小山市飯塚31号墳出土の男子倚坐像は、右手に扁平な団扇を握って、腕を前に掲げている（第17図男子全身倚坐像Ⅰa2）。当初上半分が欠損していて不明であったが、後に団扇状の板片が接合し現在の姿になった。文様は施されていないが、これは麈尾を表現しているのではないか。

また奈良県三宅町石見遺跡出土の男子倚坐像は、とくに物を持っていないが、右手が何かを握るようになっていて、孔があいている（第17図男子全身倚坐像Ⅱc）。このように右手に孔のあいた例は、管見では類例を知らない。石見遺跡では、ほかの人物埴輪で胸に透かし孔があり、それと対応するように両手を前に掲げるものがあって、何か別の素材で作った物を差し込みもたせていたのではないかと考えられる。このような例と共伴することからすれば、この右手の孔にも何かが差し込まれていた可能性があり、その候補に麈尾があげられよう。

このほか、致道博物館所蔵の千葉県流山市東深井7号墳出土の男子全身立像も、右手に扁平な破片を握って、腕を前に掲げている（第18図男子全身立像Ⅰa3）。握られているものの先端は折れて不明であるが、男子の埴輪でこうした平たいものを握る例は、ほとんどない。残存部分から判断すれば、さきに例示したような麈尾であった可能性がある。ちなみに同古墳からは、接合しないものの、嘉峪関壁画墓の麈尾とよく似た形態の麈尾の埴輪片も出土している。

以上の検討から、当時の東アジア世界の支配者階級の威儀具であった麈尾を、古墳時代における日本列島各地の豪族も所持していたと考えられるのである。

第2節　女子埴輪の鈴鏡

1　鈴鏡の問題点

次に、女子埴輪の装備にも着目したい。女子埴輪には、しばしば鈴鏡を腰に下げる例が存在する。

第4章 権威の装備——麈尾と鈴鏡——

　鈴鏡は古墳時代に日本列島で流行した鏡の一種類で、鏡面の周囲に鈴のつく鏡である。現在までにおよそ150面ほど発見されているといわれ、鈴の数は3、4、5、6、7、8、10個がある(13)。鈴の数は鏡面の大きさに比例して増えるが、その多くは五、もしくは六鈴鏡であり、最多数の十鈴鏡は現在まで2面しか知られていない(14)。
　女子埴輪が腰に下げる鈴鏡も、やはりその多くは五鈴鏡であるが、最多数の十鈴鏡を装備した埴輪として、行田市郷土博物館の所蔵する埼玉天王山古墳出土例がある。十鈴鏡を表現した埴輪は現在これ唯一であり、鏡そのものの希少性からも注目される資料であることから、ここでは資料の紹介をおこなうとともに、女子埴輪が装備する鈴鏡に関する若干の考察をおこないたい。
　まず、鈴鏡を腰に下げる女子埴輪はこれまで「巫女」として評価されてきた。その経緯は川西宏幸の研究に詳しいが(15)、その中でもとくに大きな影響を与えてきたのは鳥居龍蔵と後藤守一の2人である。
　鈴鏡を腰に下げる女子埴輪を巫女として初めに位置づけたのは鳥居龍蔵である(16)。彼は古代における鏡は化粧用具ではなく、その放つ光によって神秘的、かつ宗教的意味を帯びた道具と理解し、アジア東北地域のシャーマンが悪魔を退ける宗教的道具として鏡とともに鈴を用いる民族例を引き、女子埴輪が鈴鏡を腰に下げるのも宗教的意味によると述べている。
　一方、後藤守一は女子埴輪特有の袈裟状衣に注目し、これを『皇太神宮儀式帳』に記載のある巫女の服飾で二丈五尺もの長さのある「意須比」(17)に比定し、服装の面から女子埴輪の性格を巫女と理解した(18)。その上で鈴鏡にも触れ、女子埴輪は祭主を表わしており、鈴鏡を下げ襷をかけることも、この推定を裏書すると述べた。この両者の見解が、鈴鏡を下げる女子埴輪、ひいては女子埴輪の一般的性格を巫女とする大方の認識の根拠になっている。
　ここでは宗教的意味に関する議論の前に、女子埴輪が腰に下げる鈴鏡を古墳時代の女性の装備として見直し、その機能的な意味を再検討したい。
　また鈴鏡は、関東地方を中心とする東日本にきわめて多く分布することが、古く森本六爾などにより指摘されている(19)。森本も注目しているように、鈴鏡をはじめとする鈴の付く遺物は関東地方に集中しており、古墳時代後期の東国の中でその関連性を考えてみる必要がある。そこで他の鈴の付く遺物とも比較検討をおこない、それらが関東地方に集中する理由についても考察したい。
　このような検討を踏まえた上で、改めて鳥居や後藤によって定説化された女子埴輪の鈴鏡の意味について再吟味をおこないたい。

２　鈴鏡を腰に下げる女子埴輪の新資料——天王山古墳出土例——

　はじめに行田市郷土博物館が所蔵する行田市埼玉天王山古墳から出土した腰に十鈴鏡を装着した人物埴輪を紹介する（第55図）。
　天王山古墳は埼玉古墳群の中にあり、丸墓山古墳と稲荷山古墳の南方に存在する小円墳の一つである。現存する墳丘は方形を呈するが、1974年の埼玉県教育委員会による発掘調査により、直径27ｍの円墳であることが判明し、周溝からⅤ期の円筒埴輪、男子埴輪頭部、土師器が出土

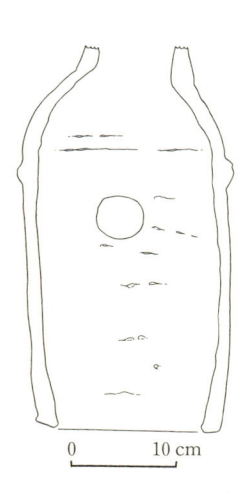

第 55 図　天王山古墳出土の女子埴輪

している。埼玉県教育委員会の呼称では埼玉1号墳ともいう[20]。
　行田市には埼玉古墳群をはじめとして数多くの古墳が存在するため、古くより偶発的もしくは意図的な遺物の発見があり、江戸時代から『忍名所図會』などの地誌にしばしば紹介されてきた。昭和に入り埼玉村教育会は、村域の史跡や出土品を紹介した書籍『史蹟埼玉』を編集発行した[21]。
　本資料が初めて紹介されたのは同書であり、それによればスケッチとともに、「出土大字埼玉天王山古墳址、戸田伴吉氏寄贈」と記述されている。同書によれば埴輪発見の経緯はあきらかではないものの、天王山古墳上にはかつて八坂神社があり、周囲3m余りの杉の神木もあったが、1908年合祀によって神社は移転し神木も伐採され、古墳は住宅地となったということから、おそらく合祀の際の開発行為によって発見されたのではないかと推察される。その後資料は、埼玉村と行田市の合併を契機に1958年に設立された行田市立さきたま考古館に収蔵展示され、行田市指定文化財となり、1988年に開館した行田市郷土博物館に移管され現在にいたっている[22]。
　『史蹟埼玉』では円筒埴輪として報告されているが、人物埴輪の坐像であり、腰帯から下の部分にあたる（第55図）。現存高38.5cm、底径18.0cmの大きさを計る。ドーム状に成形された円筒上部に2本の脚部が垂下していた剝離痕のあることから、倚坐の姿勢であったことがわかる。ただし、坐具は造形されていない。左側の腰帯の下に十鈴鏡、また右側には一部欠損しているが紐2本が垂下し、これらに接する形で衣の裾が一部残存している。鈴鏡は、無文様の円盤状の粘土を貼り付けて鏡の本体とし、周囲に小指先大の円形粘土を貼り付け、その表面にヘラで一条の溝を刺突して鈴を表現している。現存する鈴は3点だけであるが、剝離痕がほかに7個認められることから、十鈴鏡であったと考えられる。性別は鈴鏡を装備する人物埴輪が基本的に女性であることから、これも女子埴輪とみなすことができるであろう。円筒部分の外面調整は縦ハケ、内面調整はナデである。
　本資料を含めて鈴鏡を装備する人物埴輪を列挙すると、現在13例が知られており（第18表、

第4章　権威の装備——麈尾と鈴鏡——

第56図)、東北、関東、および長野県域と、いずれも東日本の出土である(23)。このうち栃木県鶏塚古墳と埼玉県瓦塚古墳の2例は単体で出土しているが、大きさから人物埴輪の装備と判断される。鈴の数は4、5、6、7、10とあるが、5個が最も多く、大川曆希によれば現実に出土している鈴鏡も五鈴鏡が41%と最も多いことから、埴輪の場合も状況は同じである。性別は女性に限られており、いずれも鈴鏡を腰帯に下げる姿で共通する(第56図)。服装は袈裟状衣などの副次的な衣装(Ⅱ)もあるものの、とくに副次的な衣装表現のない一般的な衣服(Ⅰ)も多く、全身像だけでなく半身像にも、また坐像だけでなく立像にも造形されていることから、女子埴輪特有の装備ではあるものの、一定の特徴のある女子にだけ限られるわけではない。なお、現状では一古墳において鈴鏡を下げる女子埴輪は一例に限られている。

第56図　鈴鏡を装着する女子埴輪
（群馬県塚廻り3号墳）

3　女性の装備からみた鈴鏡の用途

さて、女子埴輪が腰に下げる鈴鏡にどのような意味があったのかを検討していきたい。

第18表に列挙したように、鈴鏡は女性特有の装備と考えられるが、女性が腰に下げる装備には鈴鏡のほかに、鏡と思われる円盤（第19表）、そして刀子（第20表）、またまれに袋がある（第18表6）。

鏡以外でおもに造形されている装備に刀子がある。これは東日本だけでなく西日本の女子埴輪にも造形されていることから（第20表）、地域に関わらず古墳時代の女性が身につけていた装備である。

参考までに女子埴輪に接して配置される男子全身立像が腰に下げる装備をあげれば、基本的には大刀、鞆などの武器武具であり、まれに袋があるが、その内容は女性と対照的である。

ここで男性が大刀、女性が刀子を腰に下げる点に着目すると、そうした実例は朝鮮半島の古墳にあって、523年に没した百済の斯麻王の墓である大韓民国忠清南道武寧王陵では、王の棺の腰の左のところから長さ82cmの単龍環頭大刀と長さ25.5cmの金銀装刀子が出土し（第57図左）、これに対し526年に亡くなった王妃の棺では、腰のところから25.5cmと23.7cmの金銀装刀子2点が出土した（第57図右）。さらに王妃の棺では、枕の近くにおかれた青銅製広口鉢の中からも銀装刀子が1点出土した。

また6世紀前半頃の慶尚南道梁山夫婦塚でも、主人の遺骸には左側に約82cmの環頭大刀、また右側に長さ約79cmの円頭大刀が置かれていたのに対し、夫人の遺骸には腰に佩用した状

第 2 節　女子埴輪の鈴鏡

第 18 表　鈴鏡を装着する人物埴輪

番号	出土遺跡	鏡式	他の装備	性別	像表現	服装	時期
1	福島県いわき市神谷作 101 号墳	四鈴鏡		女子	半身立像	I	2 期以前
2	栃木県芳賀郡出土	四鈴鏡か	刀子	不明	半身立像		
3	栃木県真岡市鶏塚古墳	四鈴鏡		不明	不明		2 期古段階
4	栃木県小山市飯塚 31 号墳	四鈴鏡		女子	半身立像		2 期古段階
5	群馬県太田市塚廻り 3 号墳	六鈴鏡	刀子	女子	全身倚坐像	IIc	2 期以前
6	群馬県大泉町古海出土	五鈴鏡	袋	女子	全身倚坐像	IIa	2 期以前
7	群馬県伊勢崎市下触石山出土	五鈴鏡		女子	不明	I	2 期以前
8	埼玉県行田市稲荷山古墳	五鈴鏡か		女子	不明	I	1 期新段階
9	埼玉県行田市天王山古墳	十鈴鏡		不明	全身倚坐像		
10	埼玉県行田市瓦塚古墳	五鈴鏡		不明	不明		2 期古段階
11	埼玉県鴻巣市生出塚埴輪窯 f 地点	七鈴鏡		女子	半身立像	I	
12	埼玉県東松山市三千塚古墳群	五鈴鏡	鏡	女子	全身倚坐像	IIb	
13	長野県佐久市北西久保 1 号墳	五鈴鏡か		女子	半身立像	I	2 期古段階

第 19 表　鏡と考えられる円盤を装着する人物埴輪

番号	出土遺跡	枚数	性別	像表現	服装	時期
1	群馬県太田市塚廻り 4 号墳	1 枚	女子	半身立像	I	2 期古段階
2	埼玉県坂戸市三福寺 3 号墳	1 枚	女子	半身立像	I	
3	千葉県我孫子市久寺塚古墳	3 枚	女子	半身立像	I	
4	千葉県芝山町高田木戸前 1 号墳	3 枚	女子	半身立像	I	2 期古段階
5	千葉県柏市原 1 号墳	3 枚	女子	半身立像	I	
6	千葉県横芝光町小川台 5 号墳	2 枚	女子	半身立像	IIe	2 期古段階
7	長野県佐久市北西久保 1 号墳	1 枚	女子	半身立像	I	2 期古段階

第 20 表　刀子を装着する女子埴輪

番号	出土遺跡	装備	性別	像表現	服装	時期
1	群馬県伊勢崎市八寸出土	刀子	女子	全身立像	I	3 期
2	埼玉県鴻巣市生出塚埴輪窯 d、e 地点	刀子	女子	半身立像	I	
3	石川県小松市矢田野エジリ古墳	刀子	女子	半身立像	I	
4	鳥取県倉吉市沢ベリ 7 号墳	刀子	女子	全身立像	IId	

態で長さ約 21 cm の銀装刀子が添えられていた。婦人の刀子は鞘の両面に小刀子が 2 本、また背面に笄の挿入される子持ちの刀子であった。

　いずれも朝鮮半島の古墳例ではあるが、女性が腰に下げる刀子は男性の大刀や刀子と同じ位置にあることからその用途は礼装時の装備であり、日本列島における古墳時代の女性の装備の刀子にも、同様な意味があったと理解されるであろう[24]。

第4章 権威の装備──塵尾と鈴鏡──

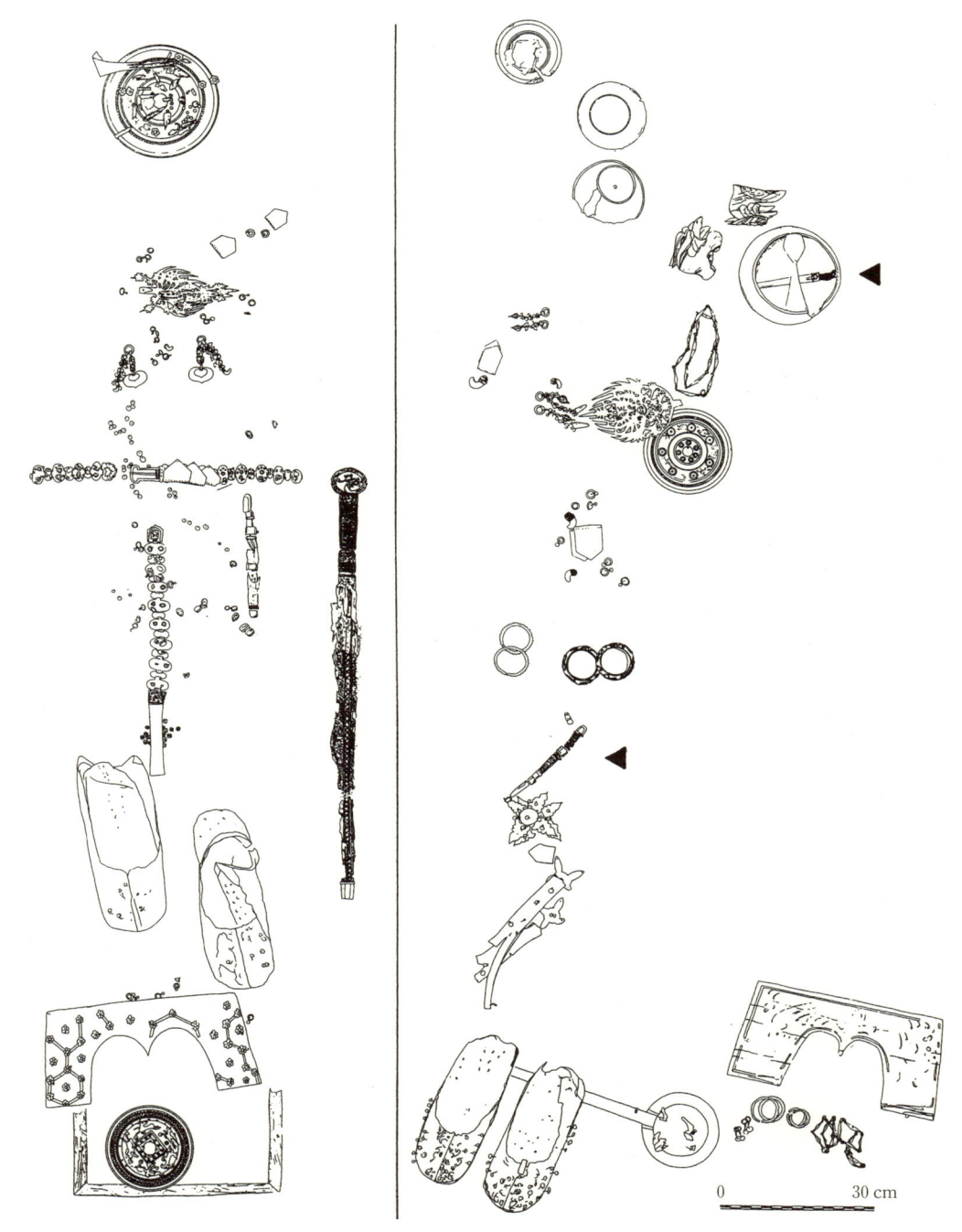

第57図 刀子を装着して埋葬された女性（右）（武寧王陵）

第2節　女子埴輪の鈴鏡

　それでは鈴鏡や鏡は、どのような用途で腰に下げたのであろうか。

　古墳時代前期の古墳には直径20～30cmほどの大形鏡が多数副葬されたが、これらは権威を象徴する道具であり、基本的に女性の日常的な装備とは性格を異にする。

　女性の装備としての鏡について検討すると、やはり東アジアの例であるが、前漢代、紀元前2世紀の中国湖南省長沙馬王堆1号漢墓の出土品があげられる。女性の被葬者の遺体とともに数千点にも及ぶ副葬品が出土したが、その中に漆器の円形重箱の化粧箱があり、箱の中に化粧道具一式として笄、ハケ、櫛、毛抜き、鏡ふき、鏡入れとともに、環頭の刀子3点と銅鏡が入っていた（第58図）。刀子は角製で長さはそれぞれ20.2cm、15.5cm、10.4cmの大きさを測り、長い刀子はさきにあげた古墳出土の女性の刀子に匹敵する大きさがあり、銅鏡は直径19.5cmの大きさであった。これらは化粧道具であり、鏡は本来容姿を調えるための化粧用具として、女性が身近に所有していたことが知られる。

　ただ、鈴の付いた鏡をも化粧用具のような日常的用具と位置づけることは、化粧とは関係のない鈴の存在から一考を要する。腰に下げられて表現されていることからすれば、男性とは異なった女性特有の装身具であることに基本的な意味を見出すべきと思われ、鈴鏡だけでなく、鏡と推察される円盤についても、常に女子埴輪に限って腰に下げられていることを考慮すれば、これも日常的に使用する化粧道具ではなく、装身具であった可能性が高い。

　そこで鈴鏡を鈴の付く装身具の一つとして見直すならば、男性にも鈴の付く装身具があることに気づく。

　埴輪配列の中心に配置される坐像では、群馬県高崎市綿貫観音山古墳の男子胡坐像が鈴の付く帯を着用しており（第59図1）、同古墳の石室からは埴輪の造形のモデルとなったと思われる実物資料の金銅製鈴付大帯が発見されている。福島県いわき市神谷作101号墳の男子胡坐像も鍔に鈴の付く冠をしており、群馬県太田市塚廻り4号墳の跪坐像の男子（第59図3）の場合には、腕

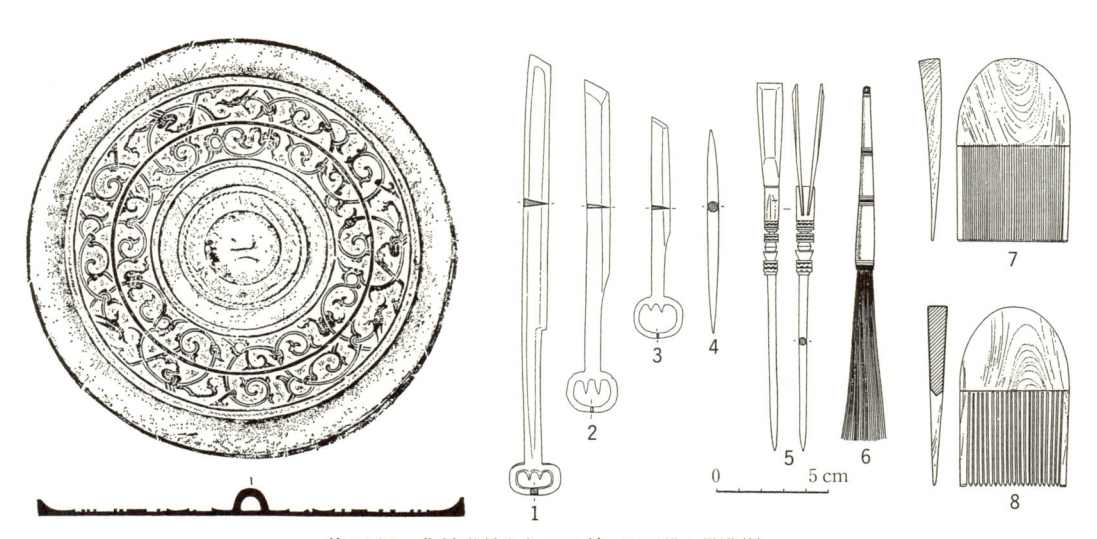

第58図　化粧道具としての鏡（馬王堆1号漢墓）

第 4 章　権威の装備──塵尾と鈴鏡──

第 59 図　鈴付きの装身具を着ける男子埴輪
（1～2．群馬県綿貫観音山古墳　3．群馬県塚廻り 4 号墳　4．群馬県保渡田八幡塚古墳）

に鈴釧を着けている。また立像では、綿貫観音山古墳出土例の帯と上衣の裾（第59図2）、また群馬県高崎市保渡田八幡塚古墳出土例では脚結に鈴が付いている（第59図4）。

　男子埴輪において鈴の付いた装身具を身に着ける人物は、埴輪配列で中心的な位置に存在する坐像をはじめ全身像に限られており、着用する人物像が限定される。ただしこれも、女子埴輪における鈴鏡と同じく、全体からみればごくわずかな例にすぎない。第3章で述べたように坐像の人物が高位の階層であることを考慮するならば、こうした鈴の付いた装身具を装着することは、限られた高貴な存在であることを物語っている。『古事記』允恭記に「宮人の脚結の小鈴落ちにきと」[25]とある宮人は、允恭天皇の皇子木梨之軽太子を例えていることからも、脚結に鈴を着けた人物は高貴な存在であった。

　鈴をはじめ鈴鏡、鈴釧、鈴付大帯などは、音を発するとともに、金属製品でもあることから、発する光によっても存在を強調することができる。したがってこれらの鈴付装身具は、それを身に着けた人物が限られた特別な存在であることを、衆人の視覚かつ聴覚に訴えることにもっとも大きな意味があったといえるであろう。

　装身具のほかに鈴の付く遺物としては、栃木県下野市別処山古墳や、奈良県斑鳩町藤ノ木古墳から出土している柄頭に鈴を入れた刀剣や、数多くの出土例が知られている鈴杏葉などの馬具もあげることができる。馬具にしても、鈴が特別な宗教的意味を持つと理解するよりも、その音と光によって馬上の人物が高貴な存在であることを知らせることに大きな意味があったと考えられ、大和文華館所蔵の群馬県伊勢崎市出土の男子全身立像が腕に乗せる鷹の尾に鈴が造形されているのも、鈴の宗教的意味よりも、鈴によって鷹の所在を知らせることに基本的な意味があったと理解するのが妥当であろう。

　このように、女子埴輪が鈴鏡を装備する基本的な意味を考えるにあたっては、民族例にもとづく鏡と鈴の宗教的な意味合いよりも、同時代における男子埴輪の鈴の付く装身具や鈴の付く馬具との共通性をまず認識しておくべきと考える。そうした観点から鈴鏡の基本的用途を改めて考察するならば、女性の身近に存在する鏡に鈴を付けることで、それを身に着けた女性が音と光によって特別な存在であることを強調する身分表示の装身具としての意味を第一義と認識する必要があると思われるのである。

4　関東の後期古墳文化と鈴鏡

　ところで鈴鏡の特質として、関東地方をはじめとする東日本に数多く分布することが指摘されている。

　鈴鏡の集成をおこなった大川麿希の研究[26]によればその傾向は近年においても変わっていない。鈴鏡の多くは5世紀後半から6世紀前半、古墳時代中期後半から後期にかけての古墳から出土しており、出土地の判明する資料122点の内訳は、東北地方4点（3.3％）、関東地方37点（30.3％）、中部地方37点（30.3％）、近畿地方32点（26.2％）、中・四国地方8点（6.6％）、九州地方4点（3.3％）となっている。県別では群馬県域における20点が全国で最も多く、次いで長野県域12点、静岡県域11点と続いており、関東、中部、東北地方を合計すれば、全国の63

第4章 権威の装備——麈尾と鈴鏡——

％が東日本出土となる。

なお、その後川西宏幸も鈴鏡出土古墳数を集計しており[27]、それによれば鈴鏡出土古墳数は全国で140基にのぼり、その内訳は東北地方9基（6.4％）、関東地方40基（28.6％）、中部地方44基（31.4％）、近畿地方29基（20.7％）、中・四国地方12基（8.6％）、九州地方6基（4.3％）と、中部地方が最も多いものの、東北、関東を含めた東日本で全国の66.4％を占めており、全体的な傾向は大川の研究と一致している。

このような鈴鏡の偏った分布からその製作地が東日本ではないかとする説も出てくるが、森下章司はこの時期の仿製鏡の文様は不安定で変わりやすいため、銅鏡の制作者集団を考える上で重要なのは文様であり、仿製鏡全体を見渡すと同じ文様であっても鈴の付くものと付かないものとがあることから、同じ鏡の制作者集団の中で、鈴鏡と鈴のない鏡とが作り分けられたことをあきらかにしている[28]。大川鷹希も鈴鏡の鏡背の文様は仿製鏡の獣帯文や獣形文の多いことを指摘しており、文様からみる限りこの時期の仿製鏡の文様は全国に均等に分布していることから、鈴鏡の出土は関東地方に多いものの、その製作地は他の仿製鏡と同様近畿地方内にあった可能性が高く、それが関東地方をはじめとする東日本に分布したと考えるのが妥当と述べている。

つまり鈴鏡は鈴を付けるために特別に考案された鏡というよりも、文様構成が同じ鏡に鈴を付けたものであって、小林行雄[29]や大川は、鈴鏡の多くが鈴の付く馬具としばしば共伴することに注目し、馬具の鈴杏葉から鈴鏡が考案された可能性を示唆している。

ところで、森本も注目しているように、鈴杏葉をはじめとする鈴の付くほかの遺物も関東地方に多数分布する。大川鷹希は、鈴鏡とともにこれら鈴付の銅器についても集成をおこない、鈴の付く遺物が古墳時代中期の後半から後期にかけて、関東地方をはじめとする東日本に多く分布する状況は、現在も変わっていないことを指摘している[30]。

この大川の研究から鈴杏葉や鈴付鏡板、鈴付辻金具といった鈴付馬具の出土分布を比較すると、総資料144点の内訳は、東北地方4点（2.8％）、関東地方90点（62.5％）、中部地方29点（20.1％）、近畿地方7点（4.9％）、中・四国地方5点（3.5％）、九州地方9点（6.2％）であり、圧倒的多数が関東地方に集中している。県別では群馬県域の52点が突出して多く、中部以東の東日本で全国の85.4％となる。

また手首に着ける装身具の鈴釧についても、大谷宏治の研究[31]からその分布をみれば、総資料58点の内訳は、東北地方7点（12.1％）、関東地方25点（43.1％）、中部地方15点（25.9％）、近畿地方1点（1.8％）、中・四国地方6点（10.3％）、九州地方4点（6.9％）であり、中部以東の東日本の占める割合は81.1％に及んでいる。その後の川西宏幸の研究によっても[32]、鈴釧出土古墳数は全国で72基にのぼるものの、内訳は東北地方9基（12.5％）、関東地方28基（38.9％）、中部地方21基（29.2％）、近畿地方1基（1.4％）、中・四国地方6基（8.3％）、九州地方7基（9.7％）となり、やはり中部以東の東日本で全国の80.6％を占めている。

このほか環鈴も参考にあげれば、大川の研究では[33]総資料50点の内訳は、関東地方13点（26％）、中部地方15点（30％）、近畿地方8点（16％）、中・四国地方1点（2％）、九州地方13点（26％）であり、九州にも多数分布するものの、中部以東の東日本の占める割合が全体の56

％と過半数に達している。

　なお環鈴については、その後の川西宏幸の研究によれば[34]、出土古墳数は全国で55基にのぼり、その内訳は関東地方10基（18.2％）、中部地方16基（29.1％）、近畿地方12基（21.8％）、中・四国地方3基（5.4％）、九州地方14基（25.5％）と、全体的な傾向は大川の研究と一致するものの、中部以東の東日本は47.3％となる。

　以上の研究によれば東日本に鈴付銅器の数多く分布する状況がうかがえる。それらの生産地については、鈴鏡だけでなく装飾性の強い鈴杏葉についても、特定の型式や意匠がある地域に集中するといった地域色の認められないことから、その製作地は近畿地方にあり、それが各地に分布するようになった、と斉藤弘は述べている[35]。このように鈴鏡が東日本に数多く分布するのは、単にそれだけに限られた現象ではなく、他の鈴付遺物が関東地方に数多く分布する現象とも軌を一にしているのである。

　鈴の付く遺物のほかにも、古墳時代中期後半から後期に関東地方に集中して認められるものとして、挂甲もあげられ、やはり製作地が近畿地方と考えられ、関東地方に数多く分布するという点で共通している[36]。さらに古墳時代後期における全長60m以上の大形前方後円墳の数も、関東が畿内の5倍以上と大きく凌駕していることを白石太一郎は指摘しており[37]、鈴鏡の東日本に多数分布する現象は、これらの動向とも密接に関係する可能性が考慮される。

　それでは、なぜこのように東日本に数多く分布するだろうか。

　これについては、これまでいくつかの見解が示されてきた。たとえば鈴杏葉は、東国支配を磐石にするために「畿内政権」によって配布された可能性が示唆されており[38]、挂甲については「畿内政権」の主要な軍事動員基盤が古墳時代後期に関東にあったことによることが指摘されている[39]。また大形前方後円墳が数多く築造されることについても、大化前代の舎人の多くが東国豪族の子弟から近畿の大王家に出仕していること[40]などから、「畿内政権」の軍事的・経済的基盤として関東地方が重要となったことによると説かれている[41]。これらの解釈は、いずれも古墳時代中期後半から後期における日本列島の政治体制の中で、関東地方を中心とする東国の重要性が増したことにその理由を求めている点で共通する。

　鈴鏡が配布品であったのか、あるいは流通品であったのかについては別に検討が必要と思われるが、関東地方をはじめとする東日本に集中する背景には、おそらく他の遺物と同様な事情があった可能性を考慮しておく必要があろう。そのように考えるならば、当時の日本列島内における政治体制の変化が女性の装身具にも影響を及ぼし、鈴鏡の東国への多量な流入をもたらしたという一つの解釈が提出される。また鈴鏡は挂甲などとは異なり基本的に女性の装備である。文献には出てこないが、この時代の近畿の大王家と東国豪族との関係には、男性だけでなく女性も関わっていた可能性を考慮する必要もあるかもしれない。

5　女子埴輪と鈴鏡

　以上、女子埴輪が腰に下げる鈴鏡は、音と光によって存在を強調させる女性特有の身分表示の装身具であり、それが関東地方を中心とする東日本に数多く分布する状況は、他の鈴の付く遺物

第4章　権威の装備――塵尾と鈴鏡――

や大形前方後円墳の増加と関係し、古墳時代中期後半から後期における日本列島内における政治体制の中で、関東地方の経済、軍事における役割が増したことと深く関わっている。

　そうした観点から、最初に掲げた鳥居龍蔵と後藤守一の見解を再吟味するならば、まず鳥居の見解については同時代の関東地方における他の鈴の付く遺物の状況から、鈴鏡のみを時代や地域の異なる民族例を引いて宗教的遺物と特別視することは必ずしも適切ではない。鈴鏡も、それを装備する女子埴輪も東日本中心であり、他の鈴の付く遺物と同様、関東地方における古墳時代の文化を特色づけるものとして、同時代の脈絡の中で改めてその意義を評価すべきと思われる。

　また後藤の、女子埴輪の袈裟状衣を巫女の意須比として鈴鏡の宗教性を説く見解についても、第1章で述べたように現在までに発見された資料によれば、袈裟状衣の圧倒的多数が西日本で出土しているのに対し、東日本ではごくわずかであり、第18表にも示したように袈裟状衣と鈴鏡の間に有意な関係はほとんどない。したがって袈裟状衣は、もはや鈴鏡の性格を物語る有力な根拠とはならない[42]。

　これまでの検討にもとづけば、鈴鏡をはじめとする鈴の付く装身具や鈴杏葉など鈴の付く馬具の基本的な意味は、高貴な人物の存在感を強調するためのアクセサリーであったと考えられる。鈴鏡は視覚的な豪華さとともに聴覚的な華やかさによって、その存在を引き立たせる役割を担った装身具であり、それを身につけた女性は、多くの女性の中でも特別にその存在が強調されるべき高貴な女性であった。前章でみたように、群馬県綿貫観音山古墳から出土した鈴付大帯を装着する男子埴輪胡坐像は、同古墳の石室から金銅製鈴付大帯の出土していることから、被葬者の姿を表現した埴輪である可能性が指摘されている。ならば、鈴鏡を腰に下げる女子埴輪のモデルも、巫女ではなく、古墳の被葬者である豪族の近親者、もしくは女性被葬者自身であった可能性が考慮されるのではないだろうか。

注
（1）『芸文類聚』上海古籍出版社　1965年　1187頁5〜6行。返点は筆者による。
（2）孫機「諸葛亮掌的是"羽扇"嗎」『文物叢談』文物出版社　1991年　171〜178頁。
（3）帝室博物館『正倉院御物図録』第11輯　1938年　第42図。
（4）東京国立博物館『法隆寺献納宝物目録』1979年　286番。
（5）相川考古館にて実見し、実測図を作成。
（6）相川考古館にて実見し、実測図を作成。
（7）傳芸子『正倉院考古記』文求堂　1941年　90〜94頁。
（8）注（2）文献。
（9）注（2）文献。
（10）伊藤秋男「武寧王陵出土の『宝冠飾』の用途とその系譜について」『朝鮮学報』第97輯　1980年　47〜69頁。
（11）王勇「塵尾興衰史―宗教思想史的研究」『汲古』第18号　1990年　19〜33頁。
（12）鈴木裕明「団扇形木製品と塵尾」『日本考古学の基礎研究』茨城大学人文学部考古学研究報告第4冊　2001年　330〜355頁。

(13) 大川麿希「鈴鏡とその性格」『月刊考古学ジャーナル』第421号　1997年　19～24頁。
(14) 国立歴史民俗博物館『国立歴史民俗博物館研究報告』第56集　1994年。
　　なお、一例は奈良県出土と伝えられ、もう一例は長瀞総合博物館所蔵の国指定重要文化財である。後者の長瀞総合博物館の十鈴鏡については、埼玉県本庄市生野山古墳群で発見と説かれたことがあるが、その後の調査によって、元の所蔵者が群馬県から入手したものとする伝聞が判明しており（金井塚良一『はにわ屋高田儀三郎聴聞帳』新人物往来社　1994年）、群馬県からの出土と考えられる。
(15) 川西宏幸・辻村純代「古墳時代の巫女」『博古研究』第1巻第2号　1991年　1～26頁。
(16) 鳥居龍蔵「鏡の神秘的威力」『人類学上より見たる我が上代の文化』1925年　156～178頁。
(17) 「皇太神宮儀式帳」『群書類従』第1輯神祇部　続群書類従完成会　1929年　10頁下段13行。
(18) 後藤守一「所謂袈裟状衣着用埴輪について」『考古学論叢』第3輯　1936年　233～247頁。
(19) 森本六爾「鈴鏡について」『考古学研究』第2巻第3号　1928年　1～33頁。
(20) 埼玉県教育委員会『丸墓山古墳・埼玉1～7号墳・将軍山古墳』1988年。
(21) 埼玉村教育会『史蹟埼玉』1936年。
(22) 行田市郷土博物館『行田市郷土博物館収蔵資料目録・考古1』1993年。
(23) なお人物埴輪には、何時どのような経緯で発見されたのか不明なものがしばしば認められ、第18表6の群馬県大泉町古海出土の女子埴輪坐像は、金井塚良一（注20文献）により本庄市生野山古墳群で発見されたという伝聞もあることが紹介されている。また同第18表12の埼玉県東松山市三千塚古墳群出土とされる女子埴輪坐像も、その発見の経緯は明確でない。同様な資料については真贋についても注意が必要な資料であることを考慮しておきたい。
(24) なお、塚廻り4号墳の女性半身立像は大刀を手に持つ。しかしここでは、本例を女性特有の装備とみて、その意義を論じることはしないでおきたい。というのは、男子埴輪の坐像においては、基本的にいずれの例も腰もしくは腰掛けに大刀を装備するのが常態であるにも関わらず、塚廻り4号墳の男性倚坐像のみは大刀がどこにも認められない。つまり、本来倚坐の男性が所持すべき大刀を、近侍するこの女性が持っていた可能性が考慮されるからである。このように、貴人の刀剣を持つという近侍的な役職を女性がおこなっている例は、平安時代の『江家次第』にも認められ、元日宴会のとき天皇渡御南殿に際して剣を持つのは女官の内侍とされている。
　　「江家次第」『新訂増補故実叢書』2　明治図書出版　1955年　14頁下段4行。
(25) 『古事記・祝詞』日本古典文学大系　岩波書店　1958年　295頁5行。
(26) 注(13)文献。
(27) 川西宏幸「伝播体系の変容」『同型鏡とワカタケル』同成社　2004年　223～264頁。
(28) 森下章司「仿製鏡の変遷」『季刊考古学』第43号　1993年　64～67頁。
(29) 小林行雄『古鏡』学生社　1965年　122頁。
(30) 大川麿希「鈴付銅器に関する一考察」『明治大学博物館研究報告』第4号　1999年　21～48頁。
(31) 大谷宏治「鈴釧集成」『石ノ形古墳』1999年　151～157頁。
(32) 注(27)文献。
(33) 注(30)文献。
(34) 注(27)文献。
(35) 斉藤　弘「鈴杏葉の分類と編年について」『日本古代文化研究』創刊号　1984年　71～83頁。
(36) 埋蔵文化財研究会「甲冑型式種別一覧表」『第33回埋蔵文化財研究集会　甲冑出土古墳にみる武器・武具の変遷』1993年。

第4章　権威の装備——麈尾と鈴鏡——

(37) 白石太一郎「関東の後期大型前方後円墳」『国立歴史民俗博物館研究報告』第44集　1992年　21〜51頁。
(38) 注(35)文献。
(39) 川西宏幸「後期畿内政権論」『考古学雑誌』第71巻第2号　1986年　1〜42頁（『古墳時代政治史序説』塙書房　1988年　164〜224頁に再録）。
(40) 井上光貞「大和国家の軍事的基礎」『日本古代史の諸問題』評論社　1949年（1971年再版）　99〜184頁（頁づけは再版による）。
(41) 注(37)文献。
(42) なお、川西宏幸と辻村純代も、鈴鏡の分布にくらべて鈴鏡を装着した女子埴輪の分布はきわめて限られていること、さらに鈴鏡が男性被葬者に伴う遺物でもあることから、鈴鏡を巫女の持ち物とする説には再考の余地があることを指摘している（注15文献）。

第5章

女子埴輪と釆女

第1節 裳状衣の再検討

1 意須比説の問題点

　前章で述べたように、従来の研究では女子埴輪を巫女とする意見があり、このような性格づけには、女子埴輪に特徴的な裳状衣を意須比とした後藤守一の見解が大きな影響を与えている。しかし、意須比説については、服飾史の分野から批判がなされており、学史を振り返ると意須比以外の仮説も過去に提唱されているものの、これまでほとんどとりあげられることはなかった。そこで本章では女子埴輪を巫女とする論拠となった裳状衣に着目し、考古学的な分析と文献資料の再検討を通して、裳状衣が何であるのかの考証をおこない、人物埴輪の第2形式として多くの古墳にほぼ普遍的に存在する女子埴輪の役割を再検討したい。

　過去の学説を概観すれば、まず高橋健自が女子埴輪の裳状衣は長い布を裁縫しないで上半身に斜めに巻きつけた原始的な服飾とする意見を出していた[1]。後藤守一はその批判から出発し、裳状衣は裸体に着用する原始的な服飾ではなく、窄袖の短衣の上にまとった副次的な衣服であることを指摘した[2]。

　そして、『万葉集』巻3の大伴坂上郎女の神を祭る歌に、神に祈る女性の姿が「手弱女の押日取り懸け」[3]とあることや、『止由氣宮儀式帳』に、朝夕の大御饌に供奉する大物忌が「着⸗明衣⸗木綿手次前垂懸弖。天之押比蒙弖。』[4]とあることから、神事に関わる女性の副次的服飾に、オスヒというものがあることに後藤は着目する。オスヒは、『皇太神宮儀式帳』の出坐御床装束七十二種に「帛意須比八端。長各二丈五尺。弘。」[5]とあり、また『延喜式』大神宮装束にも「帛意須比八條。(中略)長二丈五尺。廣二幅。」[6]とあって、その実態は白絹の長方形の長大な布地である。後藤は、「これを身體に取りかけるとすればまさに裳状衣の如く身體に取纒いたものであることを推察する事が出来る」[7]と述べ、意須比の実例こそが女子埴輪の裳状衣としたのである。さらに「意須比が祭衣であるならば、この埴輪女子像のものの所謂裳状衣も祭衣としての意義をもったものとすべきである」[8]とし、女子埴輪を巫女とする見解を示した。

　この後藤の意須比説は、これまで多くの考古学者に受け継がれてきた[9]。しかし、近年いくつかの批判が出されている。

　服飾史の増田美子は、意須比説の最大の問題点として、意須比の長さが二丈五尺、すなわち約

7.5 m 余りときわめて長大であり、女子埴輪の袈裟状衣と実体がそぐわないことを指摘している[10]。増田は袈裟状衣がどのような装いなのかは不明なのであって、「手襁を掛けたり斜めに布を掛けたりした人物が、はたして巫人と言えるのかどうか大いに問題がある」[11]と後藤の説に根本的な疑問を投げかけている。

また関根真隆も、『古事記』神代記上の八十矛神など、女だけでなく男も意須比を着用している[12]ことから、意須比は男女の婚姻儀式に関係する衣装である可能性を示唆している[13]。

しかし、このような批判があるにも関わらず、考古学における近年の研究には、「意須比は二枚の三角形の布地の頂点同士を縫いつけるか結ぶかして、その部分を右肩にかづいて、左脇の部分で下端部を縫いつけて袋状にした簡略な衣服であろう」[14]とするものや、「台形の布の長辺を片方の脇の下を通して、その両端を反対側の肩の上で留め、残る二隅はそのまま垂らす。この布を意須比という」[15]と、あきらかに意須比の内容を誤解した見解が述べられている。これらの意見は、後藤の概念定義から遊離して意須比という言葉のみを使用していることからも、女子埴輪の袈裟状衣を意須比とする見解は、根本的に再検討が必要と考える。

そこで検討を進める前に、袈裟状衣の構造がどうなっているのか、まず実体を観察しておきたい。

2　袈裟状衣の観察

袈裟状衣は男子埴輪にはなく、現状では女子埴輪に限定される服装である。袈裟状衣の典型は第1章の女子埴輪の服装分類におけるⅡaであるが、その具体的な例として奈良県三郷町勢野茶臼山古墳例をとりあげて実体を観察したい（第60図1）。

本資料は、左の脇腹に袋状の膨らみを持ち、右の脇腹に板状の突出が前後2枚つく。右脇腹の板状の突出は前後に離れた状態である。袈裟状衣本体に文様や彩色はない。この造形から、袈裟状衣は無地の長方形の布を右肩から斜めに掛け、ぐるっと左脇腹にまわし、背中から右肩にもどって留めた衣装、と理解できる。

袈裟状衣の上には、両肩にタスキ、腹部に帯を締める表現がなされる。タスキと帯は無文の場合もあるが、刺突文（第60図1）、竹管文（第60図2）、線刻など、文様の施される例も多い。

この形を基本としながら、部分的に変化させた袈裟状衣がある。

まず、京都府京丹波町塩谷5号墳例は右肩ではなく左肩にかける（第60図2）。

また三重県松阪市常光坊谷4号墳例は、沈線で帯、突帯でタスキを表わすほかに、胸にV字に2本の沈線が帯状に描かれている（第60図3）。2本の沈線の中には刺突文が施され、腹部の帯の中央で交わり、そこから2本の帯先が垂下する。ただし垂下した帯先に刺突文はない。このV字状の帯と対応するように、背中にもタスキの突帯の下にV字状に2本の沈線が施されている。このため、胸のV字状の沈線はタスキではなく、この沈線に繋がると考えられる。正面背面ともに腹部の帯と交わることを考慮すれば、基本形とは異なる帯の結び方を示しているのかも知れない。

このほか島根県奥出雲町常楽寺古墳例は、袈裟状衣の下位に綾杉文の帯があって、基本形のよ

第1節　袈裟状衣の再検討

第60図　女子埴輪の袈裟状衣
（1．奈良県勢野茶臼山古墳　2．京都府塩谷5号墳　3．三重県常光坊谷4号墳
4．島根県常楽寺古墳　5．立山山13号墳）

うに衣を縛っていない（第60図4）。またタスキの表現を欠く。

さらに福岡県八女市立山山13号墳例は、両脇に板状の突出が1枚つくだけで、袋状の部分が表現されておらず、タスキ、帯ともにない（第60図5）。

しかし、これらの諸例は部分的な変形はあるものの、基本形と同じように、身体の両脇に布のはみだす袈裟状衣の形を意識的に造形しているため、同様の袈裟状衣、もしくはそれを省略表現しているとする理解が可能であろう。

袈裟状衣には以上のタイプとは別に、脇の袋状の膨らみは同じであるものの、反対の脇に板状の突出がつかない例もある。これは第1章の分類でIIbとしたものであり、造形の省略と思われ、上記のタイプとは少し異なることを考慮しておく必要があるが、袈裟状衣の一つとして分類できる。

なお、袈裟状衣は基本的に無地であるが、わずかながら本体に文様の施されたものもある。大

139

第 5 章　女子埴輪と采女

阪府高槻市今城塚古墳例と宮崎県新富町百足塚古墳例には三角文様が連続して線刻されており、立山山 13 号墳例（第 60 図 5）も同様な文様を施している可能性がある[16]。

3　袈裟状衣の実体

以上の観察から、女子埴輪の袈裟状衣の特徴をまとめるならば、次のようになる。

第一に袈裟状衣の実体は、ある程度の長さをもった基本的に無地の長方形の布を上体に斜めに巻きつけ、その長辺の両端を右肩上で留めたものであり、とくに複雑な衣装ではない。この点は、古く高橋健自の示した見解がもっとも正鵠を射ている。高橋は「一幅の巾を右肩から左腋を経て再び右肩の方へ連るやうに纏ひ、右腋にはその巾の両端が平行して挺出してゐるやうに見えるもので或る長い巾を裁縫を施さずにその上體に纏きつけたと見える」[17]と述べている。実際に長さ 180 cm、幅 60 cm 程度の細長い布を、高橋のいうように身体に装着すると、女子埴輪の袈裟状衣と同じ形態となる（第 61 図）。この袈裟状衣の実体からは、7.5 m もの長大な大きさの布を身体に取り纏くといった状況をうかがうことはできず、現在のバスタオル大の布にすぎないことから、大きさの点で意須比とは考えがたいという増田美子の指摘は、妥当な見解であろう。

第二に、さきに掲げた後藤の引用した『止由氣宮儀式帳』には、「木綿手次前垂懸弖。天押比蒙弖。」とあって、タスキの後に意須比を装着する状況が示されている。しかし女子埴輪の場合、タスキはいずれも袈裟状衣の後に装着している。したがって、着用方法の点でも意須比とするには問題がある。

このように改めて実体を観察すると、袈裟状衣を意須比とする根拠はほとんどない。袈裟状衣が何であるのか、改めて考証し直すべきであり、それは女子埴輪を巫女とする見解についても同じである。

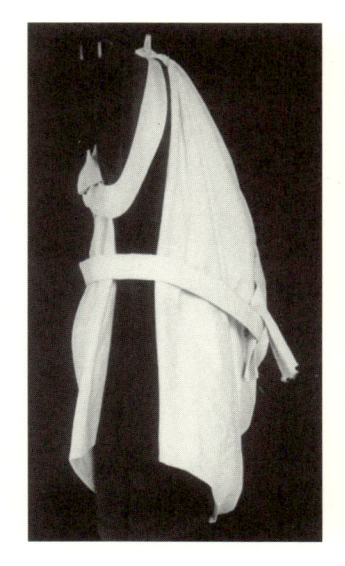

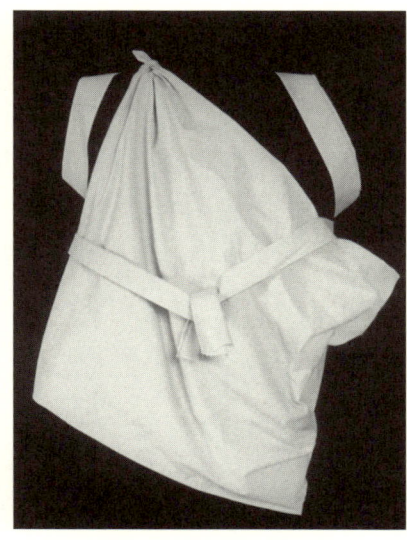

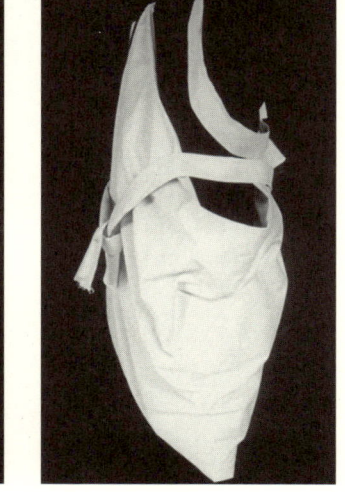

第 61 図　袈裟状衣の復元

以下においては、袈裟状衣の再検討をおこないたいと思うが、袈裟状衣のみに限定せず、まず女子埴輪の服装にはどんなものがあり、その分布、所作、所属時期はどのようであったかという基礎的な再確認からはじめたい。袈裟状衣は数多くある女子埴輪の服装の一形態なのであり、袈裟状衣の相対的な特質を認識することが、考察の前提として必要と考えるからである。そうした分析を踏まえた上で、文献との比較検討へと進み、袈裟状衣の意味、さらには女子埴輪の職掌について考察を進めていくことにしたい。

第2節　袈裟状衣の考古学的分析

1　袈裟状衣の諸特徴

遺物の形態を分類し、その相対的な年代関係、分布などをあきらかにすることは、遺物の特質を理解するために考古学でおこなうべき基礎的な分析である。はじめに女子埴輪の服装の地域分布、所作との関係、所属時期、古墳における配置の関係を把握しておきたい。

（1）分布

第1章において女子埴輪の服装を大きく3種類8形態に分けたが、このうち後藤が意須比と呼んだ袈裟状衣は、ⅡaとⅡbである（第13図）。

第1章で述べたように女子埴輪の服装は地域によって様相が大きく異なる（第3表）。近畿地方ではほとんどの女子埴輪の服装がⅡaであり、これのみは近畿を中心に西日本に数多く分布している。逆に副次的な服装のないⅠは、近畿をはじめとする西日本にはほとんどなく、対照的に関東地方に圧倒的多数が分布する。関東地方におけるⅡaは一例しかなく、もう一つの袈裟状衣であるⅡbについても、関東・東北・中部に分布しているが、出土総数はきわめて少なく、このことから袈裟状衣はおもに近畿地方に流行した服装といってよい。

（2）所作

女子埴輪の所作についても第2章において検討しているので、ここでは要約してまとめておきたい。おもな所作は、A：両腕を胸の前に掲げる、B：片腕を横上（もしくは胸前）に掲げる、C：両腕を下げる、の三つに分かれる。

Ⅱaの袈裟状衣の中心地ともいえる近畿地方では、若干の例を除いてほとんどが所作Aである（第16表）。持ち物は所持していないか、欠損により不明である。

九州・中国・四国地方においても所作Aが多い。服装はⅡaのほか、Ⅱc・Ⅱd・Ⅱeもある。Ⅱaの中には持ち物が判明し、壺と甑を持って胸の前に掲げる。

中部地方でも所作Aは多く、服装はⅡaと不明であり、持ち物には甑がある。Ⅰの服装も若干認められ、それらの所作はBになる。

これらに対して関東地方ではどうであろうか。やはり所作Aは関東でも多い（第13表）。服装はⅡbの袈裟状衣をはじめとする副次的な衣服だけでなく、副次的な衣服を身につけないⅠの多いのが特徴である。持ち物のわかる例では壺と甑、そして杯がある。

東北地方もすべて所作Aである。服装はⅠ、Ⅱc、不明で、袈裟状衣以外であるが、その所作はいずれも共通している。持ち物には壺と甑がある。

このようにみてくると、両腕を胸の前に掲げる所作Aは、服装および地域のちがいをこえて、もっとも普遍的な女子埴輪の所作とみなすことができる。持ち物のわかる例が、壺・甑・杯という食膳に関わる容器である点も、全国的に共通している。したがって、服装に関わらず容器を胸の前に掲げ持つ所作をしているという点で、女子埴輪の役割には共通した性格を認めることができるであろう。

ところで関東地方では、ほかの地域にはほとんどない片腕を掲げる所作Bと、両腕を下げる所作Cが数多く存在する。

所作Bの服装は（第14表）Ⅰが多数で、Ⅱの副次的な衣装もあるものの、その中に袈裟状衣はない。掲げた片手には持ち物を持つ例が多く、それには杯と棒状の不明物体がある。棒状の物体については実体がよくわからないものの[18]、杯は食膳具であることから、所作Bも食膳具を掲げ持つ点で所作Aと共通した性格がうかがわれる[19]。

しかし、これらに対し所作Cは（第14表）、服装のほとんどがⅠによって占められており、さらに持ち物のないことが特徴である。その姿は、A、Bの両所作とは大いに異なるといえよう。

なお、その他の所作では両腕を上げる所作があるほか、茨城県ひたちなか市大平古墳例が乳児を両腕に抱き母乳を与えている姿で特異であり類例はない。

(3) 所属時期

さて、このような服装と所作のちがいを所属時期の点から検討すると、第2章の編年で述べたように、近畿地方をはじめとする西日本では時期を通じてほぼ一貫した服装と所作であるのに対し、関東地方では大きな変化が生じている。

改めてまとめると、副次的な衣装であるⅡの服装は、関東地方における編年では2期新段階までで、3期にはなくなりⅠばかりとなる。とくに袈裟状衣は2期古段階までの古い時期に属す（第11表）。

また、所作Aは所属時期に関わらず存続するものの、所作Bは2期古段階までに属する例がほとんどであり、相対的に古い時期に多い。これに対し所作Cは、2期古段階の例が一例あるほかは、そのほとんどが2期新段階以降であり、とりわけ3期に著しく増加している（第12表）。

つまり関東地方では、当初は両腕を胸の前に掲げる所作や片腕を掲げる所作が主流であり、それらには近畿地方などと同様、袈裟状衣をはじめとする副次的な衣装を着用する例も存在し、食膳に関わる容器を掲げ持つ点でも西日本各地との共通性が指摘できる。しかし、時代が新しくなると、関東特有の両腕を下げる無所作が主体となり、同時に副次的な衣装も消えていくのである。

(4) 配　置

それでは、さまざまな服装や所作の女子埴輪が、人物埴輪群のどのような位置に配置されたのかを最後にみておきたい。

第1章で筆者は人物埴輪が形式ごとに一定の規則にしたがって配置される構造の存在をあきらかにした（第25図）。主要な形式は五つ設定でき、このうち女子埴輪は原則として坐像が第1形式、立像が第2形式となる。
　関東地方の前方後円墳においては、女子埴輪の配置に服装によるちがいは指摘しがたく、所作による配置のちがいもなく、一貫してその配置される位置は同じである（第22・24・26図）。また、所属時期によっても配置される位置は1期の保渡田八幡塚古墳から3期の綿貫観音山古墳にいたるまで一貫して同じである。つまり女子埴輪の配置は、服装や所作そして所属時期のちがいによって変化するわけではなく、基本的に坐像か立像かのちがいによっているだけと考えられる。
　近畿地方をはじめとする西日本では、人物埴輪の形式による配置のわかる例が限られているが、その代表である大阪府高槻市今城塚古墳では、近畿地方に多いⅡaの袈裟状衣を着た女子埴輪立像のほとんどが、やはり第2形式として坐像に隣接して配置されていた。したがって、女子埴輪の配置位置は、時期や地域に関わらず基本的に共通する。
　しかし、関東地方における円墳では、いささかちがう状況も指摘され、群馬県太田市諏訪下3号墳、同吉井町神保下條2号墳、埼玉県行田市酒巻14号墳では、女子埴輪と男子埴輪の立像の配置規則が守られていない（第27・37図）。とくに後二者は男子と女子が交互に配置されていて、前方後円墳におけるように第2〜3形式が分離される群構成をとっていないことから、これらの円墳の配置は、前方後円墳における第2形式と第3形式の配置関係を崩していると理解できる。
　このように第2、第3形式の配置関係の崩れた円墳における女子埴輪の服装や所作をみると、服装はすべてⅠであり、所作はBかCで、とくにCが多い。第2章第2節で指摘したように、円墳における女子埴輪の配置は、相対的に古い時期には前方後円墳と同じ配置規則によっていたものの、2期古段階から崩れはじめ、2期新段階以降無所作が主流となり服装も副次的な衣服が消えると、本来別の群構成をなしていた男子埴輪と交互に配置されるようになっていく。これは、前方後円墳における配置規則が地域や時間を超えて共通する状況とは大いに異なり、関東地方の円墳でおこった特殊な現象といえよう。

2　袈裟状衣の特質

　さて、以上の検討結果をまとめるならば、女子埴輪の服装は東日本と西日本とでは大きく異なるが、両地域に普遍的な女子埴輪の特徴として、両腕を胸の前に掲げる所作と、配置位置の特定性の二つがあげられる。この二つの特徴は、基本的に時間や地域に関係なく、服装のちがいとも関係しない。とりわけ、両腕を胸の前に掲げる所作の持ち物は、甑、壺、杯といった食膳に関わる容器で共通しており、それらは坐像もしくは立像として造形され、人物埴輪の中心的位置に置かれる男子坐像に近接する。このような特徴から、女子埴輪が人物埴輪群像の配置の中で担っていた基本的な役割を推定するならば、おもに食膳奉仕に関わる職掌と考えることができる。
　ただし、このような特徴は時期が新しくなると関東地方では失われていく。まず、両腕を胸の前に掲げる所作から、両腕を下げる無所作が主流となり、また配置位置も円墳で男子の埴輪と混

第5章　女子埴輪と采女

同して置かれるようになる。すなわち、関東地方において女子埴輪は、無所作になるのと軌を一にして円墳において配置位置の特定性が失われていく。

　しかしながら、関東でも前方後円墳では、無所作となってもその配置位置の特定性が守られていることは注意されるであろう。所作が変化しても、その配置の原理が変化していないことからすれば、所作のちがいを女子埴輪の職掌のちがいとして単純に対応させることはできない。前方後円墳における配置位置の一貫性からすれば、所作の変化は職掌の変化とするよりも、単なる造形の省略と理解するほうが妥当と考えられる。中小の古墳である円墳においては、造形の省略とともに、配置の厳密性も失われていったと推察される。

　したがって、女子埴輪の本来の役割を考えるならば、やはり食膳奉仕にあったと理解してよいと思う。時代が新しくなるにしたがって、関東地方ではそれが形骸化し、単に両腕を下げる姿と化していくのである。

　このような分析結果から、問題となる袈裟状衣の特質をまとめると、次のことがいえよう。

　第一に、袈裟状衣は近畿地方を中心とする西日本に数多く分布する衣装である。服装が異なっていても、その所作や配置が共通することからすれば、服装のちがいは地域や所属時期の差異を示すにすぎず、巫女の祭衣というような職掌のちがいとすることはできない。

　第二に、その所作は両腕を胸の前に掲げるのがほとんどであり、その多くが食膳具を持つことから、袈裟状衣は食膳奉仕に関係する女性の衣装であったと理解される。とりわけ所作の共通性は、服装に関わらない女子埴輪の特質でもあり、このことからも袈裟状衣だけを特殊な職掌の服装とし、それを巫女の祭衣と限定するこれまでの見解は退けられるであろう。

　以上の考古学的な検討にもとづけば、袈裟状衣はおもに近畿地方をはじめとする西日本において主として食膳奉仕に関わっていた女性の衣装として理解するのがもっとも妥当である。

第3節　袈裟状衣の考証

1　采女の服装

　それでは、古代において食膳奉仕に関わっていた女性には、どのような人がいたであろうか。大化前代の近畿地方で食膳奉仕を職掌とした女性といえば、采女があげられよう。

　采女とは、天皇に近侍し主としてその食膳に奉仕した女官である。磯貝正義によれば[20]、大化前代においては、国造や県主などの地方豪族が朝廷への服属の証として姉妹や娘を采女として貢進した。その出身地は大和・山城・伊賀・伊勢・備前・備中であり、近畿地方が中心であった。雄略紀に関係記事が集中することから、5世紀後半頃に制度として整備されたことが推察されている。

　そこで、采女の服装にはどのようなものがあったのか、文献をみていきたい。

　第一にあげられるのが、『日本書紀』天武11年（682）3月辛酉の詔である。

（ア）亦膳夫。采女等之手繦。肩巾。肩巾。此云二比例一。　並莫レ着。[21]

144

膳夫と釆女にタスキと「肩巾」、すなわちヒレを着用することを禁止したこの詔は、それ以前に釆女らがそれらを着用していたことを示している。このように彼女らがタスキとともにヒレというものを着用していたことを示す例は、ほかにもあげられる。

　（イ）又諸氏人東方諸國造十七氏乃枕子各一人令レ進天。平次比例給天依賜支。（『本朝月令』中の高橋氏文）(22)

　（ウ）皇御孫命朝乃御膳。夕乃御膳供奉流比禮懸伴緒襁懸伴緒雄乎。（『延喜式』祝詞大殿祭）(23)

　（エ）天皇朝廷尓仕奉留比禮挂伴男。手襁挂伴男。靫負伴男。剣佩伴男。伴男能八十伴男。（『延喜式』祝詞大祓）(24)

（イ）は膳氏の祖である磐鹿六雁が景行天皇より東国の国造子弟を膳夫として賜ったさい、彼らが「平次」（タスキの誤記か）とヒレを与えられたという伝承であり、（ウ）と（エ）はヒレとタスキをした膳夫や釆女が天皇の朝夕の食膳に奉仕することを述べている。（エ）については、「伴男」というように「男」の表記もみられるが、すでに中田薫があきらかにしたようにトモノオには女子も含まれており(25)、これを釆女と考えることに問題はない。これらの文字は「比例」「比禮」とそれぞれ異なるものの、その音はいずれもヒレであり、天武11年の詔の肩巾と同じと考えられる。つまり、膳夫と釆女は、タスキとともに、ヒレをしていたのである。

膳夫は天皇の食膳の調理人で、釆女は配膳にあたる女官であるから、彼らにとってタスキは衣服の弛みを留め、膳に服がかからないようにする役目を果たしたと考えられる(26)。では、ヒレとは、どのような服飾なのであろうか。釆女のヒレに焦点をあてて検討しよう。

『古事記』の雄略記には、釆女のヒレに関する歌がある。

　（オ）毛毛志紀能　淤富美夜比登波　宇豆良登理　比禮登理加氣弖　（後略）(27)

豊楽の宴のとき、三重の釆女は木の葉が浮いていることを知らずに雄略へ酒杯を差し出したため、雄略は怒ってこの釆女を切ろうとした。しかし、このとき釆女が歌を詠んだことで怒りが鎮まり、その罪を許して雄略自身も宮中の酒宴の歌を詠んだ。その雄略の歌の冒頭がこれである。

このヒレについては、本居宣長の次のような解釈がある。

　　大殿祭祝詞に、比禮懸伴緒云々、大祓詞にも如此あり。さて此上に鶉鳥と詔ふ意は、契沖が鶉のふの、肩より胸まであるを、領巾掛けたるさまに喩えて詔へりと云るがごとし、まことに此鳥頂より胸かけて白き斑あり、領巾掛たるさま、其にぞ似たりけむ(28)

これによれば宣長は、ヒレとは鶉の肩から胸にかけてみられる白い毛のように、釆女が肩から胸に掛けた白いもの、と解釈している。（ウ）や（エ）にも「比禮懸」「襁懸」とあることからすれば、ヒレもタスキと同じく肩に掛ける装束と推察することが可能である。

また白い色であることも、『万葉集』に白にかかる枕詞となっている例を見出せる。

　（カ）細比禮乃　鷺坂山　白管自　吾尓尼保波尼　妹尓示（巻9・1694）(29)

つまり釆女の着用したヒレとは、肩から胸にかける白い色の装束、と考えることができる。

このように考えると、女子埴輪がタスキとともに着用している袈裟状衣こそ、天武11年に廃止された釆女の肩巾である可能性が浮かび上がってくる。

2　袈裟状衣とヒレ

　学史を振り返ると、はじめて女子埴輪の袈裟状衣を釆女の肩巾と関連させて考えたのは、八木奘三郎である(30)。八木は、茨城県不二内出土のタスキをした女子埴輪を紹介するにあたって、『日本書紀』などにしばしばタスキの記事があることに触れ、神話や古代の記録においてタスキをする人物には、盟神探湯などの祭祀をおこなう人物と、膳夫・釆女など天皇の食膳の奉仕に関わる人物の二者があることを指摘した。そして不二内の女子埴輪については、「今此土偶が襷を掛け、又は斯く小壺を奉持するも皆其躰なり、前文の引書に據りて考ふれば諸国の釆女が天皇に給仕せるは斯かる風躰なる可しと思はる」(31)と、壺を捧げ持つ所作から、そのタスキを食膳の奉仕に関わる釆女のタスキと考えた。

　この見解に基づき、女子埴輪にしばしばタスキとともに表現されている袈裟状衣（Ⅱb）を釆女の服装とした。ただし八木は、紀記や万葉集に「領巾」や「比禮」などさまざまな文字で書かれたヒレも、（ア）の釆女の肩巾と同様と考え、これらをまとめて「領巾」と呼称し、女子埴輪の袈裟状衣を領巾としている。

　この八木の意見に対して、肩巾と領巾とは別物であり、女子埴輪の袈裟状衣は釆女の肩巾であると修正したのが、宮本勢助である(32)。宮本は、

　（キ）武埴安彦妻吾田媛、密来之、取=倭天香山土一、裹=領巾頭一。（崇神紀10年9月条）(33)
　（ク）時有=近習隼人一、曰=刺領巾一。（履中紀即位前紀）(34)

などの例から、『日本書紀』編纂当時、領巾は訓を施さなくとも、ヒレと読んでいたと認められるのに対し、（ア）の釆女の肩巾はことさらに「此云比例」と訓を施しており、通有の領巾を用いていないことに着目した。

　宮本は「領巾」という用語を文献から検討し、『倭名類聚鈔』に、

　（ケ）領巾日本紀私記云比禮。婦人項上餙也。(35)

とある例を踏まえ、その形態を現代のショールのようにうなじに懸けた帯状の布とした。さらに、それが中国隋〜唐代に流行した女子の服飾で、後に「披帛」、「披子」と呼ばれたものであることをあきらかにし、『倭名類聚鈔』にある領巾は、唐代の服飾の影響によって現われたものであることを指摘した。

　このように領巾が唐代の服飾の影響下にあるものならば、それより前の天武朝に禁止された肩巾が、領巾であるとは考えられない。宮本は、（キ）や（ク）の領巾という用語は、書紀編纂者の唐代の領巾に関する知識によって文字をあてたか、服飾的事実を考慮せずに伝説に付加したものだろう、と述べている。以上のような観点から八木奘三郎の見解を修正し、女子埴輪にみられる袈裟状衣（Ⅱb）や環状の布（Ⅱc）を領巾以前に存在した釆女の肩巾と特定したのである。

　ところが、この宮本の指摘はその後ほとんどとりあげられることはなく、現在も肩巾と領巾を同一視した意見が残っている。

　関根真隆は、（ケ）の記載から領巾とは領（くび）の巾と理解し、（ア）の肩巾も「肩にかけることをとくに強調したものだろう」(36)と同一視している。領巾の形態については、それまでと同

様、うなじに懸けた現代のショールのような帯状の布と考え、正倉院に伝来している「呉女領巾残欠」から色のある羅の布を実例としてあげている。

また増田美子は、紀記に出てくる領巾が何らかの呪力を持つものとして登場してくることに注目し、応神記の天之日矛が新羅から「比禮」を持ってきたという記述(37)から、領巾は古墳時代中期に入ってきた外来の衣装と理解している。こうした観点から(ウ)や(エ)の例も、「古来からの伝統を引き継いだ手繦に、新たに呪力を持つものとして入ってきた領巾が加わってこのような神事の装いが成立したものと考えられる」(38)と解釈している。

しかし、領巾と肩巾を同一視したこれらの意見は、やはり二つの点で問題がある。

第一に問題となるのは、ショールのように肩にかける帯状の布は、現在も隋代以降に中国で成立したと考えられていることである。

中国ではショールのように肩にかける帯状の布は「披帛」と呼ばれ、孫機は、披帛は東晋までは認められず、隋、唐代にいたって女性の服飾として広く使用されるようになったと述べている(39)。その起源は、南北朝時代に流行した仏教芸術にあるとし、菩薩像などの天衣の影響によるとの見解を示している。また華梅も、中国における披帛の起源を不明としながらも、壁画などの例から隋唐代になって盛行したのは疑いないと述べ(40)、沈従文も披帛の使用は隋代以降とし、唐代に流行したことを認めている(41)。

このような中国における研究を踏まえれば、ショールのような領巾は隋代以降に成立したものであって、増田のいうように古墳時代中期に伝来したとする説は成り立たない。宮本が指摘したように、崇神紀や応神記に登場する領巾が、ショールのような服飾であった可能性はほとんどないと考えられる(42)。

第二に問題となるのは、(ア)の肩巾の廃止は、天武朝における服制をはじめとする制度改変政策の一つとして位置づけられることである。

『日本書紀』によれば天武朝における服制の改変は、まず天武10年(681)4月に禁式九十二条が定められ、親王以下庶民にいたるまで、金銀など服飾品の階層設定がおこなわれた(43)。続いて天武11年(682)3月に(ア)の詔がだされ、旧来の服装とともに、膳夫と采女のタスキと肩巾が廃止されている。同年9月には旧来の跪礼、匍匐礼が廃止されて立礼に改められ(44)、天武12年(683)12月には朝参を定めるとともに、飛鳥のほか難波にも造都をおこない、複都制をとることが決められている(45)。そして天武13年(684)閏4月に、三カ条からなる詔がだされ、その第三詔は服装に関する規定であり、とくに会集日における着用すべき服装が定められている(46)。さらに天武14年(685)7月には、官人が朝廷の公事に携わるさいに着用する朝服が決められた(47)。

すでに関根真隆(48)や武田佐知子(49)によって指摘されているように、こうした一連の制度改変で新しく定められた立礼、複都制、朝服などは唐の制度の影響を受けたものであり、廃止された跪礼などはわが国の旧習に関するものである。隣国の新羅は、真徳女王3年(649)に唐の服制の採用に踏み切っており(50)、『日本書紀』には白雉2年(651)に新羅の貢調使が唐服を着て筑紫に来朝した記録がみえる(51)。つまり、天武朝における制度の改変は、東アジアの国際状況の

変化に対応して、朝廷の諸制度、とくに視覚的な服装や行動様式を、唐の制度にならって改めることに主眼をおいている。

こうした観点に立てば、天武11年に廃止された采女の肩巾が、唐に起源をもつショールに似た領巾であったとは考えられない。采女の肩巾とは、(オ)の雄略紀や(イ)、(ウ)、(エ)の伝承に記載されたヒレと同様、大化前代のわが国において伝統的に用いられてきた衣装と考えるべきである(52)。

3　女子埴輪と采女

以上をまとめるならば、宮本勢助の指摘したように、肩巾は奈良時代以降の領巾とは別の物である。膳夫や采女がタスキとともに着用した服装であり、采女の場合肩から胸にかける白地の布と考えられる。その用途を彼女らの職掌から推察すれば、現在の割烹着と同様と考えるのがもっとも妥当であろう。

このように理解すれば、肩巾の実体は女子埴輪の袈裟状衣ときわめてよく整合する。女子埴輪の袈裟状衣は基本的に無地であり、タスキとともに用いられ、これを着用した女子埴輪は両腕を胸の前に掲げ、食膳具を持つ。袈裟状衣の多くが近畿地方中心に分布している点も、采女の出身地の分布と共通する。したがって、女子埴輪の袈裟状衣、すなわちIIaとIIbは、肩巾と考えるのがもっとも妥当と考えられるのである(53)。

以上のように袈裟状衣を肩巾とするならば、袈裟状衣を着用した女子埴輪は采女、もしくは采女と同様、おもに食膳の奉仕に従事する職掌の女性と考えることができよう。さらに、服装に関わらず多くの女子埴輪が共通した所作と配置を示すことを考慮すれば、人物埴輪の構造の中で第2形式とした女子埴輪そのものの基本的な職掌は共通しており、基本的に支配者階級、その対象としては古墳の被葬者があげられるが、そのような対象に近侍し、おもに食膳奉仕に従事した女性であったと考えられるのである。

なお、タスキと肩巾は膳夫も着用している。参考までに、タスキをたよりに膳夫の可能性のある男子埴輪を探すと、わずかだがいくつかの候補があげられる（第62図）。

大阪府藤井寺市蕃上山古墳例（第62図1）は、半身表現ではあるが他の像との比較から坐像とみなされるものであり、これを川西宏幸と辻村純代は膳夫の可能性があると指摘している(54)。その服装は、タスキとともに腰の部分にスカート状の衣服を身につけている。所作は左手を前方に掲げているが、持ち物については不明である。これとほぼ同じものに三重県松阪市中ノ庄古墳例（第62図2）があり、両腕と下部が欠損し所作と腰の部分は不明であるが、線刻でタスキがあらわされた服装の表現は蕃上山例とよく似ている。また、大阪府柏原市太平寺6・7号墳例（第62図3）にも太いタスキの表現がみられ、過半部は欠損しているものの、腕の所作から跪坐の姿勢と認識できるので、男子と考えられる。

このうち2例はあきらかに坐像とみなされることから、その配置位置は女子埴輪に近接していたことが推定される。『新撰姓氏録』の襷多治比宿禰の名の由来に、「男兄男庶。其心如_レ_女。故賜_レ_襷為_二_御膳部_一_。」(55)とあることや、出土位置の推定から考えると、このタスキをした男子埴輪

第3節　袈裟状衣の考証

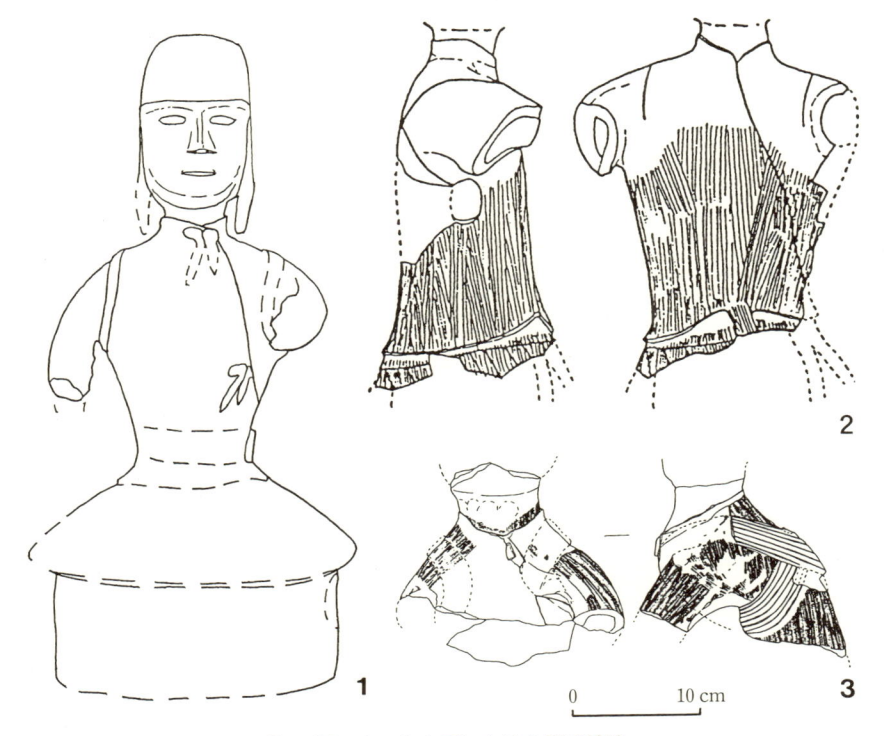

第62図　タスキを肩にかける男子埴輪
（1．大阪府蕃上山古墳　2．三重県中ノ庄古墳　3．大阪府太平寺6・7号墳）

は膳夫の可能性があると思われる。とくに、蕃上山古墳例の腰にみられるスカート状のものが無地であることは、膳夫の場合、肩巾を前掛けのように腰に巻いた状況を示している可能性も考慮される。ただし、こうした男子埴輪は現状ではきわめてわずかなので、今後の検討が必要であり、ここでは可能性を示すだけに止めておきたい。

注
（1）高橋健自『日本服飾史論』大燈閣　1927年　5～11頁。
（2）後藤守一「所謂袈裟状衣着用埴輪について」『考古学論叢』第3輯　1936年　233～247頁。
（3）『万葉集』1　日本古典文学大系　岩波書店　1957年　187頁5～9行。
（4）「止由氣宮儀式帳」『群書類従』第1輯神祇部　続群書類従完成会　1929年　54頁下段17行。
（5）「皇太神宮儀式帳」『群書類従』第1輯神祇部　続群書類従完成会　1929年　10頁下段13行。
（6）『交替式・弘仁式・延喜式前篇』新訂増補国史大系　吉川弘文館　1937年　89頁4行。
（7）注(2)文献242頁18行～243頁1行。
（8）後藤守一『日本古代文化研究』河出書房　1942年　286頁11行～12行。
（9）意須比説をとる論著は多数あり、おもなものとして以下があげられる（年代順）。
　　小林行雄『埴輪』陶磁全集第1巻　平凡社　1960年。
　　水野正好「埴輪芸能論」『古代の日本』第2巻風土と生活　角川書店　1971年　255～278頁。

橋本博文「埴輪祭式論—人物埴輪出現後の埴輪配列をめぐって—」『塚廻り古墳群』群馬県教育委員会　1980年　337〜368頁。
　　　間壁葭子「女子人物埴輪出現の背景」『神戸女子大学紀要』第24巻L　1990年　1〜22頁。
　　　辰巳和弘「衣服」『古墳時代の研究』第3巻生活と祭祀　1991年　27〜33頁。
　　　川西宏幸・辻村純代「古墳時代の巫女」『博古研究』第1巻第2号　1991年　1〜26頁。
　　　若松良一・日高　慎「形象埴輪の配置と復元される儀礼(下)—さきたま瓦塚古墳の場合を中心に—」『調査研究報告』第7号　埼玉県立さきたま資料館　1994年　25〜46頁。
　　　白石太一郎「埴輪の世界」『原始の造形—縄文・弥生・古墳時代の美術—』日本美術全集1　講談社　1994年　176〜182頁。
　　　亀井正道『人物・動物はにわ』日本の美術第346号　至文堂　1995年　22頁。
　　　高橋克壽『埴輪の世紀』歴史発掘第9巻　講談社　1996年　84頁。
(10)　増田美子『古代服飾の研究』源流社　1995年　49頁。
(11)　増田美子「人物埴輪の意味するもの」『学習院女子短期大学紀要』第34号　1996年　16頁1〜2行。
(12)　日本古典文学大系『古事記・祝詞』岩波書店　1958年　101頁9行。
(13)　関根真隆「おすひ」『奈良朝服飾の研究』本文編・図録編　吉川弘文館　1974年　174〜179頁。
(14)　注(9)若松・日高文献26頁26〜28行。
(15)　注(9)高橋文献84頁11〜13行。
(16)　このように何らかの文様の認められる裂裟状衣はきわめて少なく、管見ではこのほか高橋健自が「大和国佐味田発見埴輪土偶に就いて」(『考古学雑誌』第15巻第2号　1925年　67〜75頁)であげている和歌山県岩橋千塚出土例がある。
(17)　注(16)高橋文献67頁12行〜68頁2行。
(18)　棒状のものはこれまで「四つ竹」とされてきたが、宮崎まゆみは楽器の可能性は低いとする(宮崎まゆみ『埴輪の楽器』三交社　1993年　64頁)。
(19)　なお、完全な形とはならないが、女子埴輪が両手で板状のものを持つ例がある。これについては笏とする意見(注9若松・日高文献32頁)があるが、笏は『続日本紀』養老3年2月壬戌条に「初令=天下百姓右レ襟、職事主典已上把=笏」(『続日本紀』前篇　新訂増補国史大系　吉川弘文館　1935年　76頁5行)とあることから、関根真隆は養老令においてはじめて正式にとりいれられたものと述べている(注13文献32頁)。
　　　なお、近年大阪府高槻市今城塚古墳では、女子埴輪の中に両手で麈尾を持つと推測される例があるほか、茨城県常陸太田市瑞竜古墳の女子埴輪には板状の杓子を片手で所持している造形があり、麈尾、もしくは杓子の可能性も考慮すべきかと思われる。
(20)　磯貝正義「采女貢進制の基礎的研究」『郡司及び采女制度の研究』吉川弘文館　1978年　181〜246頁。
(21)　『日本書紀』後篇　新訂増補国史大系　吉川弘文館　1935年　361頁7〜8行。
(22)　「本朝月令」『群書類従』第6輯律令部公事部　続群書類従完成会　1929年　277頁上段15〜17行。
(23)　注(6)文献168頁10行。
(24)　注(6)文献169頁3〜4行。
(25)　中田　薫「我古典の『部』及び『縣』に就て」『法制史論集』第3巻上　岩波書店　1943年　528〜593頁。

(26) これに対し、女子埴輪の袖は広くないため、タスキの実用性は低く、身体を縛りつける儀礼性に意味があったとする意見もある（注10増田文献67頁）。しかし第1章第1節で指摘したように、人物埴輪の造形にはしばしば削除が認められることから、必ずしも現実の女子の袖が狭く細かったと限定はできないと思われる。

(27) 日本古典文学大系『古事記・祝詞』岩波書店　1958年　320頁11行

(28) 本居宣長「古事記伝」四十二之巻『本居宣長全集』第12巻　筑摩書房　1974年　318頁17行〜319頁1行。

(29) 『万葉集』2　日本古典文学大系　岩波書店　1957年　370頁13行。

(30) 八木奘三郎「常武両國新発見の埴輪に就て」『東京人類学會雑誌』第131号　1897年　187頁下段18行〜188頁3行。

(31) 八木奘三郎「常武両國新発見の埴輪に就て」『東京人類学會雑誌』第137号　1897年　426〜451頁。

(32) 宮本勢助「肩巾考」『民俗学』第5巻9号　1933年　742〜755頁。
　　　宮本勢助「肩巾考」『民俗学』第5巻10号　1933年　849〜871頁。
　　　宮本勢助「肩巾考図録」『民俗学』第5巻10号　1933年。

(33) 『日本書紀』前篇　新訂増補国史大系　吉川弘文館　1951年　164頁3行。

(34) 注(33)文献　325頁7行。

(35) 『倭名類聚鈔』正宗敦夫校訂編　風間書房　1967年　和名巻12・20(裏)1〜2行。

(36) 注(13)関根文献171〜174頁。

(37) 注(27)文献257頁15行。

(38) 注(10)増田文献67〜69頁。

(39) 孫機『中国古輿服論叢』文物出版社　1993年　180頁。

(40) 華梅『中国服装史』天津美術出版社　1989年　41頁。

(41) 沈従文『中国古代の服飾研究』増補版　同朋舎出版　1995年　247頁。

(42) なお増田美子は、中国東晋時代顧愷之の描いた『女子箴図』（大英博物館所蔵の唐代本）にも領巾が認められるとしている（注10増田文献69頁）。しかし、原田淑人はそれを垂飾としており（原田『増補漢六朝の服飾』東京大学　1967年　103頁）、女子箴図をみる限り、肩にかけるのではなく、襟や腰から翻るものであり、領巾とは異なる。

(43) 『日本書紀』後篇　新訂増補国史大系　吉川弘文館　1952年　357頁7〜9行。

(44) 注(43)文献365頁9行〜366頁1行。

(45) 注(43)文献370頁1〜4行。

(46) 注(43)文献371頁3行〜372頁2行。

(47) 注(43)文献377頁8行〜378頁1行。

(48) 注(13)関根文献45〜49頁。

(49) 武田佐知子「儀礼と衣服」『日本の古代』第7巻まつりごとの展開　中央公論社　1986年　287〜320頁。

(50) 『三国史記』末松保和校定　近澤書店　1928年　56頁12行。

(51) 『日本書紀』後篇　新訂増補国史大系　吉川弘文館　1952年　252頁1〜2行。

(52) なお、(ウ)の『延喜式』祝詞大殿祭について、天武朝以後に用いられる「某神の前に申す」という文書形式をとらないことなどから、令制以前の古態を留めていることが、三宅和朗「『延喜式』祝詞の成立」(『古代国家の神祇と祭祀』吉川弘文館　1996年　96〜132頁)によって指摘されてい

ることを付け加えておく。
(53) ただし、宮本が例としてあげたⅡcの服装は、文様や着色が施された例がしばしば認められること、また関東地方に分布し近畿地方ではほとんど認められないことから、白色を基調とし、近畿地方に中心をおく采女の肩巾とは異なる。これが何であるのかは今後の課題である。
　なお、このⅡcの服装を奈良時代に流行した領巾とする意見が原田淑人（『古代人の化粧と装身具』刀水書房　1963年　184頁）によって示されているが、これまで述べたことにもとづけば、この見解も誤りといえる。
(54) 注（9）川西・辻村文献。
(55) 佐伯有清『新撰姓氏録の研究』本文編　吉川弘文館　1962年　266頁5～6行。

第6章

男子立像の職掌と階層

第1節 「鷹匠」と「馬飼」

1 問題の所在

　人物埴輪の造形には全身、半身の区別や大小の差があり、第1章で検討したように、そのちがいは古墳における配置位置にも反映され、人物埴輪の構造の中で一定の意味をもっていた。その差の理由について後藤守一は、必ずしもあきらかでないと前置きしながらも、大きくかつ脚部まで含めて全身を造形するものは、着飾った服装から社会的上位の人物を表わしているように思われると述べ[1]、そこに古墳時代の階層差が反映していることを指摘した[2]。
　ここでは人物埴輪、とくに男子埴輪の全身、半身の造形差が古墳時代社会におけるいかなる意味を反映しているのか、その服飾と装備、そして古墳における配置関係の検討を通して考察をおこないたい。
　序章で触れたように、これまで人物埴輪の性格を論じるときは、埴輪それぞれの表現する姿態に注目するのが一般的な方法だった。水野正好の「埴輪芸能論」は、人物埴輪による祭祀のなかに、当時の社会構造を読みとろうとした高論であるが、その論理展開の基礎となっているのはおもにこの視点である[3]。水野は、鍬をかつぐ農夫、踊る人、椀をささげもつ女子など、それらの特徴的な姿態に着目し、それが豪族につかえる集団それぞれの職能を表象していると考えた。こうして分類された職業的集団の中に、「鷹匠」がいる。
　しかし、この「鷹匠」と他の職業的集団とでは、造形に大きなちがいがある。つまり「鷹匠」には脚があるのに、「馬飼」などには脚がない。
　「鷹匠」に脚が表現され、さらに装飾も豊富であることについて、水野は職業的集団内での階層差と解釈している。その根拠としては、群馬県高崎市保渡田八幡塚古墳において、動物埴輪とそれに関わる人物埴輪群に近接して「鷹匠」と目される埴輪が配置されていたこともあげられている。
　しかし若松良一は、「特殊技能ゆえに、高い地位を確保しえたのか、それとも首長層に属する貴人が、自ら狩猟行事の中で、鷹を扱った状態を示しているのか、容易に判断しがたい」[4]と、その造形が首長層と目される人物埴輪にも匹敵することを示唆している。群馬県太田市オクマン山古墳では男子全身立像群の中に配置されており、必ずしも一定の配置傾向が認められるわけで

153

第6章　男子立像の職掌と階層

はない。
　これを首長層の一員とみるのと、職業的集団の一員とみるのとでは、埴輪群像の解釈にもちがいが生じる。個々の表面的な姿態で人物埴輪の性格を論じる前に、まず人物埴輪全体の中で形態の比較、位置づけが必要であろう。
　第1章においておこなった形式分類にしたがえば、「鷹匠」は男子全身立像Ⅰa5であり、全身立像の一つとして把握されるのに対し、「馬飼」は男子半身立像Ⅰa5であり、半身立像の一つとして把握される。まずはじめに脚のあるなしの観点から「鷹匠」、「馬飼」を例に、人物埴輪の性格づけを再検討する。

　2　「鷹匠」

　まず、ほぼ全体のわかる資料から「鷹匠」の姿をみる（第63図）。
　1の太田市オクマン山古墳例は、烏帽子のように頭部上半の前屈する鍔つきの帽子をかぶり、美豆良を紐によって巻き上げ、腹部には三角文のはいった大帯を締め、堂々たる脚のある立像として表現されている。
　2の大和文華館所蔵の群馬県伊勢崎市上武士例は、額の部分に2個の突出のある被り物をかぶり、美豆良を紐によって巻きあげた、やはり脚のある立像として表現されている。
　3の四天王寺所蔵の出土地不明例は、1と形態の似た頭部上半の前屈する鍔つきの帽子をかぶり、腰に細い帯を2本めぐらしている。その大きさからみて、これも脚のある立像であった可能性がある。これらの「鷹匠」はいずれも左衽の服を着て、籠手をはめ、首玉もつけており、さらに1と2は腰に大刀と鞆を下げている。
　以上の「鷹匠」の服装と装備を他の人物埴輪と比較してみたい。
　第一に被り物に注目すると、1の帽子は3の帽子とほぼ同じ形態をしているものの、他の人物埴輪に同じ例を指摘することは難しい。しかしあえていえば、4の群馬県高崎市綿貫観音山古墳の胡坐の男子像の帽子が最も1に近いであろう。4の場合、鍔の形が双脚輪状形を呈しているが、1は鍔の後半分を欠いていて不明である。ただし4の鍔に施された放射状の線刻は、1の帽子の鍔にも施されており、共通性は高いと考えられる。次に2の被り物は、7の埼玉県美里町十条出土例、そして8の伝群馬県伊勢崎市出土例の被り物と同じである。注目すべきことは、これらの被り物を装着した人物が、いずれも盛装男子の脚のある像であることである。
　第二に腰の帯に注目すると、1の帯は連続三角文の大帯であり、このような大帯を締めた人物には、5の群馬県太田市由良出土例、6の同藤岡市白石出土例[5]があり、いずれも堂々たる盛装男子の脚のある立像である。また同前橋市朝倉町出土の琴を弾く脚のある男子坐像（第45図4）も赤彩のある三角文の入った大帯を締めている。さらに4の人物も、まったく同じではないものの、三角文が2段にわたって施された大帯を締めていることが指摘できる。次に、3は細い帯を2本めぐらしており、同様な帯は7の埼玉県美里町十条出土例、9の伝群馬県伊勢崎市出土例がある。この帯を締めた人物も、脚のある全身像である。なおこのほか、図示されてはいないが1は腰に袋を下げており、同様な袋を5も腰に下げている。このように「鷹匠」とよばれる人

第1節 「鷹匠」と「馬飼」

第63図 「鷹匠」埴輪と服装・装備の類例
(1.群馬県オクマン山古墳　2.群馬県上武士　3.四天王寺宝物館所蔵品　4.群馬県綿貫観音山古墳　5.群馬県由良
　6.群馬県白石　7.埼玉県十条　8〜9.伝群馬県)

第 6 章　男子立像の職掌と階層

物埴輪の服装や装備は、脚の表現のある盛装男子の埴輪に類例を見出すことができる。

　　3　「馬飼」

　それでは、「馬飼」の姿はどうか。ここでは、馬の前に立ち、馬を先導する状況で出土した人物埴輪をとりあげて検討したい（第64図）。

　1と2の埼玉県行田市酒巻14号墳例は、いずれも右手を掲げているとみられる脚のない立像である。頭部の表現がそれぞれ異なり、1はふりわけ髪、2は上部の両端が突出する被り物をしている。

　3の栃木県足利市明神山5号墳例は、左手を掲げた脚のない立像であり、頭頂部には棒状の造形が横につく。

　4の群馬県太田市塚廻り4号墳例も、左手を掲げた脚のない立像であり、頭部に被り物をかぶっている。

　5の千葉県芝山町姫塚古墳例も、左手を掲げた脚のない立像であり、縁に突起のついた円錐形の笠をかぶっている。

　これらの「馬飼」には、いずれも脚の表現がない。また、「鷹匠」にみられたような左衽の表現や、籠手、大刀、鞆といった装備もなく、装備といえるものは、1・3・5の3例の腰の後にある鎌だけである。

　そこで「馬飼」においても、その服装と装備を他の人物埴輪と比較すると、第一に被り物では、1は被り物はなくふりわけ髪で、6の埼玉県熊谷市野原古墳のいわゆる「踊る男女」の小さいほうが同様な頭髪をしている。また2の上部の両端が突出する被り物は7のオクマン山古墳の鍬をかつぐ人物と同じである。3の頭頂部の形態は8の同じ明神山5号墳の左手を掲げる人物に、また4の袋状の被り物は、9の同じ塚廻り4号墳の両手を胸の前に掲げる人物と、それぞれ共通する。5の円錐形の笠は、縁の突起はないものの、10の群馬県太田市由良出土と11の同脇屋出土の鍬をかつぐ人物が着用している。注目すべきは、こうした被り物をした人物が、いずれも脚のない立像であることである。

　第二に、さきにあげた類例も含めてその装備に注目すると、1・3・5は腰の後に鎌を挿しているが、これは6にもある。類例としてあげた7・10・11は鍬をかつぎ、11は腰に小刀を下げている。やはり、注目されるのは、これらの鎌・鍬・小刀という装備がいずれも「鷹匠」にはなかった装備であり、「鷹匠」にあった左衽の表現、それに籠手・大刀・鞆といった装備がこちらにはないことである。大帯を締めたり、下げ美豆良を紐で巻くといった装飾もない。共通する要素は、5と11の首玉、また10の耳環といったわずかな点だけである。さらに装備ではないが、2の口は円筒形の棒を刺突して穿孔しており、これは6の口と目の穿孔技法と同じである。こうした簡略な技法も、さきにみた「鷹匠」とその類例には認められなかった造形である。

　このように、「馬飼」とよばれる人物埴輪の服装や装備は、脚のない男子立像に類例を見出すことができるのであって、「鷹匠」とよばれる人物埴輪やその類例として図示した脚のある人物埴輪に、共通点を見出すことはほとんどできない[6]。

第1節 「鷹匠」と「馬飼」

第64図 「馬飼」埴輪と服装・装備の類例
（1・2．埼玉県酒巻14号墳　3．栃木県明神山5号墳　4．群馬県塚廻り4号墳　5．千葉県姫塚古墳　6．埼玉県野原古墳　7．群馬県オクマン山古墳　8．栃木県明神山5号墳　9．群馬県塚廻り4号墳　10．群馬県由良　11．群馬県脇屋）

157

4　全身像と半身像の階層性

　以上のように、「鷹匠」と「馬飼」の造形を類例と比較検討すると、この両者は脚の有無だけでなく、被り物や服装、装備の点でも、まったく別のグループに分類できる。
　ここで、最初にあげた意見を検討してみると、鷹匠が高い身分をもちえたために脚の表現がなされた、という解釈の根拠はどこに求められるであろうか。仮に鷹匠の身分が高かったと考えるにしても、同じ職業的集団としての共通した造形要素が必要である。しかし、唯一の共通点は、動物と関係をもつ、ということだけであり、このことが職業的集団という同一の性格を示す積極的な根拠となるかは疑問と考えられる。それは、動物との関係から離れてみればわかるように、鷹のいない「鷹匠」は盛装男子の姿になるのであって、馬のいない「馬飼」の姿とはならず、こうした基本的な姿に同じ職業的集団としての性格を示す要素はほとんどないからである。鷹匠の身分の高さを示す史料を別に見出さないかぎり、造形の異なる「鷹匠」を職業的集団の一員とする考えは支持しがたい。
　ところで、馬飼のなかにも、『日本書紀』継体元年正月丙寅条に出てくる継体に大王への即位を説得する荒籠[7]のように、高い身分をもちえた人物のいた可能性はあるものの、実際人物埴輪において脚のある「馬飼」の例は見あたらない。また脚のない「鷹匠」の例も、管見では見出せない。
　こうした造形のちがいは、職業的集団内での階層差に起因しているのではなく、両者の基本的な階層のちがい、さらには人物埴輪の製作にあたっての規範ともいうべきルールに起因していると考えるべきであろう。つまり、「鷹匠」とその類例、すなわち脚のある盛装男子像は、籠手・大刀・鞆・大帯などの豊富な装備、そして鍔つきの帽子をはじめとする装飾的な被り物、また美豆良を紐でまきあげるなどの華美な装飾表現によって、当時の支配者層の姿を象徴しているのであり、これに対し「馬飼」とその類例、すなわち脚のない男子像は、鎌・鍬・小刀という生産用具、そして笠・袋状の被り物といった簡素な装飾表現によって、当時の被支配者層の姿を象徴していると考えられる。換言すれば、人物埴輪の製作にあたっての、支配者層と被支配者層といった基本的な社会組織上の階層差の表現が、脚のあるなしをはじめとする造形の差であった可能性が高い。「鷹匠」は数ある盛装男子の一つの姿として理解できるのであり、鷹匠という職能をもつ人物というよりも、鷹を腕にのせる支配者層の人物、と考えるべきである。

5　人物埴輪における「馬飼」の意味

　ところで、「鷹匠」の類例は少ないのに対し、ここで「馬飼」とした男子半身立像についてみると、第1章で述べた人物埴輪の構造において第4形式として普遍的に存在する。その職掌については、配置規則によれば常に馬に伴うことから馬の飼育に携わる職掌と認識できる。
　このような職掌を、大化前代における社会組織の研究と比較検討するならば、大化前代におけるトモ、すなわち各種職務を奉じて朝廷に奉仕する官人の中に「馬飼部」がある。平野邦雄は、馬飼部を特定の技術・職能によって奉仕する「生産的トモ」[8]に分類している。

ただ、平野は『日本書紀』に、継体元年正月条にでてくる河内馬飼首は大伴金村の密使となって継体擁立に働き[9]、履中5年9月条にでてくる河内馬飼部は天皇の行幸にあたって乗馬の轡をとっており[10]、また時代は下るが、天武天皇の殯においても倭と河内の馬飼部造が誄をおこなっている[11]ことを引き、そこに高い階層の人物に近侍する性格のあることも指摘している。つまり、これらの馬飼は単なる馬の飼育係ではなく、貴人の外出や出遊にあたっての従者でもあったのであり、そこには貴人に近侍し奉仕をおこなう性格を認めることができる。

人物埴輪においては半身立像で造形されることからその身分は低かった可能性があるものの、大化前代における職掌の特質から、馬飼の職掌が人物埴輪に造形され常に一定の構造の中に反映されたのは、おそらく人物埴輪の意味の中に、これまでに指摘した坐像に示される高い階層の存在を中心として、女子埴輪に示される食膳奉仕の意味とともに、貴人の出遊に近侍し奉仕にあたるという意図が含まれていたからと考えられる。このように人物埴輪の構造に、近侍的な職掌が反映されているということは、その意味を理解する上で大きな鍵となるであろう。

第2節　武装人物埴輪の階層差

1　武装人物埴輪の三者

次に、武装した人物埴輪にも注目してみたい。武装人物埴輪には挂甲を身にまとった者のほかに、靫を負う者や盾を持つ者がいる。しかし、前者が全身立像であるのに対し、後二者は脚の造形のない半身立像である。武装人物においても、脚の有無のちがいがある。この点に関して水野正好は「埴輪芸能論」において、「鷹匠」と「馬飼」とは異なり、この造形差がそれぞれの所属する階層を反映している可能性を指摘している[12]。そこで次に、武装人物埴輪の職掌と階層の問題を検討する。

武装人物埴輪とは武具によって武装している人物埴輪であり、基本的に男子である。第1章で武装男子をⅤ類としa〜eに細分したが、ここでは大きく三つにまとめて話を進めたい。

第一にあげられるのは甲冑で武装した人物であり、武装内容は短甲（Ⅴa）、挂甲（Ⅴb）、不明甲冑（Ⅴc）の三つがある。

短甲武装は量的に少なく、ほとんどが半身像であって、腕を造形しない例も存在する。

これに対し挂甲武装はそのほとんどが全身像であり、甲冑武装の中では圧倒的多数を占める（第65図1）。その基本的な装備は冑を装着し腰に大刀を佩く。このほか靫もしくは胡簶、弓、鞆といった多彩な武具を装備する場合もある。またその所作は、刀の柄に右手をかけた抜刀スタイルが最も多く、これは地域や時期を通じて存在する。

不明甲冑は僅少にすぎない。このため比較はできないが、現状では全身像がある。

これらの甲冑の差は、初期の甲冑武装人物埴輪に短甲がみられ、後に挂甲が主体となるのは、甲冑そのものの流行時期のちがいを反映している。また短甲が大古墳をはじめ中小の円墳からも出土するのに対し、挂甲の出土はおもに前方後円墳をはじめとする大形古墳に限られる傾向があ

第6章　男子立像の職掌と階層

る⁽¹³⁾。したがって、武装人物で前者に半身像が多く、後者に全身像が多いのは、そうした甲冑所有者層の事情を反映している可能性も考慮される。

　第二にあげられるのは、甲冑を着用せず、靫を負う人物（Vd）である（第65図2）。これは半身像で、装備は弓を持つほか、腰に刀子を備える場合が多い。靫のかわりに胡籙を装備する半身像もこれに含めておきたい。

　第三は、盾の上に頭部のみを造形する盾持ち人物（Ve）である（第65図3）。半身像で、装備は基本的に盾のみである。まれに盾の前面に棒状の物体を貼り付けた例があり、その中には戟と理解される造形がある（第65図3）⁽¹⁴⁾ことから、単なる棒状のものも長柄の武器と考えられる。

　なお、盾持ち人物の盾については、現実に出土する同形態の盾が人間の身長ほどの大きさをもつことから、これを置盾とし、盾持ち人物は置盾の後ろに隠れる人物を誇張して表現している、とする意見もある⁽¹⁵⁾。しかし、『延喜式』隼人司条において、宮中儀式に用いた隼人の盾は全長5尺の大きさがありながらも、持盾であることから⁽¹⁶⁾、大きい盾には置盾だけでなく、持盾もあったことが上原真人によって指摘されている⁽¹⁷⁾。『延喜式』には「執=楯槍=」と、隼人が全長五尺の大きな盾と長柄の武器を持つことが示されており、その装備は盾持ち人物と共通する。ま

第65図　武装人物埴輪の大きさ
（1．埼玉県生出塚3・4・8号窯跡　2．群馬県今井神社2号墳　3．権現坂窯跡）

第2節　武装人物埴輪の階層差

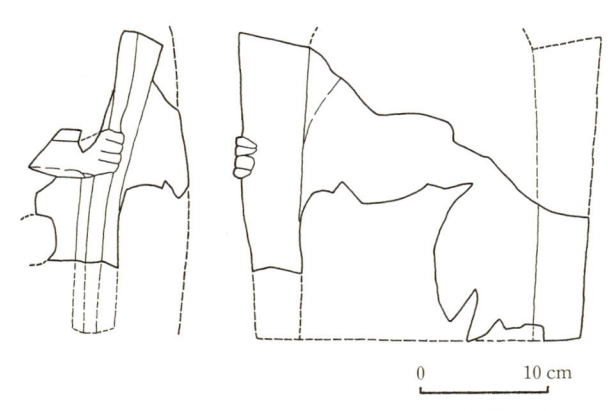

第66図　盾に添えられた右手（奈良県寺戸鳥掛古墳）

た、奈良県広陵町寺戸鳥掛古墳から盾の上部に右手を添えた盾持ち人物の出土していることを考慮すれば（第66図）、置盾とだけみるよりも、持盾としての機能も有していたと理解し、人物埴輪の基本的な装備とするのが妥当であろう。

盾持ち人物の特徴としてはこのほか、他の種類の半身像に比べて比較的大きく、とくに顔が大きく造形されることが指摘できる。また、馬を曳く人物など他の男子半身立像と共通する棒状の物体が頭頂部に横方向につく例の多いことも指摘されている[18]。

2　配　置

武装の内容から分類される三者は、古墳における配置にもちがいが指摘される。

人物埴輪はおおむね墳丘裾や造り出し、中堤などに群像として置かれるが、その相対的な配置には一定の規則があり、第1章で述べたように主要な形式のまとまりによって一番端もしくは中心から順に五つの形式が設定できる。基本的に挂甲武装人物は第3形式に含まれ、靫を負う人物も現状では明確な例が少ないが、中心に近い位置に置かれたと考えられる。これに対し盾持ち人物は、一番外側の第5形式であり、人物埴輪としては一番外側に置かれる場合がほとんどである。

前二者は、人物埴輪群像の中心に位置する胡坐像や女子像の外縁に位置し、その所作が大刀の柄に手をかけたり、弓を携える姿であることから、その役割は中心の群像の外側にあって警護の姿を示すことにあったと理解されるであろう。

ただし細かくみるならば、挂甲武装と靫を負う二者が一緒に並んでいる例が現状ではない。群馬県綿貫観音山古墳では、中心となる男女の坐像と女子立像をはさんで、向かって左側に挂甲で武装した全身立像Ⅴb、右側に靫を負う半身立像Ⅴdと、分けて配置されていた（第22図）。

また挂甲武装人物は第3形式に含まれるが、第1章で述べたように第3形式は男子の全身立像によって構成されており、挂甲を身にまとい武装したⅤbの人物とともに、非武装で大刀を佩くⅠa1もともに存在する。このうち、綿貫観音山古墳や小川台5号墳ではⅠaとⅤbの両者が揃

161

って置かれているものの、上芝古墳や殿部田1号墳では挂甲で武装したVbのみであり、これに対し姫塚古墳や山倉1号墳ではⅠa1のみであって、古墳によってはどちらか一方で構成される場合が認められる（第22・24・26図）。つまり挂甲武装人物は、他の半身像の武装人物よりも、非武装の全身立像との結びつきのほうが強いと考えられるのである。

したがって、挂甲武装と靫を負う二つの武装グループは同質ではなく、配置の相違とともに、全身半身、甲冑の有無という造形の格差からみて、軍事的役割とともに社会的階層の点でも差のあったことが理解される[19]。

これに対し、盾持ち人物は、まれに第3形式とともに置かれる例もあるものの（第22図）、人物埴輪としては一番外側に置かれ、さきの群像から離れて墳丘の端や中・外堤、とくに前方部側に円筒埴輪とともに配置されることから（第23図）[20]、その役割は古墳そのものを守護することにあったと理解される。また、装備の少なさやその髪型が他の半身像とも共通することから、すでに水野正好が指摘しているように、やはり甲冑武装男子とは社会的地位に差のあった人物と理解できる[21]。

3 職掌と階層

このような武装内容と配置のちがいについては、当時の軍事組織のあり方を反映している可能性を探ってみる必要があろう。

武装人物埴輪についても、大化前代における社会組織の研究と比較検討をおこなうならば、靫負と舎人に着目することができる。

靫負も舎人も大化前代におけるトモであり、両者は地方国造の子弟や一族から選ばれ、天皇や皇族に近侍した。靫負は、大伴氏に属し、武装して天皇や皇族の護衛にあたり、舎人は、天皇や皇族の側近にいて使者の役割など身辺の奉仕をおこなうとともに、靫負と同じくその護衛にもあたった。『延喜式』祝詞の大祓には「靫負伴男。剣佩伴男。」[22]と武装した男子の姿が記述されているが、その装備から平野邦雄はこれらのトモが靫負と舎人であることを指摘している[23]。

このうち舎人について井上光貞は、記紀の記事から天皇や皇族の側近に奉仕する職であるとともに、その訓読みが律令制の「兵衛」と同じであり、近衛府も「コノエトネリノツカサ」と呼ばれたことから、宿衛にあたり宮闕を守ることも舎人の職掌であったことを指摘している[24]。兵衛は『令義解』軍防令に「凡兵衛者。国司簡下郡司子弟強幹便二於弓馬一者上。郡別一人貢之。」[25]とあって、国造の後身である郡司の子弟で構成されていることから、舎人を律令制の中で変質させた事実上の後身が兵衛にほかならない。

また、直木孝次郎も舎人を近習としながらも、雄略紀5年2月条に、襲ってきた猪を倒すことを命じられながら、これを果たせなかった舎人が雄略に斬られかかったという記事[26]を引き、大化前代においても天皇の身辺を守るという軍事的機能があったと指摘している[27]。

このように舎人には近習と警護という職掌の二面性が認められるが、このような二面性を考慮して第3形式の男子全身立像をみるならば、そこには靫を負い挂甲によって武装したVbの男子とともに、大刀を佩くⅠa1といった全身立像の置かれる点が注目される。すでに述べたよ

第2節 武装人物埴輪の階層差

に、第3形式として配置される男子の全身立像群には、普通の服装で大刀を佩くⅠa1と武装した服装のⅤbの両者を具有するもののほかに、武装と非武装、いずれか一方の種類によって占められる場合も多い。つまりそれは、どちらか一方だけでもそこに配置されるべき男子の役割を示すことができたからにほかならない。

このように考えると、第3形式の男子埴輪の二面性は舎人の職掌の二面性とも共通し、おそらく舎人、もしくは舎人と同様の近侍と護衛という二つの職掌をもった人物として評価できると思われる[28]。

ところで舎人と同様、大化前代に親衛軍的職掌を担ったものとして靫負もいる。井上光貞はユゲイの語は靫を負うの意であることから、その装備は靫と弓矢であったかもしれない、と述べている[29]。井上はまた、靫負も本来国造またはその一族の子弟からなっており、その呼び名は律令制の衛門府に引き継がれていることを指摘している。

ただし、衛門府を構成するのは基本的に衛士であり、そこには兵衛のような身分規定はない[30]。靫負の制が舎人とは異なり6世紀以後拡充がみられないことから、井上は、名前は令制に引き継がれたものの、実質的な制度としては移行の過程で変質した可能性を述べている。

人物埴輪の職掌がただちに大化前代の職掌と同様とみることには慎重にならねばならないが、井上の指摘した大化前代から律令制にいたる職掌のありかたを参考にすれば、大化前代においてすでに靫負の親衛軍としての役割や構成員は舎人とはちがっていたと推測される。さきに指摘した靫を負う人物埴輪が、半身立像で甲冑を身にまとっておらず、挂甲武装の全身立像とも異なった配置状況にあることを考慮すれば、その性格のちがいは律令制下の兵衛府と衛門府の構成員の差に近似したものではなかったかと考えられるのである。

ところで、一番外側に配置される盾持ち人物の職掌を理解するにあたっては、その口の形が他の人物埴輪のようにヘラで横長の透かし孔を開けるだけとは異なり、大きく広げている例の多い点が注目される（第67図）。

すでに水野正好は、その中に笑う表情があることに着目し、『日本書紀』神武天皇条久米歌第6首に「楯並めて伊那佐の山の木の間ゆもい行き目守らひ戦へば」[31]とあることや、同第4首の「今、久米部が歌ひて後に大いに笑ふは、これその縁な

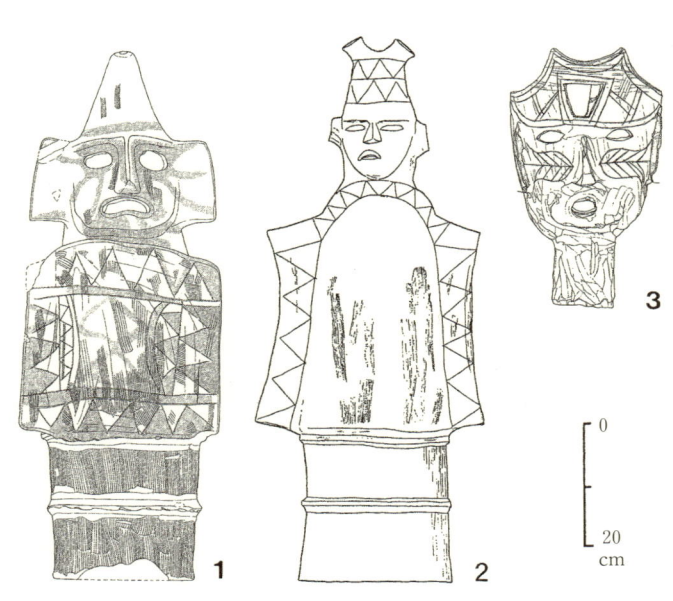

第67図 口を開ける盾を持つ男子半身立像
（1．群馬県保渡田八幡塚古墳　2．茨城県舟塚古墳　3．奈良県羽子田遺跡）

163

第6章　男子立像の職掌と階層

り」[32]などの例を引き、戦闘集団の来目部と同様、盾持ち人物が侵入を阻止する盾をとり、打ち勝つ笑いを持って対抗する職掌であったと推測している[33]。

　笑う表情のほかにも、茨城県小美玉市舟塚古墳などにおいては、上唇を突出させた特異な口の形がみられる（第68図2）。『延喜式』隼人司条によれば、盾を持ち宮門を警護する集団であった隼人の職務に狗の吠声があり、宮中儀礼のとき、また天皇が遠く駕行するとき国境や山川道路の曲を経るごとに吠声を発した[34]。吠声は護衛にあたっての一つの技能として、九州から上番してきた隼人が畿内の隼人から習得した。おそらく、盾持ち人物の上唇を突出させた口も、隼人の吠声のように、特異な発声をおこなっている可能性がある。

　したがって、盾持ち人物の口を広げた姿は、来目部や隼人と同様、護衛のために声を出している造形であり、隼人が国境において吠声をなすように、その役割は他の人物埴輪から離れて墓域の境界領域に立ち、古墳を守護することにあったと考えられる。

　以上の検討をまとめると、武装人物埴輪においても全身、半身の造形差は、脚の有無だけではなく、装備や配置、また表情にも差異があり、そこには職掌のちがいとともに、それらの職掌を構成する社会階層の差も反映されていた。そして、これらの武装人物が造形された背景には、古墳において複数の階層からなる集団がその職掌にしたがって警護にあたるという意味が、人物埴輪の構造に含まれていたことを示している。

注
（1）後藤守一『埴輪』アルス　1942年　68頁。
（2）武田佐知子も、服飾の検討から、男子全身立像の装飾をともなった衣服表現と半身立像の簡素な衣服表現の対比から、そこに可視的な身分表示があることを指摘している（「推古朝以前の衣服形態」『古代国家の形成と衣服制』吉川弘文館　1984年　99～128頁）。ただし、男子全身立像のズボン型の衣服に対し、男子半身立像の衣服がスカート型の貫頭衣の系統であるという武田の見解については、半身立像が下半身の省略であることから必ずしも支持しがたいと考える。この点については第1章で検討をおこなったので、ここでは省く。
（3）水野正好「埴輪芸能論」『古代の日本』第2巻風土と生活　角川書店　1971年　255～278頁。
　　　なお水野は全身半身だけでなく、背丈のちがいからも階層差の検討をおこなっている。
　　　水野正好「埴輪の世界」『土偶埴輪』日本原始美術大系3　1977年　172～187頁。
（4）若松良一『はにわびとの世界』埼玉県立さきたま資料館　1988年　66頁18～21行。
（5）この人物の被り物を後藤守一は、帽の下縁をみないが、これは省略されているとすべきであろうとしている（後藤守一「上古時代の帽に就て」『人類学雑誌』第55巻第5号　1940年）。ただ、この埴輪の額には帯状に色調のちがう部分があり、そこにハケ目を認めることができる。しかし、この埴輪の顔面部、被り物部、いずれもナデで仕上げられており、ハケ目はない。とすれば、この額の色調のちがう部分のハケ目は、1次調整の痕跡と考えられ、本来そこにあった鍔状のものが剥落したため認められるにいたったと考えるほうが適切であろう。ここでは鍔があったと想定して、図に示した。
（6）なお、栃木県真岡市亀山古墳出土の胡坐の男子全身像は、笠状の被り物をかぶっている可能性が考慮される。しかし、被り物の裾が欠損しており、全体の形態が不明であるため、これをどう評価

するかは今後の課題としたい。
(7)『日本書紀』後篇　新訂増補国史大系　吉川弘文館　1952年　13頁1〜4行。
(8) 平野邦雄『大化前代社会組織の研究』吉川弘文館　1969年　89頁。
(9) 注(7)参照。
(10) 注(7)文献328頁5行。
(11) 注(7)文献387頁7行。
(12) 注(3)水野1971年文献272頁。
(13) 藤田和尊「甲冑の変遷と保有形態の発展」『第33回埋蔵文化財研究集会　甲冑出土古墳にみる武器・武具の変遷』1993年　5頁。
(14) 塚田良道・新井　端「人物埴輪と大陸文化」『考古学ジャーナル』第349号　1992年　15〜19頁。
(15) 高橋克壽『埴輪の世紀』講談社　1996年　90頁。
(16)『延喜式』後篇　新訂増補国史大系　吉川弘文館　1937年　720頁2行、および717頁12行。
(17) 上原真人「武器・武具」『木器集成図録・近畿原始編（解説）』奈良国立文化財研究所　1993年　140頁。
　　　隼人の盾については岩永省三氏より、平城宮跡資料館にて展示中の資料を用いてご教示を賜った。
　　　なお、古墳時代の革盾についても、持ち盾とする意見が田中秀和によって示されている。
　　　田中秀和「畿内における盾形埴輪の検討―革盾模倣盾形埴輪を中心として―」『大阪市文化財論集』1994年　119〜145頁。
(18) 若松良一「埴輪と冠帽」『考古学ジャーナル』第357号　1993年　19〜25頁。
(19) なお、不明甲冑武装は類例がほとんどなく、ここでの検討からは省いた。
(20) 群馬県塚廻り1号墳や同中二子古墳、同保渡田八幡塚古墳などの例があげられる。
(21) 注(3)水野1971年文献272頁。
(22)『交替式・弘仁式・延喜式前篇』新訂増補国史大系　吉川弘文館　1937年　169頁3行
(23) 注(8)平野文献93頁。
(24) 井上光貞「大和国家の軍事的基礎」『日本古代史の諸問題』思索社　1949年（1971年再版）99〜184頁（頁づけは再版による）。
(25)『令義解』新訂増補国史大系　吉川弘文館　1939年　193頁4行。
(26)『日本書紀』前篇　新訂増補国史大系　吉川弘文館　1951年　366頁9行〜367頁9行。
(27) 直木孝次郎「舎人」『日本古代兵制史の研究』吉川弘文館　1968年　107〜135頁。
(28) なお、綿貫観音山古墳では全身立像の男子も坐像の男子と同じく副葬品と似た鈴付大帯をしていることなどから、これらの男子全身立像も被葬者をあらわしたものとする意見がある（梅澤重昭「綿貫観音山古墳の発掘調査」『藤ノ木古墳と東国の古代文化』群馬県立歴史博物館　1990年　76頁）。確かに第3形式の男子全身立像に被葬者が含まれている可能性をまったく否定することはできない。ただし、第3形式の男子全身立像は、男子の倚坐もしくは胡坐の坐像がしばしば1体のみ置かれるのとは異なり、複数置かれるのが通例であることを考慮すれば、集団として一つの役割をになった人物群を想定しておきたい。
(29) 注(24)井上文献99〜184頁（頁づけは再版による）。
(30) 注(25)文献185頁8行。
(31) 注(26)文献126頁4〜5行、および『日本書紀』日本古典文学大系　上巻　岩波書店　1967年

第 6 章　男子立像の職掌と階層

206 頁 17 行。
(32) 注(26)文献 124 頁 3 行、および注(31)日本古典文学大系上巻 204 頁 9 行。
(33) 注(3)水野 1971 年文献 273 頁。
(34) 注(16)文献 718 頁 3 行。

第 7 章

埴輪の軍楽隊

第 1 節　角笛と太鼓を持つ人物埴輪

1　人物埴輪の持つ楽器

　人物埴輪に伴う楽器でもっとも多いのは琴であり、従来これらの楽器を奏でる人物埴輪は歌舞の伴奏を表わすと一律に理解されてきた。このような理解は後藤守一が、群馬県伊勢崎市剛志天神山古墳出土の人物埴輪に琴や太鼓を持つ楽団が存在することに着目し、埼玉県熊谷市野原古墳より出土した2体の片腕を掲げる人物埴輪がこれと対応するのではないか、と推測したことに始まる[1]。

　しかし第1章で述べたように、片腕を掲げる人物埴輪が第4形式として馬形埴輪とともにあるのに対して、弾琴像は第1形式として坐像群中にあることから、結論として埴輪の中に踊る人物が存在した可能性は低く、弾琴像も基本的には饗宴の場における奏楽の姿と理解するのが妥当と思われる。

　ところで、人物埴輪に伴う楽器としては、このほかに太鼓と角笛がある。その数はわずかであるものの、太鼓に関していえば男子半身立像の装備であり、琴の場合とは異なっている。

　これについて末永雅雄は、「この時代にも太鼓は士気を鼓舞し各種信号などにも使用したことと思う」[2]と、後藤とは別の解釈、すなわち軍楽器であった可能性を述べている。軍楽器は『続日本紀』養老5年（721）12月辛丑条によれば「便作╴将軍之号令╴以為╴兵士之耳目╴節╴進退動静╴」[3]するもので、『令義解』軍防令軍団置鼓条には各軍団に常備すべき軍楽器として、角笛と太鼓があげられている[4]。そのような観点から人物埴輪を見直すと、琴を弾く人物埴輪が坐像という固定的な姿であるのに対し、太鼓を叩く人物埴輪は肩紐によって太鼓を釣り下げており、楽器を持ったまま移動可能な姿である。

　そこでここでは、人物埴輪の奏でる楽器のうち角笛と太鼓をとりあげ、その解釈に再検討を加えるとともに、東アジア地域の類例や日本の律令の記載と比較し、古墳時代における角笛と太鼓の用途について考えることにしたい。

2　角笛と太鼓

　角笛を持つ人物埴輪は、大阪府高槻市昼神車塚古墳と茨城県茨城町小幡北山埴輪窯跡E地区

第7章 埴輪の軍楽隊

第2工房址より出土している。

昼神車塚古墳例（第68図2）は、角笛の部分しか出土していないが、屈曲した器体の中央部分に剝離痕のあることから、ここに器体を支える手のついていた可能性が考えられる。剝離痕の位置からすれば、角笛は先端を上に向けた状態で人物が持っていた可能性が高い。細い吹き口から伸びた中空の器体が中央部分で屈曲し、先端は筒形に広がり、先端外面には孔が一つあけられている。吹き口は器体に対して斜めに切れている。

また、小幡北山窯跡例（第68図1）も楽器のみの破片であるが、楽器の上下には左右の手が残存している。角笛の形態は吹き口の部分が屈曲し、中実の器体は直線的に伸び、下はラッパ形に広がる。吹き口の上端はすぼまり、上端面にはヘラ状のものを刺突して吹き穴を表現している。これを持つ人物の様子は不明であるものの、大きさが同遺跡出土の半身像に合致することから、半身像であった可能性が高い。

この小幡北山窯跡出土の角笛を人物埴輪がどのように持っていたのかについては検討の必要がある。というのは、楽器の形からすれば垂直に持つのが自然であるが、両手が角笛を抱え込むようにかなり回り込んでいるため、垂直に持つと理解するには無理があるからである。残っている手の位置からすれば、ラッパ形の部分を吹き手に向け、穴のあいた吹き口を外に向けて持つのが無理のない持ち方ではあるものの、それでは楽器としての用をなさない。筆者自身が実物を持って考えた可能性としては、吹き口を自分に向けた場合、ラッパ形の部分を右脇におくのが最も無理のない持ちかたと考えられる。管楽器のサックスを腰掛けて吹くときのように右斜め下に向けて持つならば、両手が角笛を抱え込むように回り込んでいても不自然ではなく、屈曲した吹き口がちょうど吹き手のほうを向く形になる。第68図ではそのように示した。

次に、太鼓を持つ人物埴輪は、剛志天神山古墳と埼玉県熊谷市女塚1号墳から出土している。

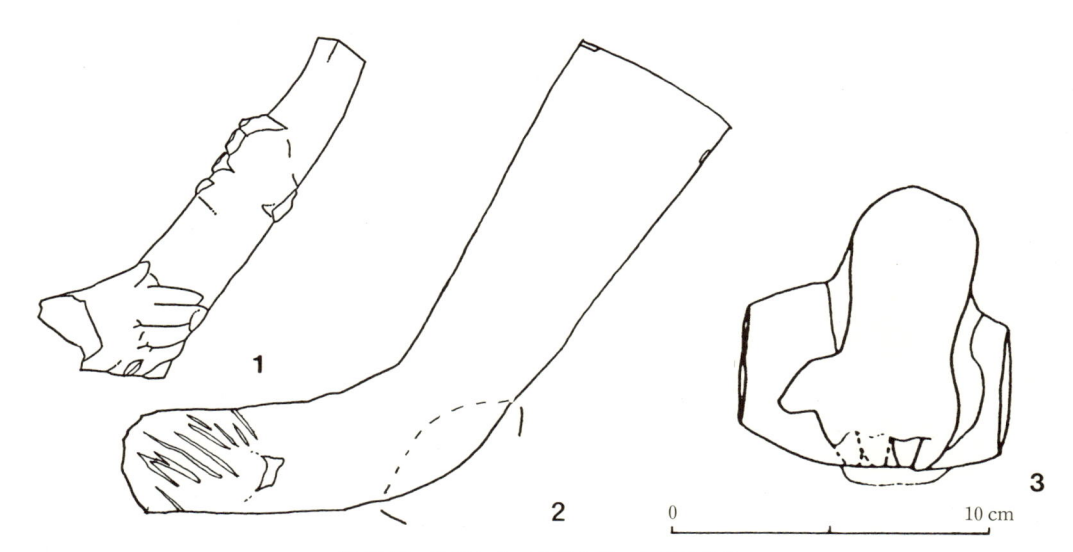

第68図　角笛および太鼓を持つ人物埴輪片
（1．茨城県小幡北山窯跡　2．大阪府昼神車塚古墳　3．埼玉県女塚1号墳）

第1節　角笛と太鼓を持つ人物埴輪

　剛志天神山古墳例（第69図）は半身像で、首の部分が欠けているものの、下げ美豆良の痕跡があることから男子と考えられる。右肩に懸かけた紐の先、左腰のところに、両端の側面に連続三角文のはいった樽形の太鼓を下げている。この連続三角文は、太鼓の革を締めている緒の表現と考えられる。人物の姿は、太鼓の尻に左手を添え、右手に持った頭の丸いバチを革にあてている。また女塚1号墳の資料（第68図3）は、破片であるけれども、太鼓の形態が樽形であること、これに左手が添えられている点が剛志天神山古墳例と共通し、左腰に太鼓を持ち右手でこれを打つ姿であったと理解できる。このほか、剛志天神山古墳には上端部が欠け徳利のような形をしたものに右手をあてた姿の人物埴輪もあり、これも太鼓を叩く例と同様、右肩に紐をかけている表現のあることから、鼓とおぼしき打楽器を打つ人物埴輪と考えられている[5]。

　それでは、これらの人物埴輪はどのような場所に配置されたのであろうか。

　昼神車塚古墳では角笛は、力士やポーズ不明の半身像が1列に並ぶ中から出土した。付近からは猪と犬の埴輪も出土しており、必ずしもほかの楽器と群をなしていないようである。

　太鼓を持つ人物については、剛志天神山古墳前方部中段において楽器を持つ人物が群をなしている状況がうかがわれる[6]（第69図）。ここでは向かって右側に動物とそれに関わる人物、左側に楽器を奏でる人物と女子が置かれており、楽器のある左側では、前方部に向かって最前列に男根を露出し琴を弾く男子の全身倚坐像、その後ろに太鼓を持つ人物と鼓を持つ人物が並んでおり、その左後ろに袈裟状衣を着た女子像が置かれる。また、太鼓を持つ人物と鼓を持つ人物の近

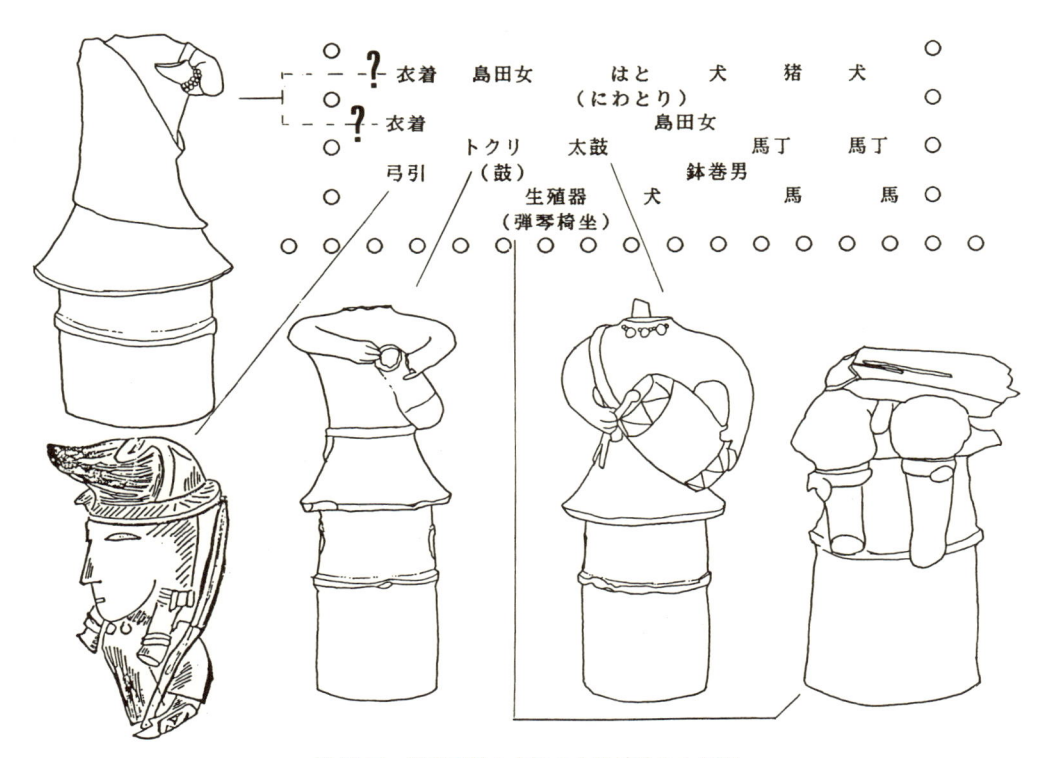

第69図　剛志天神山古墳の人物埴輪出土状況

第7章 埴輪の軍楽隊

くには、弓を持つ人物があり、この人物は甲冑に包まれた武装男子ではなく、帽子をかぶり籠手をつけた男子である(7)。台部まで遺っている太鼓を持つ人物のように、本来の配列位置にあったかは不明だが、頭部だけでなく肩、手、弓の部分も残存しているため、付近に置かれていて倒壊した可能性がある。

このほか、女塚1号墳においても、太鼓を持つ人物の破片と琴を弾く人物の破片が出土している。ただし、これは周堀に破片が転落した状況で出土しており、本来の配列は知りがたい。

以上の例では、角笛についてはその用途を導き出すことは難しいが、太鼓の用途は琴に近接して配置されていることから、琴の演奏に伴う可能性も考慮される。

しかし、国内の少ない資料で角笛と太鼓の用途を議論する前に、同時代の東アジアの地域における類例や、古代日本における文献の記載を調べることにし、その上で改めてこの問題を検討したい。

第2節　軍楽器としての角笛と太鼓

1　中　国

まず中国の例では、5～6世紀の南北朝時代において、角笛と太鼓は軍楽器として用いられていた。この点については楊泓の研究(8)があり、ここでは楊泓の研究を参考にみていきたい。

楊泓によれば、漢代から三国時代の中国では、天子や高位の人物の護衛の行列である鹵簿がおこなわれるようになり、その中には軍楽隊も含まれていた。建鼓・鐃・簫・笳の4種の楽器を使用する軍楽隊は、「鼓吹」(9)と呼ばれたのに対し、西晋以降相次いで中原に侵入した鮮卑など北方の民族の軍隊は、角笛と太鼓の2種の楽器を使用する軍楽隊を伴っており、これは「横吹」(10)と呼ばれたという。

軍楽隊の姿は、4世紀代の五胡十六国時代から6世紀までの北朝時代の俑に数多く造形されており、鹵簿におけるその内容は近年蘇哲によっても集成、検討されている(11)。とくに東魏～北斉、西魏～北周といった6世紀代になると数多くの出土がある。ここで後者の横吹を示す各時代のおもだった俑をあげると、次の例がある（第70図）。

五胡十六国　陝西省西安市草廠坡1号墓　騎馬楽俑4点（角笛、太鼓各2）　楽俑2点（太鼓、
　　　　鑼各1）（第70図1）

北魏　河南省洛陽市元邵墓　騎馬楽俑4点（太鼓4）　楽俑3点（太鼓3）（第70図2）
　　　寧夏回族自治区固原県彭陽新集M1号墓　楽俑10点（角笛8、太鼓2）（第70図4・
　　　5）

東魏　河北省磁県趙胡仁墓　楽俑9点（太鼓9）（第70図3）

北斉　河北省磁県高潤墓　騎馬楽俑12点（角笛、太鼓各2、他楽器不明）　楽俑33点（太鼓10、
　　　楽器不明23）（第70図6～8）
　　　河北省磁県高洋墓　騎馬楽俑39点（楽器不明）　楽俑95点（太鼓41、他不明）（第70図

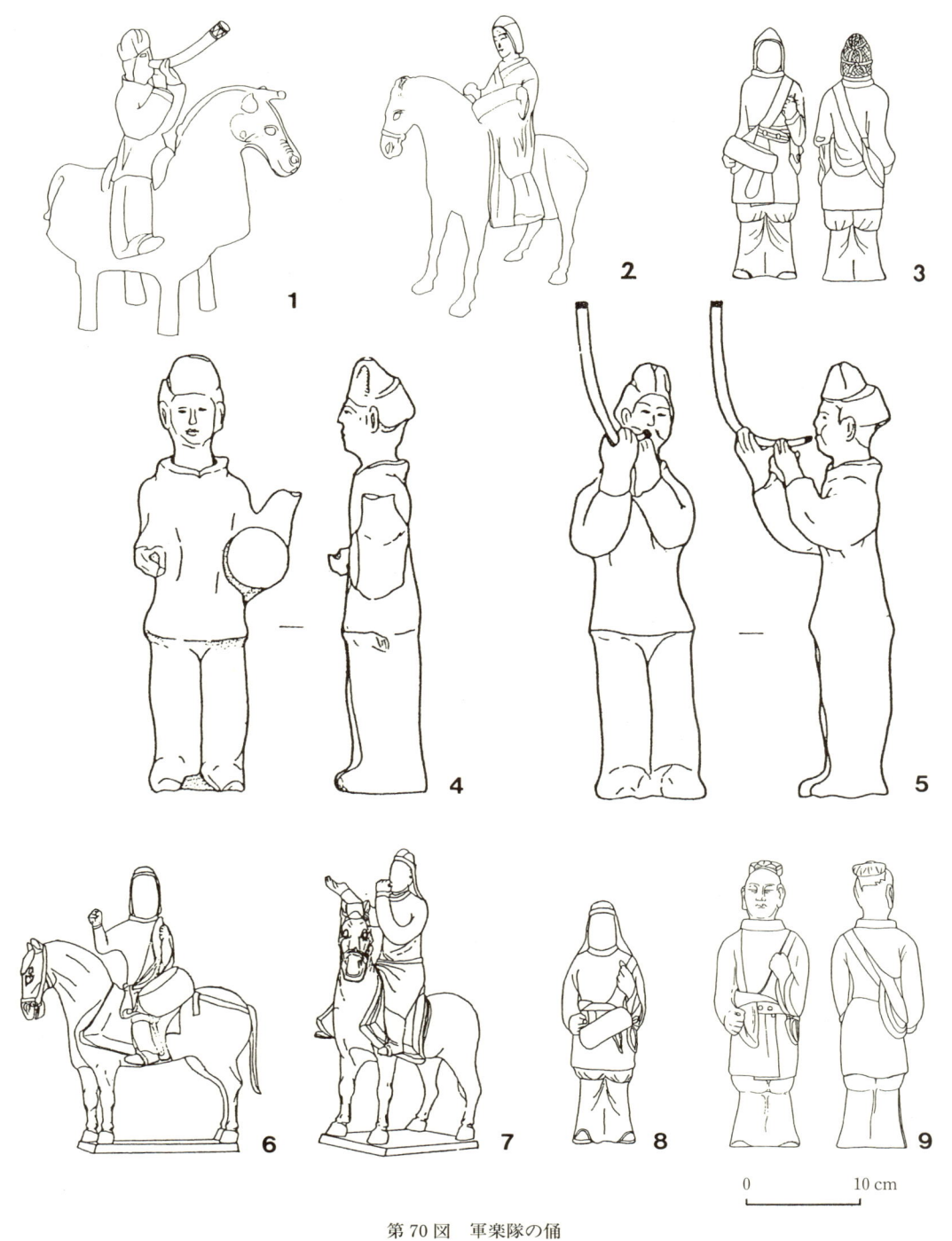

第 2 節　軍楽器としての角笛と太鼓

第 70 図　軍楽隊の俑
（1．草廠坡北朝墓　2．元邵墓　3．趙胡仁墓　4・5．新集 M 1 号墓　6〜8．高潤墓　9．高洋墓）

9)
西魏　陝西省咸陽市侯義墓　騎馬楽俑21点（角笛10、他楽器不明）
南朝　河南省鄧県学庄彩色画像磚墓　楽俑（太鼓1）

　最後の例を除き、いずれも鎧馬にまたがる騎兵や歩兵の俑とともに出土している。騎馬楽俑と立像の楽俑の二種類があり、基本的に角笛と太鼓はセットで用いられている。ただし、武泰元年（528）銘の墓誌が出土した北魏代の元邵墓（第70図2）や、武定5年（547）銘の墓誌が出土した東魏代の趙胡仁墓（第70図3）のように、太鼓しか発見されていない例もある。

　楽器の形態をみると、まず角笛は、草廠坡1号墓（第70図1）や新集M1号墓（第71図5）、侯義墓の例によれば、いずれも吹き口が細く先端が円筒形に広がっており、湾曲した形をしている。その素材となったのは水牛などの牛角である(12)。草廠坡1号墓例は先端に連続三角文の装飾が施され、新集例では両端に朱紅色が塗られている。角笛の持ち方は、いずれも先を上に向けるように両手で持っており、武平7年（576）銘の墓誌が出土した高潤墓の例（第70図7）も、楽器は欠失しているものの、両手の形から同様に角笛を持っていたと考えられる。

　太鼓は多くが厚みの無い円筒形で、人物の左腰につけている例が多い。太鼓を叩くのは、高潤墓例（第70図6・8）では両手であり、元邵墓例（第70図2）などでは左手を太鼓に添え右手のみで太鼓を叩いている。新集M1号墓例（第70図4）では、右手に孔があいているのでバチをもっていたと推測でき、その他の多くも手を握り拳に表現していることから同様であった可能性が高い。また鄧県学庄墓例においては右肩から太鼓を吊る帯の下がっている様子も表現されている。

　横吹は北朝の俑に多数みられるが、南朝においても鄧県学庄墓の画像磚に横吹の例がある。ここでは徒歩の楽隊が二つあり、一つの楽隊は北朝の俑にみられるのと同じ角笛と太鼓の横吹であり（第71図1）、太鼓を持つ人物は左手に鞉鼓も持っている。これに対しもう一つの楽隊は、角笛を基本としながら、太鼓ではなく笛・簫・筑などの吹奏楽器を伴っており（第71図2）、楽器の組成だけでなく角笛の先を右腰の横に下げて持つなど、一般的な横吹と異なる点がある。『隋書音楽志』では、太鼓を省き篳篥などを加えた横吹を「小横吹」と呼び、太鼓とともに篳篥などを加えた横吹を「大横吹」と呼び分けており、楊泓はこれもそうした横吹の分化と関係する可能性を指摘している(13)。

　ところで、ここにあげた横吹の軍楽隊はいずれも武装していない。このことは、唐の時代においても同様であり、848年に吐蕃の勢力を駆逐して敦煌を唐の勢力下に治めた張議潮の出行図を描いた敦煌156窟壁画では（第71図3）、左側に武装した騎馬軍団が整列しているのに対し、右側の横吹の軍楽隊は甲冑はもとより武器も装備していない。したがって、軍楽隊の人物は南北朝時代はもちろん唐の時代においても、武器・武具をおびていないのが通例であったと考えられる。

2　朝鮮半島

　次に、朝鮮半島の例をみると、4～5世紀の高句麗古墳壁画に角笛などを使用する軍楽隊の姿

第2節　軍楽器としての角笛と太鼓

第71図　軍楽隊の壁画
（1・2．鄧県彩色画像磚墓　3．敦煌莫高窟156窟）

第 7 章　埴輪の軍楽隊

がある。

　軍楽隊を描いた代表的な図として、朝鮮民主主義人民共和国黄海南道の永和 13 年（357）銘のある安岳 3 号墳の東側回廊東壁の行列図があげられる。ここでは儀杖兵の行進の後方に、建鼓・簫・笳・鐃の 4 種の楽器を使用する鼓吹の騎馬楽隊が描かれている（第 72 図 3）。行進の前方には、担鼓と担鐘の楽隊も描かれており、これも行進に伴う軍楽隊であったと考えられる（第 72 図 2）。

　ところで安岳 3 号墳では、これとは異なった楽隊が行列図の前方に位置するかたちで北側回廊東壁に描かれている（第 72 図 1）。この楽隊は角笛と揩鼓・鞨鼓からなっており、南朝の鄧県学庄墓の画像磚にみられる横吹の軍楽隊に近い姿である。このような角笛を主要な楽器とする軍楽隊は、高句麗古墳壁画においては数多く認められ、その例は次のとおりである。

南甫市徳興里古墳　　　　前室南壁騎馬楽隊図　　　角笛と鞨鼓　　（第 73 図 1）
南甫市龕神塚　　　　　　羨道西壁騎馬楽隊図　　　角笛と建鼓　　（第 73 図 2）
南甫市薬水里壁画古墳　　騎馬楽隊図　　　　　　　角笛と揩鼓、鞨鼓　（第 73 図 3）

第 72 図　安岳 3 号墳の軍楽隊の壁画

第 73 図　高句麗古墳壁画の軍楽隊
（1．徳興里古墳　2．龕神塚　3．薬水里古墳　4．八清里古墳　5．大安里 1 号墳）

　また、鼓の存在は不明であるが、角笛のみあきらかな例は次のとおりである。
平安南道八清里古墳　　　　前室東壁騎馬楽隊図　（第 73 図 4）
南浦市大安里 1 号墳　　　　前室北壁騎馬楽隊図　（第 73 図 5）
　これらの軍楽隊は武装しておらず、基本的に人馬ともに甲冑をまとった鎧馬騎兵隊の前方もしくは横の位置を占めている。いずれも角笛が中心的な楽器であるが、太鼓の形式が左腰に下げるものではなく、鼓吹で使用される建鼓が存在し、北朝の横吹とまったく同じではない。また、これら軍楽隊の描かれた古墳がいずれも平壌周辺に所在し、集安周辺の例がほとんどないことも、高句麗における軍楽隊の成立を考える上で注意すべきことと思われる。
　ただし、高句麗古墳壁画において、角笛は軍楽隊以外の場面にも描かれている。朝鮮民主主義人民共和国社会科学院考古学研究所編『高句麗の文化』によれば、安岳 3 号墳前室南壁右側には

175

第7章 埴輪の軍楽隊

第74図 高句麗古墳壁画における舞楽と狩猟の楽器（1．安岳3号墳　2．薬水里古墳）

立って角笛を吹く男子とともに、建鼓や簫などを持った4人の楽士の姿があり（第74図1）、その左側には3人の舞う姿もあることから、角笛は宮廷における舞楽の伴奏にも用いられている[14]。また岡崎晋明は、薬水里壁画古墳の前室西壁に描かれた狩猟風景図の最後尾に、馬上で角笛を吹く人物がいることから（第74図2）、日本の昼神車塚古墳において犬や猪の埴輪とともに出土した角笛の埴輪片も、狩猟に用いられた道具として造形された可能性を指摘している[15]。これらの例から、一部には軍楽器以外の用途にも角笛を用いた可能性を考慮しておく必要があろう。

なお、中国の俑や高句麗古墳壁画から琴を弾く人物についてもみれば、中国の俑においては琴を弾く人物は楽俑の中にあり、正坐した姿である。角笛や太鼓を持つ俑と異なり、別の楽団に属しており、服飾も異なっている[16]。また高句麗古墳壁画においても、琴を弾く人物は阮咸、長笛の演奏者とともに伴奏楽団の一員となっており、正坐した固定的な姿であることも俑の場合と異ならない[17]。つまり、中国の俑や高句麗古墳壁画において琴を演奏する人物と角笛や太鼓を演奏する人物は、姿勢表現やその所属するグループが基本的に異なっている。

3　古代日本

さて、古代日本における軍楽器について、文献では『日本書紀』天武14年（685）11月丙午条の記述によって、その存在を知ることができる。

　　詔＝四方国＿曰。大角。小角。鼓吹。幡旗。及弩抛之類。不レ応レ存＝私家＿。咸収＝于郡家＿。[18]

これとほぼ同一内容の規定は、養老令の官撰注釈書である『令義解』の軍防令私家皷鉦条にもある。

　　凡私家。不レ得レ有＝皷鉦。弩。牟。矟。具装。大角。小角。及軍幡＿。[19]

この二つの文は、軍楽器や軍幡、そして機械じかけの大弓や長柄の矛、さらには馬の甲冑を個人が所有することを禁じており、軍団の指揮に関わる軍楽器、また重要な武器・武具は、国家の

第2節 軍楽器としての角笛と太鼓

管理下に置くことを規定したものである。

軍楽器についての規定は、『令義解』軍防令軍団置鼓条に明確に示されている。

凡軍団。各置_鼓二面。大角二口。小角四口_。通_用兵士_。（下略）[20]

以上の文に見える大角、小角とは角笛のことであり、鼓は太鼓と考えられる。天武14年条に見える「鼓吹」は、養老軍防令の私家鼓鉦条や同軍団置鼓条をみる限りでは、鼓吹に関わる簫・笳の記載がないため中国の鼓吹と同じではなく、太鼓のことだけを指している可能性が高い。『万葉集』巻2の198、持統10年（696）の高市皇子の死に際しての柿本人麿の挽歌にも、

（前略）御軍士を　あどもひたまひ　ととのふる　鼓の音は　雷の　聲と聞くまで　吹き響せる　小角の音も　敵みたる　虎か吼ゆると　諸人の　おびゆるまでに（下略）[21]

とあることから、鼓吹とあっても、基本的に軍楽器は角笛と太鼓の二種類だったと考えられる。

こうした軍楽器は、軍事的な活動のみならず、儀式においても用いられている。『続日本紀』の霊亀元年（715）正月甲申の元日朝賀の儀には、

天皇御_大極殿_受レ朝。皇太子始加_礼服_拝レ朝。陸奥出羽蝦夷幷南嶋奄美。夜久。度感。信覚。球美等来朝。各貢_方物_。其儀。朱雀門左右。陳_列鼓吹騎兵_。元会之日用_鉦鼓_自レ是始矣。[22]

とある。また『令義解』喪葬令葬装具条にも、

凡親王一品。方相轜車。各一具。鼓一百面。大角五十口。小角一百口。幡四百竿。金鉦鐃鼓各二面。[23]

とあり、親王をはじめとする上位のものの葬列には、角笛とともに太鼓をはじめとする鳴り物の加わることが示されており、軍事的な行動だけでなく、政治的な儀式や葬儀の場においても軍楽器が使用されている。

ところで、これらの軍楽器を演奏する人物については、正倉院文書の大宝2年（702）御野国味間郡春部里戸籍に興味深い記述が二つある。

上政戸国造族石足戸口十三

（前略）戸主甥五百国 年廿三 正丁、小角吹 （下略）[24]

中政戸秦人多麻戸口三十一

（前略）戸主孫秦人多都 年廿二 正丁、大角吹 （下略）[25]

この記述は、軍楽器である角笛を吹く人物が、兵士ではなく一般の正丁であったことを示している。同戸籍では兵士の中に小角吹・大角吹はおらず、このことは、埴輪の場合はもちろん中国や朝鮮半島の場合も含めて、軍楽隊の人物がいずれも武装していなかったことと一致する。もちろん、『令義解』職員令鼓吹司に「吹部卅人」[26]とあることからすれば、単なる一般の正丁とはいっても、一定の技能を持つ者が修練して吹部となったのであろう。

この戸籍の記述について、『令義解』軍防令軍団置鼓条の、軍楽器は「兵士を通わし用いよ」という規定と異なるため、当時の令制の不備を示しているとする意見がある。橋本裕は、兵力指

第7章 埴輪の軍楽隊

揮のため軍団外のものが動員されていると理解し、浄御原令制下の兵制組織の貧困さを示すものと述べている[27]。

しかし、さきに例示した考古資料からみる限り、必ずしもそのように理解しなくてもよいと思われる。つまり基本的に軍楽隊の人物は、中国も日本も東アジア共通に武装しておらず、とくに唐の時代に描かれた敦煌156窟の張議潮出行図の軍楽隊（第71図3）が武装した兵士でないことは、日本の律令制の模範となった唐の時代にあっても、軍楽隊は基本的に兵士とは別の存在だったことを示している。したがって、この戸籍の記述は当時の日本の令制の不備ではなく、当時の東アジアにおける兵制組織の常態を物語っているにすぎない。

第3節 古代日本における軍楽器の導入

以上に述べてきたことをまとめて、人物埴輪の持つ角笛と太鼓の用途について考察したい。

集団的な戦争が始まった段階で、軍団の作戦を合図し、兵士の士気を鼓舞する軍楽器の登場した可能性は当然考えられるが、中国では漢代に建鼓・鐃・簫・笳を基本的な楽器とする鼓吹が軍楽隊として成立しており、五胡十六国から南北朝の動乱期になると角笛と太鼓を基本とした横吹の軍楽隊が主体となっていく。朝鮮半島では、高句麗の安岳3号墳の壁画例が鼓吹と横吹の軍楽隊の存在を示す最古の資料であり、4世紀中頃には鼓吹と横吹の二種類の軍楽が朝鮮半島に成立していた。

しかし、さきに指摘したように、この頃の高句麗の本拠地集安の古墳壁画に軍楽隊の姿がまったくといっていいほど存在しないことが注意される。安岳3号墳が前燕からの亡命者冬寿に関係すること、そして平壌付近の古墳壁画に集中して軍楽隊が描かれたことを考えるならば、高句麗における軍楽は4世紀中頃に中国から導入し成立した可能性が高い。その後の5世紀代の平壌周辺の高句麗古墳壁画に軍楽隊の姿は数多くみることができる。

こうした朝鮮半島の状況を考慮すると、日本列島に角笛と太鼓を基本とする軍楽器が導入されたのは5世紀代、おそらく古墳時代中期ではないかと推察される。とくに角笛については素材となる牛角の入手という点からも、日本列島において独自に発達した楽器とは考えがたい。

角笛と太鼓を持つ人物埴輪は古墳時代後期、ほぼ6世紀代のものであるが、ここでこれまで述べてきた中国、朝鮮半島、および古代日本における軍楽隊の姿と比較してみると、角笛は昼神車塚古墳例と同様な形態と持ち方をする例を中国の俑、高句麗の壁画に多数求めることができ、小幡北山窯跡例のように角笛を右脇に下げて持つ例も、鄧県学庄墓の画像磚の横吹にみられた。鄧県学庄墓や高句麗の角笛を参考にすれば、昼神車塚例の先端付近の小さな孔は、幡の釣り下げ用と考えられるであろう。

また太鼓については、剛志天神山古墳例と同様に太鼓を左腰におき右手のバチで叩く例が、中国の俑に多数存在し、帯を肩から下げている例も鄧県学庄墓の俑にある。ただし、太鼓の形態が俑では薄い円筒形である点が埴輪の場合と異なり、形態だけをとりあげれば、高句麗の平壌駅前壁画古墳にみられる建鼓のほうが、樽形で両端側面に太鼓の革を締めている緒の表現のある点

で、剛志天神山古墳例に近い。

　このように、角笛と太鼓を演奏する人物埴輪と同じ姿は、中国や高句麗の軍楽隊にみることができ、とくに中国の横吹との共通性を指摘することができる。また、琴を演奏する人物と角笛や太鼓を演奏する人物の姿勢と服装が異なることは、中国における俑や高句麗古墳壁画においても人物埴輪の場合も同じであり、こうした点からも角笛や太鼓を持つ人物埴輪については、琴を演奏する人物埴輪とは異なり、武装軍団に関係する軍楽隊の一員であった可能性がある。

　以上のように人物埴輪の持つ角笛と太鼓を軍楽器と理解するならば、文献に示された古代日本の軍楽隊の基本的な姿は、律令制導入以前の古墳時代にすでにあったと考えられる。ただし、高句麗古墳壁画において、これらの楽器が狩猟や政治的な儀式の場にも用いられていることからすれば、人物埴輪においてもそうした用途を考慮しておく必要はあろう。

　ところで日本列島の古墳時代中期は、軍事状況に大きな変化がおこる時期である。その一つが挂甲の出現であり、挂甲の普及はその後のいくつかの軍事状況の変化と軌を一にしていることが指摘されている[28]。第一にそれまで普遍的にみられた短甲は姿を消し、挂甲にとってかわられ、第二に中期には古墳に甲冑を大量副葬する例が多いのに対し、後期に入るとそうした例はほとんどなくなり、さらに第三には、短甲を副葬する古墳は中小の古墳にもあったものの、挂甲を副葬する古墳は各地の首長墳に限られ、中小の古墳に副葬されることはきわめて稀になっていくことである。古墳からの甲冑出土の変化から、軍団を構成する人物の武装内容が中期と後期とで大きく異なったことが理解され、この変化は基本的な戦術の変化とも密接な関係があった可能性も考えられる。

　また挂甲の普及はもう一つ重大な変化を伴っており、地域別にみると、中期の短甲の出土数は近畿や九州が多数を占めているのに対し、後期に普及する挂甲の出土数は、関東地方が群を抜いて圧倒的多数を占めるようになることである[29]（第75図）。この時期において挂甲が集中し一大軍事拠点となる関東地方に、軍楽器を持つと考えられる人物埴輪が作られたことは注目され、おそらく軍楽器としての角笛と太鼓は、挂甲と軌を一にして新しい軍団組織の一環として日本列島へ導入され、挂甲の普及とともに関東地方へももたらされたのではないかと推察されるのである。

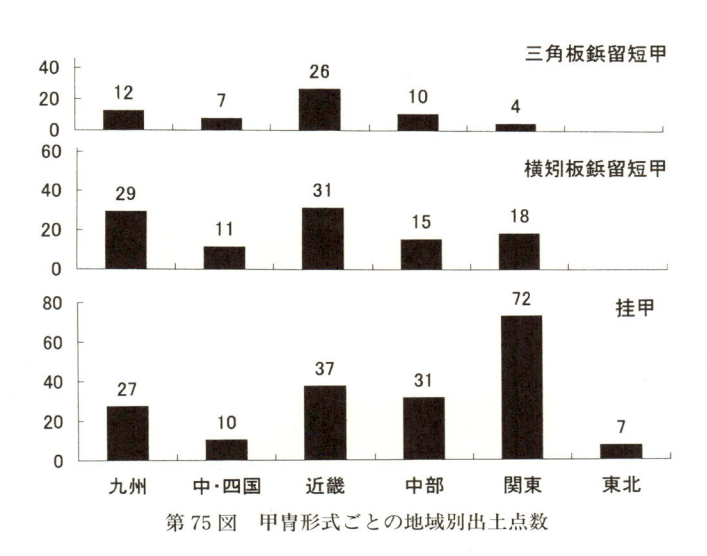

第75図　甲冑形式ごとの地域別出土点数

三角板鋲留短甲
九州 12／中・四国 7／近畿 26／中部 10／関東 4

横矧板鋲留短甲
九州 29／中・四国 11／近畿 31／中部 15／関東 18

挂甲
九州 27／中・四国 10／近畿 37／中部 31／関東 72／東北 7

第 7 章　埴輪の軍楽隊

注

（ 1 ）後藤守一「埴輪の意義」『考古学雑誌』第 12 巻第 1 号　1931 年　26〜50 頁
（ 2 ）末永雅雄『はにわ読本』雄山閣　1987 年　158 頁
　　　なお、宮崎まゆみ（『埴輪の楽器』三交社　1993 年）も、『古事記』などおもに日本の文献から、埴輪の太鼓と角笛が軍楽器である可能性を説いている。
（ 3 ）『続日本紀』前篇　新訂増補国史大系　吉川弘文館　1935 年　88 頁 16 行〜89 頁 1 行。
（ 4 ）『令義解』新訂増補国史大系　吉川弘文館　1939 年　193 頁 7 行。
（ 5 ）注（ 1 ）文献参照。
（ 6 ）剛志天神山古墳出土の埴輪は、一度藤岡市の浅見作兵衛の所蔵になり（注 1 論文参照）、その後 1930 年にその一部を東京国立博物館が買い上げ現在所蔵している。
　　　この古墳の埴輪配列図は、相川考古館所蔵の天神山古墳埴輪配列概略図と『上毛古墳総覧』（群馬縣史蹟天然紀念物調査報告書第 5 輯　1928 年）の元台帳に記載されている概略図（橋本博文「埴輪の語るもの」『はにわ―秘められた古代の祭祀―』群馬県立歴史博物館　1993 年　20 頁図 2 に載録）にもとづいて、橋本博文が塚廻り古墳群の発掘調査報告書において復元図を作成している。筆者も、相川考古館のご厚意により二つの原図を拝見させていただいたところ、橋本の復元図がよくできていることを認識したので、ここでは橋本の復元図におおむねしたがいたい。
　　　ただし、個々の埴輪の名称については相川考古館所蔵図面と橋本の復元図とでは若干のくいちがいがあり、内容が異なって理解される可能性もある。たとえば「鉢巻男」を例にすれば、現在東京国立博物館所蔵の資料にこの「鉢巻男」と思われる埴輪を見いだすことができるが（列品番号 20713）、これは頭部のみであり、場合によっては近くの馬丁の頭部であった可能性も考えられる。同じように、現在資料の存在がつかめない「島田女」とした資料も、完形のものではなく頭だけの資料であった可能性もある。橋本氏の図面では「島田女」はいずれも「女」としか記されていないので、女の埴輪がそれぞれ 1 個体あったとみなされかねない。したがって、個々の埴輪の名称についてはほぼ相川考古館所蔵の図面の記載に従うことにし、意味不明のものについてはその下に括弧で相川之英氏のご教示に従い注記を入れた。
　　　なお、この古墳から出土した埴輪には両手を挙げる上半身のみの人物など、二つの原図からは出土位置の確定できないものがある（相川龍雄「上毛考古會特別展観浅見氏蒐集埴輪其他に就て」『上毛及上毛人』第 169 号　1931 年　1〜9 頁参照）。
（ 7 ）相川之英氏のご教示によると、これは相川龍雄「上古時代の弓」（『上毛及上毛人』第 180 号　1932 年　3〜11 頁）の挿図に掲載されている浅見氏所蔵の埴輪と考えられる。
　　　しかしこの埴輪は、浅見氏の埴輪コレクションを紹介した相川龍雄の別の論文（注 6 相川文献）では、美九里村（現藤岡市）出土とされる「烏帽子を被る男子」の説明と内容が一致し、剛志天神山古墳出土品の説明の中には内容の一致するものが見あたらない。このため先の相川論文に紹介漏れがあったか、いずれかの記載に誤解があった可能性も考えられる。
　　　ただ、相川考古館所蔵の配列概略図に「弓引」と出てくることと、ここの埴輪が一度すべて浅見作兵衛の所蔵となった経緯を考慮すると、浅見氏の所蔵品に天神山古墳の弓持の人物埴輪が存在した可能性は大きい。こうした前提に立つと、「弓引」は相川之英氏のご教示のように「上古時代の弓」に図のある埴輪の可能性がもっとも高い。したがって、「上古時代の弓」の記載にここではしたがう。
（ 8 ）楊泓「漢魏六朝的軍楽―鼓吹和横吹」『中国古兵器論叢（増訂本）』文物出版社　1985 年　290〜297 頁

(9) 『楽府詩集』巻第十六の鼓吹曲辞一に、「鼓吹曲一曰短簫鐃歌」とある。『楽府詩集』中華書局　1979年　223頁3行。
(10) 『楽府詩集』巻第二十一の横吹曲辞一に「有₌鼓角₋者為₌横吹₋用₋之軍中₋」とある。注（9）文献309頁5行。返点は筆者による。
(11) 蘇哲「五胡十六国・北朝時代の出行図と鹵簿俑」『東アジアと日本の考古学』Ⅱ墓制②　同成社　2002年　113～163頁。
　なお、この論文で蘇哲は陝西省西安草厰坡1号墓例について、319年（晋の元帝太興2年）に後趙で発行された銅銭「豊貨」を出土した陝西省咸陽市師範専門学校構内5号墓出土の俑群と類似することから、これまで5～6世紀の北魏代とされていた年代観を修正し、4世紀前半から中葉にまで遡る可能性を示している。ここでは蘇哲の年代観に従った。
(12) 松井章氏のご教示による。胡彦久ほか編『中国楽器図誌』（文物出版社　1987年　306頁）によれば、角笛の素材は黄牛や水牛の角であり、こうした角笛は一般に40cmから70cmの長さがあるという。
(13) 注（8）文献参照。『隋書』巻十五志第十音楽下には「大横吹二十九曲（中略）其楽器有₌角節鼓笛簫篳篥笳桃皮篳篥₋、小横吹十二曲（中略）其楽器有₌角笛簫篳篥笳桃皮篳篥₋、」とあり、小横吹の記載に鼓はない。
　『隋書』中華書局　1972年　383頁6～8行。
　返点は、和刻本正史『隋書』（汲古書院　1971年）195頁下段1～4行による。
(14) 朝鮮民主主義人民共和国社会科学院考古学研究所（呂南喆・金洪圭訳）「音楽・舞踊・曲芸」『高句麗の文化』同朋舎出版　1982年　208～232頁。
(15) 岡崎晋明「角笛をもつ人物埴輪」『かしこうけん友史』第1号　1992年　16～18頁。
　なお、岡崎は和歌山市井辺八幡山古墳出土の武装人物埴輪が背負う、これまで角杯と呼ばれてきたものが、角笛である可能性を説くが、井辺八幡山例については、角笛の口の穴の表現がなく、所持する人物も武装とみられるため、角笛か否かについては疑問が残る。
(16) たとえば元邵墓例があげられる。
(17) 注（14）文献参照。
(18) 『日本書紀』後篇　新訂増補国史大系　吉川弘文館　1952年　380頁5～6行。
(19) 注（4）文献194頁10行。
(20) 注（4）文献193頁7行。
(21) 日本古典文学大系『万葉集』岩波書店　1957年　109頁9～11行。
(22) 注（3）文献57頁13行。
(23) 注（4）文献293頁5～6行。
(24) 『大日本古文書』1　東京帝国大学編　1901年　21頁5行。
(25) 『大日本古文書』1　東京帝国大学編　1901年　78頁1行。
(26) 注（4）文献44頁9行。
(27) 橋本　裕「軍毅についての一考察」『律令軍団制の研究』（増補版）吉川弘文館　1982年　3～32頁。
(28) 藤田和尊「甲冑の変遷と保有形態の発展」『第33回埋蔵文化財研究集会　甲冑出土古墳にみる武器・武具の変遷』1993年　1～12頁。
(29) このように他地域より関東地方で挂甲が多数出土していることは、すでに川西宏幸による指摘がある（川西宏幸「後期畿内政権論」『考古学雑誌』第71巻第2号　1986年　1～42頁。『古墳時代

政治史序説』塙書房　1988年　164〜224頁に再録)。ただし、第7図は埋蔵文化財研究会「甲冑型式種別一覧表」(『第33回埋蔵文化財研究集会　甲冑出土古墳にみる武器・武具の変遷』1993年　393〜423頁) にもとづき作成した。

第8章

人物埴輪の意味

第1節　人物埴輪の構造と意味

　第1章で述べたように、人物埴輪は五つの形式が一定の規則にしたがって配置される構造をもつ。基本的にこの構造は時空間の差異に関係なく、多様な仮説の論拠とされてきた古墳においても等しく認められることから、人物埴輪群像の表わそうとしている世界はいずれも同じであったといってよい。

　それでは、人物埴輪の構造が意味するものとは何であったのか。この問題を考えるために、これまで服装や装備を歴史的に考証し、各形式の性格と役割を検討してきた。本章では、これまでの検討結果から導き出される人物埴輪の意味をまとめるとともに、これを踏まえて過去の多様な仮説との比較検討をおこなうこととしたい。

　まず、人物埴輪の構造の意味をまとめるならば第76図のようになる。

　第1形式の坐像は、第3章で述べたように高位の人物である。その中には被葬者の姿も含まれ

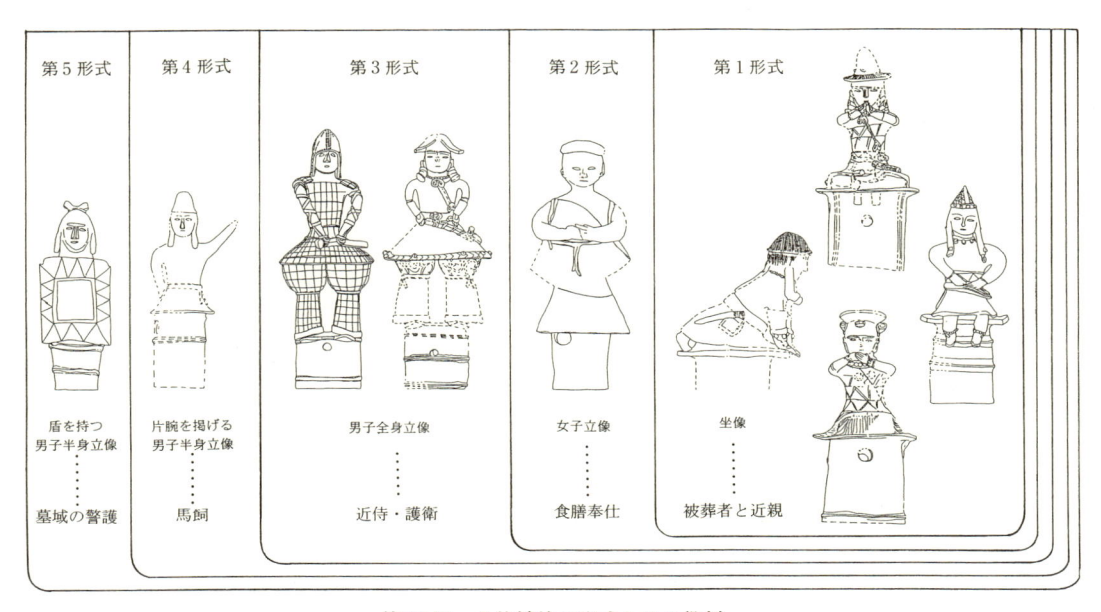

第76図　人物埴輪の形式とその役割

第8章　人物埴輪の意味

ていた可能性があり、さらに鈴鏡を腰に下げる女子坐像も、第4章第2節で述べたように高位の女性、または被葬者の近親者である可能性がある。

また第2形式の女子埴輪は、第5章で考察したように、その袈裟状衣は釆女の肩巾であり、服装に関わらずその所作が共通することから、これらの女子埴輪は食膳奉仕に関わる女性として位置づけられる。

第3形式の男子全身立像は、武装と非武装の両者がセットで配置されるほか、どちらか一方だけで構成される場合もあることから、近侍と護衛という二面性のある職掌を担った人物である。

第4形式の片腕を掲げる男子半身立像は、第6章第1節で述べたように馬形埴輪に伴うことから馬飼、また一番外側に配置される第5形式の盾を持つ男子半身立像は、第6章第2節で述べたように古墳全体の警護をおこなう役割を担っている。

もちろんそこには、さらに他の種類の埴輪が付加される場合もあり、第3形式の男子全身立像には全身立像の力士が、また第4形式に伴う馬形埴輪には、水鳥埴輪や犬、場合によっては猪、鹿など狩猟の対象となる動物埴輪も付加される。

しかし、主体的な人物埴輪の形式はこの五つに集約され、その役割を述べるならば、坐像を中心に、食膳奉仕、近侍、警護、出遊の御者、そして墓域の警護という、複数の職掌による奉仕行為を表わす人物群と理解できるであろう。

さて、人物埴輪の構造に反映されたこれらの職掌は、第5、6章で述べたように、大化前代における社会組織とも密接な関係がある。

まず、第2、第3形式の人物埴輪は、第5章および第6章第2節で述べたように、釆女、舎人に相当する職掌と考えられたのであるが、釆女と舎人は、大化前代におけるトモ、すなわち各種職務を奉じて朝廷に奉仕する官人のうち、天皇に近侍し身辺のことをおこなうという点で共通した性格がある。大化前代の社会組織を研究した平野邦雄は、これらのトモをまとめて「近侍的トモ」と呼んでいるが、近侍的トモは、国造の子女や一族からなるという点でも共通しており、その意義は国造の反逆を牽制し服属維持をねらうとともに、天皇や皇族の身辺に近侍することで諸国との結びつきを強化することにあった(1)。おそらく坐像を中心にその周囲に配置された第2、第3形式の人物埴輪群像は、高位の人物の身辺に従属してその奉仕にあたる身内的な近習としての性格を持つと考えられる(2)。

なお、第1形式に含まれる跪坐の男子も、第3形式の非武装の男子全身立像と共通した服装をとることが多い。その跪礼の対象となるのは、第3章で述べたように倚坐もしくは胡坐で造形された高位の人物であったと考えられ、おそらく跪坐の男子も舎人と同様、近侍の職掌の人物と推察される。

このような近侍的トモの性格は、第4形式である片腕を掲げる男子半身立像にも指摘できる。第6章第1節で述べたように、馬飼は単なる馬の飼育係ではなく、貴人の外出や出遊にあたっての従者でもあった。半身像で造形されていることから、その身分は低かった可能性が考慮されるものの、高位の人物に近侍する職掌である。第4形式とともに動物の埴輪や狩猟の場面が加わることは、その奉仕の内容が野外においてなされることを示している。

また、第5形式の盾を持つ男子半身立像は、その配置位置が器財埴輪の盾形埴輪とも一部共通し、第1から第4までの形式とは離れて前方部前端部や中堤、外堤にあって、古墳という一つの世界を外界と遮断し、隔絶する役目を担っている。第6章第2節で述べたように、その役割にも大化前代における来目部や、律令制期の隼人の職掌との共通性がある。
　以上の検討結果から、人物埴輪の各形式に共通する性格が何かを述べるならば、ある特定の人物に服属してその奉仕にあたる近侍的職掌、と定義することができるであろう。すなわち、人物埴輪の構造とは、基本的に特定の人物に服属して奉仕にあたる近侍集団をそれぞれの階層や職掌を示す服装や所作で製作し、さらにそれぞれの相対的な場の関係を古墳という空間上に反映させた姿であると理解されるのである。

第2節　これまでの仮説の再検討

　以上の認識にもとづいて、これまでの仮説に検討を加えていきたい。
　序章で述べたとおり、人物埴輪群像の意味をめぐってはいろいろな仮説が出されてきた。いずれの仮説もすでに問題点の指摘があるが、ここで葬列説、首長霊継承儀礼説、殯説、生前生活表現説など主要な仮説をとりあげ、本論の結果と対比しながら検討を加えることとする。
　まず後藤守一によって提唱された葬列説については、序章第1節の研究略史で述べたように葬列に関係しない坐像などの種類が含まれているという小林行雄の批判があった。
　本論の検討によっても、腰掛に坐す坐像を中心とする構造は、葬列という動態的情景としては理解しがたく、もちろん坐像を欠いた古墳は数多くあり、必ずしも必須の形式ではないが、坐像を欠く古墳の人物埴輪であっても多形式からなる構造から数形式を削除していると理解される以上、葬列の姿とする理解は困難である。人物埴輪の向きに統一性がおかれてないことも同じく反証となる。
　次に水野正好が「埴輪芸能論」で示した首長霊の継承儀礼説についても、大きな前方後円墳だけでなく首長層の墓とは考えられない小さな円墳にも人物埴輪があるため、それらまでも首長霊の継承儀礼と考えられるのかが疑問視されている[2]。
　この仮説を本論の検討結果と比較すると、基礎となる各人物の分類に問題が指摘された。
　まず飲食物を掲げ持つ女子埴輪を内膳集団とする見解は共通するものの、袈裟状衣を着用する女子を意須比着用の巫女とする理解は、意須比説が否定され采女の肩巾と考えられる以上、支持しがたい。
　また水野は、男子全身立像を軍事集団、文人系職業集団に分けて理解したが、第3形式の武装と非武装の両者はセットで配置されるほか、どちらか一方だけで構成される場合もある。したがって、必ずしも別の職掌なのではなく、さきに述べたように二面性のある一つの職掌であることを考慮する必要があろう。
　さらに踊る人物は、実は第4形式の馬飼であって、少なくとも形態からみれば両者は同じ形式に分類できる。配置状況からも別の形式に分ける根拠はなく、この所作の男子半身立像について

第 8 章　人物埴輪の意味

は、大澤伸啓(3)や藤川智之(4)も指摘しているように、基本的に馬形埴輪とセットになっている例がほとんどであり、片腕を掲げる所作は配置の状況からも、踊っているのではなく馬を制御している姿とするのが妥当である。少なくとも片腕を上げる所作自体に「踊る」と限定する基準としての有効性はないのであって、女子における片腕を掲げる姿についても、踊る姿ではなく、第2章における編年で示したように、関東地方において1期新段階から2期古段階に中小の古墳を中心に流行した塚廻り様式の造形であり、それは飲食物供献の姿の地域的変容にほかならない。したがって、後藤以来の「踊る男女」という形式は、根本的にその存在自体を見直す必要に迫られている。

序章で述べたように水野の「埴輪芸能論」の学史上の意義はきわめて高く、いくつかの点では重視すべき認識もある反面、結論をいえば、首長霊の継承儀礼説の根拠となる人物埴輪の分類、それは人物埴輪の構造の把握でもあるが、そこに問題がある以上、政治的な儀式を想定する見解もまた見直す必要がある。人物埴輪の構造の意味の検討からすれば、儀礼的性格よりも、近侍的性格がより核心にあると思われる。

水野と同じ問題は若松良一の主張する殯説にも指摘できる。殯説における人物埴輪の形式分類をみると、若松は人物埴輪を九つの構成要素に分解して各々の役割、すなわち形式の全体像を示す(5)。要約して示すと次のようになる。この分類においては配置のありかたは関係していない。

　　1、酒壺を捧げ持つ巫女　　　　　　神人共食の再現
　　2、踊る男女　　　　　　　　　　　魂振り歌舞の再現
　　3、鷹匠、狩人（犬、猪、鹿）　　　狩猟の再現
　　4、力士　　　　　　　　　　　　　鎮魂儀礼の再現
　　5、武人像　　　　　　　　　　　　警固集団
　　6、鳴弦する巫女、盾持人　　　　　辟邪
　　7、盛装男子全身立像、女子像、農夫　参列者
　　8、跪座像　　　　　　　　　　　　誅の言上者
　　9、馬子（飾り馬）　　　　　　　　馬列

このうち、3の鷹匠は用語に問題があるものの、第6章第1節で述べたように若松自身、職業的トモではなく鷹を腕にのせる高位の男子と概念づけており、6の盾持人についても本論とほぼ同様な認識ではある。しかし、その他の分類は大きく異なる。

まず女子埴輪から検討すると、若松は1の酒壺を捧げ持つ巫女、2の踊る女、6の鳴弦する巫女、7の参列者の女子像の四つの役割に分け、さらに近年ではこのほかに拍手を打つ巫女、笏を把る巫女も追加している(6)。

しかしここでもまた「巫女」という認識が問題となる。袈裟状衣を「意須比」とする理解に問題がある以上、「巫女」という名称は見直さざるを得ないと考えられるが、若松は「仮に袈裟状衣に一種の割烹着の機能を見出せるとしても、釆女、膳夫のほかに、神や死者に食膳奉仕する巫女が、これを着用することになんら問題はない」と袈裟状衣の意味に関わらず巫女という認識が成立すると述べている(7)。しかし、そもそも女子埴輪を巫女とする見解は後藤守一の意須比説

第2節　これまでの仮説の再検討

によってはじめて成立したのであって、巫女とするのか、采女とするのかの重要な論点は女子埴輪の袈裟状衣の考証にある。あえて「巫女」という用語を使用するのであれば、新たな根拠を用意し、改めて後藤とは別の考証をおこない定義づけをおこなう必要があり、概念のない「巫女」という用語を使用し続けることは、議論の空転にほかならない[8]。

　また踊る女と参列者の女子像についても、第2章および第5章で述べたように腕を上げる所作と両腕を下げる所作の女子埴輪はいずれも同じ位置に配置され、その分布はほぼ関東地方に限られ、前者は相対的に古い時期に中小の古墳に普及するのに対し、後者は新しい時期に普及することから、その造形差は地域と時間による変容を示しているのであって、職掌の違いではない。鳴弦、拍手を打つ、笏を把るといった認識も、個々の所作をそのように限定して理解できるかは、所作以外の根拠が希薄である[9]。

　また男子埴輪についても、男子全身立像を5の武装の男子を警固集団、7の盛装の男子を参列者という異なる二者に分ける見解も、水野の場合と同じ批判ができる。

　さらに8の男子跪坐像を殯の儀式における「誅の言上者」としているが、跪礼は第3章で検討したように高位の人物に対する坐り方にすぎない以上、必ずしも跪く姿を誅の言上として限定することはできない。しかも男子跪坐像は圧倒的多数の古墳においてその存在を欠いている以上、人物埴輪において必ずしも必要不可欠ではなく、人物埴輪の意味を象徴する上で主要な役割を担っているわけではない。この点は、近年森田克行が今城塚古墳において門前に配置された四脚の「獣脚」埴輪を匍匐人物像とみなし、人物埴輪は殯宮儀礼とする理解[10]に対しても、同様な批判が可能であろう。9の馬子と2の踊る男も、すでに述べたように同じ形式にすぎない。

　これまで殯説については、殯の儀式とは関係のない狩猟の場面や力士の埴輪があること、そしてそもそも殯が終了し死者を墓に葬った後に置かれた人物埴輪が、さらに殯を表わしていると考えられるのかという疑問も指摘されてきた[11]。しかし問題となるのは、やはり基本的な人物埴輪の構造の認識のちがいにあることを指摘しておきたい。

　それでは、被葬者の生前の活動のうちもっとも記念すべき業績を場面にしたものとする仮説はどうであろうか。

　これについても、たとえば『日本書紀』に磐井の乱や武蔵国造の乱をはじめとする数多くの抗争の記録があり、戦いの勝利が豪族の顕彰的要素としてもっともとりあげられやすいにも関わらず、人物埴輪に戦闘の勝利を表わした例はなく、内容に個別性が認めがたいという指摘がなされている[12]。

　この仮説は、すべての古墳における人物埴輪の意味を一つの仮説で理解することは難しいとする認識に立脚しており、普遍的な構造の存在を前提にしていない。

　しかし、第1章であきらかにしたように、人物埴輪の種類と配置には一貫した構造が存在する。各古墳の人物埴輪群像は同一の規則のもとに各形式を配置させた諸例にほかならない以上、その構造に個別的な被葬者の顕彰的性格が反映されているとする仮説の成立する余地はほとんどない。人物埴輪の構造が表わそうとしている世界は、基本的にはいずれも同一であったと考えられる。

187

第8章 人物埴輪の意味

　以上のほか、これまでの仮説と異なり、詳細な配置状態の検討をもとに、人物埴輪の「向き」という観点から人物埴輪群像の読み解きをおこなった若狭徹の研究(13)も検討しておきたい。

　若狭は保渡田八幡塚古墳の再発掘調査の成果から、各埴輪の向いている方向を詳細に検討し、それにしたがって人物埴輪を七つの群に分け、これをA、B二つの群にまとめた（第77図）。要約すれば、A群はIの坐像群、VIの半身立像群、VIIの全身立像群、そしてIIの鳥を中心とする群、IIIの狩の群像、IVの鵜飼に関わる群像から構成され、これを若狭は、有力者のおこないうる権威的な諸行事の表現とした。またB群は、Vの男子全身立像・器財・動物による列状配置に代表されるものであり、有力者の権威・財物の表示の列とした。若狭はこの群構成にもとづき、保渡田八幡塚古墳の人物埴輪は一つの場面でなく、様々な場面を合体させているとする解釈を述べ、さらにこの群構成が他の古墳にも認められるとして、綿貫観音山古墳などの類例を引いている。

　しかし、この仮説でまず問題となるのは、型式学的分析に先行して、一つの古墳における埴輪

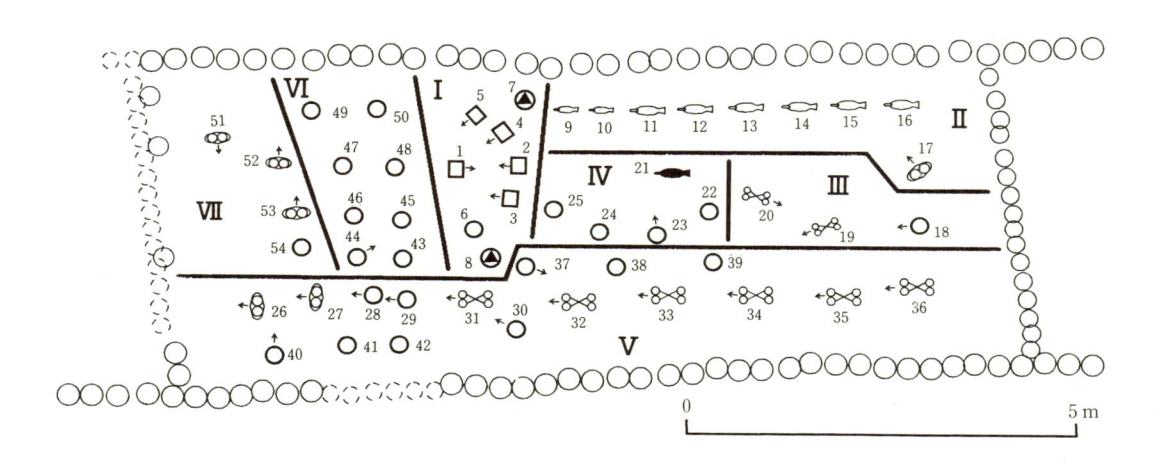

I 椅座人物による飲食儀礼場面	IV 鵜飼の場面か	VI 半身像による立姿の儀礼場面
1. 椅子に座り杯を捧げる女子	21. 魚をくわえる飼われた鵜	43. 人物基部
2. 椅子に座る男子（中心人物）	22. 小型人物半身基部	44. 倭風大刀を帯びる男子
3. 椅子に座る男子	23. 大型人物半身基部	45. 人物基部（掛衣の女子か）
4. 椅子に座る人　いずれか弾琴	24. 人物基部	46. 人物基部
5. 椅子に座る人	25. 人物基部	47. 人物基部？
6. 人物（奉仕する女子半身像か）		48. 大型人物半身基部
7. 器台に乗った壺	V 人物・器財・馬の列	49. 壺を捧げる女子か
8. 柄杓入りの大壺	26. 盛装男子双脚立像	50. 小型人物基部
	27. 武装男子双脚立像	
II 鳥の列	28. 甲冑形埴輪	VII 双脚像を主体とする場面
9・10. 鶏	29. 甲冑形埴輪	51. 男子双脚立像（武人か）
11～16. 水鳥（前3体は大型か？）	30. 馬曳男子	52. 男子双脚立像（力士）
17. 男子双脚立像（鷹を使う男か）	31～33. 飾り馬（大型）	53. 男子双脚立像（武人か）
	34.35. 馬（小型）か？	54. 人物基部
III 猪狩の場面か	36. 馬または鹿	
18. 猪形を腰に付ける狩人	37. 人物基部	
19. 猪か	38. 小型人物半身基部	
20. 犬か	39. 人物基部	
	40～42. 人物基部	

第77図　若狭徹による保渡田八幡塚古墳の人物埴輪群構成

の向きという方法で構造を認識することの妥当性にある。

　Ⅰ～Ⅶの群構成をみると、確かにⅠのように坐像が相対峙する群や、Ⅴのように一つの向きに列状に並ぶ群のように、ある程度向きによる対応関係が推定される群が存在する。しかし、ⅣやⅥは、ほとんどの向きが不明であり、Ⅶの全身立像も正対関係にはない。これらが有意な一つの群を構成するものかどうかは、向きにもとづく限り明確ではない。

　また、Ⅴの全身立像の人物と動物、器財が一定の向きに並ぶ配列について、若狭は同様な例として綿貫観音山古墳例をあげている。しかし、綿貫観音山の配列を詳しくみれば、男子全身立像の群は古墳を背に外側を向いているのに対し、馬形埴輪の群は前方部の墳丘ラインに沿うように列の方向を向いており、全身立像と馬形埴輪の列は別の方向を向いており、必ずしも同じではない。人物埴輪の配置において、ほとんどの人物埴輪が墳丘外側を向いている例があることも、向きによる人物埴輪の群構成原理の存在する可能性が低いことを示していると思われる。

　このような群構成の方法とともに、群を構成する形式の認識にも問題は指摘できる。若狭は群像の左側に存在する全身立像をⅤとⅦの二つの群に分け、一方が権威的な諸行事の表現、一方は有力者の権威・財物の表示という別の役割を担う群に属すると分けているが、報告によればⅤの26とⅦの52はいずれも腰から上が欠損しており、遺存する脚部は脚帯に鈴がつく同一形態と認識される人物である。本論の分析結果にしたがえば、男子全身立像は一つの群をなす場合がほとんどであり、諸形態の分析を離れて向きという属性だけで、別の役割とする見解は支持しがたい。

　さらにⅥの半身立像群についても、首長の立ち姿の儀礼の場面としているが、Ⅵで形態のうかがえるのは、実際には腰の位置に大刀がつく上半部不明の半身立像（第77図44）一例にすぎない[14]。Ⅵの場面の類例として、若狭は群馬県太田市諏訪下3号墳における男女の半身立像群をあげているが、諏訪下3号墳ではいずれの人物埴輪も全身形態が把握可能であるのに対し、保渡田八幡塚古墳ではこのほかのⅥを構成する人物埴輪はいずれも形式不明である。つまり、両者の形式が同じかはわからない。

　このような問題を考慮するならば、向きにもとづく構造の把握は、資料として限界性のある個別例から演繹した仮説であって、型式学的分析に先行した個別資料の向きにもとづく解釈が、他の古墳における人物埴輪の構造を理解するためのモデルとして一般化できる可能性は低いと考えられる。

　以上、これまでに掲げた任意な人物埴輪の役割推定にもとづく意味の追求、もしくは個々の遺跡の状況から意味を判断する研究に共通する基本的な問題とは、人物埴輪の構造把握の方法といってよい。人物埴輪の役割の理解が、形態と配置の関係とは無関係に、研究者個々の恣意的な推理でなされていたのでは、どのような仮説も成立する。また個別の古墳例をモデルにする限り、やはりどのような仮説も成立する余地がある。

　このような認識に立ったとき、構造把握の基本的な方法である型式学の重要性を再認識せざるをえない。仮説乱立の背景に一貫して存在していたのは、考古学研究の基本的な方法論である型式学の適切な応用が人物埴輪研究においてなされてこなかったという学史的潮流であり、問題点

の認識を欠いたまま、高度成長期以後次々と登場した新しい調査成果に眼を追われた結果こそが、多様な仮説の乱立する状況を招いた根本の原因であったと考えられる。個々の遺物や遺構から推測してその意味を判断する研究は論理の飛躍を伴い、他の誰にも検証できない仮説を増やしてきた。それらは、型式学による遺物・遺構の時空間上の体系化の対極にある研究方法といわざるをえない。

　考古学研究において本来追求すべきなのは多様な現象の背後に存在する論理であり、千以上の遺跡から出土している人物埴輪の意味を理解するにあたって、多くの古墳に貫徹する構造の正しい把握は前提として必要不可欠であろう。そして、型式学的体系化を踏まえた上で各形式の役割を考証することが、人物埴輪の意味を理解するための前提として必要不可欠であることも改めて強調しておきたい。

第3節　俑との関係

　さて、本論における人物埴輪の構造とその意味づけから従来の仮説を批判してきたが、人物埴輪の意味をめぐっては、同時代の東アジアにおける人物を形象した文物との関連性を指摘した意見もある。

　序章で述べたように明治時代には濱田耕作が、中国大陸の石人・石馬の風習が九州を経由し伝来して人物埴輪の成立した可能性を説いている[15]。しかし、その後九州の初期の石人は、日本列島内における古墳時代中期の器財埴輪や後期の人物埴輪を模していることがあきらかとなっており[16]、中国の石人・石馬との関係は希薄と考えられるに至っている。

　それでは俑はどうであろうか。俑は、中国で墓に副葬する人物を象った明器を指すが、実際には動物など他の形象も俑と称している。稲村繁は、人物埴輪と中国の陶俑は器種や製作技法の点で関係が希薄であるとしながらも、人物埴輪の成立には5世紀中頃における中国の陶俑からの影響も考慮しておく必要性を述べている[17]。そこで俑との関係も比較検討しておきたい。

　俑の内容は時代とともに変化している[18]。初期の俑としては、山西省長子県牛家破7号墓で出土した春秋時代晩期と推測される例があり、そこでは棺内に4体の木俑が副葬されていた。戦国時代になると各地に俑は普及し、揚子江の北側では陶俑が、南の楚の領域では木俑が流行することになる。俑にはこのほか青銅製の俑もあるが、ここではおもに広く普及した陶俑を中心に述べていきたい。

　俑の意味を理解する上でまず注目されるのは、秦始皇帝陵の俑である。人物の俑は、高さ180cmほどの等身大で製作されている。部位別に型抜きで成形した後接合し、さらに彩色を施す。甲冑で武装した兵士俑千体以上が陵の周囲の坑内に隊列をなして埋設されていたことから、これらは秦始皇帝に従属する軍隊兵士をはじめとする人物群であったと理解される。

　ただし始皇帝陵例のような等身大の俑はその後はみられず、前漢代に入ってからの俑は大きさが60cm前後に縮小される。その内容は同時期の代表的な例である陝西省咸陽市楊家湾漢墓例によれば、新たに騎馬兵士を含むようになるが、やはり軍隊兵士や奴婢の俑が中心である。な

お、楊家湾漢墓でも2,000体を超える数の俑が発見されており、墓主の身分によって差はあるものの、このような膨大な数量の副葬は人物埴輪にはない俑の大きな特質といえる。なお、俑には人物埴輪のような全身半身の作り分けはなく、大きさに大小はあってもすべて全身像である。

しかし後漢に入ると、その内容は大きく変化する。それは前漢における軍隊と奴婢の構成だけではなく、享楽的な舞楽遊戯が加わり、加えて楼閣や田地、そして博局などの遊戯を示す多彩な俑が登場することである。この時期の代表例に河南省洛陽市焼溝西14号墓や同洛陽市七里河墓例があるが、そこでは舞楽雑技の俑群が墓室内におかれた陶案の前に配置されていたことから、舞楽遊戯の俑は被葬者の観覧に供するために配置されたと理解される。

その後漢末の大乱を経て三国時代になると後漢代の多彩な俑は姿を消し、俑の副葬そのものも減少するが、西晋に至ると新たな内容をもった俑が成立する。

代表として河南省洛陽市54号晋墓があげられ、楊泓はその内容を基本的に4組に分けている[19]。まず第1組は鎮墓俑で、背中に鬣のある有角の四脚の動物と、盾を持つ甲冑武装の武士の二種類からなる。第2組は騎兵と武装兵士、そして牛車からなる出行儀杖の俑、第3組は侍僕や舞楽の俑であり、第4組は家居生活に関わる厨房、家畜、家禽類の俑である。これらは墓室内の入り口付近に、ほぼ第1組から第4組の順にまとまって出土した。

この4組の俑を墓室内入り口付近に配置するパターンは、その後の五胡十六国から北朝の俑の基本的な構造となる。ただし、第3組の舞楽の俑は省かれる場合もあり、倪潤安が北周俑の分類にあたって示したように[20]、鎮墓俑、出行儀杖俑、家居生活俑の3組にまとめてその特質を記しておきたい。

五胡十六国時代の代表例として陝西省西安市草廠坡1号墓があげられるが、ここでは盗掘を受けながらも120点余りの陶俑が出土した。そこには出行儀杖の俑に新たな要素として、鎧を装着した馬に甲冑武装兵士のまたがる鎧馬騎兵隊が登場し、これに軍楽隊も加わる。この鎧馬騎兵隊と軍楽隊、そして武装兵士からなる出行儀杖の隊列は、天子や高位の人物の護衛の行列である鹵簿を表現しており[21]、鎧馬騎兵隊の鹵簿の存在はその後の北朝陶俑の一大特徴となる（第78図4～7）。北魏代の例では河南省洛陽市偃師杏元村染華墓、同孟津北陳村壁画墓、山西省大同市司馬金龍墓など多数の例があるほか、北魏が分裂してからの東魏～北斉、西魏～北周の例も数多く発見されている。

また鎮墓俑は、北魏代では蹲踞の姿勢の獣形俑一対（人面と獅子面各1体）と、盾を持ち怒り顔で他の俑よりも一回り大きい姿の甲冑武装の武士俑一対とがセットとなり（第78図1～3）、この獣形と甲冑武士の鎮墓俑の組み合わせが後の隋唐代まで続いていく。

家居生活俑は、箕や盆をもつ女侍俑と厨房の俑（第78図8～13）、そして家畜家禽類からなる。

これら北朝の俑も多数副葬され、北斉の高洋墓である河南省磁県湾漳壁画墓では1,500体以上もの俑が出土している。なお同時期の南朝では、皆無ではないものの、俑の出土遺跡は少ない状況にある。

以後、隋唐代においても俑は流行し、唐代には狩猟の俑や唐三彩の俑が製作され、五代十国時代には人面魚身や人面蛇身の奇怪な俑も登場するが、宋代以降は衰退し、明代に一時復活するも

191

第8章 人物埴輪の意味

第78図 北魏の俑
（1．鎮墓獣（獣面） 2．鎮墓獣（人面） 3．鎮墓武士俑 4．鎧馬武士俑 5．牛車 6．甲冑武士俑
7．侍吏俑 8．執箕女侍俑 9．執盆女侍俑 10．踏臼女侍俑 11．臼 12．竈 13．厠）
※1〜3、12、13．孟津北陳村北魏壁画墓、4〜11．偃師杏元村染華墓

のの、清代初頭でほぼ消滅する経緯を辿る。
　このような俑の内容、とくに人物埴輪とほぼ同時期の北朝、すなわち北魏〜北斉、北周の俑と人物埴輪とを比較するならば、両者の間には製作技術が型抜きでないことや、石室内副葬ではなく墳丘を取り巻く裾や堤に配置されるという技術と設置場所のちがいがあるが、その内容に大きなちがいを指摘することができる。
　人物埴輪を外側から順に見ていった場合、第5形式の盾持ち男子、第4形式の馬飼と馬をはじめとする動物、そして第3形式の武装と非武装の男子全身立像の配置は、俑における鎮墓俑の盾持ち武士、続く出行鹵簿における馬列や武装兵士の配置と一面共通するかにみえる。しかし、人物埴輪に架空の動物の造形はなく、鎮墓獣の存在は人物埴輪とは異なる思想的背景によっているとみなされる。また馬飼と馬、そして男子全身立像にしても、その場に猪や犬、鷹を腕に掲げる男子全身立像といった狩猟に関わる造形が加わる例のあることからすれば、これらの人物群の意味する内容は屋外における私的な従属であって、出行鹵簿のような大勢の軍隊による政治的なデモンストレーションとは異なる。
　さらに人物埴輪の場合、それにつづいて第2形式の飲食物を捧げ持つ女子立像、第1形式の男女の坐像が配置されるが、これも俑における家居生活を示す厨房、家畜、家禽類というような食生活の裏方の表現などではなく、饗宴の場における奉仕の姿と理解されるものである。
　このように比較すると、墓において特定の人物に服属してその奉仕にあたるという意味では俑にも同じ性格を指摘できると思われるが、北朝俑におけるその具体的内容は架空の鎮墓獣、政治的な鹵簿、食生活の裏方部分である厨房の表現という三つであり、近侍的職掌の集団という人物埴輪の基本的内容とは趣を異にしている。したがって、俑と人物埴輪の構造に共通点は少なく、人物埴輪の構造の成立に俑が影響を与えた可能性はほとんどなかったといえるであろう。

注
（1）平野邦雄『大化前代社会組織の研究』吉川弘文館　1969年　103頁。
（2）杉山晋作「古代東国のはにわ群像」『歴博』第16号　国立歴史民俗博物館　1986年　15頁。
（3）大澤伸啓「馬飼の人物埴輪について」『栃木県考古学会誌』第13号　1991年　175〜183頁。
（4）藤川智之「酒巻14号墳の『馬曳き』人物埴輪の検討」『酒巻古墳群昭和61年度〜昭和62年度発掘調査報告書』行田市教育委員会　1988年　80〜84頁。
（5）若松良一「再生の祀りと人物埴輪―埴輪群像は殯を再現している―」『東アジアの古代文化』72号　1992年　139〜158頁。
（6）若松良一「埴輪と木製品からみた埋葬儀礼」『古墳時代の日本列島』青木書店　2003年　64〜65頁。
（7）注（6）文献83頁13〜14行。
（8）このように過去の考証に対する再検討を省いたまま概念を失った用語のみを踏襲することが、研究上の障害となっていることは、すでに第5章第1節でも指摘したとおりである。
（9）この点については第5章の注(19)において若干の指摘をおこなった。
　　なおこのほか若松は、滋賀県米原市狐塚5号墳の弓を持つ女子像を呪術をおこなう巫女としてい

第8章　人物埴輪の意味

　　る。しかし、本例は腕と胴体が同一個体か不明であり、復元過程によって二つの埴輪が一緒にされ
　　たことが考慮される資料であり、本来の形が不明確な資料は分類を歪めさせることが懸念されるた
　　め、本論では検討から省いた。
(10) 森田克行「今城塚古墳の埴輪群像を読み解く」『発掘された埴輪群と今城塚古墳』高槻市立しろ
　　あと歴史館　2004年　47～55頁。
　　　森田克行「今城塚古墳の調査と埴輪祭祀」『ヒストリア』第194号　2005年　6～20頁。
(11) 和田　萃「古代の喪葬儀礼と埴輪群像」『はにわ―秘められた古代の祭祀―』群馬県立歴史博物
　　館　1993年　11～14頁。
　　　なお、その後若松は「狩の表示はモガリの場で用いるための犠牲を得るための狩の模様を再現し
　　たもの」(注6文献71頁8～9行)と述べているが、文献史学の検討においては殯と狩猟の間の関
　　係性が示されていない以上、改めてその主張は再検討すべきと思われる。
(12) 森田　悌「埴輪の祭り」『風俗』第34巻第1号　1995年　2～22頁。
(13) 若狭　徹「人物埴輪再考―保渡田八幡塚古墳形象埴輪の実態とその意義を通じて―」『保渡田八
　　幡塚古墳』群馬町教育委員会　2000年　485～520頁。
(14) なおこの人物埴輪は、本古墳ではほかに例のない太い帯先が2本裾に垂下している特徴が認めら
　　れ、これは第1章注(35)で述べた女子埴輪の帯表現である可能性が考慮される。
　　　諏訪下3号墳においても、ほかの男子や女子埴輪と異なる太い帯を装着している人物が1体ある
　　が、これもまた女子埴輪である。また、本古墳の1929年時の調査報告によれば、このときの調査
　　で位置不明で出土し、現在行方不明であるIIの袈裟状衣を着た女子半身立像も、本例と形態と大き
　　さがほぼ一致する。したがって、大刀を左腰に装備するものではあるが、女子半身立像IIc3と同
　　じく、大刀を持つ女子半身立像であった可能性も考慮されると思われる。
(15) 濱田耕作「支那の土偶と日本の埴輪」『芸文』第2年第1号　1911年　210～220頁。
(16) 小田富士雄「石人・石馬の系譜」『石人・石馬』学生社　1985年　53～66頁。
(17) 稲村　繁「日本の形象埴輪」『東アジアと日本の考古学』II墓制②　同成社　2002年　81～111
　　頁。
(18) その概要は、楊泓の次の文献を参考にした。
　　　楊泓「俑的世界」『美術考古六十年』文物出版社　1998年　299～363頁。
(19) 注(18)文献327頁5～23行。
(20) 倪潤安「北周墓葬俑群研究」『考古学報』2005年第1期　27～54頁。
(21) 蘇哲「五胡十六国・北朝時代の出行図と鹵簿俑」『東アジアと日本の考古学』II墓制②　同成社
　　2002年　113～163頁。

第9章

人物埴輪の歴史的考察

第1節　人物埴輪の成立過程

1　形象埴輪の変遷と人物埴輪の成立

　それでは、一定の構造をもつ人物埴輪は、いかにして成立したのであろうか。それはまたどのような展開を遂げ、衰退に至ったのであろうか。本章ではこれまでの検討を踏まえて、古墳時代に人物埴輪がどのような経緯によって成立したのか、またその展開と衰退にはどのような要因が関係したのかについて考えたい。ここではおもに人物埴輪の成立、衰退と変容、および関東地方で流行する理由の三点に着目して考察を進めたい。

　はじめに人物埴輪成立に至る状況を概観しておくならば、そもそも埴輪は吉備地方において墓上供献用に成立した特殊器台と特殊壺が近畿地方に導入されて作り出された一つの墳丘装飾である[1]。

　形象埴輪が成立する以前の古墳時代前期[2]においては、後円部上に被葬者を埋葬した後、上部平坦面に土壇を築き、それを囲むようにして埴輪の方形区画が形作られた。その代表例である奈良県桜井市メスリ山古墳では、円筒埴輪による二重方形列が形成され、大型品が四隅と小型品数本に対して一定間隔に配置されていた（第79図1）。犬木努は、その景観が大阪府八尾市心合寺山古墳出土の囲形埴輪に表現された柵と共通する点に着目し、円筒埴輪の方形区画は現実の柵をイメージしたものであり、とくに出入り口がないのは、それが空間の厳重な「遮蔽」のための装置であったと指摘する[3]。このように円筒埴輪本体に本来付与された供献の意味とは別に、その配置構造は埋葬施設をとりまく空間を外部から遮蔽する意味を示していたと考えられる。

　その後、盾や甲冑などの武具、さらに権力を重々しく象徴する蓋などの威儀具を模造した器財埴輪が成立し、メスリ山古墳例と同様に方形区画を形成するようになる（第79図2）。このような変遷からすれば、器財埴輪の方形区画は、円筒埴輪による遮蔽を意図した立体的な囲いに、軍事的、かつ権威的表現を加えることによって成立したものと考えられる。

　なお、家形埴輪と鶏形埴輪の成立も器財埴輪とほぼ軌を一にしている。家形埴輪は基本的に方形区画内において遮蔽されるべき対象として配置され、鶏形埴輪は雄雌対になって区画外に配置されるが、いずれも権威を象徴する器物として、共通した性格を認めることができよう[4]。

　ところで、これらの形象埴輪による方形区画の成立は、もう一つの意味を担うようになる。

195

第9章　人物埴輪の歴史的考察

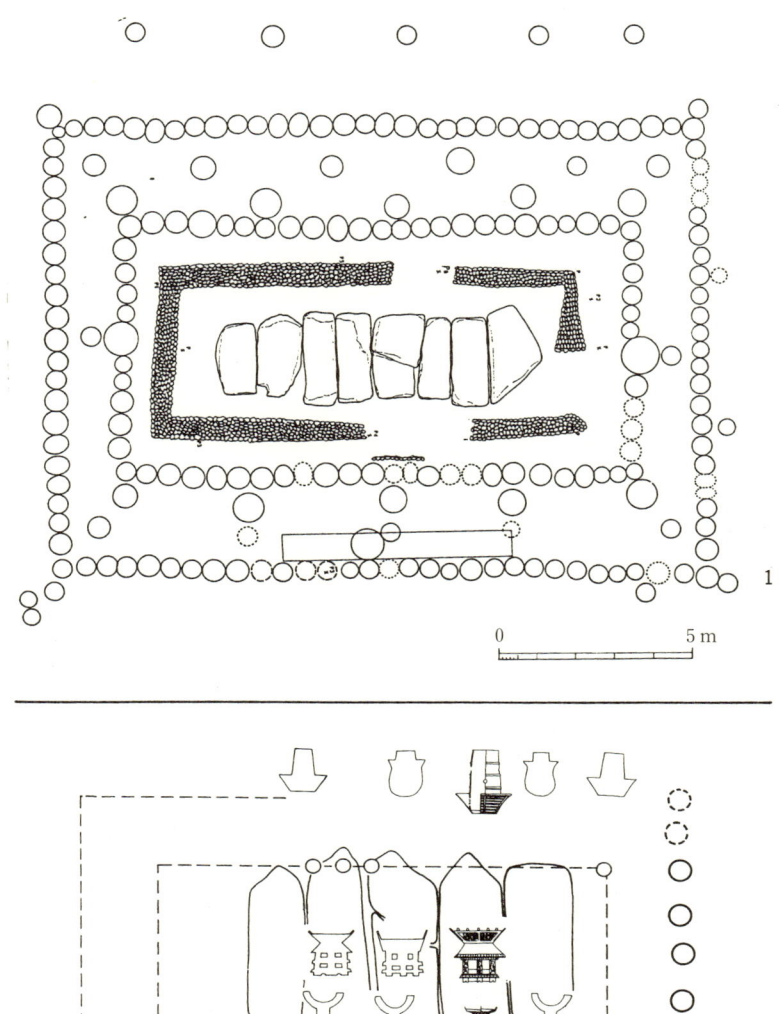

第79図　墳頂部における方形区画と形象埴輪
（1．奈良県メスリ山古墳　2．奈良県室宮山古墳）

　方形埴輪列の方位を検討した寺村裕史は、その方位が埋葬施設の方位に従属し、当初は墳丘主軸方位と関係なく南北方向を指向するものの、次第に両者とも墳丘主軸の方向に一致していくと指摘する(5)。そして後者の方形区画では器財埴輪がより外側に配置されることから、器財埴輪

第 1 節 人物埴輪の成立過程

の成立後、墳頂部の形象埴輪の配置は「墳丘景観としての一体性」を重視していくと述べる。

現実の木柵や円筒埴輪による柵の模造から発展して成立した形象埴輪の方形区画は、埋葬施設を外部空間から遮蔽する意図を、権威を示す仮器によって表現したものと理解される。そして、成立後において大形前方後円墳の景観と統一を図る動きは、これらの形象埴輪が、単なる埋葬施設に伴う遮蔽装置から発展し、前方後円墳全体の景観を演出する装置へと変化する動きをも示していると評価できるであろう。

また、盾形埴輪を墳丘をとりまく形で裾部に配列する例も京都市黄金塚 2 号墳で判明しており、これも遮蔽とともに景観演出の装置としての意味を有していたと考えられる。

続く古墳時代前期末から中期になると、墳丘裾にも形象埴輪を配置する動きが現われる。

1997 年、古墳時代前期の奈良県天理市東殿塚古墳で、前方部墳丘西側裾の一画に土器を配置し、円筒埴輪で囲繞した遺構が発掘され、墳丘裾における供献行為の存在が確認されたが、前期末から中期の古墳では、このような供献に加えて、墳丘裾にも形象埴輪を配置するようになる。2003 年に発掘調査された同広陵町巣山古墳からは前方部中央付近で西側の周濠に飛び出した出島状の遺構が検出され、そこから具体的な配置は不明であるが、家、囲、柵、蓋、盾、水鳥の形象埴輪が出土した（第 80 図 1）。

墳丘裾に配置される形象埴輪の種類は基本的に墳頂部と共通するものの、とくに家や囲形などの構築物が中心となり、これに水鳥が加わる。これらは平坦部のみならず、墳丘に接して設けられた造り出しとその合間の谷部にも配置され、一種の「盆景」的表現をとる。

たとえば兵庫県加古川市行者塚古墳では、西造り出しの方形円筒埴輪列の中に家形埴輪があ

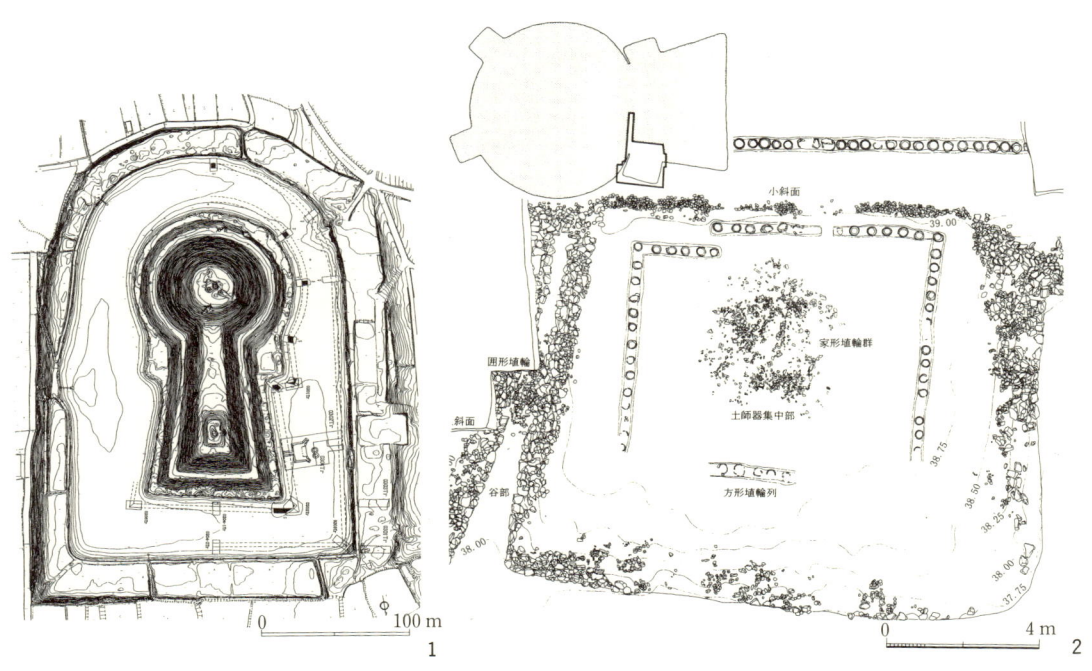

第 80 図　墳丘裾における造り出しと形象埴輪（1．奈良県巣山古墳　2．兵庫県行者塚古墳）

り、その前に各種食物を模倣した土製品や笊形土器や土師器が供献されていた。そして埴輪列東側の一部が食い違いになって出入り口のように開いており、その出入り口から出た谷部の石敷の中にも、囲形の埴輪が配置されていた（第80図2）。

巣山古墳や行者塚古墳のように、墳丘裾に造り出し、もしくは出島状の施設を構築し、その起伏を利用して埴輪を配置した例は近年数多く報告されているが、その配置でとくに注目されるのは、しばしば谷部における囲形埴輪の中から導水施設形土製品の出土が報告されている点である(6)。その状況は、まさに奈良県御所市南郷遺跡で発掘調査された現実に存在した導水施設遺構を模しているからである。もちろん、三重県松阪市宝塚古墳の出島状遺構の谷部から出土した船形埴輪上の大刀形の装飾のように、現実を反映した造形と一概には認め難いものも存在する。しかし、中期古墳の墳丘裾に配置された家形や囲形の形象埴輪は、基本的に現実の居館とそれをとりまく施設を縮小して古墳上に再現している可能性が高いといえるのではないだろうか。さらに、そこに伴う供献土器に、前期の東殿塚での墳丘裾における供献行為からの連続性を認めるならば、墳丘裾での供献の場を演出する装置として、これらの家形埴輪をはじめとする形象埴輪の配置が成立したと思われる。

このように、墳丘裾に現実世界を模した一つの居館景観が創出された後、馬などの動物埴輪、そしてここで問題とする人物埴輪が登場するのである。人物埴輪の成立と時を同じくして、前期以来継続しておこなわれていた墳頂部における方形区画は衰退し、器財埴輪の組成も、盾形や蓋形などは後期にも残るものの、甲冑形などの器財埴輪、そして導水施設形土製品を伴う囲形埴輪も消滅する経過を辿り、結果として後期の形象埴輪は人物埴輪を中心に家形や器財を加えたとした構成となる。これらは基本的に墳丘裾に配置され、造り出しだけでなく墳丘側面、また濠で隔てられた外側の堤上も配置場所となる。つまり人物埴輪は、基本的に墳丘裾における景観に付加することを意図して成立した形象埴輪として理解できるであろう。

さて、前章において筆者は、人物埴輪は何らかの儀礼の表現を意図したものではなく、食膳奉仕、近侍、警護、出遊の御者、そして墓域の警護という奉仕行為をおこなう近侍的職掌を表わしているとする理解を示した。その理解を踏まえ、以上に述べてきた形象埴輪の変遷から人物埴輪成立に至る経緯を述べるならば、現実世界を模した一つの居館景観が成立した後、その居館景観において、上記の近侍的奉仕にあたる人々として成立したのが人物埴輪であるとする理解が導き出せる。

2 初期の人物埴輪に対する見解の検討

ところで、人物埴輪成立の契機については、これまでにも日本列島内における古墳時代中期の形象埴輪と人物埴輪との関係に着目した意見が示されてきた。ここで筆者の示した上記の理解を、これまでの見解と比較検討しておきたい。

まず高橋克壽は、兵庫県加古川市行者塚古墳をはじめとする中期古墳の造り出しにおいて、形象埴輪群とともに土製供物の出土する例がしばしばあることから、死者への供物の供献行為を形象化したものが「巫女」埴輪であると考え、人物埴輪は造り出しにおいておこなわれた祭祀の形

象化として始まった可能性を指摘した⁽⁷⁾。高橋は中期においては、造り出しで形象埴輪をおいた後に現実の女性が供献行為をおこなっていたことを想定している⁽⁸⁾。

　第1章と第5章で検討したように、第2形式の女子埴輪の多くが食膳奉仕の姿であることからすれば、墳丘裾における飲食物供献行為を形象化したものが女子埴輪とする見解の大筋は支持できる。また、東殿塚古墳前方部西側裾において検出された供献土器とそれに伴う埴輪配列の存在から推察すれば、墓前において飲食物供献、食膳奉仕をおこなうという思想は、古墳時代前期にはすでに成立しており、車崎正彦も女子埴輪の成立がこうした墳丘裾における死者への供献行為に由来するものであることを指摘している⁽⁹⁾。したがって、人物埴輪の中でも女子埴輪は、すでに存在した古墳における飲食物供献行為、とくに墳丘裾における飲食物供献行為の意味を継承して成立したと位置づけることに異論はない。

　ただし、それが古墳で現実におこなわれた行為をダイレクトに形象化しているとする点については、必ずしも同意することはできない。

　というのは、さきに述べたように人物埴輪成立以前における武具形の器財埴輪は、被葬者の眠る埋葬施設上の空間、および墳丘を遮蔽する目的で樹立されており、必ずしもそれ以前に現実の器物や人間の行為があったことを示しているわけではない。また墳丘裾における形象埴輪群にしても、それ以前に現実の居館が古墳に存在したことを示しているわけでもない。このような形象埴輪のもつ基本的性格を考慮するならば、人物埴輪のみを古墳における現実の行為の反映とする必然性はないと思われるからである。

　したがって、女子埴輪は基本的に飲食物供献行為の意味を、人間の行為として表わすことを意図して成立したと思われる。

　また、高橋らの意見とは別に、初期の人物埴輪に甲冑形埴輪や盾形埴輪に顔を造形した例や、腕のない女子埴輪が存在することから、若松良一は中期の器財埴輪の発展的形態として人物埴輪が成立した可能性を指摘している⁽¹⁰⁾。また高橋工も、若松の見解を受け、人物埴輪成立以前において大阪市高廻り2号墳（第81図）や奈良県御所市室宮山古墳で、盾形埴輪の上部に冑形埴輪を装着し、あたかも人物が盾を持っているかのように示した埴輪が出土していることに着目し、その造形に人間の存在が反映されていることを認め、これを盾を持つ男子半身立像の源流とする見解を示している⁽¹¹⁾。このように、中期における器財埴輪の意図を発展させた造形として人物埴輪が成立したとする意見もある。

　ただし、器財埴輪と初期の人物埴輪の関係についての評価は分かれており、清水真一は盾を持つ男子半身立像には基本的に冑をかぶるものがほとんどないことや、室宮山古墳における盾形埴輪の出土位置が墳頂部（第79図2）であるのに対し、盾を持つ男子半身立像は基本的に墳裾や中・外堤であることを相違点としてあげ、上部に冑形埴輪を装着する盾形埴輪を盾を持つ人物埴輪の源流とみることに否定的な見解を示す⁽¹²⁾。また甲冑武装の人物埴輪についても、高橋克壽は甲冑形埴輪が人物埴輪成立後に衰退することから、「武人埴輪へ発展する兆候はほとんど認めがたい」と述べる⁽¹³⁾。

　このような評価がなされるのは、初期の人物埴輪、ここではそれを円筒埴輪編年のⅣ期以前に

第 9 章　人物埴輪の歴史的考察

　　第81図　冑形埴輪を装着する盾形埴輪
　　　　　　　（大阪府長原高廻り2号墳）

　　第82図　冑を被る盾を持つ人物埴輪
　　　　　　　（奈良県池田4号墳）

属するものとするが、その多くが部分的な資料であって、第2章でも触れたように群像として全容の判る資料がほとんどないことが一つの要因となっている。

　しかし、少ない資料ではあっても、この問題についても検討しておきたい。

　まず人物埴輪成立以前に存在する冑形埴輪を装着する盾形埴輪に、人間の存在を示す意識の反映をうかがい知ることはできるものの、盾を持つ男子半身立像の圧倒的多数は冑をかぶっていない。ただ、清水の指摘の後に奈良県大和高田市池田4号墳で出土した長方形の盾を持つ男子半身立像は、頭部に冑の造形がなされており（第82図）、その所属時期も円筒埴輪編年Ⅳ期である。現状での類例は少ないものの、冑形埴輪を装着する盾形埴輪と盾を持つ男子半身立像とを繋ぐ過渡期の資料になる可能性が考慮される。

　また盾を持つ男子半身立像の配置場所については、第1章、および第6章第2節で検討したように、配置位置が中・外堤など墳丘をとりまく施設上であり、京都市黄金塚2号墳例のように古墳時代前期以来墳丘をとりまく形で配置された盾形埴輪の配置位置と、墳丘をとりまくという点

で共通性が見出せる。現状においてもっとも古い盾を持つ男子半身立像は、中期前半の福岡県拝塚古墳例があげられ、前方部前面からの出土と報告されている。本例は円筒状の胴部に線刻で盾を表現し、その上に人間の頭部の造形がつく簡略な造形であり、冑の造形は不明であるが、Ⅲ期の円筒埴輪が伴出し、人物埴輪としても最古の例の一つとなる。

　このような理解に立つと、盾を持つ男子半身立像の造形は必ずしも器財埴輪の盾形埴輪の造形と無関係ではなく、冑形埴輪を装着する盾形埴輪がその直接的な源流であるかはさらに検討の余地を残すとしても、墳頂部から墳丘裾にも盾形埴輪が配置されるようになってから、盾形埴輪に人頭表現を加えることで成立したとする理解は可能であろう。

　このような観点から甲冑形埴輪についても検討すれば、中期における甲冑形埴輪は短甲を表わしており、当初は短甲部、草摺部を別々に造形したが、後には冑から草摺まで一連の造形になる(14)。その後、後者の甲冑形埴輪に顔を造形した短甲武装の半身立像が登場する。大阪市長原45号墳例がその最も古い例としてあげられ、Ⅳ期の円筒埴輪とTK73型式段階の須恵器が伴出する。

　このように短甲武装の男子半身立像も、造形の面で器財埴輪からの連続性が考えられるが、問題なのはそれが挂甲武装した男子全身立像へと繋がるのかという点である。

　女子など多彩な人物埴輪が作られるようになってからも、甲冑形埴輪が人物埴輪群像とともに構成されている例はある。そこでその配置を検討すれば、福島県本宮町天王壇古墳では周溝に北東から女子埴輪→甲冑形埴輪→動物埴輪という順で出土しており、人物埴輪の配置規則の第3形式の位置から出土している（第83図）。また群馬県高崎市保渡田八幡塚古墳でも甲冑形埴輪の造形に顔をつけた人物埴輪が出土しているが、その配置場所は挂甲武装の全身立像の人物埴輪に隣接する。大阪市蕃上山古墳でも、周溝から女子などの人物埴輪に近接した場所から出土していることが報告されている。

　つまり、人物埴輪と一緒に構成される甲冑形、もしくは甲冑形埴輪に顔をつけた埴輪の出土位置は、第1章で示した人物埴輪の配置規則の第3形式の位置と考えられ、後の挂甲武装した男子全身立像と同様の位置にあたるのである。

　また、甲冑形埴輪に造形される甲冑の種類が短甲であるのに対し、人物埴輪の多くが挂甲である点については、第6章第2節で述べたように、甲冑そのものの流行時期のちがいによっており、必ずしもそれを装着する人物の役割の差を意味しているわけではない。

　したがって、初期の人物埴輪群像の配置に器財埴輪である甲冑形埴輪が存在し、それが人物埴輪の発展とともに衰退していく現象は、その役割が短甲武装の半身立像、さらに挂甲武装の男子全身立像に発展し引き継がれたことによるといえるであろう。つまり、盾を持つ男子半身立像と甲冑武装の男子全身立像は、中期における武具形の器財埴輪を基礎とし、その造形に人物表現を付加することによって、器財で示していた意図を、人間の行為としてより明確に表現することを目的に成立した形式である蓋然性が高いと考えられるのである。

　ただし、人物埴輪の成立を考える場合注意すべきなのは、器財埴輪である甲冑形埴輪と人物埴輪とが一緒に配置され、さきにも指摘した人物埴輪の配置規則と同じ構造をなしているという点

第9章 人物埴輪の歴史的考察

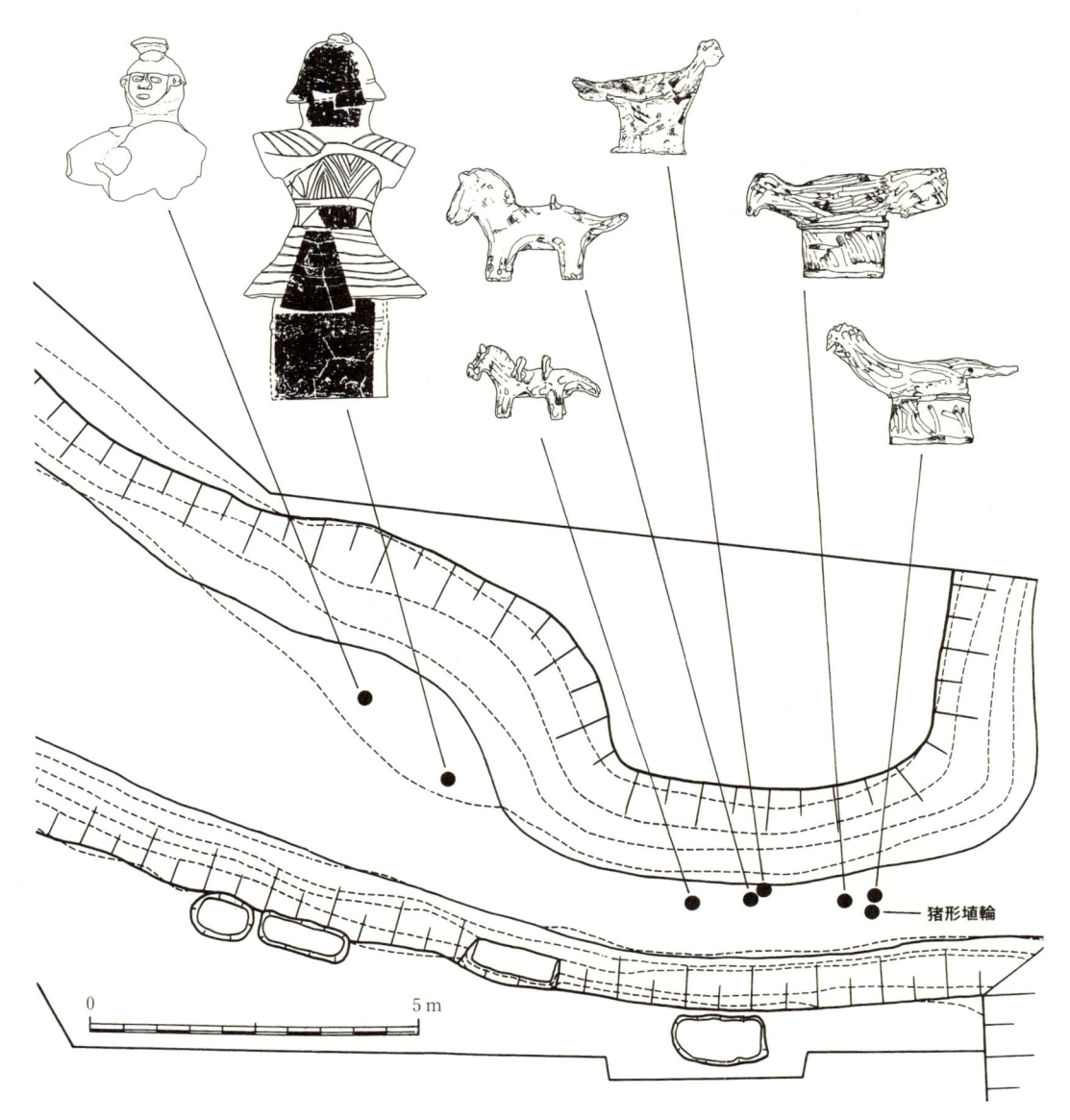

第83図　天王壇古墳における甲冑形埴輪の出土位置

である。それは人物埴輪の成立が、中期における形象埴輪の造形と密接に関わりながらも、それとは異なる一つの構造を当初から指向していたことを物語っている。

前章で述べたように、一定の規則にしたがって配置される人物埴輪の五つの形式は、被葬者とそれをとりまく食膳奉仕の女官、近侍・護衛にあたる舎人、馬飼、墓域の警護にあたる下層の人物というように、近侍的職掌にあたる複数の階層を表わしていると考えた。そこには、前代における器財埴輪や土製供物によって示された護衛と飲食物の供献という意味の継承だけではなく、新しく近侍や馬を曳くなどの意味も加わっている。このような人物埴輪成立以前に存在した器財

埴輪から発展した形式とともに、新しい形式も含めて人物埴輪群像が一つの構造をなしているのであれば、人物埴輪の構造には、墳丘裾に配置された器財埴輪や土製供物が象徴する意図を継承しながらも、それだけではない新たな意味を表わすために成立したと理解すべきであろう。

　これまでの検討をまとめて、改めて人物埴輪成立の理由を述べるならば、人物埴輪は中期における家形埴輪による居館景観の表現に加えて、土製供物や器財埴輪の意味を人間の行為として形象化し、さらに前代からの形象埴輪の意味を拡大させ、特定の人物、もはやそれを古墳の被葬者と限定して問題はないと思われるが、それに服属しておこなう近侍的な活動を表わすために新たに成立した形象埴輪であったと考えられるのである。

3　人物埴輪成立の背景

　以上、人物埴輪がそれ以前における形象埴輪との関係の上に成立したと述べたが、ここでこれまでに述べた形象埴輪の変遷と、古墳の形の変遷とを対比させると、人物埴輪の成立に当時の墓制の変化が大きな影響を与えていることに気づかされる。

　まず前期の古墳では、奈良県天理市渋谷向山古墳（第84図1）などにおいて周濠外と墳丘をつなぐ渡土手が存在し、周囲と古墳とがつながっている。墳丘の形態は後円部が前方部よりも高く、前者に主要な埋葬施設が設けられており、形象埴輪のほとんどが後円部墳頂上に方形区画として配置されたことからしても、前期から中期にかけての古墳では埋葬施設のある後円部を聖域として重視していることがうかがわれる。

　しかし、大阪府藤井寺市津堂城山古墳（第84図2）で盾形二重周濠と外堤が成立し、前期末か

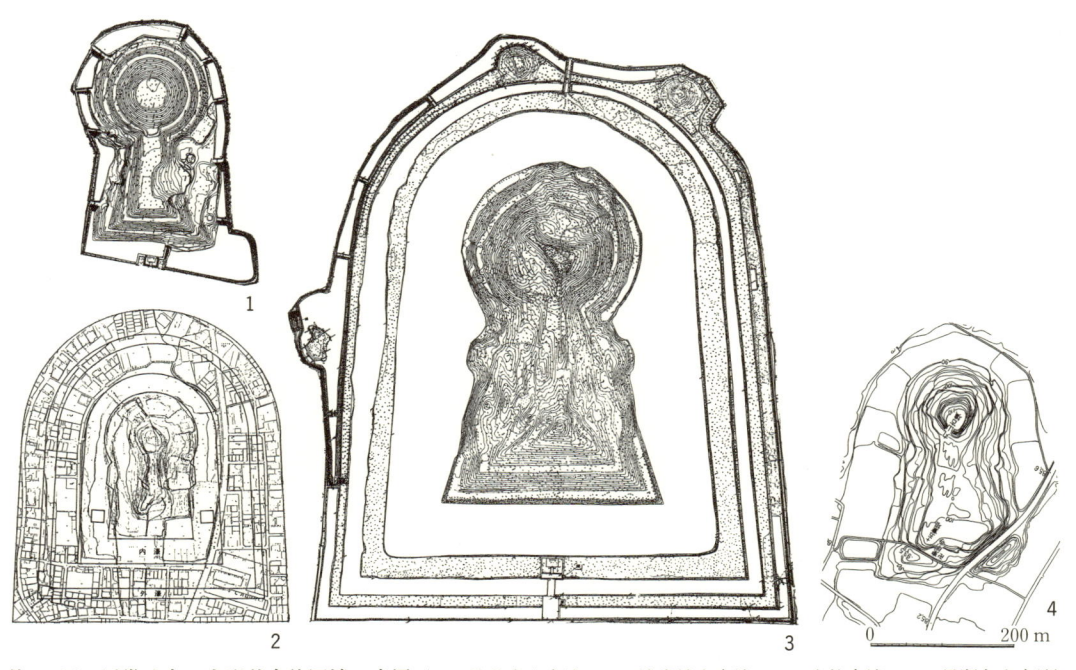

第84図　近畿地方の大形前方後円墳の変遷（1．渋谷向山古墳　2．津堂城山古墳　3．大仙古墳　4．見瀬丸山古墳）

ら中期にかけて墳丘は周濠によって堤から完全に分離され、渡土手は消滅する[15]。この時期に、墳丘括れ部に造り出しが形成されるようになり、墳頂部だけでなく造り出しにも形象埴輪群が置かれるようになる。水をたたえた周濠に張り出して構築された造り出しには、家形や囲形埴輪によって現実世界を縮小した景観が作り出され、その周辺には水鳥形埴輪もおかれた。

　この盾形二重周濠はその後の大形前方後円墳に継承され、同時に墳丘は前方部の高さが増し後円部に匹敵、もしくは凌駕していく。それと同時に古墳の巨大化が進み、誉田御廟山古墳、大仙古墳（第84図3）といった巨大古墳が造られる。こうした古墳の変化と同時進行で、家形埴輪だけでなく水鳥などの動物も埴輪として墳丘裾に配置していく動きは、後円墳頂部を中心に、墳丘をとりかこむ施設も含めて古墳全体が死者のための一つの世界としての意味をもつようになったことを反映した現象と理解される。人物埴輪が造形されるようになったのは、まさにこのような古墳の巨大化・隔絶化のピークの時期にあたる。

　埴輪の配置場所の広がり、また種類の増加、変化を、古墳の巨大化・隔絶化と軌を一にする現象としてとらえるならば、人物埴輪の成立は、死者のための空間拡大の上に立った人物像による奉仕行為の追加として評価できる。すなわち、被葬者の実質的な空間を後円部の方形区画を中心とする墳丘から、周濠に囲まれた広大な空間へと広げようとする意図が、現実の景観を省略表現した家形埴輪だけでなく、そこで被葬者に近侍し奉仕する人間の行為の表現をも成立させたのである。そのように理解するならば、人物埴輪の成立は初期の人物埴輪が発見され、かつまた古墳時代中期において巨大古墳が次々と造営された百舌鳥、古市古墳群周辺でなされた可能性がもっとも高いであろう[16]。

第2節　人物埴輪の衰退と変容

1　近畿、および西日本における衰退と変容

　さて人物埴輪成立後、古墳の巨大化は停止するものの、人物埴輪そのものは近畿地方を中心に西日本から関東、東北地方へと伝播する。しかしその展開は必ずしも一様ではなく、第2章で述べたように大きな変化をみせずに関東地方より一足早く衰退する東海以西の西日本の地域と、途中から独自な展開を遂げ前方後円墳の終末まで存続する関東地方とで、大きなちがいがある。このような展開の相違は、いかなる理由によるのであろうか。次にその衰退と変容の経緯について考察したい。

　まず、第2章で述べたように、近畿地方と西日本各地の間には密接な技術交流が認められた。近畿地方の人物埴輪には、女子埴輪が袈裟状衣を着用し両腕を胸の前に差し出し器物を持つ姿であること、男子全身立像の台が平面円形、また男子半身立像の裾が腰の括れ部から広がる形態、さらに基本的に腕の製作技術が円筒中空技法という四つの特色がある。こうした形態と製作技術の斉一的特徴をもつ近畿様式は、中国、四国、九州といった近畿以西の地方や、三重、静岡などの東海地域にも波及し、そこには伊勢湾沿岸と近畿、近畿と九州、近畿と出雲、さらに有明海沿

岸地域と鳥取というように、地域間相互の技術交流も存在した。

しかし、西日本における人物埴輪の展開は近畿地方や伊勢湾沿岸、福岡県八女市周辺のように、継続的に生産し古墳に樹立した地域も存在するものの、その他の地域においては必ずしも普遍的、継続的に生産され古墳に樹立されたのではなかった。このように、地域によって人物埴輪の存在が普遍的、継続的に存続しなかったことは、西日本の多くの地にあっては人物埴輪の受容がきわめて限定的であったことを示している。

とくに、近畿地方をはじめとする西日本では、東日本と同じく須恵器のTK 209型式段階まで人物埴輪が存在するものの、その流行のピークはTK 47～MT 15型式段階にあって、以後減少し、TK 43型式段階以降に至ると樹立する古墳はきわめてわずかとなる。また樹立されたとしても、その形式組成は女子埴輪1体、盾持ち1体、もしくは片腕を掲げる半身立像と馬形埴輪というように単一の形式となっており、五つの形式によって構成される例はなくなっている。一気に消滅に向かうわけではないものの、このような変化は東日本よりも一足早い衰退の動きとしてとらえることができる。

このような変化は何に起因するのであろうか。

ここで一つの理由として、九州を除く西日本において、MT 15型式段階以降に横穴式石室が普及することをあげておきたい。古墳時代後期に埋葬施設が前期以来の竪穴系の埋葬施設に変わって横穴式石室へと変化する動きは、九州地方を除いて全国的に認められ、土生田純之によれば、その基本モデルとなったのは近畿地方を中心に分布する「畿内型石室」である[17]。畿内型石室は玄室平面形が矩形を呈し、平天井で前壁を有し、塊石を積み上げて閉塞する方法をとり、近畿よりも早い時期に九州で普及した横穴式石室特有の玄門部立柱石の張り出しや鴨居石がない。近畿では須恵器編年のMT 15型式段階以降に大形前方後円墳に採用され、その後群集墳など小規模の古墳にも広まっていく。近畿地方から中・四国、中部、関東と日本列島の広範囲に伝播し、関東地方をはじめとする中部以東の地域では、この畿内型石室の導入によって横穴式石室が埋葬施設の主流に定着する。

畿内型石室の大きな特徴として土生田は、杯、甑、高杯といった須恵器の石室内への副葬を伴う点を指摘している。石室内へ大量の須恵器を副葬する行為は、死者への飲食物供献行為として、小林行雄[18]や白石太一郎[19]によって新しい葬送儀礼の成立を示すものとして注目されてきたが、土生田はこうした習俗が畿内型石室と密接不可分であることを指摘し、石室内に死者の世界である「黄泉国」を認める観念が畿内型石室によって成立したと述べている。

確かに横穴式石室が普及しても、人物埴輪が出土する古墳は存在する。しかし、多数の形式によって構成される例は減少しており、その形式組成は次第に貧弱となっている。このような状況からすれば、近畿地方における人物埴輪の衰退は、横穴式石室の普及、とくに須恵器の石室内への副葬と関連する可能性が考慮される。被葬者に対する飲食物供献行為が、畿内型石室の導入によって墳丘裾から石室の内側へと変化したのに伴い、墳丘の外側において人物埴輪によって飲食物供献行為や被葬者に対する奉仕行為を示すことも衰退していったのであろう。つまり、横穴式石室の導入によってもたらされた被葬者への奉仕行為を示す場の転換が、人物埴輪衰退の引き金

になっていると推察されるのである[20]。

このような横穴式石室の導入による変化は、一つ人物埴輪に限らず、古墳の形態にも関係している。第1節で述べたように、人物埴輪は古墳全体が現実世界から隔絶した一つの世界を形成していく過程で成立した。しかし、横穴式石室が導入されてからの古墳の変化をみるならば、奈良県橿原市見瀬丸山古墳（第84図4）に代表されるように、中期のような水をたたえた周濠はなくなり、加えて前方部の高さも低く変化する。それとともに人物埴輪は衰退し、消滅の道を辿っている。このような古墳の形態変化も、被葬者のための実質的空間に対する認識が水に囲まれた広大な世界から、横穴式石室内へと変化したことに帰せられるであろう。

要するに、横穴式石室の普及と古墳の形態変化にあわせて、人物埴輪が近畿地方をはじめとする西日本地域で衰退する変化は、単に飲食物供献の場が横穴式石室内に移っただけではなく、被葬者の世界そのものが横穴式石室内に移ったことを反映した現象とみなされる。それは、少なくとも横穴式石室導入以前においては一般的におこなわれていた埴輪によって墳丘を飾り立て荘厳化させる意識からの大きな転換として位置づけられ、前方後円墳という墳丘形態そのものの消滅にも深く関係する動きとして評価できよう。人物埴輪が近畿地方をはじめとする日本列島全域で前方後円墳の終焉とともに消滅する現象は、このような墓制そのものに対する考え方の転換によってもたらされたものと思われる。

2　関東地方における変容

これに対し、関東地方においては西日本とは異なった展開を遂げる。次第に近畿地方を中心とする西日本の展開とは乖離し、西日本において人物埴輪が衰退する時期になると、逆に独自の変容を遂げながら盛行する。

その中でもっとも大きな特色として指摘されるのは、女子埴輪の所作の変化である。

女子埴輪には、杯、甑、壺を両手で持ち胸の前に掲げ飲食物を供献する姿を示すものが全国的に認められるが、第2章における検討結果にしたがえば、近畿地方をはじめとする西日本では、近畿様式として一貫して袈裟状衣を着し食前奉仕の姿を保っており、関東地方においても、当初は近畿様式と一部共通する両腕を胸の前に掲げる女子埴輪を主体とする東国様式が広く認められた。

しかし、関東における人物埴輪編年の1期新段階には、片腕を掲げて器物を持つ女子埴輪を主体とする塚廻り様式が成立し、2期新段階以降、器物を持たず単に両腕を下げた無所作の女子埴輪からなる山倉様式が成立する。このような女子埴輪の所作の変遷は、東海以西の西日本にはない関東独自の現象であり、とくに無所作の造形は人物埴輪における飲食物供献行為の表現の喪失として注目される。

無所作の女子埴輪は人物埴輪編年の2期古段階に群馬県域で認められ、2期新段階には埼玉、また3期には千葉、栃木など、時期を追うごとに関東地方各地へと広く分布するようになる。これと時を同じくして、女子埴輪の服飾において袈裟状衣や襷など副次的な服飾表現も姿を消し、さらに無所作に加えて、形式による人物埴輪の配置規則も崩壊したB様式が成立する。こうし

た人物埴輪の大きな変化である無所作化が顕著になるのは、人物埴輪編年の2期新段階以後である。

　関東地方における人物埴輪の独自な変化は、普及にともなう造形表現の退化、および形骸化と評価することも可能であるが、その時期がさきに述べた近畿地方における衰退時期と対比されることからすれば、その変化の背景にも横穴式石室の導入が密接に関わっている可能性が考慮されるであろう。

　関東地方に普及した横穴式石室も畿内型石室であり、近畿地方と同様MT15型式段階以降に群馬県安中市簗瀬二子塚古墳や同前橋市前二子古墳など、最初に群馬県の大形前方後円墳に採用され、次第に中小の古墳へも広がっていく[21]。横穴式石室を採用した各地の古墳はその受容期から石室内への須恵器の副葬を伴っており、関東地方においていち早く横穴式石室を導入した古墳の一つである前二子古墳においても、石室内の須恵器副葬がおこなわれている。

　そこで、無所作の女子埴輪が出土し、埋葬施設の形態も判明する古墳をあげると、竪穴系の主体部は群馬県館林市天神二子塚、千葉県大木台2号の2古墳にすぎず、そのほかの群馬県富岡市神保下條2号、同前橋市月田地蔵塚、同館林市淵ノ上、同高崎市綿貫観音山、埼玉県深谷市小前田9号、同行田市酒巻14号、千葉県山武市経僧塚、同横芝光町姫塚、同市原市山倉1号の9古墳では、いずれも横穴式石室が採用されている。竪穴系とされる2古墳でも、天神二子塚古墳は人物埴輪編年3期の造形であり、大木台2号墳も人物埴輪編年2期新段階以降に流行する下総型人物埴輪であることから、基本的に無所作の女子埴輪の出土した古墳は、関東地方に横穴式石室が普及してからの時期にそのほとんどがおさまる。

　これに対し、両腕を胸の前に掲げるものは竪穴系の埋葬施設が圧倒的多数であり、横穴式石室に伴う例は群馬県富岡市富岡5号、同高崎市綿貫観音山、栃木県足利市熊野6号、千葉県山武市経僧塚の4古墳にすぎない。

　横穴式石室導入以前の関東地方における古墳では、須恵器は墳丘や括れ部、造り出し、また堀などから出土し、その中で杯や甑は、両腕を胸の前に掲げる所作の女子埴輪の所持する器としても造形されている。しかし、横穴式石室を採用した古墳においては、これらの須恵器は石室内に副葬されるようになり、これと軌を一にして女子埴輪は器を持たなくなり食膳奉仕の所作を失っていく。さらに第2章で述べたように、このような女子埴輪の無所作化に連動して、片腕を掲げる男子半身立像にも無所作が現われ、人物埴輪全体が所作を喪失していく傾向もうかがわれる。

　このような推移を踏まえるならば、関東地方における女子埴輪の無所作化も、横穴式石室の普及と連動した現象である可能性が高い。つまり、横穴式石室の導入とともに死者に対する飲食物供献を示す場が墳丘上から石室内に移動したことによって、女子埴輪は彼女らの職掌を示す食膳奉仕の所作を喪失し、無所作になったと理解されるのである。近畿地方では人物埴輪そのものが衰退し、関東地方では所作を喪失した造形へと発展していった背景には、横穴式石室の普及という共通の歴史現象が大きな影響を与えていると思われる[22]。

　なお、関東地方においても、人物埴輪の存続は須恵器のTK209型式段階までである。前方後円墳の終焉によって一斉に消滅しており、消滅時期については近畿地方と軌を一にしている。

第3節　関東地方における盛行の背景

　しかし、西日本においては衰退に向かうのに対し、なぜ関東地方のみにおいては、人物埴輪が独自な展開を遂げながら存続したのであろうか。最後に、関東地方における人物埴輪盛行の背景を検討したい。

　関東地方では、古墳時代後期に入ると大形前方後円墳の築造が激増しており、白石太一郎は、関東における全長60m以上の後期の大形前方後円墳の数は、「畿内」の5倍以上と大きく上回っていることを指摘している[23]。とりわけその多くは後期でも後半に集中しており[24]、人物埴輪が独自な展開を遂げ盛行したのは、単に人物に代表される形象埴輪の流行に留まる現象ではなく、それが樹立されるべき古墳築造の著しい増加が密接に関係しているといってよい。

　白石は関東地方において後期に数多くの大形前方後円墳が築造された理由として、「畿内政権」の軍事的・経済的基盤として関東地方が重要となったこと、そして関東では古墳の築造にあたって近畿をはじめとする西日本とは異なった基準が用いられた可能性を述べている。

　確かに軍事的・経済的基盤として重要であったとする見解は、大化前代における舎人の出身地とその部が東国に分布することを指摘した井上光貞の指摘[25]をはじめ、埼玉稲荷山古墳出土鉄剣銘文に「杖刀人首」とあることや、川西宏幸が指摘した挂甲が関東地方に集中して分布する状況[26]などからも、支持することができるであろう。第4章で述べた鈴鏡や鈴付馬具の分布も、そのような事情を反映した一つの現象として位置づけられる。

　しかし、一方で近畿地方との密接な関係を認めながらも、古墳築造においては近畿と異なる規準が関東だけ用いられたとするならば、密接な関係とはまた別の説明が必要ではないだろうか。なぜ関東地方だけ異なった規準で大形前方後円墳が造られたのか。この問題は、人物埴輪が他地域と異なり、関東で独自に展開し存続した要因を解明する上でも重要と思われる。

　こうした問題意識から、関東地方の後期大形前方後円墳の展開、とくにその形の変遷に着目するならば、そこにも人物埴輪の変遷と同じく、近畿地方とは異なる独自な動きを指摘することができる。

　概観するとその動きは二つあり、一つは地域における前代の形を踏襲していく動きであり、群馬、埼玉、茨城県域において顕著である[27]。

　群馬県域においては、中期に東日本最大の大きさをもつ太田市の太田天神山古墳（210m、以下墳丘長を括弧で示す）が築造されたが、その墳形は上田宏範によって同時期の奈良県奈良市コナベ古墳（204m）と同形であることが指摘されている[28]（第85図）。この太田天神山古墳の形が、群馬県域において中期から後期の大形前方後円墳に踏襲されていることが、梅澤重昭[29]や若狭徹[30]によって指摘されている。

　中期では太田天神山古墳に続く伊勢崎市御富士山古墳（125m）が3分の2の縮尺[31]、後期では高崎市保渡田八幡塚古墳（第85図）[32]（102m）、前橋市中二子古墳（第85図）（108m）、高崎市不動山古墳[33]（現存長94m）、同綿貫観音山古墳（97m）が2分の1の縮尺（第85図）であり、

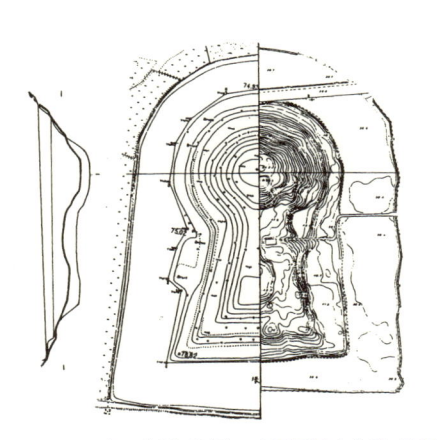

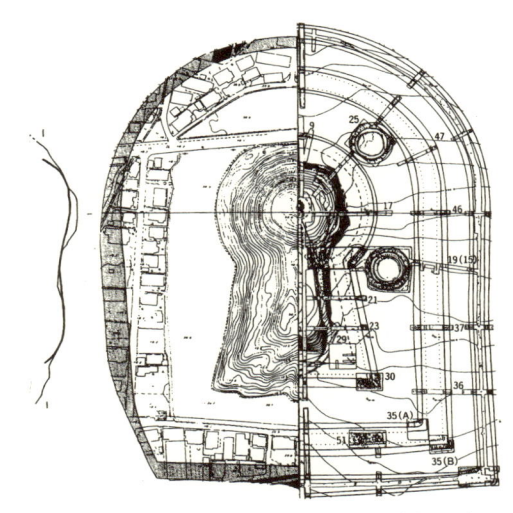

第3節 関東地方における盛行の背景

コナベ古墳（1/2） 太田天神山古墳（1/2）　　　　　　　太田天神山古墳（1/2） 保渡田八幡塚古墳

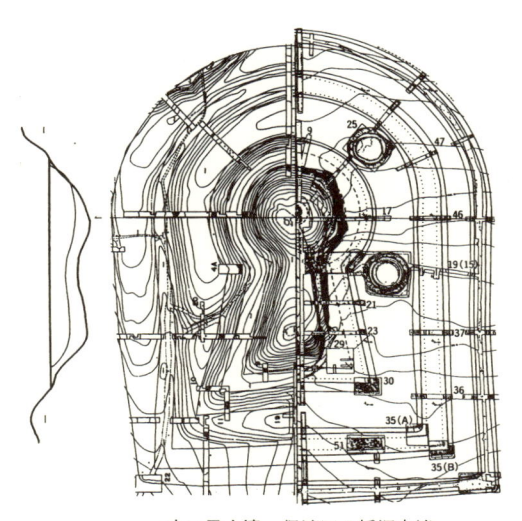

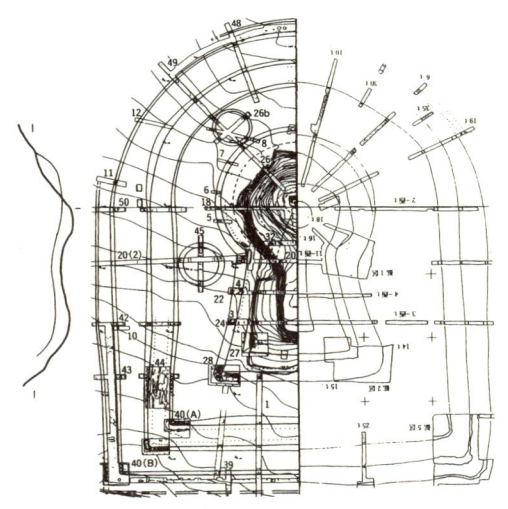

中二子古墳 保渡田八幡塚古墳　　　　　　　保渡田八幡塚古墳 綿貫観音山古墳

第85図　群馬県における大形前方後円墳の形態比較
※縮尺率1/2500　（　）内の数字はそれに対する縮尺率を示す。断面高さは平面長さの2倍。

　このほかにも数多くの相似墳をあげることができる。いずれも堀の形や前方部の形、また墳丘の段築が改変されているものの、墳丘と堀の基本形態は、太田天神山古墳の形を踏襲しているといってよい。
　もちろん後期において、これとは異なった形の古墳もあり、藤岡市七輿山古墳（146m）は飯塚卓二によれば土師ニサンザイ古墳の相似墳[34]、また若狭徹によれば愛知県名古屋市断夫山古墳の同形墳に[35]、高崎市八幡観音塚古墳（96m）は白石太一郎によれば奈良県天理市東乗鞍古

209

第 9 章　人物埴輪の歴史的考察

墳と相似関係にある可能性が説かれている⁽³⁶⁾。

　しかし、中期初頭の太田天神山古墳から後期末の綿貫観音山古墳に至るまでの長い期間、群馬県域における大形前方後円墳に一貫して同じ形が踏襲されている事実は、「上毛野」における歴代の首長層によってその形が根強く支持されたことを如実に示している。とくに後期においては基本的に太田天神山古墳の2分の1の縮尺が大形前方後円墳の形と墳丘規模を規定しており、これが結果として群馬県域において大形前方後円墳が築造された一つの要因であったとみることができる。

　また埼玉県域でも行田市埼玉古墳群において稲荷山古墳の形の踏襲が指摘できる。

　埼玉古墳群中の稲荷山古墳の墳丘形態は、大阪府堺市大仙古墳（486 m）の4分の1の縮尺の相似墳である（第86図）。この大仙古墳の墳丘形態と方形二重周堀を特徴とする稲荷山古墳の形は、続いて築造された二子山古墳（138 m）、鉄砲山古墳（109 m）でも採用されており、二子山古墳は稲荷山古墳の1と8分の1倍にあたる（第86図）。また鉄砲山古墳は二子山古墳の5分の4となる（第86図）⁽³⁷⁾。

　つまり、埼玉古墳群の全長100 m級の大形前方後円墳は、そのいずれもが稲荷山古墳の形態を基本とし前代の形を若干拡大、もしくは縮小しながらも同じ形を踏襲して順次築造されている⁽³⁸⁾。

　このほか、茨城県において大形前方後円墳が造営された霞ヶ浦沿岸でも、後期のかすみがうら市富士見塚古墳（92 m）は、後円部と前方部の高さがほぼ同じであり、平面に対する高さの比率が高く、その主軸断面形は大きく波打つ特徴があり、大仙古墳を6分の1に縮尺して対比させれば（第87図）、その立体構造はきわめてよく一致する。富士見塚に続いて築造された、小美玉市権現山古墳（89.5 m）も富士見塚と近似した規模と形態であり、権現山古墳を5分の4に縮尺するならば、さらに続いて築造された小美玉市舟塚古墳（72 m）と相似形となることも新井悟による指摘がある⁽³⁹⁾。したがって、茨城県においても後期に相似形の古墳を継続的に築造していく動きが認められる。

　これに対して、これらと異なるもう一つの動きもある。それは同時代の近畿の古墳とも、その地の前代の古墳とも異なった地域独自の形で古墳を築造する動きであり、後期でも後半に顕著である。

　たとえば千葉県富津市内裏塚古墳群では、稲荷塚古墳（106 m）や古塚古墳（89 m）が、後円部に比べて前方部長・幅が極端に長大な独自な墳形であり（第88図）、この2基が同じ築造企画によっていることは小林三郎⁽⁴⁰⁾をはじめ、倉林眞砂斗による指摘がある⁽⁴¹⁾。さらに両者は後円部に比べて前方部が高い点も特異であり、このような墳丘形態は現状では近畿地方の巨大古墳に類例を求めることができない。

　このうち古塚古墳は、岡本建一が指摘しているように⁽⁴²⁾埼玉古墳群内の将軍山古墳と同形である（第88図）。その形が房総半島に類例が多く、将軍山の横穴式石室材が千葉県富津市周辺で採集される房州石であることからすれば、古塚古墳の形が埼玉将軍山古墳の形に影響を与えたとみなされる⁽⁴³⁾。

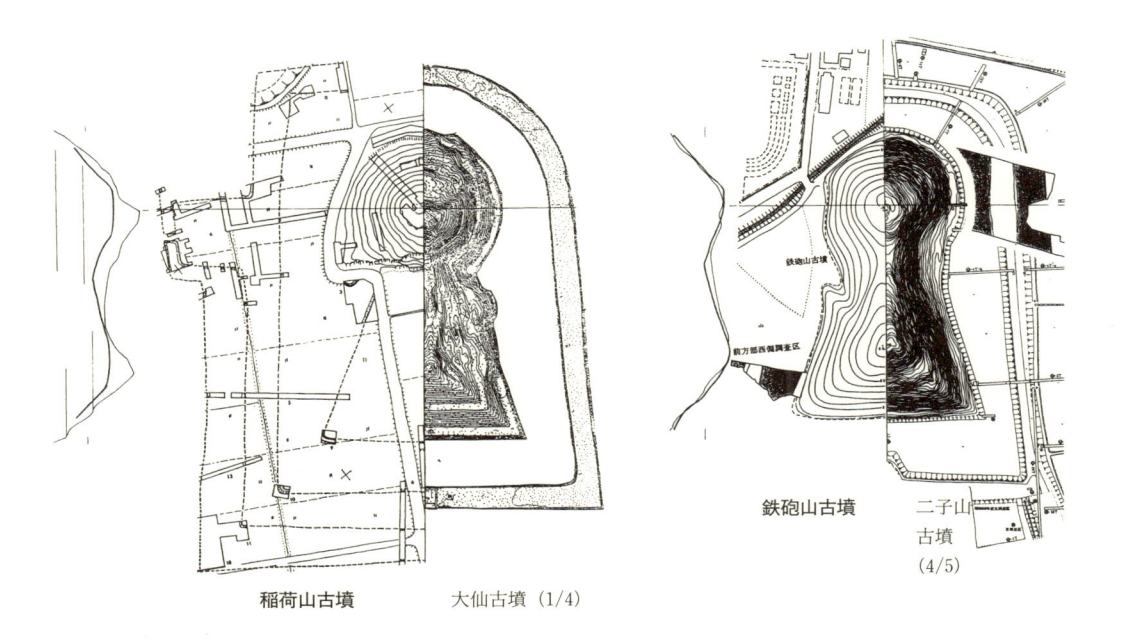

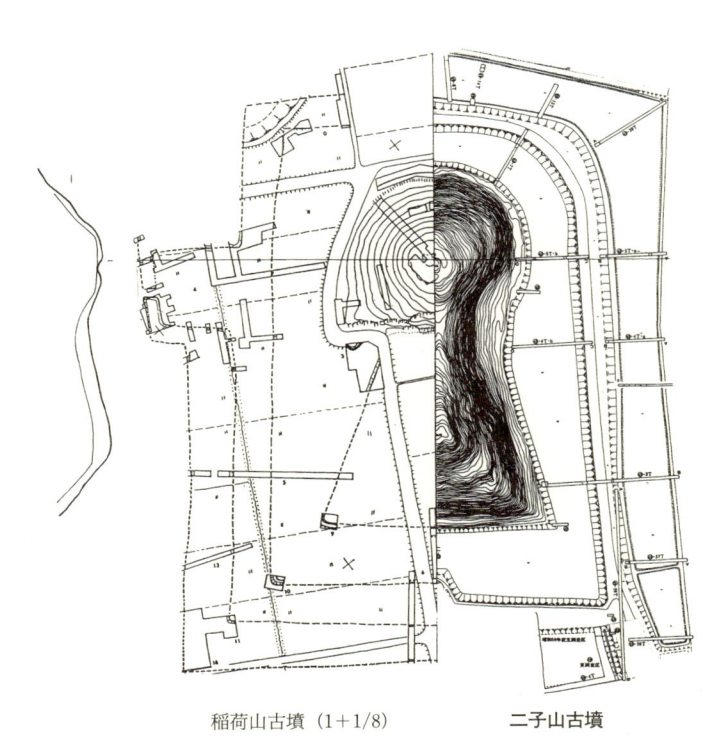

第 3 節　関東地方における盛行の背景

稲荷山古墳　　　大仙古墳（1/4）

鉄砲山古墳　　二子山古墳（4/5）

稲荷山古墳（1＋1/8）　　二子山古墳

第 86 図　埼玉県における大形前方後円墳の形態比較
※縮尺率 1/2500　（　）内の数字はそれに対する縮尺率と拡大率を示す。断面高さは平面長さの 2 倍。

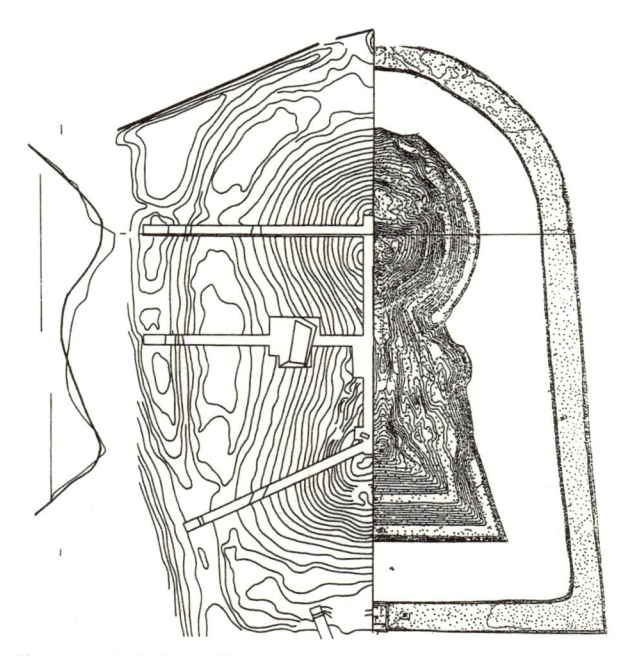

第 9 章　人物埴輪の歴史的考察

第 87 図　富士見塚古墳（左）と大仙古墳（右・1/6）の形態比較
※縮尺率1/1250　（　）内の数字はそれに対する縮尺率を示す。断面太線富士見塚。断面高さは平面長さの2倍。

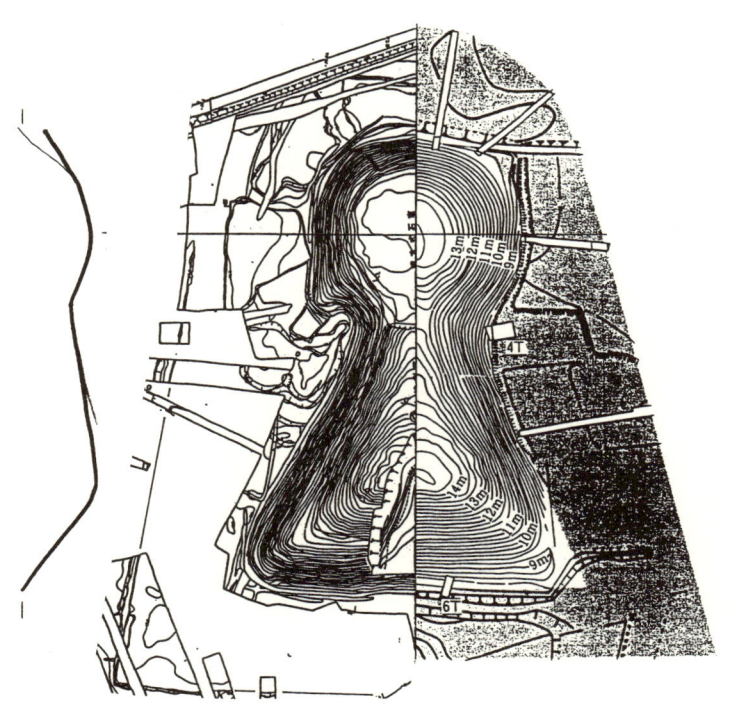

第 88 図　将軍山古墳（左）と古塚古墳（右）の形態比較
※縮尺率1/1250　断面太線は古塚。断面高さは平面長さの2倍。

第3節　関東地方における盛行の背景

　また栃木県南部においても、それまでの古墳とは大きく異なり、墳丘第1段に幅広い平坦面をもつ特異な墳形が認められる。後期後半に築造された壬生町吾妻岩屋古墳（117m）は、段築1段目に幅広い平坦面を設ける特徴がある（第89図）[44]。このように墳丘裾から堀に至る間に大幅な平坦面を設けた墳形は、後期後半の栃木県南部、下都賀郡から河内郡域にかけて数多く存在することから、秋元陽光と大橋泰夫はそれらを総称して「下野型古墳」と呼称している[45]。吾妻岩屋古墳は前方部前端に横穴式石室を設ける点でも特異である。

　以上の例はいずれも近畿地方に同じ形が求められず、同様な形態的特徴をもつ古墳が地域内にほかにも存在していることから、地域独自の形として展開している。これらの古墳も、大きさが墳丘長100m前後である。

　ところで、さきに述べたように、後期においては古墳の埋葬施設に横穴式石室の導入という新たな事態が生じる。しかし、関東地方では古墳の形に、その導入に伴う近畿地方からの影響を指摘しがたいことを付け加えておきたい。

　関東地方において横穴式石室を早くから導入したのは群馬県域であり、中二子古墳では墳丘3

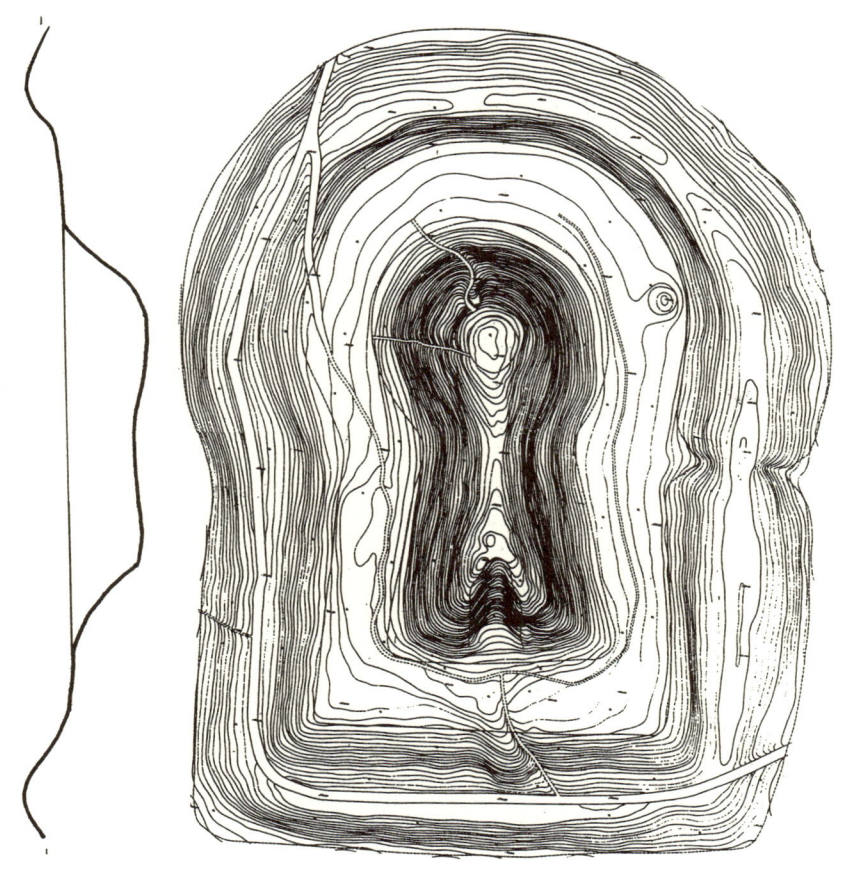

第89図　吾妻岩屋古墳
※縮尺率1/1250　断面高さは平面長さの2倍。

第9章　人物埴輪の歴史的考察

段築成が２段築成へと変化しているものの、古墳の形は太田天神山古墳を踏襲している。また栃木県域では下野型古墳など地域独自の形の古墳に横穴式石室が採用されており、千葉県域でも稲荷山古墳や古塚古墳など、独自の形の前方後円墳において横穴式石室が採用されている可能性が高い。つまり関東地方における横穴式石室の普及は、必ずしも近畿地方の古墳の形とは関係せず、地域の系譜を引いた形、もしくは地域独自の形が古墳築造において重視されている。

　以上に述べた関東地方における後期大形前方後円墳の形態変遷の概観を図示すると、第90図のようになる。

　これを一言でまとめるならば、当初は近畿地方の巨大古墳の影響を受けながらも、次第に地域における伝統的な形を形成、または独自の形の採用へと変化していったということができる。その変化からは、古墳の形に近畿地方とのつながり、それはすなわち巨大古墳を築造した大王権力とのつながりといいかえることもできるかもしれないが、その関係を表わすことから、地域における歴史的な縦の系譜を反映させようとした関東地方各地の首長層の意識変化が読み取れるであろう。

　かつて宮川徟は、近畿と九州、あるいは近畿と関東など、遠隔地における同一設計・企画で造営された古墳の存在が、造墓工人の移動や古墳築造技法の伝承とともに、被葬者の政治的な同盟関係、さらには出自に関わる系譜を象徴している可能性を指摘した[(46)]。宮川は群馬県高崎市綿貫観音山古墳の築造企画をコナベ型と認め、墳丘自体が被葬者の出自や系譜、同族性などを主張している可能性を述べている。

　この宮川の指摘は、墳形の象徴的意味に着目した点で高く評価されると思われ、群馬県域で各

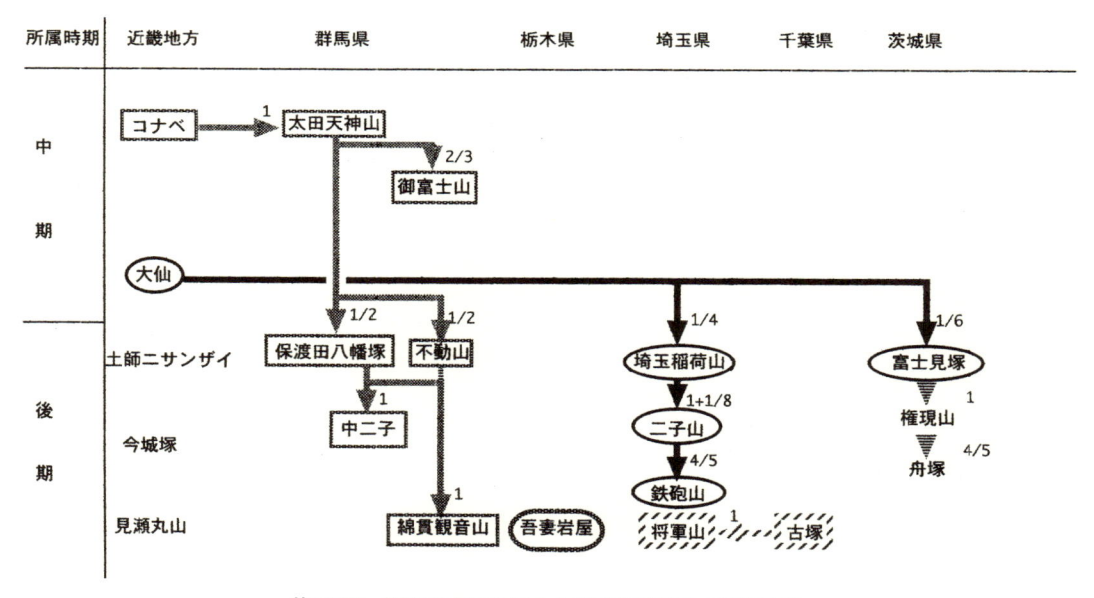

第90図　関東地方における大形前方後円墳の形態系譜
※同じ文字囲いは相似関係、矢印は時間の前後関係、数字は縮尺率を示す。また点線矢印は影響が推察されるものを示す。

地に分散して太田天神山古墳の形が長期間認められることからすれば、その形が「上毛野」各地の首長の同盟関係や支配権の正統性を示す象徴として認識されたことが、同じ形が踏襲され、結果的に後期に大形前方後円墳が築造された要因であったと推察される。関東地方の後期古墳にみられる、同じ古墳の形の踏襲や独自の形の普及は、地域における支配者としての正統性、または政治的同盟関係の表示と評価することができるのではないだろうか。

さて、ここで人物埴輪の独自な展開を、古墳の形態変遷と対比させてみるならば、人物埴輪が関東地方で流行し、横穴式石室普及後も近畿地方と異なる独自の展開を遂げて残っていったのも、近畿地方とは一線を画した地域系譜を重視した古墳築造が密接に関係していた可能性が高い。つまり、伝統的、もしくは地域独自の系譜を表示する古墳築造の展開に伴い、前代からの墳丘装飾である人物埴輪も存続し、横穴式石室の導入によっても衰退することなく、形を変えながら継続して盛んに樹立される結果となったのである。

本節のはじめに述べたように、古墳時代後期において関東地方で大形前方後円墳が築かれた理由としては、一つには近畿地方の軍事的・経済的基盤として重要な役割を担っていたことがあげられるであろう。しかしその一方で、古墳の形態に地域独自の系譜を表示し、さらに近畿地方の規範からはずれた人物埴輪の樹立を継続したのは、関東地方における首長層の系譜意識の形成と、それに伴う地域独自の古墳文化の形成を物語っている。

このような関東独自の動きを他に先駆けて中期後半から示した地域が群馬県域、すなわち「上毛野」の地であり、古墳の形だけでなく、人物埴輪の無所作化や配置規則の崩壊といった変化においても核となっている。上毛野をはじめとする関東地方各地において、独自な古墳築造がおこなわれるようになったことで、近畿地方の規準からはずれた規模の大形前方後円墳の多数築造、そして人物埴輪の盛行という、関東地方における古墳時代後期の文化的特質が形成されたと考えられるのである。

注
（1）近藤義郎・春成秀爾「埴輪の起源」『考古学研究』第13巻第3号　1967年　13～35頁。
（2）ここでは近藤義郎編『前方後円墳集成』全5巻および補遺編（山川出版社　1992～2000年）における編年の1～4期を前期、5～7期を中期、8～10期を後期として述べる。
（3）犬木　務「円筒埴輪という装置―形態論・機能論からの検討―」『東アジアと日本の考古学』Ⅱ墓制②　同成社　2002年　53～80頁。
（4）青柳泰介は、家形埴輪と現実の大型掘立柱建物とのプランの比較から、居館における中心的建物を造形したのが家形埴輪であるとし、首長の重要な建物として墳頂主体部の上に樹立したと説く。また忽那敬三は鶏形埴輪を多産と生命を生み出す象徴とし、その所有が被葬者の権威を引き立てるものであったと説く。
　　青柳泰介「家型埴輪と大型掘立柱建物の関係について」『古代学研究』第150号　2000年　135～142頁。
　　忽那敬三「鶏形埴輪の変遷と性格」『考古学研究』第48巻第3号　2001年　106～123頁。
（5）寺村裕史「方形埴輪列の時系列変遷と画期」『考古学研究』第50巻第1号　2003年　98～110

（6）奈良県立橿原考古学研究所附属博物館『カミよる水のまつり―『導水』の埴輪と王の治水―』2003年。
（7）高橋克壽「人物埴輪の出現とその意味」『はにわ人は語る』国立歴史民俗博物館編　山川出版社　1999年　41～60頁。
（8）加古川市教育委員会『行者塚古墳発掘調査概報』1997年。
（9）車崎正彦「壺形の宇宙と埴輪」『埴輪が語る科野のクニ　4・5世紀の埴輪祭祀―善光寺平の埴輪の系譜―』シナノノクニフォーラムシリーズ第2巻　更埴市森将軍塚古墳館　1999年　8～64頁。
（10）若松良一「人物埴輪編年試論」『討論群馬・埼玉の埴輪』あさを社　1987年　136～161頁。
（11）高橋　工「盾形埴輪の検討」『長原遺跡発掘調査報告Ⅳ』(財)大阪市文化財協会　1991年　183～191頁。
（12）清水真一「盾持人物埴輪考」『古代学評論』第4号　1995年　53～67頁。
（13）高橋克壽「器財埴輪の編年と古墳祭祀」『史林』第71巻第2号　1988年　69～104頁。
（14）注(13)文献。
（15）周濠の成立と展開の経緯は次の研究を参照した。
　　　白石太一郎「古墳の周濠」『角田文衞先生古希記念古代学叢論』1983年　125～145頁。
　　　一瀬和夫「周濠」『古墳時代の研究』第7巻古墳Ⅰ墳丘と内部構造　雄山閣　1992年　49～59頁。
（16）なお、人物埴輪によって近侍的な行為そのものがあらわされるようになった背景には、そうした職掌の成立とも密接な関係があった可能性を考慮する必要があるかもしれない。近侍的トモのうち靫負、舎人および膳夫は、「白髪部靫負」というように天皇の名号や宮号に由来する名前がつけられており、その名号や宮号の多くが雄略朝以後のものであることから、これらのトモは、雄略朝頃に成立した可能性が高いと考えられている（平野邦雄『大化前代社会組織の研究』吉川弘文館　1969年　104頁）。采女の記事も雄略朝に多いことから、ほぼ同じ頃と考えられている（磯貝正義「采女貢進制の基礎的研究」『郡司及び采女制度の研究』吉川弘文館　1978年　189頁）。前章で指摘したように、女子埴輪や男子全身立像といった人物埴輪の構造の成立は、円筒埴輪編年のⅣ期であり、暦年代に直すと5世紀の中頃から後半に位置づけられる。したがって、近侍的トモの成立と人物埴輪の出現はきわめて近い時期になる。
（17）土生田純之「畿内型石室の成立と伝播」『黄泉国の成立』学生社　1998年　173～199頁。
（18）小林行雄「黄泉戸喫」(『古墳文化論考』平凡社) 1976年　263～281頁（元論文1949年『考古学集刊』第2冊所収）。
（19）白石太一郎「ことどわたし考」『橿原考古学研究所論集創立35周年記念』吉川弘文館　1975年　347～371頁。
（20）なお、このように横穴式石室の導入によって人物埴輪が衰退するという評価は、序章で述べたように小林行雄が最初に指摘したことである。しかし小林の場合、人物埴輪を古墳においておこなわれた儀礼を形象化したものと理解しており、横穴式石室の導入によって儀礼の場が石室内に移ったことによって人物埴輪が衰退したと述べていて、現実におこなわれた儀礼の存在を前提にしており、具体的な認識はそうした儀礼の存在を前提にしていない筆者の認識とは大きく異なる。
　　　小林行雄「埴輪論」『史迹と美術』第159号　1944年　105～114頁。
（21）右島和夫『東国古墳時代の研究』学生社　1994年。

第3節　関東地方における盛行の背景

(22) なお『第二回東北・関東前方後円墳研究会大会《シンポジウム》横穴式石室と前方後円墳発表資料』(1997年)によれば、関東地方では栃木県や千葉県北部など横穴式石室導入後も須恵器の石室内副葬の認められない地域もある。しかし、これらの地域で無所作の女子埴輪が登場するのは群馬や埼玉よりも遅れることから、これらの地域における女子埴輪の無所作表現も関東地方西北部で成立した造形の影響と思われる。
(23) 白石太一郎「関東の後期大型前方後円墳」『国立歴史民俗博物館研究報告』第44集　1992年　21～51頁。
(24) 関東地方における状況は注(2)文献によく示されている。近年では右島和夫による指摘もある。
　　右島和夫「前方後円墳が消えるとき」『季刊考古学』第90号　2005年　99～102頁。
(25) 井上光貞「大和国家の軍事的基礎」『日本古代史の諸問題』思索社　1949年（1971年再版）99～184頁（頁づけは再版による）。
(26) 川西宏幸「後期畿内政権論」『考古学雑誌』第71巻第2号　1986年　1～42頁（『古墳時代政治史序説』塙書房　1988年　164～224頁に再録）。
(27) 前方後円墳の形、とくに築造企画の問題については、上田宏範の研究をはじめとして、これまで数多くの研究の蓄積がある。
　　上田は古墳の主軸線を規準としたとき、後円部直径の6分の1が全長を規定しているとして、後円部径・前方部後長・前方部前長の比率を類型化し、近畿地方の大形前方後円墳の形態変遷、さらに各地の古墳の相似関係をあきらかにした。このように墳丘平面上に測点を設置し各比率を比較する方法は、その後の研究に大きな影響を与え、後円部径が墳丘主軸のどの位置にあるかに注目した櫛国男の研究や、後円部径の8分の1の長さを1区とすると前方部の長さが5区、6区、7区、8区と分類できることを指摘した石部正志・田中英夫・宮川　渉・堀田啓一らの研究など、後続して多様な研究がおこなわれている。
　　このほか、岸本直文は墳丘測量図そのものを対比させ、墳丘のみならず、周濠、造り出し、さらには墳丘の段や頂部の平坦部などの立体的な情報の対比をおこなう方法を示している。
　　ここでは、岸本の方法を参考にし、測量図を対比させる方法で古墳の形態を比較した。
　　上田宏範「前方後円墳築造の企画性」『古代学研究』第2号　1950年　10～17頁。
　　上田宏範『前方後円墳（増補新版）』学生社　1996年（初版1969年）。
　　櫛　国男『古墳の設計』築地書館、1975年。
　　石部正志・田中英夫・宮川　渉・堀田啓一「畿内大形前方後円墳の築造企画について」『古代学研究』第89号　1978年　1～22頁。
　　岸本直文「前方後円墳築造規格の系列」『考古学研究』第39巻第2号　1992年　45～63頁ほか。
(28) 注(27)上田1996年文献。
　　太田天神山とコナベ古墳を同一縮尺で比較すると、太田天神山は、造り出しがなく、高さが若干低いといった相違点が認められる。しかし、後円部径、前方部長、括れ部の位置など、墳丘の外形はほぼ同一とみられる。
　　なお、コナベ古墳の同形墳には大阪府茨木市太田茶臼山古墳、また3分の2の相似墳には兵庫県篠山市雲部車塚古墳もあげられ、いずれも中期の古墳であることから、上田宏範は太田天神山古墳の墳丘形態は、コナベ古墳をはじめとする近畿地方の同形墳の影響を受けて築造された蓋然性が高いことを指摘している。
(29) 梅澤重昭「毛野の古墳の系譜」『考古学ジャーナル』第150号　1978年　35～44頁。
(30) 若狭　徹「上野西部における5世紀後半の首長墓系列―保渡田八幡塚古墳の設計企画を起点とし

217

第9章　人物埴輪の歴史的考察

　て―」『群馬考古手帳』5　1995年　29～49頁。
(31) 注(29)文献。
(32) 注(30)文献。
(33) 注(29)文献。
(34) 飯塚卓二「埼玉古墳群の出現と毛野地域政権」(財)群馬県埋蔵文化財調査事業団『研究紀要』3　1986年　1～20頁。
(35) 注(30)文献。
　　　なお若狭は、上並榎稲荷山古墳（推定121m）が、後円部に対して前方部長が短く前方部幅も狭い特徴をもつ高崎市浅間山古墳（174m）の相似墳であることを指摘し、群馬県における太田天神山以前の最大の前方後円墳である浅間山古墳の形が、保渡田八幡塚古墳と同時期まで存続して認められることも指摘している。
(36) 注(23)文献。
(37) なお、二子山古墳の墳丘が、大仙古墳の相似墳とする意見は上田宏範をはじめとする指摘がある。注(27)上田 1996年文献。
(38) さらに、愛宕山古墳（53m）、瓦塚古墳（75m）、奥の山古墳（70m）、中の山古墳（79m）といった、将軍山古墳を除く埼玉古墳群中のほとんどの墳丘形態も、後円部の大きさや前方部の開き具合などから、墳丘そのものは稲荷山もしくは大仙古墳と相似形の可能性が高く、稲荷山の形を踏襲して古墳が築造されていったと推定される。
　　　塚田良道・中島洋一「真名板高山古墳の再検討」『行田市郷土博物館研究報告』第4集　1997年　1～22頁。
(39) なお、新井悟は舟塚の墳丘中段の埴輪の配列から2段築成であることを指摘し、舟塚古墳の立体構造と前方部幅の拡大した平面形から、大阪府高槻市今城塚古墳の5分の2の相似墳である可能性を指摘している。また塩谷修は権現山を土師ニサンザイ、舟塚を田出井山古墳と類似する可能性を指摘している。
　　　新井　悟「茨城県玉里村舟塚古墳の再測量調査―霞ヶ浦沿岸の前方後円墳における今城塚型の築造規格の受容形態の検討―」『駿台史学』第109号　2000年　135～147頁。
　　　塩谷　修「霞ヶ浦沿岸の前方後円墳と築造規格」『常陸の前方後円墳(1)』茨城大学人文学部考古学研究報告第3冊　2000年　116～136頁。
(40) 小林三郎「内裏塚古墳群内大型前方後円墳の築造企画」『千葉県富津市内裏塚古墳群測量調査報告書』千葉県教育委員会　1986年　65～71頁。
(41) 倉林眞砂斗「房総における前方後円墳秩序」『国府台』第6号　1996年　8～47頁。
　　　石部正志らの方法（注27文献）にしたがってその築造企画をみれば前方部10区型、前方部幅13区という近畿地方に例のない墳丘形態となる。
(42) 岡本建一「確認調査のまとめ」『将軍山古墳〈史跡埼玉古墳群整備事業報告書〉』埼玉県教育委員会　1997年　81～98頁。
(43) 若松良一はその背景に房総半島の首長と埼玉古墳群の首長との政治的関係の存在を指摘している。
　　　若松良一「からくにに渡った東国の武人たち―将軍山古墳と房総の首長の交流をめぐって―」『法政考古学』第20号　1993年　199～214頁。
　　　なお、倉林眞砂斗（注41文献）は古塚以前の時期における房総半島の古墳と埼玉古墳群の古墳との墳形の相似関係の存在を示唆している。ただし、その候補としてあげている古墳は削平が著し

（44）吾妻岩屋古墳では後円部における第一段の中心点と第二段の中心点が異なり、第二段の中心点は第一段の中心点と前方部中心とを結ぶ同一線上の前方部よりに移動していることも大きな特徴である。
（45）秋元陽光・大橋泰夫「栃木県南部の古墳時代後期の首長墓の動向―思川・田川水系を中心として―」『栃木県考古学会誌』第9集　1988年　7〜40頁。
（46）宮川　渉「築造企画からみた毛野の一首長墓の性格―綿貫観音山古墳をめぐって―」『古代学研究』第100号　1983年　1〜9頁。

終　章

結　論

　序章において筆者は、現状における人物埴輪研究の大きな問題として人物埴輪の意味をめぐる仮説の乱立をあげ、この解決が今日における一つの重要な課題であると述べた。そしてこの問題を解決するために求められるのは、人物埴輪を分析し考察する理論と方法の見直しであることを指摘し、これまで人物埴輪の構造の把握、服飾・装備の考証による各人物の役割の考察、そして人物埴輪の成立から消滅までの歴史的考察を進めてきた。

　それでは、序章に掲げた「人物埴輪は何を表わしているのか」という問いに対する答えはどう出たのであろうか。最後に本論の検討結果をまとめ、人物埴輪の意味をめぐる議論を総括したい。本論では具体的に三つの課題を掲げて検討をおこなったので、順にまとめていきたい。

　第一の課題は、研究者が任意におこなってきた人物埴輪の分類を見直し、型式学にもとづいて人物埴輪の構造を把握することであった。

　第1章では主要な形態属性から階層的な分類を示し、各種類がどのように古墳に配置されているかを分析した。その理由は、これまで数多くの古墳で様々に解釈されてきた人物埴輪の意味を再検討するためには、個別的な実態をそのまま叙述する方法を見直し、多様な現象の背後に存在する一定の論理を理解する視点が重要と考えたからにほかならない。人物埴輪の形と配置の関係に一定の原理はあるのか、あるとすればその実態はどうなっているのか、そうした普遍的論理の把握がこれまでの人物埴輪研究に欠けていた大きな問題だったのである。この構造の把握が、以後の分析の大前提となっていることからすれば、第1章は本論の核といってよい。

　分析の結果、坐像、女子立像、男子全身立像、片腕を掲げる男子半身立像、盾を持つ男子半身立像の五つの主要な形式が、一定の規則にしたがって順に古墳に配置される構造が判明した。基本的にこの構造は、時空間に関わらず認められ、これまでの多様な仮説の論拠となった古墳においても共通していることから、人物埴輪群像の表わそうとしている世界はいずれも同じであったと考えられるに至った。

　このように人物埴輪を貫く構造が存在するという事実を確認できたことは、従来の多様な仮説に再検討を促すばかりではなく、形式ごとの型式編年を可能にした点でもきわめて大きな意味をもっている。

　第2章では女子立像、男子全身立像、片腕を掲げる男子半身立像の三形式をとりあげて型式編年を試み、人物埴輪の時空間上の変遷を考察した。その結果、近畿地方をはじめとする東海以西の西日本と、関東地方を中心とする東日本とでは、人物埴輪の展開にちがいが指摘された。

　西日本では他地域に先駆けて人物埴輪が成立したと考えられ、その大きな特徴は、女子埴輪が

終章　結論

副次的な袈裟状衣を着し、両腕を胸の前に掲げて食膳奉仕の所作をとることであり、これは時期に関わらず一貫して存在し、このような女子埴輪を中心とする人物埴輪の組み合わせを、ここでは近畿様式と呼称した。

これに対し、東日本においても当初は近畿地方との共通性が指摘でき、そうした影響を一部受けた東国様式が成立する。しかし、次第に近畿とは異なった展開を遂げる。

まず、片腕を掲げる女子埴輪からなる塚廻り様式が成立し、中小の古墳に普及する。その後、副次的な服飾表現を失った両腕を下げるだけの無所作の女子埴輪からなる山倉様式が成立し、関東地方に広く流行し、それとともに円墳において本来の配置規則が崩れた変則的な配置もおこなわれるようになっていく。このような東日本、とくに関東地方における変容は、人物埴輪の形骸化を示す地域的な現象として理解されるが、それはまた関東独自の文化の形成をうかがわせる現象としても評価される。

このように第一の課題については、人物埴輪に一定の構造が存在し、それが時空間上で変容を遂げていくという実態を把握することができたが、その成果を踏まえて、第二の課題として掲げたのが、構造を構成する単位である各形式の具体的な意味の検討である。

第3章以下第7章まで、具体的な装備や服飾をとりあげ、考古学的分析と文献や東アジアの諸例と比較検討をおこない、人物埴輪の造形が古墳時代のいかなる社会階層、職掌、性格のちがいを反映しているのか、各形式の役割を考察した。このような人物埴輪の服飾や習俗に関する研究は、すでに高橋健自や後藤守一らによる蓄積があるが、本論では前章までの構造認識とともに、彼ら以後の新たな資料の蓄積を踏まえて、改めて高橋や後藤の見解についてもとりあげて再検討をおこなった。

その結果、坐像は古墳の被葬者に相当する高い身分の人物であり、女子埴輪は食膳奉仕にあたる采女、また男子全身立像は近侍と護衛にあたる舎人、片腕を掲げる男子半身立像は馬飼、盾を持つ男子半身立像は墓域の警護にあたる人物と考えられた。このように人物埴輪の各形式は、高位の人物とそれに服属して近侍的な奉仕にあたる職掌として共通した性格がある。また人物埴輪の装備や服飾には、東アジア諸国からの渡来文化も反映されている。

その中でとくに強調すべきなのは、女子埴輪の職掌についての理解であり、女子埴輪の着用する袈裟状衣がこれまで定説であった巫女の「意須比」ではなく、一部で説かれていた采女の「肩巾」であることを改めて考証し、その基本的な職掌が飲食物の食膳奉仕であり、従来の巫女説を見直すべきことを指摘した点である。

以上の結果を踏まえ第三の課題として、人物埴輪の構造が示す意味とは何かをまとめるとともに、一定の構造をもった人物埴輪がどのようにして成立し、衰退、消滅したのか、また関東で独自な展開を遂げた理由とは何だったのか、その歴史的展開の考察を掲げた。この点は序章で述べたように、普遍的な構造の認識だけでは人物埴輪の意味の理解としては片手落ちであり、その歴史的展開のメカニズムをも解き明かすことが不可欠と考えたからである。考古学が歴史学の一端を担う以上、人物埴輪研究の究極の目的にはその成立と展開を歴史的に理解し、それを通して古墳時代の文化の解明をおこなうことがあるといわねばならない。

終章　結　論

　第8章では、人物埴輪の各職掌に共通するのはある特定の人物に服属してその奉仕にあたる近侍的職掌であり、人物埴輪の構造とは基本的に古墳の被葬者に服属して奉仕にあたる近侍集団を、それぞれの職掌を示す服装や所作で製作し、相対的な場の関係を古墳という空間上に反映させたものであるとまとめた。そして従来の仮説を再検討し、型式学的分析にもとづく構造の認識を欠いたまま個別的な推理をおこなうという方法に問題の存在していることを改めて指摘した。

　また中国の俑との関係についても、人物の造形という点では似通ってはいるものの、その内容は架空の鎮墓獣、政治的な鹵簿、食生活の裏方部分である厨房の表現という三つに集約されることから、近侍的職掌の集団である人物埴輪とは異なる意味をもつと評価した。

　最後の第9章では人物埴輪の歴史的考察をおこなったが、初期の造形には器財埴輪からの影響があり、人物埴輪の成立は古墳時代中期の近畿地方、とくに古市、百舌鳥といった大形前方後円墳の集中する地域でなされたと考えた。中期の古墳は二重周濠と墳丘の巨大化が特徴であり、古墳の変化にしたがって、墳頂部から墳丘裾にも家形や器財、水鳥などの埴輪が配置され、形象埴輪の種類と配置場所が拡大していく。このように古墳が濠によって現実世界と隔絶し、墳丘の巨大化が進んだピークの時点で人物埴輪が登場していることから、その成立は死者のための空間拡大に伴う墳丘装飾の発展として理解され、同時に人物埴輪の構造が示す奉仕の中心にあるものとは、古墳に葬られた被葬者と考えられる。

　人物埴輪は成立後、近畿地方から各地に普及したが、その消滅は日本列島全域で前方後円墳の消滅と軌を一にしている。しかし、そこに至る具体的な展開は西日本と東日本では大きく異なる。

　まず近畿地方では大きな変化をみせることなく、横穴式石室の普及を契機として人物埴輪が衰退する。近畿地方の横穴式石室は須恵器の石室内への副葬を伴っていることが大きな特徴であり、その普及と連動して墳丘は小さくなり、また周濠も消滅するため、こうした一連の変化は被葬者のため実質的な世界そのものが横穴式石室内に移ったことを反映した現象とみなされる。つまり、近畿地方で人物埴輪をはじめとする形象埴輪が衰退していくのは、被葬者に対する奉仕の場が横穴式石室内に移ったことによる可能性が高い。

　これに対し関東地方では、横穴式石室の導入とともに女子埴輪が食膳奉仕の所作を失って無所作になる。ただしこうした関東独自の展開の背景にも、近畿における人物埴輪の衰退と同じく、横穴式石室の普及に伴う須恵器の石室内埋葬という新たな動きが大きな影響を与えていると考えられた。

　しかし、結果として関東地方では古墳時代後期を通して、ほぼ前方後円墳の終末まで人物埴輪が存続する。その背景には近畿地方とは異なった要因が存在したと推察され、ここではその要因を後期における大形前方後円墳の形態と関係づけて考察した。

　関東の後期大形前方後円墳の大きな特徴は、地域単位で同じ形態が踏襲されることであり、その動きは後期を通して中期における形態を踏襲していく群馬、埼玉などの地域と、後期後半に地域独特の形態を築造する千葉、栃木などの地域に分かれるが、いずれも近畿地方の古墳築造の動きと関わらない点が重要である。このような関東独自の動きを他に先駆けて中期後半からいち早

終章 結論

く示した地域が群馬県、すなわち「上毛野」の地であり、古墳の形だけでなく、人物埴輪の無所作化や配置規則の崩壊といった変化においても核となっている。

つまり、古墳時代後期において大形前方後円墳を築造した関東の主要な豪族層は、同時代の近畿地方と密接な関連をもちながらも、おのおのの地域で自立的な古墳築造をおこなうようになった。それが、近畿地方をはじめとする西日本とは異なる人物埴輪の変容という独自色ある古墳文化を形成するに至った大きな要因であったと考えられる。

以上の検討結果をまとめて「人物埴輪は何を表わしているのか」という問いの答えをまとめるならば、それは古墳の被葬者に服属しておこなう近侍的奉仕行為に集約される。人物埴輪は古墳を飾り立てる目的で樹立された形象埴輪の発展過程において、中期における近畿地方での前方後円墳の巨大化に伴い、家形埴輪による居館景観とそれに伴う飲食物供献行為を基礎にして新たに成立した埴輪群像であり、その後関東地方で独自な展開を遂げ、前方後円墳の終焉とともに消えた一つの歴史的産物であったと考えられるのである。

以上、本論でおこなった議論を総括してきたが、古墳時代研究における本論の意味をまとめれば次の三点となる。第一に恣意的な解釈がなされてきた宗教的事象の理解に対して一つの理論と方法を示し、かつそれによって人物埴輪に一定の意味のあることをあきらかにした点、第二に第二次大戦後衰退していた人物埴輪の造形の考証を再び進め、古墳時代の生活習慣や服飾に日本列島独自の特質とともに東アジアからの影響を指摘した点、そして第三として、古墳時代後期の日本列島の東西において人物埴輪が異なった展開を遂げたことをあきらかにし、その背景に関東地方独自の文化の形成を指摘した点である。

このような観点から、今後の研究方向について最後にいくつかの見通しを述べておきたい。

序章で述べたように、近年進んでいる生産と供給の議論は、地域ごとの人物埴輪の実態を具体的に理解していく上で重要な研究課題である。本論でこの問題を議論することはなかったが、現状において地域における分析が個別性の追求に偏り、人物埴輪の普遍的構造の把握と乖離して進んでいることは、今後解決すべき一つの課題と思われる。日本列島全域でほぼ同様に展開される一般的な事象と、より狭い社会や集団で展開される特殊具体的事象とを比較しながら分析を進めることで、地域ごとの人物埴輪の変化を、工人レベルの問題としてだけでなく、関東地方における独自な展開の問題とも関連して位置づけることができるであろうし、それによってより大きな古代における東国の文化的特質の理解も深まると思われるからである。これは第2章で指摘した西日本における技術交流の問題を考える上でも重要な視点であろう。

また第9章で論じた古墳の変遷過程でどのように人物埴輪が成立したかという問題については、本論でも触れたように現在人物埴輪の成立期の資料は未だ少ない状況にある。家形や器財埴輪を中心とする形象埴輪から人物埴輪を中心とする形象埴輪への移行期の資料の蓄積とその内容の検討は今後の大きな課題であり、この点は当該期の資料の多い西日本における進展が期待される。人物埴輪の衰退についても、地域ごとで具体的な分析を進めることでその実態をより詳細に把握できると思われるが、これらの問題に関しては、他の副葬品の変化とも対比しながら、墓制の問題として総合的に考えていくべき問題でもあろう。

このほか、人物埴輪を通して古墳時代の服飾や習俗の具体的な考証を進めることも、今後重要な課題になると思われる。本論の第3章および第5章で指摘したように、7世紀に入ると跪礼から立礼への変化や朝服の成立など、推古朝から天武朝にかけて大幅な礼制や衣服制の改変が進められ、律令制の成立過程においてわが国の風俗や生活習慣はそれ以前と大きく変化する。造形に省略がある点を考慮しても、具体的な遺物として残存することの少ない被り物、衣服そして履物といった服飾や髪型といった習俗が古墳時代にはどのようであったかを理解しようとするとき、人物埴輪はきわめて重要な資料となる。また単なる服飾文化だけでなく、当時の社会組織や東アジア諸地域との関係を考える上でも、その考証は重要である。本論ではとりあげなかった黥面や顔面彩色の問題も今後発展させていく必要がある。この分野の研究に関しては、第二次大戦後における考古学での進展はきわめて少ない状況にあり、考古学だけでなく、文献史、服飾史など、各分野の研究者相互による議論も必要となろう。

　以上のほかにも人物埴輪研究の課題は多いと思われるが、本論でおこなってきた議論によって人物埴輪の理解に論理的な視座と方法を示すことができたとすれば、本論の当初の意図はほぼ達せられたといってよい。方法論の吟味をおこない、個別性を超えた体系の認識と、体系を構成する具体的資料の検討を通して、人物埴輪の歴史的意味、そして古墳時代の文化を解明していくことが必要であることを改めて述べて筆を置きたい。

遺跡文献一覧（イタリック数字は本文索引。ただし図掲載分は図出典一覧参照）

1．日本　※都道府県別、遺跡名五十音順、（　）は所在市町村字名。

【岩手県】
角塚古墳（胆沢町南都田）　*29*
　胆沢町教育委員会『角塚古墳調査報告』1976年。

【宮城県】
台町103号墳（丸森町台町）　*69・72・79*
　福島県立博物館『東国のはにわ』1988年。

【福島県】
神谷作101号墳（いわき市平神谷作）　*74・79・127・129*
　福島県立博物館『東国のはにわ』1988年。
経塚1号墳（会津坂下町塔）　*69・73・79*
　会津坂下町教育委員会『経塚遺跡発掘調査報告書』1992年。
天王壇古墳（本宮町宮ノ内）　*67・68・69・70・201*
　本宮町教育委員会『天王壇古墳』1984年。
丸塚古墳（相馬市坪田）　*69・73・79・93*
　福島県立博物館『東国のはにわ』1988年。
原山1号墳（泉崎村太田川）　*69・70・72・73・74・94・118・121*
　福島県教育委員会『原山1号墳発掘調査概報』1982年。

【茨城県】
女方3号墳（下館市女方）　*69・70・80*
　茨城県史編さん原始古代史部会『茨城県史料＝考古資料編　古墳時代』1974年。
小幡北山窯跡（茨城町小幡）　*73・167*
　茨城町教育委員会『小幡北山埴輪製作遺跡』1989年。
北屋敷2号墳（水戸市大串町）　*69・73*
　水戸市教育委員会『水戸市北屋敷古墳』1995年。
駒渡（茨城町駒渡）
　茨城県史編さん原始古代部史会『茨城県史料＝考古資料編　古墳時代』1974年。
権現山古墳（小美玉市高崎）　*210・218*
　玉里村教育委員会『玉里村権現山古墳発掘調査報告書』2000年。
三昧塚古墳（行方市沖州）　*69・70*
　茨城県教育委員会『三昧塚古墳』1960年。
　茨城県立歴史館『茨城の形象埴輪―県内出土形象埴輪の集成と調査研究―』学術調査報告書Ⅶ　2004年。
白方5号墳（東海村白方）　*73*

遺跡文献一覧

　　東海村遺跡調査会・東海村教育委員会『常陸白方古墳群』1993年。
杉崎コロニー88号墳（水戸市杉崎）
　　日本窯業史研究所『杉崎コロニー古墳群』1980年。
瑞竜古墳（常陸太田市瑞竜町）　*73・150*
　　常陸太田市教育委員会『瑞竜古墳群発掘調査報告』1987年。
中道前古墳（東海村石神）　*73*
　　茨城県史編さん原始古代部史会『茨城県史料＝考古資料編　古墳時代』1974年。
　　茨城県立歴史館『茨城の形象埴輪―県内出土形象埴輪の集成と調査研究―』学術調査報告書Ⅶ　2004年。
西大塚3号墳（日立市久慈町）　*73*
　　日立市教育委員会『赤羽横穴墓群』1987年。
西保末（筑西市黒子）
　　東京国立博物館『東京国立博物館図版目録古墳遺物編（関東Ⅰ）』1980年。
富士見塚古墳（かすみがうら市柏崎稲荷山）　*210*
　　出島村教育委員会『富士見塚古墳』1992年。
舟塚古墳（小美玉市上玉里）　*69・70・73・164・210・218*
　　大塚初重・小林三郎「茨城県舟塚古墳」『考古学集刊』第4集第1号　1968年　93～114頁。
　　大塚初重・小林三郎「茨城県舟塚古墳Ⅱ」『考古学集刊』第4集第4号　1971年　59～103頁。
　　新井　悟「茨城県玉里村舟塚古墳の再測量調査―霞ヶ浦沿岸の前方後円墳における今城塚型の築造規格の受容形態の検討―」『駿台史学』第109号　2000年　135～147頁。
舟塚1号墳（東海村村松）
　　茨城県史編さん原始古代部史会『茨城県史料＝考古資料編　古墳時代』1974年。
　　茨城県立歴史館『茨城の形象埴輪―県内出土形象埴輪の集成と調査研究―』学術調査報告書Ⅶ　2004年。
不二内古墳（鉾田市不二内）　*69・73・79・146*
　　八木奘三郎「常武両國新発見の埴輪に就て」『東京人類學會雜誌』第131号　1897年　175～188頁。
　　八木奘三郎「常武両國新発見の埴輪に就て」『東京人類學會雜誌』第137号　1897年　426～451頁。
　　茨城県史編さん原始古代部史会『茨城県史料＝考古資料編　古墳時代』1974年。
　　茨城県立歴史館『茨城の形象埴輪―県内出土形象埴輪の集成と調査研究―』学術調査報告書Ⅶ　2004年。
馬渡窯跡C地区（ひたちなか市馬渡）　*9・73*
　　明治大学考古学研究室『茨城県馬渡における埴輪製作址』1976年。
マイゴウ遺跡（境町百戸）
　　犬木　努「茨城県猿島郡境町百戸出土人物埴輪の検討」『MUSEUM』第549号　1997年　47～71頁。
　　茨城県史編さん原始古代部史会『茨城県史料＝考古資料編　古墳時代』1974年。
　　茨城県立歴史館『茨城の形象埴輪―県内出土形象埴輪の集成と調査研究―』学術調査報告書Ⅶ　2004年。
水戸市愛宕町（水戸市愛宕町）
　　東京国立博物館『東京国立博物館図版目録古墳遺物編（関東Ⅰ）』1980年。
元太田窯跡（常陸太田市新宿町）　*73*
　　茨城県史編さん原始古代部史会『茨城県史料＝考古資料編　古墳時代』1974年。

茨城県立歴史館『茨城の形象埴輪―県内出土形象埴輪の集成と調査研究―』学術調査報告書Ⅶ　2004年。

【栃木県】
吾妻岩屋古墳（壬生町藤井）　*213*
　　壬生町史編さん委員会『壬生町史資料編原始古代・中世』1987年。
綾女塚古墳（宇都宮市雀宮町）　*69・72・80*
　　秋元陽光・飯田光夫・篠原真巳「綾女塚古墳の課題」『栃木県考古学会誌』第19集　1998年　109～133頁。
飯塚31号墳（小山市飯塚）　*69・80・123・127*
　　小山市立博物館『埋もれた小山の優品展』2001年。
　　小山市教育委員会『飯塚古墳群Ⅲ―遺物編―』2001年。
亀山大塚古墳（真岡市亀山）　*69・80・101・164*
　　帝室博物館『古墳発掘品調査報告』1937年。
　　東京国立博物館『東京国立博物館図版目録古墳遺物編（関東Ⅰ）』1980年。
熊野6号墳（足利市葉鹿町）　*79・207*
　　東京国立博物館『東京国立博物館図版目録古墳遺物編（関東Ⅰ）』1980年。
西赤堀狐塚古墳（上川町西汗）　*69*
　　日本窯業史研究所『西赤堀狐塚古墳』1987年。
西原2号墳（宇都宮市下桑島町）　*59*
　　宇都宮市教育委員会『下桑島西原古墳群』1992年。
鶏塚古墳（真岡市京泉）　*30・69・126・127*
　　佐藤行哉・後藤守一「鶏塚古墳発見の埴輪」『考古学雑誌』第21巻第9号　1931年　631～654頁。
　　栃木県立しもつけ風土記の丘資料館『はにわワンダーランド』1996年。
別所山古墳（下野市絹板）　*131*
　　南河内町教育委員会『別処山古墳』1992年。
明神山5号墳（足利市朝倉町）　*151*
　　毛野古文化研究所・山辺東部地区土地区画整理事務所・足利市教育委員会『明神山5号墳』1985年。
　　大澤伸啓「馬飼の人物埴輪について」『栃木県考古学会誌』第13号　1991年　175～183頁。
伝芳賀郡　*127*
　　埼玉県立博物館『音のかたち』1991年。

【群馬県】
朝倉町（前橋市朝倉町）　*101・154*
　　群馬県立歴史博物館『群馬のはにわ』1979年。
赤堀茶臼山古墳（伊勢崎市今井）　*3・104・111*
　　帝室博物館『上野国佐波郡赤堀村今井茶臼山古墳』帝室博物館学報第6冊　1933年。
石山（伊勢崎市下触）　*127*
　　後藤守一『埴輪』1942年。
石山南所在古墳（伊勢崎市下触）　*80*
　　群馬県立歴史博物館『群馬のはにわ』1979年。

遺跡文献一覧

下触石山（伊勢崎市下触）　*127*
　　柴田常恵・内藤政光『埴輪』日本考古図録大成第7輯　日東書院　1930年。
今井神社古墳（前橋市今井町）
　　群馬県教育委員会・(財)群馬県埋蔵文化財調査事業団『荒砥北原遺跡・今井神社古墳・荒砥青柳遺跡』
　　1986年。
太田天神山古墳（太田市内ヶ島）　*208*
　　太田市教育委員会『天神山古墳外堀発掘調査報告書』1999年。
オクマン山古墳（太田市脇屋）　*154・156*
　　群馬県立歴史博物館『群馬のはにわ』1979年。
　　太田市教育委員会『太田市指定重要文化財鷹匠埴輪修理報告書』1999年。
御富士山古墳（伊勢崎市安堀町）　*208*
　　群馬県史編さん委員会『群馬県史』資料編3原始古代3　1981年。
上武士（伊勢崎市上武士）　*118・154*
　　群馬県立歴史博物館『群馬のはにわ』1979年。
上芝古墳（高崎市上芝）　*4・56・65・66・68・69・80・162*
　　福島武雄・相川龍雄・岩澤正作『群馬県史蹟名勝天然紀念物調査報告』第2輯　1932年。
亀岡古墳（太田市亀岡）　*80*
　　尾島町誌専門委員会『尾島町誌』通史編上巻　1993年。
旧境町地区（伊勢崎市）　*30*
　　東京天理教館『人物埴輪』1969年。
小泉大塚越3号墳（玉村町小泉）　*67*
　　玉村町教育委員会『小泉大塚越遺跡』1993年。
桐淵11号墳（富岡市高瀬）　*118*
　　富岡市史編さん委員会『富岡市史　自然編　原始・古代・中世編』1987年。
古海（大泉町古海）　*98・101・127・135*
　　東京国立博物館『東京国立博物館図版目録古墳遺物編（関東Ⅱ）』1983年。
古海松塚11号墳（大泉町古海）　*69・70*
　　大泉町教育委員会『古海松塚古墳群』2002年。
坂下古墳群（渋川市坂下町）　*65・69・79*
　　大塚昌彦「坂下古墳群出土の巫女人物埴輪（双耳杯を捧げ持つ女）について」『群馬文化』第217号
　　1989年　1～13頁。
三本木出土埴輪（藤岡市三本木）
　　群馬県立歴史博物館『群馬のはにわ』1979年。
白石（藤岡市白石）　*154*
　　東京国立博物館『東京国立博物館図版目録古墳遺物編（関東Ⅱ）』1983年。
神保下條1号墳（吉井町神保）　*79*
　　群馬県教育委員会・(財)群馬県埋蔵文化財調査事業団・日本道路公団『神保下條古墳』1992年。
神保下條2号墳（吉井町神保）　*57・65・68・69・72・76・77・80・81・143*
　　群馬県教育委員会・(財)群馬県埋蔵文化財調査事業団・日本道路公団『神保下條古墳』1992年。
　　群馬県立歴史博物館友の会『図説はにわの本』東京美術　1996年。
諏訪下3号墳（太田市世良田）　*57・67・69・72・77・80・143・189・194*

尾島町教育委員会『世良田諏訪下遺跡・歌舞妓遺跡』1998年。
諏訪下30号墳（太田市世良田）　*57・69・76・77・80*
　　尾島町教育委員会『世良田諏訪下遺跡・歌舞妓遺跡』1998年。
世良田37号墳（太田市世良田）
　　尾島町誌専門委員会『尾島町誌』通史編上巻　1993年。
高林（太田市高林）
　　南雲芳昭「東毛養護学校所蔵の馬形埴輪について」『研究紀要』9　（財）群馬県埋蔵文化財調査事業団
　　1992年　5～82頁。
剛志天神山古墳（伊勢崎市上武士）　*3・102・108・169・178・180*
　　東京国立博物館『東京国立博物館図版目録古墳遺物編（関東Ⅱ）』1983年。
田向井（伊勢崎市今井）　*80*
　　群馬県立歴史博物館『群馬のはにわ』1979年。
塚廻り1号墳（太田市龍舞）　*165*
　　群馬県教育委員会『塚廻り古墳群』1980年。
塚廻り3号墳（太田市龍舞）　*79・99・101・127*
　　群馬県教育委員会『塚廻り古墳群』1980年。
塚廻り4号墳（太田市龍舞）　*8・35・56・65・67・69・72・79・80・101・129・135・136*
　　群馬県教育委員会『塚廻り古墳群』1980年。
月田地蔵塚古墳（前橋市月田）　*80・207*
　　粕川村教育委員会『粕川村の遺跡』1985年。
天神二子塚古墳（館林市高根）　*80・207*
　　館林市教育委員会『利根川流域の古墳と埴輪』1997年。
富岡5号墳（富岡市七日市）　*56・65・67・68・69・79*
　　群馬県立博物館『富岡5号古墳』1972年。
中二子古墳（前橋市東大室町）　*165・209・214*
　　前橋市教育委員会『中二子古墳』1995年。
八寸（伊勢崎市八寸）　*80・127*
　　後藤守一「着裳の埴輪女子像発見」『考古学雑誌』第21巻第8号　1931年　601～602頁。
　　東京国立博物館『東京国立博物館図版目録古墳遺物編（関東Ⅱ）』1983年。
不動山古墳（高崎市綿貫町）　*209*
　　群馬県史編さん委員会『群馬県史資料編3原始古代3』1981年。
保渡田Ⅶ遺跡（高崎市保渡田）　*69・70・72・101*
　　群馬町教育委員会『保渡田Ⅶ遺跡』1990年。
保渡田八幡塚古墳（高崎市保渡田）　*4・6・11・53・65・66・68・69・70・73・101・131・155・*
　　165・188・201・208
　　福島武雄・相川龍雄・岩澤正作『群馬県史蹟名勝天然紀念物調査報告』第2輯　1932年。
　　群馬町教育委員会『保渡田八幡塚古墳』2000年。
淵ノ上古墳（館林市羽附）　*65・69・76・80・207*
　　館林市教育委員会『淵ノ上古墳』1993年。
前二子古墳（前橋市西大室町）　*207*
　　前橋市教育委員会『前二子古墳』1993年。

遺跡文献一覧

安堀町（伊勢崎市安堀町）
　　長野市立博物館『はにわの世界』1982 年。
梁瀬二子塚古墳（安中市梁瀬）　*207*
　　安中市史編さん委員会『安中市史』資料編 1 原始古代　1999 年。
八幡原（高崎市八幡原）
　　東京天理教館『人物埴輪』1969 年。
由良（太田市由良）　*154・156*
　　群馬県立歴史博物館『群馬のはにわ』1979 年。
　　東京国立博物館『東京国立博物館図版目録古墳遺物編（関東Ⅱ）』1983 年。
綿貫観音山古墳（高崎市綿貫町）　*8・51・61・65・66・67・68・69・70・72・73・79・99・101・112・129・131・134・154・161・165・188・207・209・214*
　　群馬県教育委員会・(財)群馬県埋蔵文化財調査事業団『綿貫観音山古墳Ⅰ』1998 年。
脇屋（太田市脇屋）　*156*
　　群馬県立歴史博物館『群馬のはにわ』1979 年。
伝群馬県（長瀞総合博物館所蔵品）
　　埼玉県立さきたま資料館『はにわ人の世界』1988 年。
伝群馬県伊勢崎市
　　群馬県立歴史博物館『群馬のはにわ』1979 年。

【埼玉県】
稲荷山古墳（行田市埼玉）　*69・127*
　　埼玉県教育委員会『稲荷山古墳出土鉄剣金象嵌銘概報』1979 年。
　　埼玉県教育委員会『埼玉稲荷山古墳』1980 年。
猪俣 2 号墳（美里町猪俣）　*65*
　　美里町教育委員会『猪俣古墳群』2002 年。
生出塚埴輪窯跡（鴻巣市東）　*9・127*
　　鴻巣市遺跡調査会『生出塚遺跡』1981 年。
　　鴻巣市教育委員会『鴻巣市遺跡群Ⅱ―生出塚遺跡（A 地点）―』1987 年。
　　鴻巣市教育委員会『鴻巣市遺跡群Ⅲ―本文・写真図版編―』1994 年。
　　鴻巣市教育委員会『鴻巣市遺跡群Ⅲ―遺構・遺物編―』1987 年。
　　鴻巣市教育委員会『鴻巣市遺跡群Ⅳ』1988 年。
大里町大谷（熊谷市大谷）
　　金井塚良一「県立博物館が所蔵・保管する比企郡出土の形象埴輪について」『埼玉県立博物館紀要』第 10 号　1984 年　3～25 頁。
小前田 9 号墳（深谷市小前田）　*80・207*
　　(財)埼玉県埋蔵文化財調査事業団『小前田古墳群』1986 年。
柏崎 26 号墳（東松山市柏崎）　*66・68・69*
　　埼玉考古学会ほか『最新出土品展』1996 年。
上中条（熊谷市上中条）　*28*
　　東京国立博物館『東京国立博物館図版目録古墳遺物編（関東Ⅲ）』1986 年。
瓦塚古墳（行田市埼玉）　*8・53・60・65・66・69・79・126・127*

埼玉県教育委員会『瓦塚古墳』1986 年。
　　若松良一・日高　慎「形象埴輪の配置と復元される儀礼(上)―さきたま瓦塚古墳の場合を中心に―」
　　『調査研究報告』第 5 号　埼玉県立さきたま資料館　1992 年　3～20 頁。
　　若松良一・日高　慎「形象埴輪の配置と復元される儀礼(中)―さきたま瓦塚古墳の場合を中心に―」
　　『調査研究報告』第 6 号　埼玉県立さきたま資料館　1993 年　1～12 頁。
　　若松良一・日高　慎「形象埴輪の配置と復元される儀礼(下)―さきたま瓦塚古墳の場合を中心に―」
　　『調査研究報告』第 7 号　埼玉県立さきたま資料館　1994 年　25～46 頁。
熊谷市別府（熊谷市別府）
　　杉崎茂樹「県指定『農夫埴輪』について」『調査研究報告』第 1 号　埼玉県立さきたま資料館　1988 年　23～27 頁。
権現坂窯跡（熊谷市千代）
　　江南町史編さん委員会『江南町史』資料編 1 考古　1995 年。
三福寺古墳（坂戸市小山）　*127*
　　坂戸市教育委員会『坂戸市史』古代資料編　1992 年。
酒巻 14 号墳（行田市酒巻）　*32・57・60・65・66・67・68・69・72・77・80・81・143・150・207*
　　行田市教育委員会『酒巻古墳群昭和 61 年度～昭和 62 年度発掘調査報告書』1988 年。
桜山窯跡（坂戸市桜山）　*73*
　　(財)埼玉県埋蔵文化財調査事業団『桜山窯跡群』1982 年。
三千塚古墳群（東松山市大谷）　*127・135*
　　埼玉県立博物館『埼玉県立博物館館有資料目録Ⅲ』1981 年。
　　若松良一「巫女埴輪　笏を把り柏手を打つ埴輪」『埼玉県立博物館紀要』22　1997 年　38～50 頁。
下松 5 号墳（東松山市小松）
　　東松山市教育委員会『琴か弓か―上松本遺跡速報展―』2004 年。
　　東松山市遺跡調査会『上松本遺跡（第 2 次）』2004 年。
四十坂遺跡（深谷市四十坂）
　　埼玉県立さきたま資料館『はにわ人の世界』1988 年。
十条（美里町十条）　*88・154*
　　東京国立博物館『東京国立博物館図版目録古墳遺物編（関東Ⅲ）』1986 年。
将軍山古墳（行田市埼玉）　*210*
　　埼玉県教育委員会『将軍山古墳〈史跡埼玉古墳群整備事業報告書〉』1997 年。
白鍬塚山古墳（さいたま市南区白鍬）　*69・70*
　　さいたま市遺跡調査会『白鍬宮腰遺跡発掘調査報告書（第 2 次）』1989 年。
白山 2 号墳（深谷市岡新田）　*69・79*
　　岡部町教育委員会『岡部町の遺跡』2001 年。
新屋敷 12 号墳（鴻巣市東）　*118*
　　(財)埼玉県埋蔵文化財調査事業団『鴻巣市新屋敷遺跡―A 区―』1994 年。
新屋敷 15 号墳（鴻巣市東）　*56・69・79*
　　(財)埼玉県埋蔵文化財調査事業団『新屋敷遺跡 B 区』1992 年。
新屋敷 22 号墳（鴻巣市東）　*65・69*
　　(財)埼玉県埋蔵文化財調査事業団『新屋敷遺跡 C 区』1996 年。

遺跡文献一覧

新屋敷35号墳（鴻巣市東） *67*
　（財）埼玉県埋蔵文化財調査事業団『新屋敷遺跡C区』1996年。
新屋敷60号墳（鴻巣市東） *73*
　（財）埼玉県埋蔵文化財調査事業団『新屋敷遺跡D区』1998年。
諏訪ノ木古墳（神川町元阿保） *56・65・67・68・69*
　神川町教育委員会『庚申塚遺跡・愛染遺跡・安保氏館跡・諏訪ノ木古墳』1994年。
せきね古墳（本庄市中央） *76・80*
　佐藤好司「本庄市内出土の埴輪」『本庄市歴史民俗資料館紀要』第2号　1988年　40～45頁。
代正寺9号墳（東松山市宮鼻） *69・79*
　（財）埼玉県埋蔵文化財事業団『代正寺・大西』1991年。
鉄砲山古墳（行田市埼玉） *210*
　埼玉県教育委員会『鉄砲山古墳』1985年。
寺浦1号墳（上里町長浜） *80*
　埼玉県立さきたま資料館『はにわ人の世界』1988年。
天王山古墳（埼玉1号墳　行田市埼玉） *125・127*
　埼玉県教育委員会『丸墓山古墳・埼玉1～7号墳・将軍山古墳』1988年。
生野山9号墳（本庄市生野山） *69*
　金井塚良一「人物埴輪の伝播と河内」『古代を考える東国と大和王権』吉川弘文館　1994年　95～182頁。
野原古墳（熊谷市野原） *3・156*
　江南町史編さん委員会『江南町史』資料編1考古　1995年。
東宮下（さいたま市東区東宮下）
　さいたま市立博物館『わたしたちの博物館』第19号　1990年。
二子山古墳（行田市埼玉） *210*
　埼玉県教育委員会『二子山古墳』1987年。
舟山古墳（深谷市本田） *60*
　埼玉県立博物館『埼玉県立博物館館有資料目録Ⅲ』1981年。
古凍根岸裏7号墳（東松山市古凍） *69・79*
　（財）埼玉県埋蔵文化財調査事業団『古凍根岸裏』1984年。
三ケ尻林4号墳（熊谷市三ケ尻） *68*
　（財）埼玉県埋蔵文化財調査事業団『三ケ尻天王・三ケ尻林（1）』1983年。
女塚1号墳（熊谷市今井） *170*
　熊谷市教育委員会『女塚』1983年。

【千葉県】

稲荷塚古墳（富津市青木） *210*
　千葉県教育委員会『千葉県富津市内裏塚古墳群測量調査報告書』1986年。
大木台2号墳（印旛村大木谷津） *76・77・80・81・94・207*
　（財）千葉県文化財センター『一般国道464号線単道路改良事業埋蔵文化財調査報告書』1996年。
小川崎台3号墳（山武市小川崎台） *56・69*
　（財）千葉県文化財センター『千葉東金道路（2期）埋蔵文化財調査報告書3』1999年。

小川台 5 号墳（横芝光町小川台）　*53・60・69・80・81・161・127*
　　芝山はにわ博物館『下総小川台古墳群』1975 年。
経僧塚古墳（山武市野堀）　*69・70・77・94・207*
　　市毛　勳「人物埴輪における隊と列の形成」『古代探叢Ⅱ―早稲田大学考古学会創立 35 周年記念考古論集―』1985 年　353～368 頁。
久寺家古墳（我孫子市久寺家）　*127*
　　東京大学考古学研究室『我孫子古墳群』1969 年。
古塚古墳（富津市二間塚）　*210*
　　千葉県教育委員会『千葉県富津市内裏塚古墳群測量調査報告書』1986 年。
正福寺 1 号墳（成田市南羽鳥）　*69・72・80・81*
　　成田スポーツ開発株式会社・(財)印旛郡市文化財センター『南羽鳥遺跡群Ⅰ』1996 年。
城山 1 号墳（香取市城山）　*69・70・72・76*
　　小見川町教育委員会『城山第 1 号前方後円墳』1978 年。
内裏塚古墳（富津市二間塚）　*93*
　　杉山晋作「内裏塚古墳付近出土の人物埴輪」『埴輪研究会誌』第 1 号　1995 年　68～72 頁。
高田木戸前 1 号墳（芝山町高田）　*60・69・70・74・80・127*
　　芝山はにわ博物館『下総小川台古墳群』1975 年。
殿塚（横芝光町中台）　*5・69・70*
　　滝口　宏・久地岡榛雄『はにわ』日本経済新聞社　1963 年。
殿部田 1 号墳（芝山町殿部田）　*53・59・69・70・74・162*
　　芝山はにわ博物館『上総殿部田古墳・宝馬古墳』1980 年。
原 1 号墳（流山市原）　*127*
　　流山市教育委員会『下総のはにわ』流山市立博物館調査研究報告 17　2000 年。
東深井 7 号墳（流山市東深井）　*123*
　　中山吉秀「古墳時代の流山」『流山市史研究』創刊号　1983 年。
姫塚古墳（横芝光町中台）　*5・30・53・60・69・70・80・156・162・207*
　　滝口　宏・久地岡榛雄『はにわ』日本経済新聞社　1963 年。
　　杉山晋作「房総の埴輪（1）―九十九里地域における人物埴輪の 2 相―」『古代』第 59・60 合併号　1976 年　1～15 頁。
山倉 1 号墳（市原市大坪）　*55・61・69・72・76・80・162・207*
　　米田耕之助「上総山倉 1 号古墳の人物埴輪」『古代』第 59・60 合併号　1976 年　70～80 頁。
　　市原市教育委員会『山倉古墳群』2004 年。
山田宝馬 127 号墳（芝山町大台地先）
　　山田古墳群遺跡調査会『山田・宝馬古墳群』1982 年。
竜角寺 101 号墳（栄町竜角寺）　*80*
　　千葉県教育委員会『竜角寺古墳群第 101 号古墳発掘調査報告書』1988 年。

【東京都】
亀塚古墳（狛江市元和泉）　*94*
　　群馬県考古学談話会・千曲川水系古代文化研究所・北武蔵古代文化研究会『埴輪の変遷―普遍性と地域性―』1985 年。

235

遺跡文献一覧

【神奈川県】
采女塚古墳（鎌倉市上向原）　*69*
　　濱田耕作『京都大学考古学陳列館考古図録』（増訂新版）　芸艸堂　1928年。
登山1号墳（厚木市飯山）　*101*
　　厚木市教育委員会『登山1号墳出土遺物調査報告書』1992年。
蓼原古墳（横須賀市神明町）　*69*
　　横須賀市教育委員会『蓼原』1987年。

【長野県】
北西の久保1号墳（佐久市岩村田）　*69・83・127*
　　佐久市教育委員会『北西の久保』1984年。
鎧塚2号墳（須坂市八丁）　*69*
　　須坂市教育委員会『八丁鎧塚古墳』1997年。

【静岡県】
郷ヶ平6号墳（浜松市中津）　*60・83*
　　埋蔵文化財研究会『形象埴輪の出土状況』第17回埋蔵文化財研究会資料　1985年。
神内平3号墳（浜松市中川）　*120*
　　細江町教育委員会『神内平古墳群』2005年。
利木（湖西市藤江）　*83*
　　高橋健自「大和国佐味田発見埴輪土偶に就いて」『考古学雑誌』第15巻第2号　1925年。

【愛知県】
古村積神社古墳（岡崎市細川町）　*84・85・90・94*
　　岡崎市教育委員会『古村積神社古墳発掘調査報告書』1995年。
念仏塚4号墳（豊川市大木）　*90*
　　赤木　剛「念仏塚5号墳出土の埴輪」『三河考古』第7号　1994年　84～96頁。

【石川県】
矢田野エジリ古墳（小松市矢田野町）　*60・83・84・90・127*
　　小松市教育委員会『矢田野エジリ古墳』1992年。

【三重県】
常光坊谷4号墳（松阪市外五曲町）　*83・84・87・90・138*
　　松阪市教育委員会『中部平成台団地埋蔵文化財発掘調査報告書』1990年。
寺谷17号墳（鈴鹿市寺谷）　*87*
　　三重県埋蔵文化財センター『三重の埴輪』1997年。
中ノ庄古墳（松阪市中ノ庄）　*84・87・90・148*
　　三重県教育委員会『中ノ庄遺跡発掘調査報告書』1972年。
宝塚1号墳（松阪市小黒田町）　*198*
　　松阪市教育委員会『史跡宝塚古墳』2005年。

藤谷窯跡（津市半田）　*87*
　　三重県埋蔵文化財センター『三重の埴輪』1997年。
八重田7号墳（松阪市八重田町）　*87*
　　三重県埋蔵文化財センター『三重の埴輪』1997年。

【滋賀県】
供養塚古墳（近江八幡市千僧供町）　*82・84*
　　滋賀県教育委員会・(財)滋賀県文化財保護協会『出土文化財管理業務報告書』2002年。

【京都府】
稲葉山10号墳（福知山市猪崎）　*120*
　　中川淳美『稲葉山古墳調査報告（概報）』福知山史談会　1958年。
蛭子山古墳（与謝野町明石）　*4*
　　梅原末治「桑飼村蛭子山、作り山両古墳の調査(上)」『京都府史蹟名勝天然紀念物調査報告』第12冊
　　1931年　53～70頁。
黄金塚2号墳（京都市伏見区）　*197・200*
　　花園大学黄金塚2号墳発掘調査団『黄金塚2号墳の研究』1997年。
塩谷5号墳（京丹波町塩谷）　*81・83・84・86・131*
　　(財)京都府埋蔵文化財調査研究センター『京都府遺跡調査概報』第38冊　1990年。
鳥羽古墳（京都市南区）　*83*
　　京都府立山城郷土資料館『京都府のはにわ』1991年。
ニゴレ古墳（京丹後市鳥取）
　　弥栄町教育委員会『ニゴレ古墳』1988年。
門ノ前古墳（宇治市菟道）　*84・85*
　　宇治市教育委員会『菟道門ノ前古墳・菟道遺跡発掘調査報告書』1998年。

【大阪府】
今城塚古墳（高槻市郡家新町）　*11・51・83・84・86・139・150・187*
　　高槻市立しろあと歴史館『発掘された埴輪群と今城塚古墳』2004年。
大賀世2・3号墳（東大阪市六万寺町）　*86*
　　上野利明・中西克広「大賀世2・3号墳の出土遺物について」『(財)東大阪市文化財協会紀要』Ⅰ
　　1985年　95～131頁。
四天王寺宝物館所蔵品　*154*
　　奈良県立橿原考古学研究所附属博物館『はにわの動物園Ⅱ』1991年。
大仙古墳（堺市大仙町）　*84・86・204*
　　宮内庁書陵部『出土品展示図録埴輪Ⅱ』1994年。
　　宮内庁書陵部『書陵部紀要』第52号　2001年。
　　末永雅雄『古墳の航空大観』学生社　1974年。
太平寺古墳群（柏原市安堂）　*148*
　　大阪府教育委員会『太平寺古墳群―太平寺5・6・7号墳の調査―』1980年。
津堂城山古墳（藤井寺市津堂）　*203*

遺跡文献一覧

　　藤井寺市教育委員会『古市古墳群』藤井寺市の遺跡ガイドブック No 1　1986 年。
長原 45 号墳（大阪市平野区長吉長原東）　*84・201*
　　(財)大阪市文化財協会『長原・瓜破遺跡発掘調査報告Ⅰ』1989 年。
長原 87 号墳（大阪市平野区長吉長原東）　*83・88*
　　桜井久之「埴輪と中・小規模古墳―長原古墳群の形象埴輪―」『季刊考古学』第 20 号　1987 年。
長原高廻り 2 号墳（大阪市平野区長吉長原東）　*199*
　　(財)大阪市文化財協会『長原遺跡発掘調査報告Ⅳ』1991 年。
野畑（豊中市野畑）　*85*
　　山本　博「豊中市出土の女子埴輪」『考古学雑誌』第 39 巻第 1 号　1953 年。
墓山古墳（羽曳野市白鳥）　*84*
　　国立歴史民俗博物館編『はにわ人は語る』1999 年。
蕃上山古墳（藤井寺市野中）　*84・86・148*
　　大阪府水道部『藤の森・蕃上山古墳の調査』1965 年。
　　奈良国立文化財研究所附属飛鳥資料館『万葉の衣食住』1987 年。
昼神車塚古墳（高槻市天神町）　*168・178*
　　冨成哲也「大阪府昼神車塚古墳」『日本考古学年報』29　1978 年　64〜67 頁。
百舌鳥梅町窯跡（堺市百舌鳥梅町）　*84・86*
　　堺市教育委員会『船尾西遺跡発掘調査抄報』1978 年。
百舌鳥大塚山古墳（堺市上野芝町）　*103*
　　森　浩一「百舌鳥古墳群」『探訪日本の古墳・西日本編』有斐閣　1981 年　276〜289 頁。
百舌鳥高田下遺跡（堺市百舌鳥本町）　*81・84*
　　堺市教育委員会『堺市埋蔵文化財調査概要報告』第 69 冊　1998 年。

【奈良県】

飛鳥寺（明日香村飛鳥）　*68*
　　奈良国立文化財研究所編『飛鳥寺』1958 年。
荒蒔古墳（天理市荒巻町）　*60・86・87*
　　奈良県立橿原考古学研究所附属博物館『はにわの動物園Ⅱ』1991 年。
池田 4 号墳（大和高田市池田）　*84・200*
　　大和高田市教育委員会『池田古墳群』2003 年。
石見遺跡（三宅町石見）　*4・60・83・84・85・123*
　　末永雅雄「磯城郡三宅村石見出土埴輪報告」『奈良県史蹟名勝天然紀念物調査報告』第 13 冊　1935 年　1〜34 頁。
　　奈良県立橿原考古学研究所附属博物館『大和考古資料目録第 15 集石見遺跡資料』1988 年。
烏土塚古墳（平群町西宮）　*84・86*
　　奈良県教育委員会『烏土塚古墳』1972 年。
黄金塚古墳（河合町佐味田）
　　森本六爾「二、三の埴輪と一古墳に関する新資料について」『考古学雑誌』第 15 巻第 2 号　1925 年　87〜102 頁。
　　高橋健自「大和国佐味田発見埴輪土偶に就いて」『考古学雑誌』第 15 巻第 2 号　1925 年　67〜75 頁。
佐紀陵山古墳（奈良市佐紀町）　*4・5*

遺跡文献一覧

　　石田茂輔「日葉酢媛命御陵の資料について」『書陵部紀要』第19号　1967年　（宮内庁書陵部陵墓課編『書陵部紀要所収陵墓関係論文集』学生社　1980年　103〜128頁に再録）。
　　末永雅雄『古墳の航空大観』学生社　1974年。

笹鉾山2号墳（田原本町八尾）　*82・86・88*
　　田原本町教育委員会『田原本町埋蔵文化財調査年報』4　1994年。

四条古墳（橿原市四条町）　*82*
　　奈良県立橿原考古学研究所『奈良県遺跡調査概報』1987年度　1988年。

渋谷向山古墳（天理市渋谷町）　*203*
　　笠野　毅「景行天皇陵渡土堤改修区域の調査」『書陵部紀要』第30号　1979年（宮内庁書陵部陵墓課編『書陵部紀要所収陵墓関係論文集〈続〉』学生社　1988年　95〜105頁に再録）。
　　宮内庁書陵部陵墓課編『陵墓地形図集成』学生社　1999年。
　　末永雅雄『古墳の航空大観』学生社　1974年。

巣山古墳（広陵町三吉）　*197*
　　広陵町教育委員会『特別史跡巣山古墳島状遺構』学生社　2005年。

勢野茶臼山古墳（三郷町勢野）　*81・83・84・138*
　　奈良県教育委員会『奈良県史跡名勝天然記念物調査報告』第23冊　1966年。

谷遺跡（宇陀市谷）
　　松本洋明「榛原町谷遺跡」『奈良県遺跡調査概報1984年度』奈良県立橿原考古学研究所　1985年　337〜345頁。

珠城山3号墳（桜井市穴師）　*84*
　　桜井市教育委員会・花園大学考古学研究室『国史跡珠城山古墳群範囲確認調査報告書』1993年。

寺戸鳥掛古墳（広陵町寺戸）　*161*
　　広陵町教育委員会『寺戸鳥掛遺跡発掘調査概報』1993年。

南郷遺跡（御所市南郷）　*198*
　　奈良県立橿原考古学研究所『南郷遺跡群Ⅰ』奈良県史跡名勝天然記念物調査報告第69冊　1995年。

羽子田遺跡（田原本町羽子田）
　　田原本町教育委員会『田原本町埋蔵文化財調査年報』7　1998年。

東殿塚古墳（天理市中山町）　*197・199*
　　天理市教育委員会『西殿塚古墳・東殿塚古墳』2000年。

藤ノ木古墳（斑鳩町法隆寺）　*131*
　　奈良県立橿原考古学研究所『斑鳩藤ノ木古墳第2・3次調査報告書』1995年。

平城京跡（奈良市二条町）　*68*
　　光谷拓美・次山　淳「平城京下層古墳時代の遺物と年輪年代」『奈良国立文化財研究所年報』1999-1　1999年　8〜9頁。

見瀬丸山古墳（橿原市見瀬）　*206*
　　末永雅雄『古墳の航空大観』学生社　1974年。

室宮山古墳（御所市室）　*199*
　　秋山日出雄・網干善教『室大墓』奈良県史跡名勝天然記念物調査報告第18冊　1959年。

メスリ山古墳（桜井市高田）　*103・195*
　　奈良県教育委員会『メスリ山古墳』奈良県史蹟名勝天然記念物調査報告第35冊　1977年。

遺跡文献一覧

【和歌山県】

井辺八幡山古墳（和歌山市森）　*82・84・86*
　　同志社大学文学部文化学科考古学研究室『井辺八幡山古墳』1972年。

【兵庫県】

行者塚古墳（加古川市八幡町）　*197・198*
　　加古川市教育委員会『行者塚古墳発掘調査概報』1997年。
タイ山1号墳（龍野市揖西町）　*84・86・87*
　　龍野市教育委員会『長尾・タイ山古墳群』1982年。

【岡山県】

岩田1号墳（赤磐市河本）　*84・89*
　　山陽町教育委員会『岩田古墳群』1976年。
日上畝山52号墳（津山市日上）　*83*
　　津山郷土博物館『博物館だより』第12号　1994年　1頁。
黒島古墳（瀬戸内市黒島）　*84・89*
　　岡山県史編纂委員会『岡山県史』第18巻　1986年。
箭田大塚古墳（真備町箭田）　*84・89*
　　真備町教育委員会『箭田大塚古墳』1984年。

【広島県】

三玉大塚古墳（三次市三玉）　*84・89*
　　吉舎町教育委員会『三玉大塚古墳』1983年。

【鳥取県】

沢ベリ7号墳（倉吉市不入岡）　*83・84・90・127*
　　倉吉市教育委員会『不入岡遺跡群発掘調査報告書』1996年。
土下211号墳（北条町土下）　*90*
　　北条町教育委員会『土下古墳群発掘調査報告書4』1994年。
ハンボ塚古墳（大山町名和）　*84・89*
　　名和町教育委員会『ハンボ塚発掘調査報告書』1980年。

【島根県】

石屋古墳（松江市東津田）　*84・89*
　　松江市教育委員会『史跡石屋古墳』1985年。
岩屋後古墳（松江市大草町）　*83・84・90*
　　島根県教育委員会『岩屋後古墳』1978年。
常楽寺古墳（奥出雲町高田）　*83・84・90・138*
　　仁多町教育委員会『常楽寺古墳』1985年。

【香川県】
相作牛塚古墳（高松市鶴市町）　*84・90*
　　高松市歴史資料館『高松平野の考古学のあけぼの』1994年。

【徳島県】
菖蒲谷西山A遺跡（上板町神宅）　*83・84・90*
　　(財)徳島県埋蔵文化財センター『徳島県埋蔵文化財センター年報』Vol. 3　1992年。
前山遺跡（小松島市田浦町）　*90*
　　石野博信・岩崎卓也・河上邦彦・白石太一郎『古墳時代の研究』第9巻古墳Ⅲ埴輪　雄山閣　1992年。

【愛媛県】
岩子山古墳（松山市北斉院町）　*90*
　　松山市教育委員会『岩子山古墳』1975年。

【福岡県】
小正西古墳（穂波町小正）　*83・84・88*
　　穂波町教育委員会『小正西古墳』1997年。
権現塚古墳（久留米市大善寺町）　*84*
　　久留米市教育委員会『史跡御塚・権現塚古墳』1995年。
仙道古墳（筑前町久光）　*84*
　　三輪町教育委員会『国指定史跡仙道古墳発掘調査及び保存修理事業報告書』2001年。
立山山8号墳（八女市本）　*83・89*
　　八女市教育委員会『立山山古墳群』1983年。
立山山13号墳（八女市本）　*89・139*
　　八女市教育委員会『立山山13号墳』1984年。
塚堂古墳（うきは市宮田）　*84・88・89*
　　福岡県教育委員会『塚堂遺跡Ⅰ』1983年。
拝塚古墳（福岡市早良区重留）　*84・88・201*
　　福岡市教育委員会『福岡市入部Ⅰ』1990年。

【佐賀県】
岡寺古墳（鳥栖市田代本町）　*84・89*
　　鳥栖市教育委員会『岡寺前方後円墳』1984年。

【熊本県】
虚空蔵山古墳（菊水町江田）　*84・89*
　　熊本県教育委員会『清原古墳群及び岩原古墳群の周溝確認調査』1982年。
中村双子塚（山鹿市中）　*89*
　　山口剛健「6世紀前半の大量の埴輪—熊本県中村双子塚—」『季刊考古学』第84号　2003年　89〜90頁。

遺跡文献一覧

八代大塚古墳（八代市上片町）　*89*
　　八代市教育委員会『八代大塚古墳』1987年。

【宮崎県】
百足塚古墳（新富町新田）　*83・139*
　　新富町教育委員会『百足塚古墳の埴輪』特別展展示図録　2002年。

【鹿児島県】
横瀬古墳（大崎町横瀬）　*29・84・88*
　　池畑耕一「南九州における横瀬古墳群の特殊性」『黎明館調査研究報告』第1集　1987年　1～28頁。

2．外国（国別、遺跡名五十音順）

【中華人民共和国】
安邱県漢墓（山東省安邱県）　*108*
　　文物管理局『文物参考資料』1955年第3期　171頁図。
雲崗石窟第5洞（山西省大同市）　*120・121*
　　水野精一・長廣敏雄『雲崗石窟』第2巻　京都大学人文科学研究所　1955年。
偃師杏元村染華墓（河南省洛陽市）　*191*
　　偃師商城博物館「河南偃師両座北魏墓発掘簡報」『考古』1993年第5期　414～425頁。
霍承嗣墓（雲南省昭通市）　*121・122*
　　雲南省文物工作隊「雲南省昭通後海子東晋壁画墓清理簡報」『文物』1963年第12期　1～6頁。
王家村第90号唐墓（陝西省西安市）　*107*
　　陝西省文物管理委員会「西安王家村第90号唐墓清理簡報」『文物参考資料』1956年第8期　31～32頁。
角抵塚（吉林省集安県）　*109*
　　池内　宏・梅原末治「角抵塚」『通溝』下　日満文化協會　1938年　15～20頁。
嘉峪関壁画墓（甘粛省嘉峪関市）　*106・121・123*
　　甘粛省文物隊・甘粛省博物館・嘉峪関市文物管理所『嘉峪関壁画墓発掘報告』1985年。
牛家破7号墓（山西省長子県）　*190*
　　山西省考古研究所「山西省長子県東周墓」『考古学報』1984年第4期　503～529頁。
元邵墓（河南省洛陽市）　*170*
　　洛陽博物館「洛陽北魏元邵墓」『考古』1973年第4期　216～224頁、243頁。
侯義墓（陝西省咸陽市）　*172*
　　咸陽市文管会・咸陽博物館「咸陽胡家溝西魏侯義墓清理簡報」『文物』1987年第12期　57～68頁。
高元珪墓（陝西省西安市）　*107*
　　賀梓城「唐墓壁画」『文物』1959年第8期　31～33頁。
高潤墓（河北省磁県）　*170*
　　磁県文化館「河北磁県北斉高潤墓」『考古』1979年第3期　234～243頁。
高洋墓（河北省磁県）　*170・191*

中国社会科学院考古研究所・河北省文物研究所『磁県湾漳北朝壁画墓』科学出版社　2003 年　65～70 頁。

固原北魏墓（寧夏回族自治区固原県）　*107*
　固原県文物工作隊「寧夏固原北魏墓清理簡報」『文物』1984 年第 6 期　46～56 頁。

始皇帝陵（陝西省臨潼県）　*190*
　陝西省考古研究所『秦始皇帝陵兵馬俑坑 1 号坑発掘調査報告』文物出版社　1988 年。

七里河漢墓（河南省洛陽市）　*191*
　洛陽博物館「洛陽澗西七里河東漢墓発掘簡報」『考古』1975 年第 2 期　116～123 頁。

司馬金龍墓（山西省大同市）　*108・191*
　山西省大同市博物館・山西省文物工作委員会「山西大同石家寨北魏司馬金龍墓」『文物』1972 年第 3 期　20～64 頁。

焼溝西 14 号漢墓（河南省洛陽市）　*191*
　洛陽市文物工作隊「洛陽焼溝西 14 号漢墓発掘簡報」『文物』1983 年第 4 期　29～35 頁。

象山 7 号東晋墓（江蘇省南京市）　*107*
　陳増弼「漢、魏、晋独坐式小榻初論」『文物』1977 年第 9 期　66～71 頁。

升仙石棺（河南省洛陽市）　*120*
　黄明美『洛陽北魏世俗石刻浅画集』人民美術出版社　1987 年。

新集 M 1 号墓（寧夏回族自治区固原県）　*170*
　寧夏固原博物館「彭陽新集北魏墓」『文物』1988 年第 9 期　26～42 頁。

草廠坡北朝墓（陝西省西安市）　*170・181・191*
　陝西省文物管理委員会「西安南郊草廠坡村北朝墓的発掘」『考古』1959 年第 6 期　285～287 頁。

趙胡仁墓（河北省磁県）　*109・170*
　磁県文化館「河北磁県東陳村東魏墓」『考古』1977 年第 6 期　391～400 頁、および 428 頁。

長川 1 号墓（吉林省集安県）　*109*
　吉林省文物工作隊・集安県文物保管所「集安長川 1 号壁画墓」『東北考古与歴史』第 1 輯　1982 年　154～173 頁。

鄧県彩色画像磚墓（河南省鄧県）　*171*
　河南省文化局文物工作隊『鄧県彩色画像磚墓』1959 年。

敦煌莫高窟 156 窟（甘粛省敦煌県）　*172*
　藤枝　晃・田川純三・大塚清吾『敦煌』日本放送出版協会　1992 年。

敦煌莫高窟 285 窟（甘粛省敦煌県）　*107*
　敦煌文物研究所『敦煌莫高窟 1』文物出版社　1982 年。

敦煌莫高窟 420 窟（甘粛省敦煌県）　*109*
　敦煌文物研究所『敦煌莫高窟 2』文物出版社　1984 年。

北陳村北魏墓（河南省洛陽市）　*191*
　洛陽市文物工作隊「洛陽孟津県北陳村北魏壁画墓」『文物』1995 年第 8 期　26～35 頁。

舞踊塚（吉林省集安県）　*109*
　池内　宏・梅原末治「舞踊塚」『通溝』下　日満文化協會　1938 年　5～13 頁。

望都 2 号後漢墓（河北省望都県）　*107*
　河北省文化局文物工作隊『望都 2 号後漢墓』文物出版社　1959 年。

馬王堆 1 号漢墓（湖南省長沙県）　*129*

遺跡文献一覧

　　湖南省博物館・中国科学院考古研究所（関野　雄ほか訳）『長沙馬王堆1号漢墓』平凡社　1976年
　　　（原著出版1973年）。
楊家湾漢墓（陝西省咸陽市）　*190*
　　陝西省文物管理委員会「陝西省咸陽市楊家湾出土大批西漢彩絵陶俑」『文物』1966年第3期　1〜5頁。
洛陽54号晋墓（河南省洛陽市）　*191*
　　河南省文化局文物工作隊第2隊「洛陽晋墓的発掘」『考古学報』1957年第1期　169〜185頁。
李寿墓（陝西省西安市）　*109*
　　陝西省博物館、文管会「唐李寿墓発掘簡報」『文物』1974年第9期　71〜94頁。

【朝鮮民主主義人民共和国】
安岳3号墳（黄海南道安岳郡）　*110・122・174・175*
　　朝鮮民主主義人民共和国科学院考古学並びに民俗学研究所『安岳第3号墳発掘報告』1958年。
　　朝鮮民主主義人民共和国社会科学院考古学研究所（呂南喆・金洪圭訳）『高句麗の文化』同朋舎　1982
　　年。
龕神塚（平安南道南浦市）　*174*
　　朝鮮遺跡遺物図鑑編集委員会編『朝鮮遺跡遺物図鑑』第5巻　1990年　78〜87頁。
双楹塚（平安南道南浦市）　*170*
　　朝鮮遺跡遺物図鑑編集委員会編『朝鮮遺跡遺物図鑑』第6巻　1990年　118〜139頁。
大安里1号墳（平安南道南浦市）　*175*
　　朝鮮遺跡遺物図鑑編集委員会編『朝鮮遺跡遺物図鑑』第6巻　1990年　104〜117頁。
台城里古墳（平安南道南浦市）　*122*
　　朝鮮遺跡遺物図鑑編集委員会編『朝鮮遺跡遺物図鑑』第5巻　1990年　233〜235頁。
徳興里古墳（平安南道南浦市）　*110・122・174*
　　朝鮮遺跡遺物図鑑編集委員会編『朝鮮遺跡遺物図鑑』第5巻　1990年　124〜181頁。
八清里古墳（平安南道大同郡）　*175*
　　朝鮮遺跡遺物図鑑編集委員会編『朝鮮遺跡遺物図鑑』第6巻　1990年　50〜57頁。
薬水里古墳（平安南道南浦市）　*174・176*
　　朝鮮遺跡遺物図鑑編集委員会編『朝鮮遺跡遺物図鑑』第6巻　1990年　18〜35頁。

【大韓民国】
武寧王陵（忠清南道公州市）　*126・128*
　　文化財管理局（永島暉臣慎ほか訳）『武寧王陵』学生社　1974年（原著出版1974年）。
梁山夫婦塚（慶尚南道梁山市）　*126*
　　朝鮮総督府『梁山夫婦塚と其遺物』古蹟調査特別報告第5冊　1927年。

図出典一覧（本文末尾掲載の遺跡文献一覧と対応するものは表記を省略。
　　　　　※マークは出典掲載写真から筆者が図化したもの。）

第1図　水野正好「埴輪芸能論」『古代の日本』第2巻風土と生活　角川書店 1971年 265頁図。
第2図　筆者作成。
第3図　André Leroi-Gourhan, *Préhistoire de l'art occidental.* 3rd edition. Paris: Citadelles & Mazenod, 1995. p. 581 fig.
第4図　筆者作成。
第5図　埼玉県上中条　※東京国立博物館『はにわ』1973年写真67。
第6図　1．群馬県神保下條2号墳　群馬県教委ほか1992年第54図。
　　　　2．栃木県西赤堀狐塚古墳　日本窯業史研究所1987年第21図。
　　　　3．千葉県姫塚古墳　※滝口ほか1963年写真7。
　　　　4．群馬県脇屋　※群馬県立歴史博物館1979年写真89。
　　　　5．群馬県由良　※群馬県立歴史博物館1979年写真90。
第7図　1．宮崎県百足塚古墳　※新富町教委2002年写真17。
　　　　2．群馬県八寸　※東京国立博物館『はにわ』1973年写真71。
　　　　3．埼玉県酒巻14号墳　行田市教委1988年図33。
　　　　4．埼玉県諏訪ノ木古墳　神川町教委1994年第24図。
第8図　埼玉県酒巻14号墳　行田市教委所蔵実測図をもとに筆者作成。
第9図　1．京都府塩谷5号墳　（財)京都府埋文センター1990年第20図。
　　　　2．大阪府野畑　※山本1953年62頁写真。
　　　　3．埼玉県代正寺9号墳　（財）埼玉県埋文事業団1991年第220図。
　　　　4．群馬県上芝古墳　※東京国立博物館1983年写真186の4。
第10図　1．埼玉県生出塚A地点15号窯跡　鴻巣市教委1987年第21図。
　　　　2．群馬県塚廻り4号墳　群馬県教委1980年第185図。
　　　　3．群馬県伊勢崎市　※東京天理教館1969年写真10。
第11図　倚坐・神奈川県蓼原古墳　横須賀市教委1987年第59図。
　　　　胡坐・群馬県保渡田Ⅶ遺跡　群馬町教委1990年第26図。
　　　　楽坐（足裏接合）・千葉県殿部田1号墳　芝山はにわ博物館1980年第17図。
　　　　楽坐（足裏分離）・埼玉県新屋敷B区第15号墳　（財）埼玉県埋文事業団1992年第28図。
　　　　跪坐・群馬県塚廻り4号墳　群馬県教委1980年第180図。
　　　　正坐・群馬県綿貫観音山古墳　※埼玉県立さきたま資料館『はにわ人の世界』1988年82頁写真。
　　　騎馬・群馬県高林　南雲1992年第6図。
第12図　1．古凍根岸裏7号墳　（財）埼玉県埋文事業団1984年第54図。
　　　　2～4．福島県原山1号墳　※福島県立博物館1988年写真51、41、49。
　　　　5．大阪府蕃上山古墳　※奈良国立文化財研究所飛鳥資料館『万葉の衣食住』1987年22頁写真。
　　　　6．大阪府蕃上山古墳　※大阪府立泉北考古資料館1982年写真19。
第13図　Ⅰ．埼玉県猪俣2号墳　美里町教委1996年第22図。

図出典一覧

　　　　　Ⅱa．大阪府豊中市野畑　※山本1953年62頁写真。
　　　　　同b．群馬県剛志天神山古墳　※東京国立博物館1983年写真206の4。
　　　　　同c．群馬県上芝古墳　※東京国立博物館1983年写真186の4。
　　　　　同d．群馬県下触　※後藤守一『埴輪』1942年写真63。
　　　　　同e．千葉県木戸前1号墳　※村井嵓雄編『古代史発掘』7、1974年写真112。
　　　　　同f．埼玉県諏訪ノ木古墳　神川町教委1994年第23図。
　　　　　Ⅲ．栃木県鶏塚古墳　※東京国立博物館1980年写真100の9。
第14図　Ⅰa．埼玉県生出塚A地点15号窯跡　鴻巣市教委1987年第21図。
　　　　　同b．埼玉県酒巻14号墳　行田市教委1988年付図。
　　　　　同c．千葉県城山1号墳　※小林行雄『埴輪』1974年挿図57。
　　　　　Ⅱa．福島県丸塚古墳　※福島県立博物館1988年写真27。
　　　　　同b．大阪府蕃上山古墳　※奈良国立文化財研究所飛鳥資料館『万葉の衣食住』1987年22頁写真。
　　　　　同c．奈良県石見遺跡　※奈良県立橿原考古学研究所附属博物館1988年写真3660。
　　　　　同d．茨城県西保末　※東京国立博物館1980年写真60の4。
　　　　　Ⅲ．群馬県伊勢崎市　※東京天理教館1969年写真22。
　　　　　Ⅳa．和歌山県井辺八幡山古墳　同志社大学文学部文化学科考古学研究室1972年第125図。
　　　　　同b．埼玉県酒巻14号墳　行田市教委1988年図34。
　　　　　Ⅴa．群馬県八幡原　※東京天理教館1969年写真3。
　　　　　同b．埼玉県生出塚3・4・8号窯跡　鴻巣市教委1987年第38図。
　　　　　同c．井辺八幡山古墳　同志社大学文学部文化学科考古学研究室1972年第35図。
　　　　　同d．群馬県今井神社2号墳　群馬県教委ほか1986年第108図。
　　　　　同e．埼玉県女塚古墳　熊谷市教委1983年第17図。
第15図　女子全身倚坐像
　　　　　Ⅱa．群馬県古海　※東京国立博物館1983年写真174の1。
　　　　　Ⅱb．埼玉県三千塚　若松1993年図1。
　　　　　Ⅱc．群馬県塚廻り3号墳　群馬県教委1980年第107図。
　　　　　女子全身正坐像
　　　　　Ⅰ．群馬県綿貫観音山古墳　（財）群馬県埋文事業団1998年第222図。
　　　　　女子全身立像
　　　　双脚Ⅱa1．大阪府今城塚古墳　※高槻市立しろあと歴史館2004年19頁写真。
　　　　　同2．大阪府今城塚古墳　※高槻市立しろあと歴史館2004年18頁写真。
　　　　　同3．大阪府野畑　※山本1953年62頁写真。
　　　　　同Ⅱd．宮崎県百足塚古墳　※新富町教委2002年写真17。
　　　　　Ⅲ．栃木県鶏塚古墳　※東京国立博物館1980年写真100の9。
　　　　無脚Ⅰ．群馬県八寸　※東京国立博物館『はにわ』1973年写真71。
　　　　　Ⅱa．福岡県小正西古墳　穂波町教委1997年第10図。
　　　　　Ⅱb．群馬県剛志天神山古墳　※東京国立博物館1983年写真206の4。
　　　　　Ⅱd．鳥取県沢ベリ7号墳　倉吉市教委1996年第118図。
　　　　　女子半身坐像

Ⅰ１．埼玉県酒巻 14 号墳　行田市教委 1988 年図 32。
　　　同２．福島県原山１号墳　※福島県立博物館 1988 年写真 51。
　　　Ⅱｂ．埼玉県古凍根岸裏７号墳　(財)埼玉県埋文事業団 1984 年第 54 図。
第 16 図　女子半身立像
　　　Ⅰ１．群馬県淵ノ上古墳　館林市教委 1993 年第 16 図。
　　　同２．埼玉県新屋敷Ｂ区第 15 号墳　(財)埼玉県埋文事業団 1992 年第 25 図。
　　　同３．埼玉県瓦塚古墳　埼玉県教委 1986 年第 38 図。
　　　同４．群馬県塚廻り４号墳　群馬県教委 1980 年第 194 図。
　　　同５．群馬県塚廻り４号墳　群馬県教委 1980 年第 191 図。
　　　同６．群馬県諏訪下３号墳　尾島町教委 1998 年第 62 図。
　　　同７．栃木県飯塚 31 号墳　※小山市立博物館 2001 年写真。
　　　同８．埼玉県猪俣２号墳　美里町教委 1996 年第 22 図。
　　　同９．千葉県殿部田１号墳　芝山はにわ博物館 1980 年第 13 図。
　　　同 10．埼玉県諏訪ノ木古墳　神川町教委 1994 年第 24 図。
　　　Ⅱｂ．埼玉県代正寺９号墳　(財)埼玉県埋文事業団 1991 年第 220 図。
　　　Ⅱｃ１．群馬県上芝古墳　※東京国立博物館 1983 年写真 186 の４。
　　　同２．埼玉県十条　※後藤守一『埴輪』1942 年写真 68。
　　　同３．群馬県塚廻り４号墳　群馬県教委 1980 年第 189 図。
　　　Ⅱｄ１．埼玉県白山古墳　岡部町教委 2001 年 14 頁図。
　　　同２．埼玉県白山古墳　岡部町教委 2001 年 14 頁図。
　　　同３．千葉県正福寺１号墳　成田スポーツ開発株式会社ほか 1996 年第 105 図。
　　　同４．群馬県塚廻り４号墳　群馬県教委 1980 年第 195 図。
　　　同５．群馬県石山　※後藤守一『埴輪』1942 年写真 63。
　　　同６．千葉県山田宝馬 127 号墳　山田古墳群遺跡調査会 1982 年第 14 図。
　　　同７．埼玉県白山古墳　岡部町教委 2001 年 14 頁図。
　　　Ⅱｅ．千葉県木戸前１号墳　※村井嵓雄編『古代史発掘』７、1974 年写真 112。
　　　Ⅱｆ．埼玉県諏訪ノ木古墳　神川町教委 1994 年第 23 図。
第 17 図　男子全身倚坐像
　　　Ⅱａ１．群馬県塚廻り３号墳　群馬県教委 1980 年第 103 図。
　　　同２．栃木県飯塚 31 号墳　※小山市立博物館 2001 年写真。
　　　同３．神奈川県蓼原古墳　横須賀市教委 1987 年第 59 図。
　　　Ⅱｃ．奈良県石見遺跡　※奈良県立橿原考古学研究所附属博物館 1988 年写真 3660。
　　　男子全身胡坐像
　　　Ⅰａ１．群馬県保渡田Ⅶ遺跡　群馬町教委 1990 年第 26 図。
　　　同２．群馬県綿貫観音山古墳　(財)群馬県埋文事業団 1998 年第 219 図。
　　　男子全身楽坐像
　　　Ⅰａ．群馬県諏訪下 30 号墳　尾島町教委 1998 年第 190 図。
　　　男子全身跪坐像
　　　Ⅰａ．群馬県塚廻り４号墳　群馬県教委 1980 年第 180 図。
第 18 図　男子全身立像
　　　Ⅰａ１．群馬県綿貫観音山古墳　(財)群馬県埋文事業団 1998 年第 235 図。

図出典一覧

　　　　　同2．千葉県小川台5号墳　芝山はにわ博物館1975年第31図。
　　　　　同3．千葉県東深井7号墳　※筆者撮影写真・原品致道博物館所蔵。
　　　　　同4．群馬県三本木　※群馬県立歴史博物館1979年写真85。
　　　　　同5．群馬県オクマン山古墳　太田市教委1999年図2。
　　　　　Ⅰb．埼玉県酒巻14号墳　行田市教委1988年付図。
　　　　　Ⅱc．埼玉県瓦塚古墳　若松ほか1992年第5図。
　　　　　Ⅱd．茨城県西保末　※東京国立博物館1980年写真60の4。
　　　　　Ⅳa1．福島県原山1号墳　※福島県教委1982年第6図版2。
　　　　　同2．和歌山県井辺八幡山古墳　同志社大学文学部文化学科考古学研究室1972年第125図。
　　　　　Ⅳb．埼玉県酒巻14号墳　行田市教委1988年図32。
　　　　　Ⅴa．静岡県利木　※笹間良彦『図録日本の甲冑武具事典』柏書房1981年25頁写真。
　　　　　Ⅴb1．埼玉県生出塚3・4・8号窯跡　鴻巣市教委1987年第38図。
　　　　　同2．群馬県強戸　高崎市観音塚考古資料館・群馬県古墳時代武器武具研究会『群馬県内出土の武器・武具』1993年図44。
　　　　　同3．群馬県世良田37号墳　高崎市観音塚考古資料館・群馬県古墳時代武器武具研究会『群馬県内出土の武器・武具』1993年図58。
　　　　　同4．茨城県舟塚古墳　※茨城県立歴史館1990年94頁写真。
　　　　　同5．千葉県殿部田1号墳　芝山はにわ博物館1980年第11図。
　　　　　同6．千葉県小川台5号墳　芝山はにわ博物館1975年第30図。
　　　　　Ⅴc．和歌山県井辺八幡山古墳　同志社大学文学部文化学科考古学研究室1972年第35図。
第19図　男子半身坐像
　　　　　Ⅰa．福島県原山1号墳　※福島県立博物館1988年写真41。
　　　　　Ⅱb．大阪府蕃上山古墳　※奈良国立文化財研究所飛鳥資料館『万葉の衣食住』1987年22頁写真。
　　　男子半身立像
　　　　　Ⅰa1．茨城県杉崎コロニー88号墳　日本窯業史研究所1980年第42図。
　　　　　同2．群馬県神保下條2号墳　群馬県教委ほか1992年第61図。
　　　　　同3．千葉県山倉1号墳　米田1976年第3図2。
　　　　　同4．埼玉県東宮下　大宮市立博物館1990年2頁図。
　　　　　同5．塚廻り4号墳　群馬県教委1980年第185図。
　　　　　同6．千葉県正福寺1号墳　成田スポーツ開発株式会社ほか1996年第106図。
　　　　　同7．群馬県塚廻り4号墳　群馬県教委1980年第182図。
　　　　　同8．伝群馬県出土　※埼玉県立さきたま資料館1988年57頁写真。
　　　　　同9．群馬県保渡田Ⅶ遺跡　群馬町教委1990年第29図。
　　　　　同10．埼玉県別府　杉崎1988年24頁図。
　　　　　同11．群馬県剛志天神山古墳　※東京国立博物館1983年写真206の4。
　　　　　同12．埼玉県寺浦1号墳　※埼玉県立さきたま資料館1988年62頁写真。
　　　　　同13．大阪府大賀世3号墳　上野ほか1986年第17図。
　　　　　同14．埼玉県下松5号墳　東松山市教委2004年第37図。

図出典一覧

Ⅰc1．千葉県城山1号墳　※小林行雄『埴輪』平凡社1974年挿図57。
同2．奈良県荒蒔古墳　※群馬県立歴史博物館『はにわ』1993年84頁写真。
Ⅱa．福島県丸塚古墳　※福島県立博物館1988年写真27。
Ⅲ．群馬県伊勢崎市　※東京天理教館1969年写真10。
Ⅴa1．群馬県八幡原　※東京天理教館1969年写真3。
同2．三重県中ノ庄遺跡　三重県教委1972年図版11の199。
Ⅴb1．埼玉県大寄　※東京国立博物館1986年写真30の2。
同2．群馬県保渡田Ⅶ遺跡　群馬町教委1990年第35図。
Ⅴd．群馬県今井神社2号墳　群馬県教委ほか1986年第108図。
Ⅴe1．埼玉県女塚古墳　熊谷市教委1983年第17図。
同2．群馬県保渡田Ⅶ遺跡　群馬町教委1990年第55図。

第20図　筆者作成。
第21図　筆者作成。
第22～24図　各遺跡文献報告書掲載の人物埴輪配置図にもとづいて筆者作成。
第25図　筆者作成。
第26～27図　各遺跡文献報告書掲載の人物埴輪配置図にもとづいて筆者作成。
第28図　a．群馬県保渡田Ⅶ遺跡　群馬町教委1990年第32図の11。
　　　　b．群馬県坂下古墳群　大塚昌彦1989年第2図。
　　　　c．埼玉県瓦塚古墳　埼玉県教委1996年第38図。
第29図　筆者作成。
第30図　筆者作成。
第31図　1．埼玉県白鍬塚山古墳　浦和市遺跡調査会1989年第9図。
　　　　2～3．福島県天王壇古墳　本宮町教委1984年第18、17図。
　　　　4・7．群馬県保渡田Ⅶ遺跡　群馬町教委1990年第26、55図。
　　　　5～6．福島県原山1号墳　※福島県立博物館1988年写真41、49。
第32図　a．埼玉県新屋敷B区第15号墳　（財)埼玉県埋文調査事業団1992年第25図。
　　　　b．埼玉県新屋敷B区第17号墳　（財)埼玉県埋文調査事業団1992年第47図。
　　　　c．埼玉県酒巻14号墳　行田市教委1988年図35。
第33図　左　円筒中空技法　茨城県小幡北山窯跡　茨城町教委1989年第40図。
　　　　右　棒芯中空技法　茨城県白方5号墳　東海村遺跡調査会ほか1993年第26図。
第34図　1～2．茨城県舟塚古墳　大塚初重・小林三郎1971年第22、23図。
　　　　3．千葉県殿部田1号墳　芝山はにわ博物館1980年第11図。
　　　　4．千葉県小川台5号墳　芝山はにわ博物館1975年第30図。
第35図　1．群馬県諏訪下30号墳　尾島町教委1998年第193図。
　　　　2．群馬県神保下條2号墳　群馬県教委ほか1992年第59図。
　　　　3．千葉県大木台2号墳　（財)千葉県文化財センター1996年第56図。
第36図　1．群馬県神保下條2号墳　群馬県教委ほか1992年第66図。
　　　　2．埼玉県酒巻14号墳　行田市教委1988年図31。
第37図　群馬県立歴史博物館友の会編『図説はにわの本』1999年40頁図。
第38図　1．大阪府大賀世3号墳　上野ほか1985年第21図7。
　　　　2．大阪府百舌鳥高田下遺跡　堺市教委1998年第21図。

図出典一覧

　　　　　3．京都府塩谷5号墳　（財）京都府埋文センター1990年第20図。
　　　　　4．奈良県勢野茶臼山古墳　奈良県教委1966年第7図。
第39図　1．長原45号墳　（財）大阪市文化財協会1989年図20。
　　　　2～3．塚堂古墳　福岡県教育委員会1983年第29、31図。
　　　　　4．常光坊谷4号墳　松阪市教育委員会1990年図版40。
　　　　　5．奈良県石見遺跡　※奈良県立橿原考古学研究所附属博物館1988年写真3660。
第40図　1．大阪府大仙古墳　宮内庁書陵部2001年第4図。
　　　　　2．兵庫県タイ山古墳　龍野市教委1982年図77。
　　　　　3．和歌山県井辺八幡山古墳　同志社大学文学部文化学科考古学研究室1972年第49図。
　　　　4～5．福岡県小正西古墳　穂波町教委1997年第12、10図。
　　　　　6．島根県常楽寺古墳　仁多町教委1985年図18。
　　　　　7．島根県岩屋後古墳　島根県教委1978年第10図。
　　　　　8．福岡県立山山8号墳　八女市教委1983年第46図。
　　　　　9．福岡県立山山13号墳　八女市教委1984年第15図。
第41図　筆者作成。
第42図　群馬県古海　独立行政法人国立博物館東京国立博物館提供。
第43図　群馬県剛志天神山古墳　独立行政法人国立博物館東京国立博物館提供。
第44図　青森県亀ケ岡遺跡　佐藤傳蔵「陸奥国亀ケ岡第2回探求報告」『東京人類学雑誌』第124号1896年折込図版。
第45図　1．群馬県保渡田八幡塚古墳　群馬町教委2000年第145図。
　　　　　2．神奈川県蓼原古墳　横須賀市教委1987年第59図。
　　　　　3．群馬県塚廻り3号墳　群馬県教委1980年第107図。
　　　　　4．群馬県朝倉町　※群馬県立歴史博物館『群馬のはにわ』1979年写真72。
第46図　1～2．群馬県綿貫観音山古墳　（財）群馬県埋文事業団1998年第219、222図。
　　　　　3．栃木県亀山大塚古墳　※東京国立博物館1980年写真89の1。
　　　　　4．群馬県保渡田Ⅶ遺跡　群馬町教委1990年第25図。
第47図　1．奈良県メスリ山古墳　奈良県教委1977年第56図。
　　　　　2．群馬県赤堀茶臼山古墳　帝室博物館1933年挿図第20。
　　　　3～4．奈良県谷遺跡　松本洋明1985年図28・29。
第48図　1．嘉峪関壁画墓　※甘粛省文物隊ほか1985年図版58の1。
　　　　　2．固原北魏墓　孫機『中国聖火』遼寧教育出版社1996年128頁掲載図。
　　　　　3．高元珪墓　※賀梓城1959年33頁掲載写真。
第49図　1．安邱県漢墓　孫機『漢代物質文化資料図説』1991年図版55の5。
　　　　　2．司馬金龍墓　※山西省大同市博物館ほか1972年図版13の5。
　　　　　3．趙胡仁墓　磁県文化館1977年図6の2。
　　　　　4．敦煌莫高窟420窟　楊泓『中国古兵器論叢』（増訂本）1985年図202。
　　　　　5．李寿墓　孫機『中国聖火』遼寧教育出版社1996年200頁掲載図。
第50図　1．舞踊塚　朝鮮遺跡遺物図鑑編集委員会編『朝鮮遺跡遺物図鑑』第6巻1990年図33。
　　　　　2．角抵塚　朝鮮遺跡遺物図鑑編集委員会編『朝鮮遺跡遺物図鑑』第5巻1990年図

112。

　　　　3〜4．安岳3号墳　朝鮮遺跡遺物図鑑編集委員会編『朝鮮遺跡遺物図鑑』第5巻 1990年図21、22。
第51図　1〜4、6．筆者実測。
　　　　5．新屋敷12号墳　(財)埼玉県埋文事業団1994年第31図16。
　　　　7．福知山市教委大槻伸氏提供。
第52図　孫機「諸葛亮掌的是"羽扇"嗎」『文物叢談』文物出版社1991年177頁掲載図に一部加筆。
第53図　孫機「諸葛亮掌的是"羽扇"嗎」『文物叢談』文物出版社1991年173頁掲載図。
第54図　1．嘉峪関壁画墓　※甘粛省文物隊ほか1985年図版56の2。
　　　　2〜3．安岳3号墳　朝鮮遺跡遺物図鑑編集委員会編『朝鮮遺跡遺物図鑑』第5巻 1990年図54、35。
第55図　筆者実測。
第56図　群馬県塚廻り3号墳　群馬県教委1980年第107図。
第57図　武寧王陵　文化財管理局1986年図版98、99。
第58図　馬王堆1号漢墓　湖南省博物館ほか（関野雄他訳）1976年図版111、113。
第59図　1〜2．群馬県綿貫観音山古墳　(財)群馬県埋文事業団1998年第219、235図。
　　　　3．群馬県塚廻り4号墳　群馬県教委1980年第180図。
　　　　4．群馬県保渡田八幡塚古墳　群馬町教委2000年図206。
第60図　1．奈良県勢野茶臼山古墳　奈良県教委1966年第7図。
　　　　2．京都府塩谷5号墳　(財)京都府埋文センター1990年第20図。
　　　　3．常光坊谷4号墳　松阪市教委1990年図版36。
　　　　4．常楽寺古墳　仁多町教委1985年図18。
　　　　5．立山山13号墳　八女市教委1984年第14図。
第61図　筆者作成・撮影。
第62図　1．大阪府蕃上山古墳　※奈良国立文化財研究所飛鳥資料館『万葉の衣食住』1987年22頁写真。
　　　　2．中ノ庄古墳　三重県教委1972年図版11の198。
　　　　3．太平寺6・7号墳　大阪府教委1980年第36図。
第63図　1．群馬県オクマン山古墳　太田市教委1999年図2。
　　　　2．群馬県上武士　※村井嵓雄編『古代史発掘』7、1974年写真25。
　　　　3．四天王寺宝物館所蔵品　※奈良県立橿原考古学研究所附属博物館1991年写真38。
　　　　4．群馬県綿貫観音山古墳　(財)群馬県埋文事業団1998年第219図。
　　　　5．群馬県由良　※東京国立博物館1983年写真66の3。
　　　　6．群馬県白石　※東京国立博物館1983年写真148の1。
　　　　7．埼玉県十条　※東京国立博物館1986年写真47の1。
　　　　8．伝群馬県伊勢崎市　※群馬県立歴史博物館『群馬のはにわ』1979年写真56。
　　　　9．伝群馬県伊勢崎市　※群馬県立歴史博物館『群馬のはにわ』1979年写真53。
第64図　1．埼玉県酒巻14号墳　行田市教委1988年図28。
　　　　2．埼玉県酒巻14号墳　行田市教委1988年図29。
　　　　3．明神山5号墳　大澤伸啓1991年第2図。

図出典一覧

           4．群馬県塚廻り4号墳　群馬県教委1980年第85図。
           5．千葉県姫塚古墳　※村井嵓雄編『古代史発掘』7、1974年写真49。
           6．埼玉県野原古墳　江南町史編さん委員会1995年第193図。
           7．群馬県オクマン山古墳　群馬県立歴史博物館1979年写真88。
           8．明神山5号墳　大澤伸啓1991年第3図。
           9．群馬県塚廻り4号墳　群馬県教委1980年第182図。
          10．群馬県由良　※群馬県立歴史博物館1979年写真90。
          11．群馬県脇屋　※群馬県立歴史博物館1979年写真89。
第65図　1．埼玉県生出塚3・4・8号窯跡　鴻巣市教委1987年第38図。
　　　　2．群馬県今井神社2号墳　群馬県教委ほか1986年第108図。
　　　　3．権現坂窯跡　江南町史編さん委員会1995年第169図。
第66図　寺戸鳥掛古墳　広陵町教委1993年図5の10。
第67図　1．群馬県保渡田八幡塚古墳　群馬町教委2000年図53。
　　　　2．茨城県舟塚古墳　大塚初重・小林三郎1971年第22図。
　　　　3．羽子田遺跡　田原本町教委1998年25頁図。
第68図　1～2．筆者実測。
　　　　3．女塚1号墳　熊谷市教委1983年第18図。
第69図　筆者作成。
　　　　人物埴輪の図は相川龍雄「上毛考古會特別展観浅見氏蒐集埴輪其他に就て」『上毛及上毛人』第169号1931年掲載写真、及び東京国立博物館『東京国立博物館図版目録古墳遺物編（関東Ⅱ）』1983年掲載写真254から図化するとともに、相川龍雄「上古時代の弓」『上毛及上毛人』第180号1932年掲載図を使用。
第70図　1．草廠坡北朝墓　※セゾン美術館『シルクロードの都長安の秘宝』1992年写真19。
　　　　2．元邵墓　※洛陽博物館1973年図版10の3。
　　　　3．趙胡仁墓　磁県文化館1977年図3の1。
　　　　4～5．新集M1号墓　寧夏固原博物館1988年図8の4、5。
　　　　6～8．高潤墓　磁県文化館1979年図4の4、8、図5の15。
　　　　9．高洋墓　中国社会科学院考古研究所ほか2003年図42。
第71図　1～2．鄧県彩色画像磚墓　楊泓『中国古兵器論叢』（増訂本）1985年図198、199。
　　　　3．敦煌莫高窟156窟　※藤枝晃ほか1992年131頁掲載写真。
第72図　1．安岳3号墳　朝鮮民主主義人民共和国社会科学院考古学研究所編1982年図105。
　　　　2～3．安岳3号墳　※朝鮮民主主義人民共和国科学院考古学並びに民俗学研究所1958年図版59。
第73図　1．徳興里古墳　朝鮮遺跡遺物図鑑編集委員会編1990年図178。
　　　　2．龕神塚　朝鮮遺跡遺物図鑑編集委員会編1990年図80。
　　　　3．薬水里古墳　朝鮮遺跡遺物図鑑編集委員会編1990年図30。
　　　　4．八清里古墳　朝鮮遺跡遺物図鑑編集委員会編1990年図55。
　　　　5．大安里1号墳　朝鮮遺跡遺物図鑑編集委員会編1990年図141。
第74図　1．安岳3号墳　朝鮮民主主義人民共和国社会科学院考古学研究所編1982年図版27。
　　　　2．薬水里古墳　朝鮮遺跡遺物図鑑編集委員会編1990年図8。
第75図　埋文研究会『甲冑出土古墳にみる武器・武具の変遷』第33回埋文研究集会1993年掲

　　　　　載一覧表をもとに筆者作成。
第76図　筆者作成。
第77図　群馬県保渡田八幡塚古墳　群馬町教委2000年図293。
第78図　1～3．北陳村北魏墓　洛陽市文物工作隊1995年図3。
　　　　4～11．偃師杏元村染華墓　偃師商城博物館1993年図4～7。
　　　　12～13．北陳村北魏墓　洛陽市文物工作隊1995年図14。
第79図　1．奈良県メスリ山古墳　奈良県教委1977年第10図。
　　　　2．奈良県室宮山古墳　坂靖「埴輪祭祀の変容」『古代学研究』第150号2000年　図
　　1。
第80図　1．奈良県巣山古墳広陵町教委2003年測量図。
　　　　2．兵庫県行者塚古墳　加古川市教委1997年図27。
第81図　長原高廻り2号墳　（財）大阪市文化財協会1991年図11。
第82図　池田4号墳　大和高田市教委2003年8頁写真。
第83図　天王壇古墳　本宮町教委1984年第3図を一部改変。
第84図　1．渋谷向山古墳　宮内庁書陵部陵墓課編1999年第260図。
　　　　2．津堂城山古墳　藤井寺市教委1986年第13図。
　　　　3．大仙古墳　宮内庁書陵部陵墓課編1999年第212・213図。
　　　　4．見瀬丸山古墳　末永雅雄1974年第59図。
第85図　コナベ古墳　宮内庁書陵部陵墓課編1999年第249図。
　　　　天神山古墳　太田市教委1999年付図。
　　　　保渡田八幡塚古墳　群馬町教委2000年図247。
　　　　中二子古墳　前橋市教委1995年付図。
　　　　綿貫観音山古墳　群馬県教委ほか1998年第3図。
第86図　大仙古墳　宮内庁書陵部陵墓課編1999年第212・213図。
　　　　稲荷山古墳　埼玉県教委1980年第11図。
　　　　　なお、断面図は同書掲載の三木文雄らの図（第6図）から作成。
　　　　二子山古墳　埼玉県教委1987年測量図。
　　　　鉄砲山古墳　埼玉県教委1985年第2図。
第87図　大仙古墳　宮内庁書陵部陵墓課編1999年第212・213図。
　　　　富士見塚古墳　出島村教委1992年測量図。
第88図　将軍山古墳埼玉県教委1997年図2。
　　　　古塚古墳　富津市教委1991年第26図。
第89図　吾妻岩屋古墳　壬生町史編さん委員会1987年付図。
第90図　筆者作成。

あ と が き

　埴輪については各地の博物館で企画展が開催され、解説図録を目にすることは多いものの、研究書を探すとなると意外に少ないことに気づかされる。その中で代表的な著作として、昭和17年に刊行された後藤守一の『日本古代文化研究』がある。この書で後藤は、人物をはじめとする各種形象埴輪の考証を綿密におこない、その歴史的意義の解明に努めている。おそらく今も全国の博物館における埴輪の解説は、彼の研究に多くを負っているといっても過言ではない。

　私自身が初めて埴輪を知ったのは、幼稚園の頃に遡る。戦後の一時期建設業を営んでいた父が、工事で馬形埴輪を掘り出したことをよく話してくれ、しばしば昼食がてら骨董趣味の御主人のやっているそば屋に、土器や埴輪を見に連れていってくれたことによる。幼少の身に出土品は特に面白いものではなく、そばを食べると飽きてしまい、内心早く家に帰りたかったものである。しかし、小学5年のとき高松塚古墳壁画が発見されると、友人と近所の遺跡を回って土器のかけらを拾い歩くようになり、中学の修学旅行で関西を訪れてからは、家にあった長兄の中央公論社版『日本の歴史』や亀井勝一郎の『大和古寺風物誌』を紐解くようになっていた。父は中学時代に亡くなったが、後に私は歴史を学ぶことに進路を定め、同志社に進み森浩一先生の御指導を仰ぐことになったのであるから、これも三つ子の魂といえるかもしれない。

　当時の同志社は文化史学専攻の中に考古学の分野があり、学部・院を通じて仏像や絵巻物、あるいは近代キリスト教史などを学ぶ諸賢と机を並べた。自由な空気の中でお互いの研究に耳を傾ける機会を与えられたことは、今思うと実に得がたい経験であり、私も能に興味を持ち、学部時代は能楽部で活動した。おそらく、このような経緯によってであろう。考古学における興味も自然と、政治史や経済史よりも、文化史へと向くようになった。

　当時森先生は多忙を極めていたが、講義日には必ず研究室におられ、時々学生のいる実習室に降りてきて様子を見ては談話をされていた。先生はよく東アジアの言語を学ぶことと、東アジアの視点で日本の歴史を理解することの重要性を説いておられた。本書で拙いながらも、東アジアにおける比較文化史の観点から人物埴輪の検討を試みたのは、学部・院を通じて受けた先生の御指導によるものである。また学部時代は松藤和人先生の御指導の下、奈良と大阪の県境にある二上山サヌカイト原産地遺跡群の調査に参加させていただき、考古学の伊呂波を厳しく叩き込まれた。先生は遺跡や遺物の徹底的な観察を我々に課され、それとともに理論立てた手堅い分析を重視された。本書でルロワ・グーランの洞窟壁画論に触れたが、それは二上山桜ヶ丘遺跡発掘のプレハブ宿舎で手渡された論文の一つである。その頃同期の美勢博史君と、テントや横穴式石室に泊りながら、数日かけて二上山北西麓の遺跡群を踏査したことも懐かしい思い出である。

　院に進んでからは、藤田三郎さん指揮する奈良県唐古・鍵遺跡の調査に参加させていただき、弥生時代の石器で修士論文を作成した。藤田さんの下には水ノ江和同君や桑原久男君、吉井秀夫君、豆谷和之君などの俊才が揃っており、現場や整理室で門前の小僧のように様式論をはじめとする弥生時代研究を学ぶことができた。同じ頃、京都大学の山中一郎先生からボルドの旧石器タ

あとがき

イプリストを教えていただき、遺物を体系的に整理する研究に興味を持つようにもなった。これらの経験が、私の考古学研究に対する基本的な構えを作ってくれたように思う。

　こうして古都京都から郷里の関東に戻り、博物館業務に携わる中、行田市酒巻14号墳の発掘調査で改めて埴輪と向き合うこととなったのである。

　しかし、古墳時代の勉強をするうち、戦後の高度成長期を経て膨大な資料が蓄積されてきたにも関らず、あるいはその故か、人物埴輪の基本的理解については後藤の時代からあまり変わっていないのではないかと思うようになった。急激な資料増加と研究の精緻化によって、個別資料の評価や地域像を復元する研究は大きな前進を遂げたが、広域にわたる文化の理解には、細分化した研究の寄せ集めだけではない理論と方法が必要なのではないか。誤解を恐れずにいえば、人物埴輪研究に取り組むようになった大きな理由は、実現性はともかく、個別現象の推理から脱皮し、多様な現象の背後に存在する文化の枠組みを追求する研究が必要と考えたことによる。結果として20代に関西で学んだ方法で、30代は関東を拠点に小文を執筆して過ごした。

　以上の経緯を経てまとめた博士学位請求論文「人物埴輪の文化史的研究」が本書のもととなっている。

　学位審査は、論文の内容から、古墳時代研究を専門とする筑波大学の川西宏幸先生にお願いした。かつて川西先生が土浦市で御講演された折、円筒埴輪の分析から古墳時代史への展開を末席で拝聴し、構想の大きさと研究の深さに圧倒され、以後御鞭撻を仰いできた経緯による。不躾なお願いにも関らず先生は御了承下され、数年にわたり研究の方向性から文章表現に至るまで一方ならぬ御指導を下された。学籍のない研究生のような形で筑波通いをし、ときには一日かかっても論文指導が終わらなかったこともあった。過去の自分の文章に向き合い手を入れる作業は想像以上に時間がかかり、必ずしも御指導にお答えできていない部分も残ったが、拙い小文の集積が一つにまとまったのは、ひとえに川西先生の根気強い御指導のおかげである。厚く御礼を申し上げたい。審査にあたっては副査の常木晃先生、古家信平先生、根本誠二先生、丸山宏先生からも考古学、民俗学、日本古代史、東洋史の観点から御指導を賜った。あわせて深く感謝いたしたい。

　各章はそのほとんどが過去に発表した小文と関係するものの、いずれも少なからぬ加筆、削除、そして再構成をおこなっている。もし私見に言及されることがあれば、本書に拠っていただければ幸いである。旧稿との関係は次のとおりである。

序章第1節	新稿
〃　第2節	「人物埴輪論と洞窟壁画論」『考古学に学ぶⅡ』2003年の一部
第1章第1節1	「人物埴輪の型式学」『古代学研究』第162号、2003年の一部
〃　その他	「人物埴輪の形式分類」『考古学雑誌』第81巻第2号、1996年
第2章第4節	「人物埴輪の波及と変容」『古代近畿と物流の考古学』学生社、2003年の一部
〃　その他	「人物埴輪の展開」『考古学研究』第49巻第2号、2002年
第3章	「古墳時代における男女の『坐』の系譜」『総合女性史研究』第17号、2000

あ と が き

	年
第 4 章第 1 節	「塵尾について」『埴輪研究会誌』第 1 号、1995 年
〃 第 2 節	「天王山古墳出土の鈴鏡を腰に下げる女子埴輪」『行田市郷土博物館研究報告』第 5 集、2001 年
第 5 章	「女子埴輪と采女―人物埴輪の史的意義―（上）・（下）」『古代文化』第 50 巻第 1～2 号、1998 年
第 6 章第 1 節	「鷹匠と馬飼」『考古学と生活文化』1992 年
〃 第 2 節	「武装人物埴輪の成立過程」『考古学に学ぶ』1999 年の一部
第 7 章	「埴輪の軍楽隊」『考古学と信仰』1994 年
第 8 章	新稿
第 9 章第 1 節	「形象埴輪の出現」『季刊考古学』第 90 号、2005 年の一部
	「武装人物埴輪の成立過程」『考古学に学ぶ』1999 年の一部
〃 第 2・3 節	「関東地方における後期古墳の特質」『古代学研究』第 121 号、2002 年
終章	新稿

　学窓を離れて 21 年が経つ。遅ればせながら一書を刊行することができた。本書が成るにあたっては、上記のほかにも多くの先生方や諸賢、関係機関から御指導、御協力を賜った。特に古代史については、近くにお住まいの森田悌先生からしばしば御教示を賜り、東アジアの研究については本書で度々引用したように中国社会科学院考古研究所の楊泓先生の御研究から多くを学ばせていただいた。楊泓先生には 1995 年秋早稲田大学に集中講義にいらっしゃった折、御高配を賜り間近く御講義を拝聴させていただく機会を得たが、本書の第 3 章や第 7 章などは先生の御研究がなければ書けなかったものである。出版物として日の目を見ることになったのも、(株)雄山閣の宮島了誠氏の御高配による。ここに記して感謝いたしたい。

　ただ、私の研究が本になることを期待して下された平井尚志先生、勤務先で御指導いただいた斉藤国男館長、学生時代能の稽古をつけていただき博物館に勤務してからも御助力を惜しまれなかった京都の河村信重師をはじめ、お世話になりながらもすでに亡くなられた方の多いことは、慙愧に耐えない。

　末筆ではあるが、御指導下さった方々の御霊前、そして亡き両親の霊前に、謹んで本書を捧げたい。

平成 19 年 3 月　　塚 田 良 道

索　引

あ
相川考古館 ……………………118・180
相川龍雄 ……………………4・30・180
赤塚次郎 ………………………………11
秋元陽光 ……………………………213
アッコー，ピーター …………………21
穴沢咊光 ……………………………114
新井　悟 …………………………210・218
新井房夫 ………………………………93
有明海沿岸 ………………89・90・204

い
飯塚卓二 ……………………………209
猪飼 ……………………………………6
威儀具 …………………122・123・195
石田茂作 ………………………………18
石部正志 ……………………217・218
椅子 ………102・107・109・111・114
伊勢湾沿岸 ………………87・90・204
磯貝正義 ………………………144・216
磯前順一 ……………………………100
市毛　勲 ………………………………9
一瀬和夫 ……………………………216
一括遺物 ………………………………64
伊藤秋男 ……………………………122
稲村　繁 …………………10・73・190
犬木　努 ……………………………93・195
井上光貞 ………92・136・162・163・208
入澤達吉 ………………………………60
飲食物供献 ……186・199・205・206・207

う
上田宏範 ……………………………208
上野佳也 ………………………………12
上原真人 ………………………104・160
団扇 ……………………108・118・120
　―形木製品 ………………………123
釆女 ……………144・184・185・186・216
馬飼（馬子）………6・153・156・184・
　　　　　　　　　　185・186・193・202
　―部 ………………………………158
梅澤重昭 ………………………8・165・208

え
江上波夫 ……………………………114
FA ……………………………………65
円墳 ………57・77・124・143・159・185
延喜式 …………………………………3
　―大神宮装束 ……………………137
　―祝詞大殿祭 …………………145・151
　―祝詞大祓 ……………………145・162
　―隼人司条 ……………………160・164
衛門府 ………………………………163
衛士 …………………………………163

お
横吹 ……………………170・178・181
王　勇 ………………………………122
歐陽詢 …………………………109・117
大川麿希 ……………………………131
大澤伸啓 ……………………………186
大谷　徹 ………………………………59
大塚初重 ……………………………8・19
大橋泰夫 ……………………………213
大谷宏治 ……………………………132
岡崎晋明 ……………………………176
岡本建一 ……………………………210
置田雅昭 ……………………………103
オスヒ …3・6・124・134・137・185・186
　（意須比・押日・押比）
踊る男女 ……3・10・25・156・186・194
帯 ………………34・37・60・138・172
　大― ………………………112・154・165
　金銅製鈴付大― …………99・129・134

か
階層 …11・39・131・147・153・185・202
柿本人麿 ……………………………177
角閃石安山岩 …………………………65
楽府詩集 ……………………………181
膳夫 ……………………144・186・216
甲冑 ……37・59・60・159・179・190・195
　馬の― ……………………………176
加藤九祚 ……………………………114
金井塚良一 ……………………63・135
華　梅 ………………………………147

歌舞	8・167・186	居館—	198・203
被り物	6・30・154	挂甲	29・39・51・133・159・179・181・201・208
鎌	156	型式学	11・25・63
髪形	30	形式	25・55・63・70・84・183
上毛野	92・210・215	型式	26
亀井正道	150	—編年	63
川西宏幸	9・67・124・132・136・148・181・208	様式	26・78
		倪 潤安	191
環鈴	132	芸文類聚	
		—巻67衣冠部帽巾	117
き		—巻70服飾部下	109
跪（危）	99・107	袈裟状衣	3・32・37・81・124・126・134・137・184・185・186・206
岸 俊男	100	化粧道具	129
岸本 圭	89	顕彰碑	9・58
岸本直文	217		
儀杖	174・191	**こ**	
喜田貞吉	2	小泉和子	113
畿内	5・92・133・164・208	高句麗古墳壁画	110・172・178
—型石室	205	江家次第	135
—政権	92・133・208	侯 景	106
衣褌	3	工人	9・11・17・214
木村好昭	94	皇太神宮儀式帳	124・137
踞（居・據）	99・106	後漢	111・121・123・191
供献土器	198	後漢書	
清野謙次	17	—巻68茅容伝	105
儀礼	5・8・11・123・164・186・189・198	—巻71向栩伝	106
近畿様式	83・91・204・206	—志巻第11五行志	108
近侍的職掌	135・185・193・198・202	五胡十六国	170・178・191
欽明	2	腰掛	6・35・97・185
		木製—	104
く		刳物—	104
国造	144・162・163・177・184・187	指物—	105・111
栁 国男	217	古事記	
首玉	154・156	—神代記上	138
来目部	163・164・185	—允恭記	131
倉林眞砂斗	210・219	—雄略記	145
車崎正彦	73・199	古事記伝	115・151
黒田日出男	59	胡牀（床）	99・108・111
鍬	6・8・47・53・71・153・156	鼓吹	170
軍楽器	167	籠手	154・156・170
軍団	167	琴	3・10・35・36・43・47・53・70・98・101・154・167・176
け		後藤守一	3・5・8・10・25・28・31・102・
景観	195・204		
墳丘—	197		

索引

	124・134・137・153・167・185・186
近衛府	162
小林三郎	19・210
小林行雄	5・6・26・78・132・205・216
胡籙	39・102・159・160
近藤義郎	6

さ

坐	97
―臥具	107
―具	97
―像	35・97
倚―	35・98
胡―	35・98
楽―	35・98
跪―	35・98
正―	35・98
騎馬	35
斎藤　忠	18
坂口　一	93
削除	28・59・101
佐藤傳蔵	172
笊形土器	197
三国志	
―魏書巻1 武帝紀曹瞞伝	109
―魏書巻11 管寧伝裴注	106
―魏書巻30 烏丸鮮卑東夷伝倭人条	90
三国史記	151

し

塩谷　修	218
史記	107
―巻8 高祖本紀	105
―巻97 陸賈伝	105
耳環	64・81・90・156
史蹟埼玉	125
四天王寺	154
誄	8・159・186・187
斯麻王	126
島田貞彦	4
清水真一	199
下総型埴輪	9
下総型人物埴輪	9・76・207
下野型古墳	213
釈名	106

宗教思想	11・15・17・21・92
周濠	197・203・206
首長権継承儀礼	8・58
麈尾	117
柄―	120
狩猟	13・15・109・153・176・179・184・186・187・191・194
春秋時代	190
殉死	2
牀	106・107
正倉院	118・120・147
―文書（御野国戸籍）	177
杖刀人	208
省略	8・31・101・139・164・204
頌徳像	8
諸葛孔明	117
職業集団	6・185
食膳具	75・142・148
食膳奉仕	143・148・159・184・186・198・199・202・207
続日本紀	
―養老3年2月条	150
―養老5年12月条	167
―慶雲元年正月条	100・114
―霊亀元年正月条	177
所作	3・10・25・29・39・48・75・79・141・159・186・206
白井克也	69
白石太一郎	9・69・92・99・133・150・205・208・209・216
秦	106・190
晋書	
―巻48 段灼伝	106
―巻27 五行志上	108
―巻42 王渾伝	109
新撰姓氏録	148
神話の構造	15

す

推古	2
須恵器	65・68・81・86・90・205
末永雅雄	5・167
スキタイ	114
杉山晋作	9・93・193
鈴木　尚	100

索　引

鈴木裕明 …………………………………… *123*
鈴釧 …………………………………… *131・132*
隋書
　　一巻 15 音楽志 …………………………… *172*
　　一巻 55 爾朱敵伝 ……………………… *107・109*
　　一巻 81 東夷伝倭国条 ……………………… *99*

せ
性器 …………………………… *14・30・33・37*
　　陽物 ……………………………………… *34*
　　陰部 ……………………………………… *37*
西魏 …………………………… *107・170・191*
正丁 ……………………………………… *177*
石人・石馬 …………………………… *2・190*
石製表飾 ……………………………… *89・90*
関根真隆 …………………… *22・138・146・147*
説文解字 ……………………………… *105*
前燕 …………………………………… *110・178*
穿孔 ……………………………………… *156*
戦国時代 ……………………………… *190*
全身像 …………………… *31・65・156・191*
鮮卑 …………………………………… *106・107*

そ
双脚 …………………………… *31・35・85*
　　一輪状 ……………………………… *154*
装身具 ………………………………… *129*
葬送儀礼 ……………………………… *8・205*
葬列 …………………………… *4・177・185*
ソシュール，フェルディナン・ド ………… *15*
蘇哲 …………………………………… *170・181*
孫機 …………………………… *117・120・121・147*

た
大王 …………………………… *99・133・158・214*
大化薄葬令 ……………………………… *2*
太鼓 …………………………… *3・167・170・177・178*
大嘗祭 ……………………………………… *7*
台部 …………………… *60・65・82・90・91・170*
太平御覧
　　一巻 706 服用部 8 ………………………… *109*
高崎光司 ………………………………… *72*
鷹匠（鷹飼） ………… *3・153・154・158・186*
高橋克壽 ……………………… *9・10・198・199*
高橋健自 ……………………… *2・28・137・140*
高橋工 …………………………………… *199*
高浜秀 …………………………………… *114*
滝口宏 ……………………………………… *5*
武田佐知子 …………………… *22・31・147・164*
タスキ ……………… *37・86・88・90・124・137・*
　（襷・手繦・手次）　　*138・144・146・148*
大刀
　　…*3・50・57・126・135・154・159・194*
辰巳和弘 ……………………………… *150*
盾 ……………………………………… *160*
田中英夫 ……………………………… *217*
田中秀和 ……………………………… *165*
田辺昭三 ……………………………… *65*
谷口康浩 ……………………………… *58*
魂振り ………………………………… *8・186*
短衣大袴 ………………………………… *3*
弾琴 …………………………………… *5・8・167*
短甲　*28・39・53・90・91・159・179・201*
淡輪技法 ……………………………… *90・120*

ち
中空技法 ………………………………… *72*
　　円筒一 ……………………………… *73*
　　棒芯一 ……………………………… *73*
中実技法 ………………………………… *72*
張議潮 …………………………………… *172・178*
沈従文 …………………………………… *147*

つ
塚廻り様式 …………………………… *80・91・186*
造り出し ……………………………… *198・204・205*
杯 ……………………………………… *79・141*
次山淳 …………………………………… *93*
辻村純代 ……………………………… *136・148*
堤 ……………………………………… *198・204*
角田文衛 ……………………………… *114*
壺 ……………………………………… *79・141*
坪井正五郎 ………………………………… *1*
角笛 …………………………………… *167*

て
出島状遺構 …………………………… *198*
寺沢薫 …………………………………… *26*
傅芸子 ………………………………… *120*

索　引

と

榻 …………………………………… 103・107
刀架 …………………………………………108
東魏 ……………………………… 106・170
洞窟壁画 ………………………………… 13
東国 ……………………… 124・145・208
　　—豪族 …………………………… 92・133
　　—様式 …………………………… 79・91
冬寿 ……………………………… 110・178
刀子 ……………………… 126・156・160
頭部成形 …………………………… 72・86
土偶 ………………………………………100
特殊器台 …………………………… 6・195
特殊壺 ……………………………… 6・195
土製供物 ……………………… 198・202
土製品
　　腰掛形— ………………………………103
　　導水施設形— …………………………198
轟俊次郎 …………………………… 9・76
舎人 ……………… 92・162・184・208・216
鞆 ……………………………… 154・159・168
トモ
　　生産的— ……………………………158
　　近侍的— ……………………………184
止由氣宮儀式帳 ……………… 137・140
鳥居龍蔵 ………………………… 124・134

な

直木孝次郎 ……………………………162
永井正浩 ………………………………… 86
中田　薫 …………………………………145
中谷治宇二郎 …………………………… 25
南斉書
　　—巻57魏虜伝 ………………………106

に

新納　泉 ………………………………… 68
西田泰民 ………………………………… 27
日本書紀
　　—神武天皇条久米歌 ………………… 63
　　—崇神10年9月条 ……………………146
　　—履中即位前紀 ………………………146
　　—履中5年9月条 ……………………159
　　—雄略5年2月条 ……………………162
　　—継体元年正月条 …………… 99・158
　　—敏達14年3月条 …………………… 99
　　—用明元年5月条 …………………… 99
　　—推古12年9月条 …………………… 99
　　—天武10年4月条 ……………………147
　　—天武11年3月辛酉詔 ………… 144・147
　　—天武11年9月条 ……………… 100・147
　　—天武12年12月条 ……………………147
　　—天武13年閏4月条 ……………………147
　　—天武14年7月条 ……………………147
　　—天武14年11月条 ……………………176
　　—白雉2年条 …………………………147

の

農夫 ………………………………… 6・186

は

配置規則 ……………………… 55・77・79
馬具 ……………………………… 69・132
橋本博文 ……………………… 8・17・180
橋本　裕 …………………………………177
靱 …………………………………… 141・205
埴輪
　　—芸能論 …………………… 6・153・185
　　家形— ……………… 3・5・8・195・198・215
　　馬形— ……………… 9・55・87・88・186
　　円筒— ………………………… 2・9・195
　　囲形— ……………………………108・195
　　甲冑形— ………………… 70・84・199
　　冑形— …………………………………199
　　器財— ……………… 4・5・9・195・199・201
　　柵形— ………………………… 11・51
　　盾形— ……………………………199・201
　　鶏形— …………………………………195
　　水鳥形— ……………………………204
土生田純之 ……………………… 94・205
濱田耕作 ………………………… 2・28
隼上り瓦陶兼業窯 ……………………… 68
林　俊雄 …………………………………114
林巳奈夫 …………………………………113
隼人 ……………………… 146・160・164・185
パラダイム ……………………………… 15
原田淑人 ……………………… 97・151・152
春成秀爾 …………………………… 6・19
半身像 ……………… 31・66・158・184
坂　靖 ……………………………… 9・11・94

ひ

樋口隆康	22
日高 慎	93
菱田哲郎	68
披帛	147
兵衛	162
平野邦雄	158・162・184・216
平野進一	112
ヒレ	145

（比例・比禮・領巾・肩巾）

ふ

深沢百合子	22
服装	36・49・74・138・144・154
藤川智之	186
藤田和尊	165・181
藤田豊八	105
賦得詠胡牀詞	109
ブランシスキー，ヨシフ・ベニヤノビッチ	114
ブリュイ，アンリ	14
フロン，クリスティーヌ	114
褌	38

へ

部	
馬飼—	158
吹—	177
兵士	177・190
変形	28
編年	63

ほ

方形区画	195・204
房州石	210
仿製鏡	132
法隆寺献納宝物	118
北魏	106・108・120・170・181・191
北周	191
北斉	170・191
帆立貝形古墳	56
ホッダー，イアン	16
堀田啓一	217
穂積裕昌	94
本朝月令高橋氏文	145

ま

埋葬施設	5・55・65・66・70・89・195・203・205・207・213
間壁葭子	150
鬘	30・64・81
増田美子	137・147
万葉集	
一巻3大伴坂上郎女，神を祭る歌	137
一巻9鷲坂にして作る歌	145

み

三木文雄	5
右島和夫	216・217
巫女	3・124・134・136・137・140・144・185・186・193・198
水野清一	113
水野正好	6・153・159・162・163・185
美豆良	30・154・169
光谷拓実	93
身分表象	99・111
耳	64・81
宮川 徏	214
三宅和朗	151
宮崎まゆみ	150・180
宮本勢助	146・152

む

無脚	35
無所作	75・206
無裾	66

も

殯	8・159・186
殯宮儀礼	11・187
木棺直葬	65・70
本居宣長	115・145
森下章司	132
森田克行	11・187
森田 悌	194
森本六爾	4・17・26・124
文様（文）	
三角—	101・140・154・169
半裁竹管—	89
方形刺突—	86・88
連結方形刺突—	86

索引

　　矢羽根状の─ …………………………60

や
八木奘三郎 ……………………………146
谷木光之助 ………………………………4
柳沢一男 …………………………………94
山倉様式 ……………………81・91・206
大和文華館 ……………………………154
山内清男 …………………………………58
弥生土器五様式編年 ……………………26

ゆ
有裾 ………………………………66・82
遊牧民族 ………………106・109・114
雪嶋宏一 ………………………………114
靫負 ……………………………162・216
庾　肩吾 ………………………………109
靫 ………………………39・159・160・169
弓 ……………………39・43・159・160・169

よ
俑 ………………………………170・190
楊　泓 …………………107・109・170・191・194
横穴式石室 …………5・55・65・70・86・
　　　　　　　　　　　90・205・207・213

り
力士 ……37・70・84・169・184・186・187
リーチ，エドマンド ……………………21

立像
立像 ………………………………35・153
令義解
　─軍防令 …………………162・176・177
　─職員令 ……………………………177
　─喪葬令 ……………………………177
梁書
　─巻56侯景伝 ………………………106

る
ルロワ＝グーラン，アンドレ ………13・21

れ
鈴鏡 ……………………………………123
レヴィ＝ストロース，クロード ………15

ろ
ローゼンフェルト，アンドレ …………21
鹵簿 ……………………………170・191

わ
若狭　徹 ……11・19・188・208・209・218
若松良一 ……8・63・65・73・94・150・
　　　　　　153・186・193・199・218
和歌森太郎 ………………………………8
和田　萃 ………………………………194
和田千吉 …………………………………18
和辻哲郎 …………………………………4
倭名類聚鈔 ……………………………146